Robert Dempfer

Das Rote Kreuz

Von Helden im Rampenlicht und diskreten Helfern

Deuticke

1 2 3 4 5   13 12 11 10 09

ISBN 978-3-552-06092-0
© Deuticke im Paul Zsolnay Verlag Wien 2009
Satz: Eva Kaltenbrunner-Dorfinger, Wien
Umschlaggestaltung: Hauptmann & Kompanie Werbeagentur, München–Zürich,
Christian Otto, unter Verwendung des Fotos: Ein von Granaten getroffenes
Rettungsfahrzeug des Libanesischen Roten Kreuzes. Tyre, Südlibanon,
1. August 2005. © REUTERS/Ali Hashisho
Bildnachweis: alle Fotos © Österreichisches Rotes Kreuz, außer S. 225 © Nicholas
Jose/SIPA
Druck und Bindung: CPI – Ebner & Spiegel, Ulm
Printed in Germany

Nicht alle laufen Amok. Nicht alle wünschen die Auslöschung der anderen und ihre eigene. Spätestens am Tag der totalen Erschöpfung, wenn das Ziel der Kombattanten erreicht ist, wenn also das Land in Trümmern liegt und die Toten begraben sind, treten die wahren Helden des Bürgerkriegs ans Licht. Sie kommen spät. Ihr Auftritt ist unheroisch. Sie fallen nicht auf, und sie erscheinen nie auf dem Bildschirm.

In einer improvisierten Werkstatt werden Prothesen hergestellt für die Krüppel. Eine Frau sucht nach Lumpen, die als Windeln zu brauchen sind. Aus den Reifen eines zerschossenen Fahrzeugs werden Schuhe gemacht. Die erste Wasserleitung wird zusammengeflickt, der erste Generator beginnt zu laufen. Schmuggler schaffen Treibstoff herbei. Ein Postbote taucht auf. Die Mutter, die ihre Kinder verloren hat, hängt ein selbstgemaltes Schild an die Hütte und eröffnet das einzige Café, das weit und breit zu sehen ist. Der Bischof holt verwahrloste Söldner in den Schuppen neben der Kirche und richtet eine Autowerkstatt ein. Das zivile Leben beginnt. Es ist unaufhaltsam, bis zum nächsten Mal.

Hans Magnus Enzensberger, Aussichten auf den Bürgerkrieg

Wir wissen jetzt jeden Tag, was in der Welt passiert.
Die Information über das geringste Kriegsgeschehen
verbreitet sich blitzschnell. Wissen und Gewissen
marschieren im Gleichschritt.

Gustave Moynier, Mitbegründer des Roten Kreuzes, unter dem Eindruck der
raschen Ausbreitung von Zeitungs-Rotationsdruck und Telegraf, 1866

Weil jetzt etwas geschieht.
Aber Sie wissen nicht, was es ist.
Oder doch, Mr. Jones?

Bob Dylan, Ballad of a Thin Man, 1966

Inhalt

Teil 2
Die Bandbreite der humanitären Aktion

Teil 3
Einstiegswege für neue Helferinnen und Helfer

Hilfsorganisationen und ihre Organisationskultur

Einleitung

Die Menschen treibt die Suche nach Sinn. Angesichts der ewigen Menschheitsprobleme, die tagtäglich auf sie einstürzen, sind zwar schon viele Junge von der Wirkungslosigkeit aller hochfliegenden Utopien überzeugt. Trotzdem bleiben sie hartnäckig auf der Suche nach einem der am schwersten greifbaren Dinge überhaupt: »der Befriedigung, die es einem verschafft, wenn man etwas tut, das die Mühe auch wert ist«.[1] Sie engagieren sich bei der Freiwilligen Feuerwehr oder bei ATTAC, bei Amnesty International oder im Hospiz, bei der Rettung oder in der Entwicklungszusammenarbeit. Viele leisten ihr Engagement freiwillig, andere machen es gleich zum Beruf. Aber alle tun es aus demselben Grund: Sie wollen nicht bloß deshalb leben, »weil es eine Angewohnheit ist, die man nicht loswird«, wie es der junge Ché Guevara in seinem Tagebuch notiert hat.

Sowohl die praktische Erfahrung als auch die notorisch wiederkehrenden Studien zum Thema Freiwilligkeit strafen die Klage über abnehmende Hilfsbereitschaft und den Niedergang des Altruismus Lügen. Lediglich die Art des Engagements hat sich verändert: »Von der Wiege bis zur Bahre in einer Organisation zu dienen, das zieht heute nicht mehr«, sagt Eckhard Priller vom Wissenschaftszentrum Berlin.[2] Das neue Verständnis der Hilfe besteht in »kurzen, knackigen Freiwilligenjobs«, die ruhig auch Spaß machen dürfen. So vergeben Wirtschaftsstudenten via Internet Mikrokredite in Afrika, Hausfrauen versorgen Obdachlose mit warmem Essen, und alle zusammen lauschen in überfüllten Hallen dem Globalisierungskritiker Jean Ziegler. Die Opposition zum täglichen medialen Jammertal spiegelt immer weniger die Vereinszeitung und immer häufiger das Internet wider: »In welcher Gesellschaft wollen wir leben?«, fragt die Web-Platform der »Gesellschafter«[3], »How are you making a positive impact on the world?« (»Was tust du, um die Welt positiv zu verändern?«), will CNN.com wissen – und Hunderttausende machen mit.

Es scheint mehr hinter den aktuellen Rotkreuz-Slogans wie »Unsere Herzen erobern die, die mit Idealismus vorangehen« oder »Wir folgen Menschen, die Dinge der Sache wegen tun und nicht aus Kalkül« zu stecken als eine clevere Werbestrategie. Sie treffen offenbar punktgenau das Bedürfnis nach Sinnstiftung in einer inzwischen völlig utopiefreien Welt, in der immer mehr an immer weniger glauben. Warum sonst lassen sogar Wirtschaftskapitäne, Chefredakteure und prominente Künstler ausgerechnet am Zenit ihrer Karriere Einfluss und Einkommen sausen, »um endlich einmal etwas Sinnvolles zu tun«? Allein das Verzeichnis der Ambassadeure des Österreichischen Roten Kreuzes liest sich wie ein »Who's Who« der Wirtschaftsspitzen des Landes. Hilfsorganisationen sind für viele Menschen ein Mittel, um sich aus der Umklammerung des Banalen zu befreien und den Intensitätsverlust in der Tretmühle des modernen Lebens auszugleichen.

Von Elfriede Jelinek stammt die treffende Feststellung, dass es eines der schönsten Anliegen der Menschen wäre, »uninteressiert zu sein, aber bereit, die Finger in die Sinn-Steckdose zu stecken, bis ihnen die Haare zu Berge stehen«. Nun ist es in der Betroffenheit angesichts einer Not zwar sicher nicht ganz falsch, eine Kerze anzuzünden, anstatt sich über die Dunkelheit zu beklagen, wie das Sprichwort sagt. Aber wenn aus Emotion Aktion werden soll, dann benötigt sie mehr Licht, sie benötigt Organisation.

Die Bestürzung über das Leid anderer organisiert ein Schweizer Kaufmann vor 150 Jahren zum ersten Mal: 1859 hat Henry Dunant die Idee, aus der nur vier Jahre später das Rote Kreuz entsteht. Dunant reist geschäftlich nach Italien und wird zufällig Zeuge der Schlacht bei Solferino, bei der 40 000 verwundete und sterbende Soldaten aus mehreren Nationen ohne medizinische Versorgung auf dem Schlachtfeld liegen bleiben. Dunant, er ist immerhin Unternehmer, organisiert Hilfe, gemeinsam mit Freiwilligen aus den umliegenden Dörfern – für alle Opfer, nicht nur für die Franzosen, die ihm von Sprache und Geschäftsinteressen her am nächsten stehen.

Henry Dunant 1855

Hundert Millionen freiwillige und 500 000 hauptberufliche Mitarbeiterinnen und Mitarbeiter sind heute für die Rotkreuz- und Rothalbmondbewegung tätig – nur Religionen sind größer. Die Symbole der Bewegung zählen zu den bekanntesten Marken der Welt, und es gibt praktisch niemanden, der ihre Bedeutung nicht kennt. Trotzdem weiß kaum jemand, was tatsächlich alles dahintersteckt. Das hat unter anderem damit zu tun, dass dem Roten Kreuz ein Gesicht fehlt, ein charismatischer Anführer oder ein prominenter »Botschafter«; dass es pflichtgemäß über Tonnen von Hilfsgütern, die Anzahl besuchter Kriegsgefangener oder die Millionen zurückgelegter Kilometer im Rettungsdienst berichtet, aber kaum eingängige Geschichten von Einzelschicksalen erzählt, weil ihm seine Arbeitsgrundlage – die Genfer Konventionen – aufgrund des Persönlichkeitsschutzes sogar untersagt, Bilder von Opfern zu zeigen; dass seinen Delegierten wegen des Neutralitätsgrundsatzes eingebläut wird, nur darüber zu reden, was sie tun, aber nicht über das, was sie sehen. Das Rote Kreuz hat im Zeitalter der Bildmedien ein Kommunikationshandicap, aber selbst dahinter steckt Methode: Nicht die Person des Helfers zählt in der Doktrin der Organisation, sondern die Tat, die Menschen in Not hilft.

Dieses Buch bricht mit diesem ungeschriebenen Gesetz. Es stellt einige der Menschen vor, die aus den verschiedensten Berufen und aus den unterschiedlichsten Motiven gekommen sind, um sich einer altmodisch anmutenden Idee zu verschreiben: Sie wollen Menschen dienen, aber keinem System; das Opfer versorgen, aber genauso den Täter; die Initiative ergreifen, aber keine Partei; der Not gehorchen, aber nicht dem König; Nationen achten, aber keine Grenzen. Die Geschichten der Henry und Henriette Dunants von heute sind voll von Triumphen, aber auch von Fehlschlägen, die in ihrem Geschäft umso bitterer sind, weil sie Menschen betreffen, deren Schicksal ohnehin kaum jemanden interessiert.

Obwohl das Rote Kreuz für alle offen ist, findet nicht jeder seinen Platz darin: Es setzt sich nicht öffentlich für die Einhaltung der Menschenrechte ein; es verfolgt keine pazifistische Gesinnung; es ist kein Ort für Ungeduldige, denn es ist ein Flugzeugträger und kein Schnellboot. Deshalb stellt dieses Buch auch andere Organisationen und Initiativen vor, zeigt Einstiegswege für alle, die sich mit der Absicht engagieren möchten, »das Leben von Menschen in Not und sozial Schwachen durch die Kraft der Menschlichkeit zu verbessern«, wie es im Mission Statement der Rotkreuz- und Rothalbmondbewegung heißt. Es schildert an einem prominenten Beispiel aber auch, wie rasch sich gute Absichten in ihr Gegenteil verkehren können – denn auch die humanitäre Hilfe hat ihre dunkle Seite. Sie wird dann sichtbar, wenn für den Versuch, »das Meisterstück, sinnvoll zu leben« (Michel de Montaigne) zuwege zu bringen, andere mit ihrem Leben bezahlen müssen.

Aus den bescheidenen Anfängen auf einem italienischen Schlachtfeld des 19. Jahrhunderts ist eine gewaltige Hilfsindustrie geworden: ausdifferenziert, arbeitsteilig, hochspezialisiert. Effizient und effektiv, gleichzeitig mit den Unzulänglichkeiten allen Menschenwerks geschlagen. Parallel zu den Maßnahmen der Hilfe haben sich auch die Methoden verbessert, mit denen Menschen immer unsäglicheres Leid zugefügt wird. Kein Zustand scheint ohne sein

Gegenteil denkbar. Von den Massenmedien im Sekundentakt über die Lage der anderen, Unglücklicheren in Kenntnis gesetzt, weisen die Empörung darüber und das tätige Mitgefühl dagegen eine immer geringer werdende Halbwertszeit auf. Trotzdem ist das Engagement der Helferinnen und Helfer unverändert geblieben. Getrieben von nüchterner Leidenschaft oder dem »Zorn der Zeit« (Peter Sloterdijk), haben sie sich »einer Mission verschrieben, von der sie wissen, dass sie nie ein gutes Ende nehmen wird« (Hans Magnus Enzensberger).

Wie sie versuchen, diese Absurdität dingfest zu machen, das erzählen sie hier selbst.

Teil 1

Die Manager der Menschlichkeit

1. Eine Laune der Geschichte oder:
Warum man das Rote Kreuz heute nicht mehr gründen könnte

Zu den größten Leidenschaften von Häftling 466/64 zählt es, den Sonnenuntergang zu betrachten und dazu Musik von Georg Friedrich Händel oder Peter Iljitsch Tschaikowski zu hören. Dass sich das Gefängnis auf einer Insel befindet und er durch das vergitterte Fenster seiner Zelle nach Westen auf den Atlantischen Ozean blickt, kommt seiner Passion sehr entgegen. Deshalb erhebt er sich, als die Sonne schon fast den Horizont berührt, um seinen Besucher zu verabschieden. Bevor sich die Stahltüre hinter ihm schließt, ruft er dem Mann noch nach: »Wissen Sie, es kommt nicht allein auf das Gute an, das Sie bewirken. Sondern auch auf das Schlimme, das Sie verhindern!« Dann zieht sich Nelson Mandela in seine Zelle und tief in sich selbst zurück …

Es ist sehr fraglich, ob es heute überhaupt noch möglich wäre, eine Organisation wie jene zu gründen, für die der Besucher des späteren südafrikanischen Präsidenten arbeitet. Er ist Angestellter eines privaten Schweizer Vereins, der aber Völkerrechtspersönlichkeit besitzt, üblicherweise ein Vorrecht souveräner Staaten, Staatenbünde oder Organisationen wie den Vereinten Nationen.[4] Unser Mann selbst ist Träger eines Diplomatenpasses. Das Völkerrecht gestattet ihm und seinen Kolleginnen und Kollegen, sämtliche Kriegs- und Krisengebiete der Welt zu betreten, um den Kriegsopfern nicht nur Nahrungsmittel, sauberes Wasser und medizinische Hilfe zu bringen. Sondern auch, um sie in Gefängnissen und Lagern zu besuchen und so vor Misshandlung und Folter zu bewahren, ihr plötzliches Verschwinden oder ihre heimliche Hinrichtung zu verhindern. Doch obwohl es kaum eine andere Institution gibt, in der sich im Laufe von fast eineinhalb Dezennien so viel Wissen über Kriege angesammelt hat, ist unser Besucher kein Pazifist. Nicht Krieg ist seiner Ansicht nach verboten, sondern Unmenschlichkeit im Krieg.

Unter demselben Zeichen wie er – der englische Anthropologe Jonathan Benthall hat es »schon für sich allein genommen als Kabinettstück des Marketings«[5] bezeichnet – arbeiten weitere hundert Millionen freiwillige und 500 000 hauptberufliche Mitarbeiterinnen und Mitarbeiter in 186 Ländern der Welt. Den ursprünglichen Wirkungskreis ihrer lokalen und nationalen Organisationen, die Hilfe für Verwundete im Kriegsfall ohne Ansehen der Person und allein nach dem Maß der Not, haben sie in den vergangenen Jahrzehnten enorm erweitert. In Europa ist das Bild der Helfer von Rettungsfahrzeugen, vom Blutspenden, von der Katastrophenhilfe, von Pflegediensten und von der Jugendorganisation in den Schulen geprägt. In Afrika und Asien haben sie das Ursprungsanliegen auf Entwicklungszusammenarbeit, den Kampf gegen HIV/Aids, Malaria, Polio und Tuberkulose und auf die Mitarbeit bei der Umsetzung der Millennium-Entwicklungsziele der Vereinten Nationen ausgedehnt.

Das World Wide Web der Hilfe erstreckt sich noch in den hintersten Winkel der Welt, wodurch es überall tief bei der lokalen Bevölkerung verankert ist. Gleichzeitig handelt es sich bei seinen einzelnen Stützpunkten aber nicht um lokale Institutionen, wie das etwa bei den Feuerwehren der Fall ist. Jeder Einzelne von ihnen bildet vielmehr einen Knotenpunkt in einem weltweiten Netzwerk. Auf staatlicher Ebene sind die lokalen Stützpunkte in »nationalen Gesellschaften« zusammengefasst, die noch seltsamere Zwitterwesen sind als ihre Urzelle, deren Mitarbeiter Nelson Mandela besucht hat: Sie scheinen sich ebenso zu verhalten wie alle anderen sozialen oder humanitären Nichtregierungsorganisationen (Non-governmental Organization, NGO), doch müssen sie entsprechend ihren Grundsätzen gleichzeitig »den Behörden bei ihrer humanitären Tätigkeit als Hilfsgesellschaften« zur Seite stehen. Dafür hat man ihnen, dem menschlichen Bedürfnis nach Ordnung und der Not gleichermaßen gehorchend, das Etikett QUANGO (»Quasi-NGO«) verpasst. Zusammengehalten und koordiniert wird dieses lose Netzwerk, gegründet als »Liga« und 1991 in »Internationale Föderation« umbenannt, durch ein Sekretariat in Genf.

Hilfe für die Opfer von Verkehrsunfällen und Erdbeben, Dürren und Seuchen, Krankheiten und Vereinsamung, Betreuung pflegebedürftiger Menschen, Kurse für die Bevölkerung von der Ersten Hilfe für Kleinkinder bis hin zur »Bewegung im Alter«, das Betreiben von Blutspendediensten, der Kampf gegen die Armut – die Idee, die in der Mitte des 19. Jahrhunderts am Anfang der humanitären Hilfe steht, ist 150 Jahre später kaum wiederzuerkennen. Ursprünglich ist sie ein Handel zwischen Staaten: Wann immer sie Krieg führen, lassen sie neutrale Helfer auf den Schlachtfeldern zu, die sich um alle Kriegsopfer kümmern. Im Gegenzug dürfen diese Helfer keine Partei ergreifen und sich nicht in die Feindseligkeiten einmischen. Da Krieg bekanntlich die Fortsetzung der Politik mit anderen Mitteln ist, stellt auch sie für die Helfer verbotenes Terrain dar. Auf diese Weise wird eine Nische für die neutrale, unparteiliche humanitäre Hilfe geschaffen.

Erst später entsteht daraus mit dem »Humanitarismus« eine reichlich informelle Ideologie, deren zentrales Anliegen es ist, im Hier und Heute »die Schöpfung zu verbessern« (Albert Camus). Ihr zentraler Glaubensinhalt ist die universelle Humanität, ihr Katechismus sind die vier Genfer Konventionen von 1949, ihre Zusatzprotokolle von 1979 und 2005 und – seit 1965 – sieben Grundsätze: Menschlichkeit, Unparteilichkeit, Neutralität, Unabhängigkeit, Freiwilligkeit, Einheit und Universalität.

Millionen Verkünder hat diese Doktrin, und doch ist der Humanitarismus keine »weltliche« Konfession. Denn er taugt weder als Weltanschauung, noch bietet er eine Welterklärung an. Er ist lediglich ein praktischer Zugang zur nicht unwesentlichen Frage, wie man menschliches Leid lindern oder gar verhindern kann. Die Berechtigung dafür bezieht die humanitäre Bewegung aus Jahrtausenden der Ideen- und Geistesgeschichte. »Das Humanitätsprinzip wurzelt in der Sozialmoral«, schreibt einer ihrer Vordenker, »die sich auf einen einzigen Satz zurückführen lässt: Tu anderen, was ihr wollt, dass sie euch tun.«[6] Diese fundamentale Verkehrsregel im menschlichen Umgang miteinander findet sich in nahezu identischer Form in allen großen Religionen, und sogar die Positivisten, die sich nicht auf einen Glauben, sondern im Namen der Vernunft allein auf die Tatsachen der Erfahrung stützen, haben sie zu ihrer goldenen Regel erhoben. Allein deshalb ist es möglich, dass der Mensch »von sehr verschiedenen Standpunkten des philosophischen und religiösen Denkens und der menschlichen Erfahrung zum Gedanken unserer Organisation, zu der von ihr verkörperten ethnischen Idee und der von ihr verlangten Taten gelangen kann«.[7]

Trotz der langen Vorgeschichte und des soliden theoretischen Fundaments verdankt diese Organisation ihre Existenz aber nicht sorgfältiger, zielgerichteter Planung. Ihre Gründung ist vielmehr einer Laune der Geschichte entsprungen. Ohne einen Schweizer Kaufmann auf Geschäftsreise, der Algerien in der Mitte des 19. Jahrhunderts im Zuge einer kolonialen Unternehmung in die Kornkammer Europas verwandeln wollte, und der wegen dafür nötiger Lizenzen dem französischen Kaiser nachgereist war, wäre das Rote Kreuz nie entstanden.

2. Warum beißt der Wolf den Wolf nicht tot oder:
Noch rasch ein bisschen Philosophie

Am 6. Juni 1944 bewegt sich eine Armada von 5000 Kriegsschiffen auf den Küstenabschnitt zwischen den französischen Hafenstädten Caen und Cherbourg-Octeville zu. 12000 Bomber und Jäger unterstützen den Angriff aus der Luft.[8] Für die Besatzungen der Schiffe und Flugzeuge heißen die Strände der Niedernormandie an diesem Tag Omaha und Utah, Gold, Juno und Sword. Es ist D-Day, Decision-Day, der Tag der Entscheidung. Alliierte Streitkräfte beginnen mit der Invasion in der Normandie, um Europa und die Welt von der

Naziherrschaft zu befreien. Die deutschen Verteidiger sind dem Ansturm nicht gewachsen. Für sie wird der D-Day zum Doomsday – dem Tag des jüngsten Gerichts.

Lange geheim gehaltene Untersuchungen nach der Landung und dem Ende der Kämpfe schockieren sowohl die Befehlshaber der Deutschen Wehrmacht als auch jene der Alliierten: Vier von fünf Soldaten haben selbst in Todesgefahr absichtlich an ihren Gegnern vorbei oder über ihre Köpfe hinweg geschossen. Warum? Wenn ein Wolf im Kampf um die Führung des Rudels einem Artgenossen unterliegt, dann legt er sich auf den Rücken und hält ihm die ungeschützte Kehle hin. Der Sieger beißt aber nicht zu. Aus solchen Beobachtungen schloss der Verhaltensforscher Konrad Lorenz 1963, dass diese Tiere über eine angeborene Tötungshemmung verfügen.[9] Das Vorhandensein einer solchen Sperre oder gar ihre Entsprechung beim Menschen zweifeln heute viele Verhaltensforscher wieder an. Schon in den siebziger Jahren hat die Primatenforscherin Jane Goodall im tansanischen Urwald jahrelange blutige Sippenkriege zwischen Schimpansen – den nächsten Verwandten des Menschen im Tierreich – mitverfolgt. Sie endeten erst, als die unterlegene Gruppe wie nach einem Völkermord völlig ausgerottet war. Auch das soziale Verhalten des Menschen enthält viel Instinkthaftes, das von der im Vergleich zur biologischen recht kurzen kulturellen Evolution nicht angetastet worden ist. Ob der Mensch zum Mörder oder zum Helfer an seinen Artgenossen wird, scheint also nicht nur von den Umständen abzuhängen. So wie sich das Auge der Säugetiere aus Pigmentflecken und ihre Lunge aus der Schwimmblase entwickelt hat, ist aus der Brutpflege der eigenen Nachkommen später die Liebe entstanden, die auf die Mitglieder der eigenen Gruppe ausgeweitet wird.[10] »Mit den Gesetzen der Biologie«, sagt der Evolutionsforscher Rupert Riedl, »ist auch in den Phänomenen der Kultur zu rechnen.«

Die verhaltensbiologische Neigung zu kooperativem – weil nützlichem – Verhalten setzt allerdings den menschlichen Willen – oder die Beeinflussung dessen, was er dafür hält – nicht außer Kraft.

Der einzelne Mensch bleibt ein wankelmütiger Geselle und im Kollektiv ein »großer Lümmel« (Heinrich Heine), wenn es um den ewigen Widerstreit zwischen einem durch Liebe und Mildtätigkeit gekennzeichneten Verhalten und seinem antagonistischen Gegenstück geht, markiert durch Autorität und Unterwerfung. Gerade hat das die Wiederholung des berühmten »Milgram«-Experiments aus den frühen sechziger Jahren wieder bewiesen: So wie damals lassen sich auch 45 Jahre später mühelos zwei Drittel der Menschen in Folterknechte verwandeln, nur, weil es ihnen ein Versuchsleiter im weißen Mantel befiehlt.[11]

Die Erfahrung zeigt, dass Homo sapiens zum Totschläger wird, wenn man ihn lässt. »Der Mensch ist dem Menschen ein Wolf«, urteilt Plautus schon im Jahr 200 vor unserer Zeitrechnung. Der englische Philosoph Thomas Hobbes borgt sich die Formulierung des römischen Komödiendichters gleich für die Beschreibung des Naturzustandes des Menschen selbst aus und meint damit: Der Mensch verhält sich von Natur aus unmenschlich gegenüber seinem Nächsten. Den Gegenbeweis führt heute die Neurowissenschaft: Im Grunde wird der Mensch nicht als Egoist geboren, dem dann nachträglich soziale Verhaltensweisen antrainiert werden müssen. Seine zentralen Motive sind vielmehr auf gelingende Beziehungen gerichtet. Gleichzeitig schlummert in ihm, das räumen allerdings auch die Neurobiologen ein, das Potenzial zur Aggressivität.

Vor allem Gruppenegoismus und Fremdenhass sind, so Hans Magnus Enzensberger, »anthropologische Konstanten«.[12] Zu ihrer Zähmung kennt jede Gesellschaftsordnung, kennt jeder Gesellschaftsvertrag bestimmte Regeln. Die strengsten von ihnen dienen dem Schutz der körperlichen Unversehrtheit. Sogar eine Hilfeleistung zu unterlassen, ist verboten, am stärksten geächtet und am härtesten bestraft wird Mord. Um den Menschen vor sich selbst zu retten und sein Zusammenleben mit anderen überhaupt zu ermöglichen, schützt die Rechtsordnung gegen das Faustrecht. Und selbst im Krieg, diesem organisierten Töten, ist nicht alles erlaubt.

Doch jedes Regelwerk erscheint grob gewirkt im Vergleich zum fein gesponnenen Wertekanon der Nächstenliebe, der allen Kulturen eingewoben ist und die Bestie der Vernichtung in Zaum halten soll. Lange vor der Entstehung der christlichen Variante des Altruismus schreibt Konfuzius im 6. Jahrhundert vor unserer Zeitrechnung seinen Anhängern vor:»Behandle jeden so, wie du selbst behandelt werden möchtest.« Die Tugend des Erbarmens und des tätigen Mitgefühls im Buddhismus heißt Karuna. Sie gründet auf der Erfahrung der Einheit alles Seienden und umfasst alle Handlungen, die das Leid von Lebewesen – nicht nur von Menschen – fernhalten. Zu den Glaubenspflichten der Muslime zählt nicht bloß der Zakat, die Armenabgabe. Auch Gegner in der bewaffneten Auseinandersetzung müssen mit einem Mindestmaß an Menschlichkeit behandelt werden.»Wenn du siegreich gewesen bist, stoße ihnen nicht den Dolch in den Rücken«, steht im Koran.»Weder töte die Verwundeten, noch decke ihr Geschlecht auf. Verstümmle nicht die Toten! Reiße nicht den Schleier entzwei! Verzichte darauf, Kinder, Alte oder Frauen zu töten; verzichte darauf, Palmbäume zu fällen. Der Gefangene ist dein Bruder. Durch die Gnade Allahs ist er in deiner Hand. Stelle sicher, dass er ernährt und gekleidet wird ebenso wie du selbst.« Das muslimische Gebot:»Keiner von euch hat den Glauben erlangt, solange ihr für euren Nachbarn nicht liebt, was ihr für euch selbst liebt«, unterscheidet sich in seiner Substanz nicht vom Grundgedanken der christlichen Nächstenliebe im Neuen Testament:»Deinen Nächsten sollst du lieben wie dich selbst!« Oder von den Handlungsanweisungen im Tanach, der heiligen Schrift des Judentums:»Liebt den Herrn und den Nächsten, des Schwachen und Armen erbarmt euch.«

Diese Verbindung der Gottesliebe mit der Nächstenliebe ist auch das Neue im Neuen Testament. Die Kombination verschafft der Idee einen gewissen zusätzlichen Drive: Christen sind dadurch praktisch gezwungen, ihr Seelenheil auch in der Wohltätigkeit zu suchen. Das bekannte Gleichnis vom »guten Samariter« im Lukasevangelium[13] nimmt auch den Grundsatz der Unparteilichkeit vorweg, den sich die meisten humanitären Organisationen in ihre Grundsätze geschrieben haben: Ein Mann gerät auf dem Weg zwischen Jerusalem und Jericho unter die Räuber und bleibt halbtot liegen. Ein vorbeikommender Priester und ein Levit ignorieren ihn aus religiösen Motiven. Erst ein Samaritaner hilft dem »unreinen« Beraubten im Rahmen seiner Möglichkeiten und zeigt dem Notleidenden gegenüber ungeachtet religiöser und ethnischer Barrieren die gebotene Barmherzigkeit. Neu ist aber auch der Gedanke der unparteilichen Hilfe nicht: »Den Guten – ich bin ihnen gut. Den Nichtguten – ich bin ihnen auch gut«, hält Laotse im 49. Spruch des Taoteking fest, das aus dem China des 6. Jahrhunderts vor unserer Zeitrechnung stammt.

Es ist vor diesem geistesgeschichtlichen Hintergrund nicht erstaunlich, dass die Religionsgemeinschaften zu den Vorläufern der modernen Hilfsorganisationen werden. Diese Herkunft der Hilfe erklärt in Europa auch die heute noch bestehende Dominanz christlicher Organisationen in der Armen-, Kranken- und Altenpflege und ihre konsequente Weiterentwicklung zur Lebenshilfe-, Erziehungs-, Ehe- und Suchtberatung, zur Gefängnis-, Krankenhaus- und Telefonseelsorge, zur Arbeit gegen soziale Isolation und Vereinsamung, zum Engagement bei der Integration von Menschen mit Migrationshintergrund. Über Jahrhunderte stellen in den europäischen Königreichen die Kirchen das wenige bereit, das an Sozialhaushalten existiert. Einen Widerspruch zwischen der Gründung der ersten Hospiz-Orden und der gleichzeitigen Massaker an der Jerusalemer Stadtmauer durch die Kreuzzügler sieht man dabei offenbar nicht – im Gegenteil: In keinem anderen Namen wurden und werden so viele Menschen geschlachtet wie im Namen Gottes. Bis heute scheint dabei der Grundsatz zu gelten: Je strenger der Glaube, desto eher verhandelbar der Massenmord.

Auch die herausragende Rolle der protestantischen Staaten wie der Schweiz oder England bei der Entstehung der humanitären Bewegung hat ihre Ursachen in der Glaubensgeschichte. Während der katholische Zweig des Christentums dem Menschen seinen freien

Willen belässt, vertritt die reformierte Sparte die Prädestinationslehre: Ob der Mensch die Seligkeit erwirbt oder in Verdammnis endet, ist vorbestimmt. Der harte Kern der Reformatoren, für die alles und jedes von der göttliche Gnade abhängt, versammelt sich um den französischen Theologen und Rechtsgelehrten Johannes Calvin, der im 16. Jahrhundert in Genf lehrt. Noch heute ist die Stadt von seiner Ideologie durchtränkt:»Nur der, dem Gott den Erfolg gegeben hat, kann es sich leisten, gegenüber denen, die gottgewollt arm dran sind, ohne jeden Anflug eines schlechten Gewissens wohltätig zu sein. Und die Wohltätigkeit erlaubt dann den ungestörten Vorgang der Geschäfte zum Wohlgefallen Gottes.«[14] Wer arm ist, der verdient es der Vorsehung nach auch – wozu also noch lange nach sozialen Bedingungen und gesellschaftlichen Ursachen dafür fragen? Im Calvinismus rechtfertigt »die Verschmelzung von Religion und Wirtschaft den Reichtum und erklärt die Armut. Das Streben nach Reichtum steht nicht im Widerspruch zu den Glaubensgrundsätzen, und die Prädestination verlangt vom Auserwählten Vollkommenheit, die seinem Verlangen nach Erfüllung entgegenkommt. Auch die menschlichen Beziehungen sind rationalisiert. Aus Liebe wird Philanthropie, aus Mitleid Humanitarismus und aus menschlichem Beistand Mildtätigkeit.«[15] Als die Hugenotten – französische Calvinisten – im 17. Jahrhundert zu Verfolgten und Vertriebenen werden, fühlen sich die anderen protestantischen Staaten Europas zu Beistand verpflichtet. Sie knüpfen ein Netz der Solidarität und begründen damit eine Tradition der Hilfe, die bis in unsere Tage reicht.

Im 18. Jahrhundert erfährt das Gebot der Nächstenliebe eine Neuformulierung durch Immanuel Kant:»Handle nur nach derjenigen Maxime, von der du zugleich wollen kannst, dass sie ein allgemeines Gesetz werde«, lautet der kategorische Imperativ des Königsberger Denkers, der am Beginn der modernen Philosophie steht. Da hat die Aufklärung längst damit begonnen, auch die Nächstenhilfe dem religiösen Einfluss zu entziehen. Sie wird ab jetzt zum Symbol für Brüderlichkeit und das Streben nach der größten Utopie überhaupt: der Gerechtigkeit. Das Leid verliert seine metaphysische Bedeutung. Für vernünftig denkende – aufgeklärte – Menschen erfordern Armut, Seuchen, Epidemien und Katastrophen nicht länger Buße und Reue, sondern aktives Handeln und tätige Hilfe für die Opfer.

Und noch etwas ist neu: Während es die Religionen mit dem Barmherzigkeitsgebot gegenüber den Anhängern des jeweils anderen Glaubens nicht immer so genau nehmen, erhält es durch die Aufklärung universelle Gültigkeit: »Das Naturrecht, auf dem die Genfer Konventionen beruhen, versuchte zum ersten Mal in der Geschichte, sich Regeln vorzustellen, die auf alle Menschen zutrafen, Christen wie Heiden, Gläubige und Nichtgläubige, Staatsbürger und Nichtstaatsbürger.«[16] Mit der Loslösung der humanitären Hilfe von den Glaubensgemeinschaften und der Verweltlichung des Ideals der Nächstenliebe ist der »ewige Traum von einer übergreifenden Ordnung, einer Universalethik, die stärker, mächtiger und wichtiger ist als die banalen Streitigkeiten der Menschheit«[17], in ein neues Stadium getreten, das immer noch andauert. Es scheint, findet der Publizist Andrian Kreye, als ob bis heute niemand diesem Ideal näher gekommen ist als das Rote Kreuz, für dessen Humanitätsglauben noch nie ein Mensch getötet hat – auch, wenn es selbst inmitten einer Orgie des Tötens entstanden ist.

3. Die Urzelle der Hilfe oder:
Ein Mann und zwei Ideen

Am 24. Juni 1859 muss sich Charles Louis Napoléon Bonaparte auf seine Generäle gestützt in der Nähe des norditalienischen Dörfchens Castiglione della Pieve heftig übergeben. Der in zahllosen Kämpfen und Intrigen gestählte Kaiser der Franzosen, genannt Napoléon der Dritte, und seine 150 000 Mann starke Armee haben soeben eine der blutigsten Schlachten im ersten modernen Krieg Europas geschlagen: geführt von einem Massenheer von insgesamt 300 000 Soldaten und mit Hilfe neuester Errungenschaften wie der Eisenbahn und des Telegrafen.

Dabei hat das Jahr 1859 friedvoll begonnen. Doch dann unternehmen zwei führende Köpfe der italienischen Einigungsbewegung, Giuseppe Garibaldi und Camillo Benso di Cavour, einen erneuten Vorstoß, um Norditalien aus der Umklammerung Österreichs zu befreien. Am 29. April setzen die Österreicher zum Gegenschlag an und überschreiten von der Lombardei aus die Grenze zum Königreich Sardinien. Noch treffen sie auf wenig Widerstand. Doch Napoléon der Dritte hat sich schon ausgerechnet, dass er durch die Unterstützung der Italiener bei der Befreiung der Lombardei und des Veneto und in der Folge durch ein vereinigtes Italien einen wertvollen Verbündeten gewinnen würde. Am Abend des 23. Juni lagern die Österreicher auf einer ausgedehnten Ebene in der Nähe der Dörfer Solferino und Castiglione, zehn Kilometer südlich des Gardasees. Napoléon gibt den Angriffsbefehl im Morgengrauen des folgenden Tages. Den ganzen 24. Juni über steht das vereinigte Heer der Franzosen und Italiener den Österreichern in der Entscheidungsschlacht des Sardinischen Krieges entlang einer sechzehn Kilometer langen Frontlinie gegenüber.

Erst um vier Uhr an diesem Nachmittag machen Sturm und Hagelgewitter dem Hauen und Stechen, dem Anstürmen der Kavallerie und dem Feuer der Musketen und Geschütze ein Ende. Gemeinsam mit den Truppen Viktor Emanuels, König von Sardinien, hat der Franzosenkaiser die österreichische Armee unter der Führung des erst 29-jährigen Kaisers Franz Joseph I. praktisch zerrieben. Bei Sonnenaufgang liegen neben den 6000 Toten noch immer mehr als 40 000 brüllende Verwundete und Sterbende auf dem Schlachtfeld. Die Erde ist vom Blut der Soldaten schwarz getränkt. Napoléon besitzt vielleicht ein steinernes Herz, über einen seinem Beruf als Heerführer angemessenen Magen verfügt er nicht. Als er sieht, was er angerichtet hat, wird ihm übel.

Von einer der Anhöhen um Castiglione aus beobachtet ein Zivilist, ein Mann im weißen Leinenanzug, die Schlacht: Der Genfer Kaufmann Henry Dunant ist 31 Jahre alt und dem Franzosenkaiser nachgereist. Die französischen Behörden zögern die Erteilung von Genehmigungen, die er für ein Mühlengeschäft in Algerien braucht, bereits seit Monaten hinaus. Dunant hofft, die Konzessionen von einem Feldherrn in Siegerlaune problemlos zu erhalten. Aus dem Geschäft ist nie etwas geworden, aber was der junge Schweizer an diesem Wochenende sieht und erlebt, verändert sein Leben gründlich. »Die Umgebung von Solferino ist im wahren Sinne des Wortes mit Leichen übersät«, beschreibt er das Bild, das sich ihm bietet, später in seinem Buch »Eine Erinnerung an Solferino«.[18] Die Überlebenden beneiden ihre toten Kameraden: »Die unglücklichen Verwundeten, deren offene Wunden sich bereits entzündet haben, sind wie von Sinnen vor Schmerzen«, schreibt Dunant. »Sie verlangen, dass man sie umbringt. An anderen Stellen liegen Unglückliche, die von Kugeln oder Granatsplittern getroffen und zu Boden gestreckt sind, denen aber darüber hinaus noch durch die Räder der Geschütze, die über sie hinwegfuhren, Arme und Beine zermalmt wurden. Da sind einige, bei denen Mantel, Hemd, Fleisch und Blut eine unbeschreibliche, schauervolle Mischung bilden, in die sich Würmer eingefressen haben. Dort liegt ein völlig entstellter Soldat, dessen Zunge übermäßig lang aus dem zerrissenen und zerschmetterten Kiefer heraushängt. Einem anderen Unglücklichen ist durch einen Säbelhieb ein Teil des Gesichts fortgerissen worden. Nase, Lippen und Kinn sind von dem übrigen Teil des Kopfes getrennt. Unfähig zu sprechen und halbblind, macht er Zeichen mit der Hand. Sie alle liegen nun da im Kot, im Staub, blutgebadet. Sie leiden, sie sterben, und ihre Leiber werden nun, vom Pulver geschwärzt, aufgequollen, zerstückelt, so wie sie sind, in eilig gegrabene Gräber geworfen, und die Raubvögel werden sich auf Füße und Hände stürzen, die aus dem aufgeweichten Boden hervorschauen.«

Die Sanitätsdienste der an der Schlacht beteiligten Armeen sind mit der großen Zahl von Verwundeten völlig überfordert. Für jene, in denen noch ein Funken Leben steckt, organisiert Dunant gemeinsam mit den Frauen von Castiglione Hilfe. Obwohl die Franzosen ihm näherstehen, geht er unabhängig von der Nationalität der Kriegsopfer vor. Er versorgt die sterbenden Österreicher, die auf den Steinfliesen der Chiesa Maggiore liegen, verhindert Übergriffe der Franzosen auf ungarische Gefangene, notiert die letzten Worte italienischer Soldaten, um sie ihren Frauen und Müttern überbringen zu lassen. Er schickt nach Hilfsgütern ins benachbarte Brescia und bezahlt sie aus eigener Tasche. Es ist der Tag, an dem die organisierte neutrale und unparteiliche Hilfe, geleistet allein nach dem Maß der Not, beginnt: »Die Frauen von Castiglione sahen, dass ich nicht zwischen den Nationalitäten unterschied und folgten meinem Beispiel. Sie behandelten alle diese Männer, die von so verschiedener Herkunft waren, mit derselben Güte und Hingabe, obwohl sie Fremde für sie waren. Tutti fratelli! – Wir sind alle Brüder! –, wiederholten sie.« Dunant und seine Mithelfer schuften drei Tage und Nächte lang. »Immer fühlbarer wird der Mangel an Hilfskräften«, berichtet er und gibt am 27. Juni, »erschöpft von Schlafmangel, aber unfähig, einen Augenblick zu ruhen«, auf. Er lässt seinen Kutscher kommen und kehrt via Brescia nach Genf zurück.

Es ist nicht belegt, ob Dunant in diesen drei Tagen ein einziges Leben gerettet hat. Fest steht jedoch, dass das Buch, das er über die Ereignisse verfasst, die Welt verändern wird. 1861 beginnt er mit der Niederschrift der »Erinnerung an Solferino«. Darin schlägt er erstens vor: Schon in Friedenszeiten sollen unabhängige, freiwillige Hilfsgesellschaften gegründet werden, deren Helfer im Krieg die Verwundeten pflegen (»So braucht man also freiwillige Helferinnen und Helfer«, schreibt Dunant, »die im Voraus ausgebildet, geschickt und mit ihrer Aufgabe vertraut sind.«). Zweitens: Diese Helfer sollen durch ein internationales Abkommen neutralisiert und geschützt werden, der ihnen den Zugang zu den Kriegsopfern aller Seiten gestattet. Dunant landet mit seinem Buch, was man nach heutigen

Maßstäben als Bestseller bezeichnet. Dabei sind die 1600 Exemplare der ersten Auflage, die er auf eigene Kosten um 2,5 Millionen Franken drucken lässt, gar nicht für den Verkauf bestimmt. Dunant verschenkt sie zuerst an Freunde und Bekannte, erst später schickt er Exemplare an Verleger in Paris, Turin und Leipzig – mit der Bitte, sie unter der Bevölkerung jener Länder zu verbreiten, die an der Schlacht bei Solferino teilgenommen haben. Als die ersten hymnischen Reaktionen eintreffen, wird Dunant mutiger: Er sendet sein Buch nun auch an bedeutende Persönlichkeiten seiner Epoche. Victor Hugo bescheinigt ihm eine »Großtat für die Menschlichkeit«. Das prominente französische Autorenbrüderpaar Edmont und Jules de Goncourt teilt mit: »Dieses Buch ist besser – tausendmal besser – als Homer … nach seiner Lektüre verflucht der Leser den Krieg.« Generäle und Ärzte, Staatsmänner und Schriftsteller wenden sich an Dunant und gratulieren, sein Buch ist Gesprächsthema Nummer eins an den europäischen Höfen und bei den königlichen und kaiserlichen Familien. Glückwünsche erreichen ihn außerdem von König Viktor Emanuel II. aus Italien, von Kaiser Franz Joseph I. aus Wien, von der preußischen Königin, dem König von Württemberg und von Königin Isabella von Spanien. Nun entschließt sich Dunant zum Druck einer zweiten Auflage, die über den Buchhandel verkauft wird.

Einer der ersten Leser der »Erinnerung an Solferino« ist der Schweizer Militärstratege und General Guillaume-Henri Dufour. Nach der Lektüre kommt es auch zum ersten Kontakt zwischen Dunant und dem Genfer Bankier und Philanthropen Gustave Moynier, der als großartiger Organisator gilt und dessen wohltätige Aktivitäten sich auf Kindergärten, Armenbäder und Gefängnisse genauso erstrecken wie auf die Betreuung von Alkoholikern und Obdachlosen. Moynier ist außerdem Präsident der »Genfer Gemeinnützigen Gesellschaft«, in die Dunant nun auf Empfehlung von General Dufour aufgenommen wird. Am 9. Februar 1863 hält die Tagesordnung der Gesellschaft als Punkt drei einen Vorschlag fest, der aus seiner Feder stammt: »Unterstützung kriegführender Armeen durch Korps von freiwilligen Krankenpflegern.« Moynier schlägt vor, dieses Thema an ein fünfköpfiges Gremium zur weiteren Beratung und Umsetzung zu übertragen. Diesem »Fünferkomitee« gehören neben General Dufour, Moynier und Dunant selbst noch die Ärzte Dr. Louis Appia und Dr. Théodore Maunoir an. Bereits achtzehn Tage später trifft sich der Kreis, Dufour wird zum Komiteepräsidenten, Moynier zum Vizepräsidenten und Dunant zum Sekretär gewählt. Die Gruppe nennt sich nun »Ständiges Internationales Komitee«. Dunant, vom Erfolg seines Buches nach wie vor hochmotiviert, will die darin vorgetragenen Ideen nun möglichst rasch umsetzen. Auf die erste seiner Forderungen – die Gründung unabhängiger freiwilliger Hilfsgesellschaften schon in Friedenszeiten – einigt sich die Fünfergruppe rasch. Dunants zweiter Vorschlag, die Helfer außerdem durch ein internationales Abkommen unter den Schutz der Neutralität zu stellen, stößt dagegen vor allem bei Moynier auf Widerstand. Der Pragmatiker hält ihn für nicht durchsetzbar und befürchtet, dass das gesamte Projekt scheitern könnte, wenn das Komitee auf diesem Punkt beharrt. Der Idealist Dunant widerspricht und beruft sich auf Jean-Jacques Rousseau, denn der Philosoph hat in seinem Werk »Vom Gesellschaftsvertrag« erklärt: »Der Krieg ist kein Verhältnis eines Menschen zum anderen, sondern das Verhältnis eines Staates zum anderen, bei dem die Einzelnen nur zufällige Feinde sind, und zwar nicht als Menschen, ja nicht einmal als Bürger, sondern als Soldaten.«

Dunant weiß, dass er mit seiner Idee der Neutralisierung der Helfer durch ein internationales Abkommen durchkommen wird. Auf eigene Faust hat er mehrere europäische Länder bereist, um bei ihren Regierungen erfolgreich dafür zu werben. Am 17. Februar 1863 benennt sich das »Ständige Internationale Komitee« in »Internationales Komitee der Hilfsgesellschaften für die Verwundetenpflege« um. An diesem 17. Februar ist das Rote Kreuz als Organisation gegründet – das markante Zeichen erhält sie acht Monate später. Auf einer vom Komitee angeregten Konferenz vom 26. bis zum 29. Oktober beraten die europäischen Mächte darüber, wie der »Unzulänglichkeit der Sanitätsdienste im Felde« abzuhelfen wäre. Ein Ergebnis lautet: durch deren Kennzeichnung mit einem einfachen, unverwechselbaren und auch auf dem Schlachtfeld weithin gut erkennbaren Zeichen. Auf der Suche danach haben General Dufour und Dr. Appia die zündende Idee: Sie kehren einfach die Schweizer Fahne um – und erweisen damit gleich auch der Heimat Henry Dunants die Reverenz.

Im darauffolgenden Jahr lädt die Schweiz die europäischen Länder, die USA, Brasilien und Mexiko zu einer weiteren diplomatischen Konferenz. Am 22. August 1864 treffen einander 26 Delegierte aus sechzehn Staaten, zwölf von ihnen unterzeichnen schließlich die erste Genfer Konvention »betreffend die Linderung des Loses der im Felddienst verwundeten Militärpersonen«. Die von Dunant vorgeschlagene Neutralisierung der Hilfsmannschaften stellt, wie er es vorhergesehen hat, kein Hindernis dafür dar. Die erste Genfer Konvention legt auch fest, unter welchen Umständen eine nationale Hilfsgesellschaft vom Internationalen Komitee als solche anerkannt wird: Sie muss über die Billigung der Regierung ihres Landes verfügen und diese wiederum zuvor der Genfer Konvention beigetreten sein. Diese Anerkennung durch das Komitee ist wiederum notwendig, damit eine nationale Gesellschaft das einheitliche Schutzzeichen verwenden darf. Artikel sieben des ersten Abkommens hält fest: »Eine unverwechselbare und einheitliche Fahne soll bei den Feldlazaretten, den Verbandsplätzen und Depots aufgestellt werden. Das unter dem Schutz der Neutralität stehende Personal soll außerdem eine Armbinde tragen dürfen. Sowohl Flagge als auch Armbinde sollen ein rotes Kreuz auf weißem Grund tragen.«[19]

Das Internationale Komitee vom Roten Kreuz (IKRK) – Nachfolger des »Fünferkomitees« – ist noch heute ein privater Verein nach Schweizer Bundesrecht, der sich laut Statuten ausschließlich aus »zwischen fünfzehn und 25 Schweizer Bürgern« zusammensetzen darf. Die Beschränkung auf Staatsangehörige der Schweiz ist zwar nicht unumstritten. Sie hat das IKRK aber jedenfalls vor der

»UN-isierung« bewahrt: vor der Zusammensetzung aus Vertretern mehrerer Staaten, die – wie bei den Vereinten Nationen häufig der Fall – eher die Interessen ihrer Länder als jene der Institution selbst vertreten.

Auch die Ermächtigung durch die Genfer Konvention, das Rotkreuz-Zeichen verwenden zu dürfen, wird sich für viele nationale Gesellschaften als nicht ganz unbedeutend erweisen. Ohne die Oberhoheit über das Zeichen würde das Österreichische Rote Kreuz – gegründet 1880 – heute nicht das Rettungswesen dominieren. Die deutschen Rotkreuzgesellschaften gehören überhaupt zu den frühesten, die entstehen. Schon 1863 gründet Württemberg die erste nationale Gesellschaft, danach das Großherzogtum Oldenburg, ein Jahr später folgt Preußen. Auch Belgien, Dänemark, Frankreich und Spanien schließen sich 1864 an.

Dunant selbst ist von seiner Arbeit für das Rote Kreuz so eingenommen, dass er seine eigentlichen Geschäfte mehr und mehr vernachlässigt. 1867, erst 39 Jahre alt, schlittert er in den Bankrott. In den calvinistischen Genfer Zirkeln kommt das einem gesellschaftlichen Todesurteil gleich. Sein alter Widersacher Moynier nutzt die Ächtung und die Wehrlosigkeit Dunants weidlich aus. Auf sein Betreiben hin wird der Rotkreuz-Gründer aus dem IKRK ausgeschlossen. Dunant ist außerdem gezwungen, seine Heimatstadt Genf zu verlassen, die er nie mehr wiedersehen wird. Durch seinen gesellschaftlichen Einfluss verhindert Moynier in den folgenden Jahren mehrmals, dass Dunant finanziell wieder Halt findet. Er vereitelt die Angebote von möglichen Unterstützern, die Geld zur Verfügung stellen wollen. Er sorgt dafür, dass die Goldmedaille der Sciences Morales der Pariser Weltausstellung von 1867 nicht an Dunant, sondern zu gleichen Teilen an ihn selbst, Dufour und Dunant verliehen wird. Damit fließt das Preisgeld nicht an den bankrotten Rotkreuz-Gründer, sondern an das Komitee. Schließlich hintertreibt er das Angebot des Franzosenkaisers Napoléon des Dritten, die Hälfte von Dunants Schulden zu tilgen, sofern Freunde die andere Hälfte übernehmen.

Dunant führt in den Jahren nach der Pleite ein einsames Leben im Elend, das ihn zuerst nach Paris und London und zwischen 1874 und 1886 auch nach Italien und Deutschland führt. Während seine Ideen sich in immer mehr Staaten durchsetzen, sind aus dieser Zeit nur wenige Details aus seinem Leben bekannt.[20] In Stuttgart nimmt ihn 1876 der Pfarrer Ernst Wagner in sein Haus auf, neun Jahre später verlässt er es wieder, verschwindet mehr oder weniger von der Bildfläche und wird von der Öffentlichkeit für tot gehalten. Eines Tages im Jahr 1890 berichtet der Lehrer Wilhelm Sonderegger aus dem kleinen Schweizer Kurort Heiden im Kanton Appenzell, »es müsse sich ein merkwürdiger Mann in Heiden aufhalten. In der Schule hätten ihm die Kinder erzählt, ein schwarz gekleideter Herr mit einem weißen Bart bis zu den Knien und einem Samtkäpplein gehe herum, suche weiße Steinchen auf der Straße und stecke sie in seine Tasche. Er sei außerordentlich freundlich mit ihnen, aber er verstehe nicht gut Deutsch.« Kurze Zeit danach lernt der Lehrer den Fremden kennen: »Es sei der Genfer J. H. Dunant[21], der Mann, der das Werk vom Roten Kreuz zustande gebracht habe. Er lebe in sehr bescheidenen Verhältnissen bei der Familie Stähelin …«[22] Bilder aus dieser Zeit zeigen Dunant als alten Mann mit wallendem, weißen Bart, in dessen gütigem Gesicht Kinderaugen leuchten. Sein Aufenthalt in Heiden bleibt vorerst ein Geheimnis, die Welt hält ihn weiterhin für tot – bis im September 1895 der Artikel »Henri Dunant, der Begründer des Roten Kreuzes« in der *Deutschen Illustrierten Zeitung*, einem Stuttgarter Wochenblatt, erscheint. Der St. Gallener Journalist Georg Baumberger hat Dunant einen Monat zuvor in Heiden »entdeckt«. Zeitungen in ganz Europa übernehmen den Beitrag, Dunant wird noch einmal berühmt. Obwohl er sich bis zu seinem Lebensende darüber grämen wird, nie alle Schulden abbezahlen zu können, verbessert sich jetzt auch seine finanzielle Situation. 1901 erhält er – gemeinsam mit dem französischen Parlamentarier und Pazifisten Frédéric Passy – den ersten Friedensnobelpreis. Der norwegische Militärarzt Hans Daae, ein Fürsprecher des Rotkreuz-

Gründers, verwahrt dessen Teil des Preisgelds bei einer norwegischen Bank, um den Zugriff durch die Gläubiger zu verhindern. Dunant selbst hat das Geld nie angetastet. Seine letzten Lebensjahre verbringt er als misstrauischer, wunderlicher alter Herr, häufig in Depression verfallen und ständig in Angst vor den Nachstellungen seines Widersachers Moynier. Schwerkrank stirbt er gegen 22 Uhr am 30. Oktober 1910. Seine letzten Worte sind:»Ah, que ça devient noir!« (»Wie finster wird es um mich her!«) Moynier, mit dem er sich nie ausgesöhnt hat, überlebt er um knapp zwei Monate. Obwohl noch immer bekennender Christ, hat Dunant sich von der institutionalisierten Religion losgesagt, ihre Riten und Gebräuche verachtete er.»Ich wünsche zu Grabe getragen zu werden wie ein Hund«, verfügt er in seinem Testament,»ohne eine einzige von euern Zeremonien, die ich nicht anerkenne. Ich zähle auf eure Freundschaft, dass es so geschehe. Ich bin ein Jünger Christi wie im ersten Jahrhundert, und sonst nichts.«

Nicht nur Dunants Vorhersage einer»blutige Zukunft« hat sich bewahrheitet. Wie weit er seiner Zeit voraus war, zeigt zudem die Tatsache, dass die meisten seiner Ideen inzwischen verwirklicht sind, darunter die Ausweitung der Tätigkeit des IKRK auf Kriegsgefangene in der Genfer Konvention von 1929; die Erfolge des von ihm mitbegründeten»Christlichen Vereins junger Männer«, der heute international unter dem Namen»Young Men's Christian Association« (YMCA) bekannt ist; die Gleichberechtigung der Frauen; die Gründung des Staates Israel; die Einrichtung einer Organisation zur Bewahrung des Weltkulturerbes (UNESCO) und die Abschaffung der Sklaverei in den USA. Auch Millionen von Helferinnen und Helfern des Roten Kreuzes und Roten Halbmonds auf der ganzen Welt arbeiten heute so selbstverständlich in diesem Netzwerk, als ob es das schon immer gegeben hätte.

4. Die neue Idee wird ausprobiert oder:
Der Halbmond geht auf

Wie von Dunant vorhergesehen (»Da man gemäß der geistigen Lage in Europa Kriege voraussehen kann, die unvermeidlich sein werden ...«), bietet das ausgehende 19. Jahrhundert reichlich Gelegenheit, seine Ideen zu erproben. In der Entscheidungsschlacht an den Düppeler Schanzen im Deutsch-Dänischen Krieg kommt es am 16. April 1864 zum ersten Rotkreuz-Einsatz in der Geschichte. Neben Dr. Louis Appia und dem holländischen Hauptmann Charles van de Velde nehmen erstmals Hilfskräfte und Delegierte unter dem Zeichen des Roten Kreuzes an einem Krieg teil. Nahezu alle europäischen Länder haben inzwischen Rotkreuzgesellschaften gegründet, und der Deutsch-Französische Krieg von 1870 bis 1871 belegt erstmals ihren – auch militärischen – Nutzen: Preußen verfügt sowohl über eine hervorragend ausgebildete Armee als auch über eine bestens ausgerüstete Rotkreuzgesellschaft, die eng mit der Truppe zusammenarbeitet. Das Französische Rote Kreuz dagegen ist schlecht vorbereitet und mangelhaft ausgestattet. Auf preußischer Seite liegt am Ende der Auseinandersetzung die Zahl der Soldaten, die an einer Verwundung oder Krankheit gestorben sind, unter der der Gefallenen. Bei den Franzosen ist es umgekehrt: Dreimal so viele Soldaten als in der Schlacht fallen, sterben an ihren Verwundungen. Die neuen Sanitätsdienste unter dem Roten Kreuz haben noch einen weiteren Vorteil: Gekennzeichnet und neutralisiert, müssen die Lazarette nun nicht mehr weit hinter der Front liegen, was Verletzten und Personal lange Transportwege erspart und eine raschere Versorgung sicherstellt. Erstmals sind in diesem Krieg auch Delegierte anderer Rotkreuzgesellschaften im Einsatz: Das Schweizerische, Russische, Irische und Luxemburgische Rote Kreuz schicken Ärzte und Sanitäter zur Versorgung der Verwundeten auf beiden Seiten.

Fünf Jahre später zieht Russland in den Krieg gegen das Osmanische Reich. Während dieses Feldzugs verwenden die türkischen

Streitkräfte für ihren Sanitätsdienst einen roten Halbmond – die Regierung ist der Ansicht, das Kreuz würde das religiöse Empfinden ihrer Soldaten verletzen. Das rote Kreuz, die Umkehrung der Schweizer Flagge ohne jegliche religiöse Bedeutung, erhält nun ausgerechnet durch eine Entscheidung des IKRK eine solche: Nach der Gleichstellung des Halbmondes mit dem Kreuz erklärte das Komitee 1878, dass der Grundsatz der Menschlichkeit wichtiger sei als jede religiöse Überzeugung – und dass für nicht-christliche Staaten die Möglichkeit bestehe, ein anderes Schutzzeichen als das Kreuz in die Genfer Konventionen aufzunehmen. Formal wird der rote Halbmond 1929 durch eine diplomatische Konferenz der Signatarstaaten der Genfer Konvention als gleichberechtigtes Schutzzeichen für die Sanitätsdienste im Krieg anerkannt und von Ägypten und der erst sechs Jahre alten Türkischen Republik benutzt.

Die Idee eines einheitlichen, auf der ganzen Welt bekannten und wiedererkennbaren Zeichens wird 1924 erneut verwässert: Der Iran verwendet zur Kennzeichnung seiner nationalen Gesellschaft in Friedenszeiten und zum Schutz seiner militärischen Sanitätsdienste im Krieg den Roten Löwen mit Sonne. Erst 1980, nach der islamischen Revolution, verschwindet das an das Wappen des Schahs gemahnende Zeichen wieder, an seine Stelle tritt der rote Halbmond. Weitere Anträge nationaler Gesellschaften lassen den Rotkreuz-Juristen in Genf die Haare zu Berge stehen. Die Vorschläge reichen von einem roten Kreuz mit roter Flamme (Thailand) über einen roten Torbogen (Afghanistan) und eine rote Sonne (Japan) bis hin zum roten Hakenkreuz – in Indien und auf Sri Lanka ein Symbol für Gutes und Glück, dessen Ursprung in Mesopotamien liegt.

Erst im neuen Millennium findet die Zeichenverwirrung ihr Ende. Das Weaverly House Hotel in der Londoner Southampton Row hat schon bessere Zeiten gesehen, und in den abgewetzten roten Fauteuils in der Hotelhalle sitzen an diesem frühen Montagmorgen im Juni 2000 nur zwei Gäste: ein junger Österreicher in dunklem Anzug, dessen Anstecknadel ihn als Mitarbeiter des IKRK ausweist; und ein Mittfünfziger, der gepflegtes Oxford-Englisch spricht und einigermaßen erschüttert in seinem Tee rührt. Der Visitenkarte nach ist er Chefdesigner eines renommierten Londoner Grafikstudios. »Sie möchten was?«, fragt er fassungslos. »Wir möchten«, wiederholt der IKRK-Delegierte seinen ungewöhnlichen Auftrag, »dass Sie sich Gedanken über ein Symbol machen, das frei von politischen, religiösen und kommerziellen Assoziationen ist und das noch nirgendwo auf der Welt als Marke im Einsatz ist, damit wir es gegebenenfalls anstelle des Rotkreuz-Zeichens verwenden können.«

Die Mission des jungen Delegierten ist streng vertraulich. Denn wieder einmal scheint das IKRK, das die Politik meidet, ohne sein eigenes Zutun in ihren Strudel geraten zu sein: in den USA mitten in einem Präsidentschaftswahlkampf und gleichzeitig im Nahen Osten. Im Kampf um die Wählergunst wird an der amerikanischen Ostküste keine Gelegenheit ausgelassen. »Warum verwehrt die Internationale Rotkreuz- und Rothalbmondbewegung dem israelischen Roten Davidstern (Magen David Adom) schon seit Jahren den Beitritt?«, lautet die Frage von Bernadine Healy, Präsidentin des Amerikanischen Roten Kreuzes, ehemalige Mitarbeiterin der Reagan-Administration und Mitglied der Republikanischen Partei, in Richtung Genf. Im November 1999 kommt es dort zu einer Begegnung zwischen ihr und dem damaligen Präsidenten des IKRK, Cornelio Sommaruga.[23] »Wenn wir den Roten Davidstern anerkennen, dann müssen wir auch ein rotes Hakenkreuz zulassen«, sagt Sommaruga im Gespräch nach einer Veranstaltung an Bernadine Healy gewandt.[24] Das ist pointiert formuliert und formal korrekt, doch die Bemerkung kommt zur Unzeit. Charles Krauthammer, Pulitzer-Preisträger und einflussreicher amerikanischer Kolumnist, verbreitet sie über die *Washington Post* und über die *Jewish World Review*. »Da haben wir eine Institution, die Wohltätern der Menschheit wie Nordkorea, Afghanistan und dem Irak die Ehre der vollwertigen Mitgliedschaft gewährt«, schreibt er, »die aber den Magen David Adom vorsätzlich ausschließt, der seine Helfer zum Beispiel unverzüglich zu den ausgebombten amerikanischen Botschaften in Kenia und Tansania entsandt hat.«

Die Optik ist verheerend. Der World Jewish Congress hat dem IKRK sein öffentliches Schweigen zu den Konzentrationslagern der Nationalsozialisten nie verziehen. Jetzt startet er eine Kampagne gegen das IKRK. Die Schweiz selbst steht gerade wegen der Komplizenschaft ihrer Banken mit den Nazis und der immer noch auf ihren Konten lagernden Guthaben von Holocaust-Opfern am Pranger. Sowohl die Neutralität der Schweiz als auch die sprichwörtliche Korrektheit der Eidgenossen sind gründlich entzaubert. Auch Krauthammer hat nicht unrecht, aber er prügelt den Falschen. Was er in seiner Kolumne nicht ausführt, ist die Tatsache, dass die Rotkreuz- und Rothalbmondbewegung die israelische Schwestergesellschaft – mit der sie im Übrigen wie mit einem vollwertigen Mitglied zusammenarbeitet – gar nicht anerkennen kann. Nach den Statuten der Rotkreuz- und Rothalbmondbewegung muss jede nationale Gesellschaft dafür zehn Kriterien erfüllen, darunter: »den Namen und das Emblem des Roten Kreuzes oder Roten Halbmonds in Übereinstimmung mit den Genfer Konventionen«[25] verwenden. Auf Art und Anzahl der möglichen Zeichen wiederum haben Rotes Kreuz und Roter Halbmond keinen Einfluss. Sie werden ihnen von den Genfer Konventionen vorgeschrieben, die wiederum Verträge zwischen Staaten sind. Änderungen oder Zusätze erfordern daher diplomatische Konferenzen unter Teilnahme aller (damals 192) Signatarstaaten der Abkommen.

Selbst wenn die Staaten den roten Davidstern als drittes Zeichen in die Konventionen aufnehmen, öffnet sich nur eine neue Büchse der Pandora – und das in einer Weltregion, in der Hilfseinsätze sich ohnehin nicht einfach gestalten. Denn im Nahen Osten existiert eine weitere nationale Gesellschaft, die formal nicht Mitglied der Bewegung ist. Der Palästinensische Rote Halbmond verwendet zwar eines der beiden anerkannten Zeichen. Aber auch er erfüllt nicht alle zehn Aufnahmekriterien, denn die Gesellschaft arbeitet nicht »auf dem

Territorium eines unabhängigen Staates, in dem die Genfer Konventionen in Kraft sind«. Die Rotkreuz- und Rothalbmondbewegung steht vor einem vertrauten Dilemma: Die Situation ist aussichtslos, wieder einmal findet sie sich eingekeilt zwischen Skylla und Charybdis. Denn so wie die Amerikaner und ihre Verbündeten wegen der fehlenden Anerkennung des Magen David Adom toben, würde seine Aufnahme in die Bewegung bei gleichzeitiger Nicht-Anerkennung der palästinensischen Schwestergesellschaft die gesamte arabische Welt gegen sie aufbringen.

Der Beginn der zweiten Intifada in den palästinensischen Gebieten im Jahr 2000 bereitet allen diplomatischen Bemühungen auf der Suche nach einer Lösung ein jähes Ende. Doch inzwischen ist auch Post aus London mit Vorschlägen für das zusätzliche Zeichen eingetroffen: eine auf der Spitze stehende rote Raute als Schutzzeichen für die Helfer im Krieg. Zur Kennzeichnung von nationalen Gesellschaften in Friedenszeiten sollen diese ihr Zeichen in der ausgesparten weißen Fläche im Inneren der Raute anbringen dürfen. Drei davon soll es geben: Kreuz, Halbmond – und Davidstern.

Nun tritt die Schweizer Armee in Aktion, Tauglichkeit und Sichtbarkeit des Zeichens müssen überprüft werden – auf Fahrzeugen und Hausdächern, unter Wasser, in der Wüste, aus der Luft. Die Ergebnisse sind zufriedenstellend. Die Raute ist zwar nicht besser erkennbar als das Kreuz, aber deutlicher als der Halbmond. Jetzt sind die Staaten am Zug. Am 17. Februar 2005 titelt die Genfer Tageszeitung *Le Temps*: »Das Schicksal des neuen humanitären Zeichens liegt in den Händen der Schweizer Diplomatie.« Die hat es dabei nicht einfach. Eine für den 5. und 6. Dezember 2005 angesetzte diplomatische Konferenz muss bis zum 7. verlängert werden. Magen David Adom und Palästinensischer Roter Halbmond haben sich bereits im Vorfeld auf die Kooperation bei Einsätzen in den palästinensischen Gebieten – im Gazastreifen und im Westjordanland – geeinigt, aber nun fordert Syrien eine ähnliche Übereinkunft für die Entsendung seiner Rothalbmondgesellschaft auf die Golanhöhen. Es kommt zu keiner Einigung, das dritte Zusatzprotokoll zu den Genfer Konventionen wird nicht im Konsens beschlossen. Doch die Zweidrittelmehrheit reicht aus, um das notwendige Zeichen zu setzen: Der »Rote Kristall« wird mittels dieses Zusatzabkommens zum anerkannten Emblem neben Kreuz und Halbmond. Sogar die Abkürzung

Kreuz und Halbmond: Zwei Zeichen – dieselbe Organisation

»RC« beziehungsweise »CR« funktioniert in englischer (Red Cross – Red Crescent – Red Crystal) und französischer (Croix Rouge – Croissant Rouge – Cristal Rouge) Sprache. Ein halbes Jahr später erzielen die Staatenvertreter eine weitere Zweidrittelmehrheit: Die Delegierten zur 29. Internationalen Konferenz des Roten Kreuzes und Roten Halbmondes – Vertreter der nationalen Gesellschaften und aller Signatarstaaten der Genfer Konventionen – beschließen die Anerkennung sowohl des Magen David Adom als auch des Palästinensischen Roten Halbmonds. Beide Hilfsgesellschaften sind ab sofort Vollmitglieder der Internationalen Föderation der Rotkreuz- und Rothalbmondgesellschaften.

Danach wird es schlagartig still um die Angelegenheit. Heute verwenden 152 Gesellschaften als Kennzeichen das Kreuz, 33 den Halbmond und die israelische nationale Gesellschaft den roten Davidschild innerhalb des roten Kristalls. Zu Beginn des Ersten Weltkrieges gibt es erst 38 nationale Rotkreuz- und Rothalbmondgesellschaften. Neben fast allen europäischen Staaten haben auch die USA und zahlreiche Länder in Südamerika, Asien und Afrika Hilfsgesellschaften unter diesen Zeichen gegründet. Am Ende des Ersten Weltkrieges übersteigt die Zahl ihrer Helferinnen und Helfer sogar jene der am Krieg beteiligten Soldaten. Dessen Bilanz ist verheerend: Im »Krieg, der alle Kriege beenden sollte«, haben zehn Millionen Uniformierte und ebenso viele Zivilisten ihr Leben verloren. Im Angesicht dieses Gemetzels erscheint von nun an jeder Krieg für immer ausgeschlossen. So wie die Armeen kann jetzt wohl auch das enorme freiwillige Hilfsheer demobilisieren.

5. Erdbeben, Fluten, Feuersbrünste oder:
Noch ein Rotes Kreuz

Auch in Wien spielt man 1918 mit dem Gedanken, die 1880 gegründete »Österreichische Gesellschaft vom Rothen Kreuze« aufzulösen. Auch für die Rotkreuz-Funktionäre in der Hauptstadt der Ersten Republik, die von der Doppelmonarchie übrig geblieben ist, scheint sich das Anliegen des Ursprungs erledigt zu haben: Ohne künftige Kriege braucht es auch keine Hilfsgesellschaften für die Kriegsopfer mehr. Diesem Irrtum, erinnert sich die Amerikanerin Clara Barton, sind ihre Landsleute am Ende des amerikanischen Bürgerkrieges auch erlegen. Sie bemüht sich deshalb nach Kräften, die Rotkreuz-Idee, die sie während einer Erholungsreise in Europa kennengelernt hat, in die Vereinigten Staaten zu verpflanzen. 1881 wird das Amerikanische Rote Kreuz gegründet und Barton seine erste Präsidentin. Gleichzeitig weitet sie das Tätigkeitsfeld ihrer Organisation aus: Schon im Herbst desselben Jahres führt sie die Rotkreuz-Hilfaktion zugunsten von 5000 Menschen im Bundesstaat Michigan an, die große Waldbrände mittel- und obdachlos zurückgelassen haben.

Nicht nur in den USA finden die Rotkreuz-Helfer auch in Friedenszeiten mehr Arbeit vor, als sie bewältigen können. Fast vierzig Jahre nach den Waldbränden hält der Vorsitzende des Amerikanischen Roten Kreuzes Henry Davison deshalb den Zeitpunkt für gekommen, die nationalen Hilfsgesellschaften der Welt unter dem Dach einer Liga zu vereinen, um sie auch in Friedenszeiten nutzbar zu machen. Die Dachorganisation wird am 5. Mai 1919 in Paris von den Vorsitzenden der Hilfsgesellschaften der USA, Frankreichs, Großbritanniens, Italiens und Japans gegründet. Die Welt bekommt mit der Liga – neben dem IKRK – ihr zweites Rotes Kreuz.

Nicht nur mit dem Internationalen Komitee zeichnen sich von Anfang an Spannungen ab. Nach den Vorstellungen der Liga-Gründer soll sich die Arbeit der Urzelle des Roten Kreuzes künftig auf Kriegszeiten beschränken. Die neue Institution würde sich im Frieden um alle anderen Aufgaben, vor allem um die Opfer von Naturkatastrophen und um die Durchführung eines ambitionierten Gesundheitsprogramms, kümmern.

Die Liga ist zudem von Beginn an politisiert. Zum einen sind an ihrer Gründung ausschließlich Staaten der Entente[26] und ihre Verbündeten beteiligt. Ihre Statuten ermöglichen den fünf Gründungsmitgliedern außerdem, die nationalen Rotkreuzgesellschaften der im Ersten Weltkrieg gegnerischen Mittelmächte Deutschland, Österreich-Ungarn, Bulgarien sowie Russland (eigentlich Verbündeter der Entente!) auf Dauer auszuschließen – was dem Rotkreuz-Grundsatz der Universalität und der Idee der Gleichberechtigung aller Gesellschaften widerspricht. Auch dieser Gleichberechtigung gegenüber zeigt sich das ausschließlich von Schweizer Bürgerinnen und Bürgern geführte IKRK skeptisch. Die Übertragung von Aufgaben und Befugnissen an eine multilaterale Institution sorgt in der 1991 zur »Internationalen Föderation« umbenannten Liga in der Tat bis heute für das berüchtigte »UNO-Problem«, das Anders Wijkman vom

Schwedischen Roten Kreuz in einer scharfen Auseinandersetzung Mitte der achtziger Jahre auch beim Namen nennt: Die Vereinten Nationen wären genau deshalb in Schwierigkeiten, weil ihre Beamten nach einem Quotensystem bestellt werden und in der Folge eher ihre Regierungen und nicht die Organisation selbst repräsentieren. Das Rote Kreuz dürfe deshalb, was das Sekretariat der Liga in Genf angehe, »nicht in die Falle dieser Postenschacherei auf der Grundlage regionaler Repräsentanz gehen«[27], erklärt Wijkman. Vor dem Hintergrund der unterschiedlichen Interessenlagen der nationalen Gesellschaften würden sonst gemeinsame Entscheidungen zuerst schwer zu treffen und danach kaum durch- und umzusetzen sein.

Nicht zuletzt manifestiert sich mit der Gründung der Liga ein Spannungsfeld, aus dem sich das Rote Kreuz nie mehr befreien sollte: Auf der einen Seite sind ihre Mitgliedsgesellschaften den Rotkreuz-Grundsätzen, allen voran der Menschlichkeit, Unparteilichkeit und Neutralität, verpflichtet. Auf der anderen Seite sind sie, vor allem, wenn sie in den Genuss staatlicher Anerkennung und Förderung gelangen wollen, dazu angehalten, »den Behörden bei ihrer humanitären Tätigkeiten als Hilfsgesellschaften zur Seite« zu stehen.[28]

Henry Davison genießt für sein Vorhaben die Unterstützung des Präsidenten der Vereinigten Staaten Woodrow Wilson, der zu den eifrigen Verfechtern des »neuen Völkerbunds« zählt (dem die USA selbst allerdings nie angehören). Davison und Wilson sehen in der Liga jene Organisation, die den auf die Bewahrung des Friedens ausgerichteten Völkerbund auf humanitärem Gebiet ergänzen soll. Durch den Artikel 25 der Völkerbund-Satzungen sind seine Bundesmitglieder sogar verpflichtet, »die Errichtung und Zusammenarbeit anerkannter freiwilliger nationaler Organisationen des Roten Kreuzes zur Hebung der Gesundheit, Verhütung von Krankheiten und Milderung der Leiden in der Welt zu fördern und zu begünstigen«. Die Liga soll dazu beitragen, dass die Mitgliedsgesellschaften in Friedenszeiten nicht erlahmen, sondern sich neuen Aufgaben im Sinne des Artikel 25 zuwenden.

Ihre ersten Jahre sind von Aufgaben geprägt, die später zu den ständigen und großen Betätigungsfeldern der Institution zählen werden: die Hilfe für die Opfer von Epidemien, Naturkatastrophen und Hungersnöten, die Arbeit im Gesundheitswesen, die Krankenpflege und das Rettungswesen. Die Hast, in der sich die Liga konstituiert, lässt allerdings wenig Zeit für die Beantwortung einiger grundsätzlicher Fragen: Sollte der in Paris – und später in Genf – ansässige Dachverband »operativ oder koordinierend« tätig sein?[29] Soll er den Austausch zwischen den einzelnen nationalen Gesellschaften fördern, oder unter Heranziehung ihrer personellen, materiellen und finanziellen Ressourcen selbst bestimmen, wo und auf welchen Gebieten er auf welche Weise tätig wird? Diese Fragen sind bis heute nicht eindeutig entschieden und führen immer wieder zu Spannungen zwischen dem Föderations-Sekretariat in Genf, den nationalen Gesellschaften und dem IKRK – nicht zuletzt deshalb, weil in modernen Konflikten die Aggregatzustände Krieg und Frieden immer ununterscheidbarer werden. In den neunziger Jahren setzt sich für die humanitäre Arbeit in diesen »niedrig-intensiven Konflikten« der Begriff »complex emergency« (»komplexe Notsituation«) durch. Gekennzeichnet sind diese Notfälle durch die Notwendigkeit des Zusammenspiels verschiedener humanitärer Organisationen. Auf seine genaue Bedeutung angesprochen, antwortet ein Mitarbeiter des IKRK einmal: »Das ist eine Erfindung der Föderation mit dem Zweck, sich dort, wo die Fernsehkameras stehen, in die Angelegenheiten des IKRK einmischen zu können.« Und ein ehemaliger Kommunikationschef der Föderation umreißt das Identitätsproblem salopp: »Sie weiß seit 1919 nicht, wozu sie eigentlich da ist.«

In Deutschland und Österreich verlegt sich das Rote Kreuz in der Zwischenkriegszeit Schritt für Schritt auch auf jenes Betätigungsfeld, für das es heute am bekanntesten ist: das Rettungswesen. In der Weimarer Republik dominieren bis zum Ende der zwanziger Jahre noch die Schwesternschaften das Bild vom Roten Kreuz. Doch schon am Anfang derselben Dekade entstehen die ersten Rettungskolonnen. Die Neuausrichtung auf die »Friedensarbeit« führt »bei den Männerorganisationen zunächst zu einer erheblichen Verunsicherung«.[30] Aber bereits 1931 verfügt das Deutsche Rote Kreuz über 5000 Rettungswachen und Unfallstationen, die Helfer sind in 24 000 Unfallmeldestellen und in Depots für Krankentransportmittel tätig – eine Notwendigkeit angesichts der zunehmenden Motorisierung.

In der Ersten Republik hinkt die Entwicklung den deutschen Verhältnissen hinterher. Die Österreichische Gesellschaft vom Roten Kreuz kümmert sich vor allem um die Tuberkulosefürsorge. In kleinem Umfang wird das Rettungswesen in Österreich schon nach der Jahrhundertwende aufgebaut, systematischer dann nach dem Ersten Weltkrieg, aber in beiden Fällen nicht vom Roten Kreuz. Vor allem auf dem Land liegt es praktisch vollständig in den Händen der Rettungsabteilungen der Feuerwehren und freiwilligen Rettungsgesellschaften, wie es sie in Wien, Linz, Salzburg und Innsbruck[31] gibt. Das Rotkreuz-Zeichen gilt allerdings auch damals schon als Symbol jeder Rettungstätigkeit. So entsteht der Eindruck der Allgegenwart der Organisation, die auf diesem Gebiet in Wahrheit eine unbedeutende Rolle spielt. Ab dem Jahr 1936 tut sie das nicht mehr: Mit dem Beitritt Österreichs zu den beiden Genfer Konventionen von 1929 ist auch die Auflage verbunden, das Emblem entsprechend der Abkommen zu führen. Eine Verwendung außerhalb der Rotkreuz-Organisation stellt einen strafbaren Missbrauch dar. Das österreichische Rotkreuz-Gesetz sieht dafür eine Geldbuße von bis zu 500 Kronen[32] oder eine einmonatige Gefängnisstrafe vor. Den einzelnen Rettungsformationen, die das Zeichen behalten möchten, bleibt nichts anderes übrig, als dem jeweiligen Landesverband der Österreichischen Gesellschaft vom Roten Kreuz beizutreten und auf diese Weise die Berechtigung zur Führung des Zeichens zu erwerben. Eine »ziemlich gute« Situation, urteilt ein Historiker, »war es doch vielen Landesvereinen möglich, mit minimalem Aufwand in der Öffentlichkeit den Eindruck zu erwecken, das Rote Kreuz sei im Rettungsdienst omnipräsent«. In Wahrheit ist die Organisation in sich zersplittert, zwischen dem Dachverband in Wien und den Länderorganisationen, aber auch unter den Landesverbänden selbst, gibt es wenig Kontakt. Die Zentrale weiß oft nicht einmal, wer in der Geschäftsführung der einzelnen Organisationseinheiten sitzt. Der durch das gemeinsame Zeichen hergestellte Eindruck der Einheit täuscht – auch die Rotkreuz-Führung in Berlin. Die Eingliederung der österreichischen Schwestergesellschaft in das Deutsche Rote Kreuz unmittelbar nach dem Anschluss Österreichs an das Deutsche Reich im März 1938 sollte diesem – zumindest finanziell – teuer zu stehen kommen.

6. Der Hunger ist gemacht oder:
Das erste Dilemma

Am 21. Juli 1921 erreicht ein dramatischer Aufruf Maxim Gorkis die Weltöffentlichkeit: »Eine beispiellose Dürre hat in den weiten Steppen Ostrusslands zu einer Missernte geführt«, berichtet der russische Schriftsteller aus Moskau. »Tausende Menschen drohen wegen dieser Katastrophe zu verhungern. Ich möchte in Erinnerung rufen, dass die russische Nation vom Krieg und von der Revolution erschöpft ist. Und ich gebe heute meiner Hoffnung Ausdruck, dass angesichts dieser dramatischen Umstände kein zivilisierter Mensch in Europa und Amerika zögern wird, uns mit Lebensmitteln und Medikamenten zu Hilfe zu eilen.«

Das Zentrum der Hungersnot, die bis 1923 fast zwei Millionen Menschen das Leben kosten wird, liegt ausgerechnet in den größten Getreideanbaugebieten der Südukraine, der Kornkammer der späteren UdSSR.[33] Zeitungen auf der ganzen Welt nehmen Gorkis Hilferuf auf. In Europa und in den USA formieren sich Hilfskomitees. In Deutschland und Österreich rufen prominente Schriftsteller, Künstler und Wissenschafter wie Hermann Hesse, Hugo von Hofmannsthal, Käthe Kollwitz, Heinrich Mann, Arthur Schnitzler, Stefan Zweig und Albert Einstein dazu auf, Spenden für die Hungernden zu sammeln. Gerhart Hauptmann richtet seinem russischen Kollegen vier Tage nach dessen Hilfsaufruf über die großen Tageszeitungen der Weimarer Republik aus: »Was aber das deutsche, schwergeprüfte, doch allzeit hilfsbereite Volk betrifft, so ist es heute schon durch den Ruf aus dem Osten tief erregt und bewegt, und ich darf getrost sagen, dass Volk und Reichsregierung in dem innigen Wunsch einig sind, nach bestem Vermögen tatkräftige Hilfe zu leisten.«

Auch bei anderen offiziellen Stellen erfolgt die humanitäre Generalmobilmachung: Der Patriarch der russischen orthodoxen Kirche wendet sich an den Papst in Rom, der sowjetische Außenminister an Staatsoberhäupter in aller Welt, und der Führer der Kommunistischen Partei Lenin selbst appelliert an das Weltproletariat. Um die notwendigen Mittel für die Hungerhilfe zu sammeln, begründet die erst vier Jahre alte Organisation »Rettet das Kind« in England die moderne Spendenwerbung, wie wir sie heute kennen. Erstmals werden konzertiert und organisiert in großem Stil Spenden von Privatpersonen gesammelt. Der Präsident des Sowjetischen Roten Kreuzes schließlich bittet seine Schwestergesellschaften und das IKRK um Hilfe. In einer Konferenz, die am 16. August 1921 in Genf stattfindet, übertragen Vertreter der Regierungen, des Völkerbundes, der nationalen Rotkreuz- und Rothalbmondgesellschaften sowie des IKRK die Koordination der Hilfsoperation für die Hungernden in der Ukraine dem ehemaligen Polarforscher und Flüchtlingskommissar des Völkerbundes Dr. Fridtjof Nansen. Allein die Rotkreuz-Hilfe rettet mehr als einer Million Menschen in der Ukraine das Leben.

Doch die Ursache der Hungersnot ist keine Naturkatastrophe. Bürgerkrieg, Zwangsumsiedlungen und landwirtschaftliche Kollektivierung haben Menschen und Landwirtschaft geschwächt. Die bolschewistische Regierung beschlagnahmt Getreide zum Zweck des Verkaufs, zunächst nur in Russland selbst, dann auch für den Export in den Westen. Der strenge Winter 1921 gibt der notleidenden Bevölkerung schließlich den Rest. Maxim Gorki ist von der Kommunistischen Partei beauftragt, mit seinem Appell das Weltgewissen wachzurütteln. »Zur Rettung der Opfer hätte eine halbe Million Tonnen Getreide und anderer Lebensmittel pro Jahr vollkommen genügt«, erklärt der Historiker Roman Serbyn von der Universität Quebec. »Doch noch während der beiden Jahre der Hungersnot nahm die bolschewistische Regierung den ukrainischen Bauern ein Mehrfaches dieser Menge weg.« Zur Bewältigung des Hungers hätte es auch ausgereicht, die Ausfuhr von Getreide aus der Südukraine einzustellen. Selbst spätere sowjetische Quellen belegen, dass der größte Teil des Getreides in den Export geht, unter anderem in den Westen. 1922 schockieren die Vertreter Russlands die Delegationen zur Weltwirtschaftskonferenz in Den Haag mit der Ankündigung, sie würden die Getreideausfuhren trotz der Hungersnot wiederaufnehmen. Zahlreiche Hilfsorganisationen protestieren, ohne die Exporte aufhalten zu können. Im Hafen von Odessa bietet sich deshalb deutschen Seeleuten im Januar 1923 ein bizarres Schauspiel: Während aus dem amerikanischen Frachter SS Manitowac Hilfsgüter für die Hungernden entladen werden, legt unweit davon die sowjetische SS Wladimir ab: beladen mit ukrainischem Getreide – und dem Bestimmungshafen Hamburg.

Auch dem Patriarchen der russischen orthodoxen Kirche nützt die Kooperation mit der bolschewistischen Regierung nichts. Unter dem Vorwand, die Hungersnot zu lindern, erlässt Lenin im Februar 1922 ein Dekret, das die Beschlagnahme kirchlichen Inventars regelt. Die Erlöse kommen aber nicht den hungernden Landsleuten zugute, sondern dem Staatshaushalt. Die bolschewistische Verwaltung verzichtet während der gesamten Dauer der Hungersnot nicht einmal darauf, in den Hungergebieten Steuern einzuheben. Denn Lenins Regierung setzt auf Industrialisierung. Dafür brauchte sie Kapital, aber nicht unbedingt Bauern.

In Wahrheit steht die humanitäre Bewegung angesichts der ukrainischen Katastrophe von 1921 bis 1923 vor ihrer ersten politischen Nagelprobe. Für Lenin ist der Hunger-Appell ein politisches Instrument: Er soll die diplomatische Isolierung Moskaus durchbrechen und die Macht der Kommunistischen Partei stärken. Dafür setzt er seine eigene Bevölkerung als Geisel ein: Gegen die Gewährung von Einreisevisa für die Rettungsmannschaften fordert er die Anerkennung seines Regimes. Die Helfer reagieren unterschiedlich. Der Flüchtlingshochkommissar des Völkerbunds, Nansen, dessen Motto lautet, »Leben zu retten, ist alles, was zählt«, beugt sich Lenins Befehl. Später wird er zum Ehrenmitglied des Obersten Sowjet ernannt. Der Amerikaner Herbert Hoover – später US-Präsident – erreicht im Gegensatz dazu nach harten Verhandlungen mit Moskau halbwegs annehmbare Bedingungen, um die Hilfe ins Land zu bringen und ihre Verteilung zu kontrollieren.

Diktatoren und Militärregierungen, die ihre notleidende Bevölkerung als politisches Erpressungsmittel benutzen, diesem Phänomen sollten die Helfer ab jetzt regelmäßig begegnen. Fast achtzig Jahre nach der Hungersnot in der Ukraine organisiert der Präsident eines afrikanischen Landes eine Hungersnot, um die schwindende Unterstützung seiner Anhänger zurückzugewinnen. Im Zuge einer »Landreform« werden Bauern enteignet und ihre Güter der Gefolgschaft des Präsidenten übertragen, die aber von der Landwirtschaft wenig versteht. Die Vereinten Nationen warnen vor einer Hungersnot, die sechs bis acht Millionen Menschen das Leben kosten könnte. Nur eine harte Reaktion der Staatengemeinschaft in Form von Sanktionen bis hin zur Drohung einer militärischen Intervention könnte den Präsidenten bremsen. Aber das Nachbarland des afrikanischen Staates, das in diesem die Elektrizitätsversorgung und das Bankenwesen kontrolliert und ihm außerdem Waffen verkauft, blockiert. So bleibt es bei der Entsendung von Diplomaten. Inzwischen nehmen die Folgen der »Landreform« ihren Lauf: Nun droht tatsächlich Millionen Menschen der Hungertod – aber das kann sich die Staatengemeinschaft nach ihrer Untätigkeit während des Völkermords in Ruanda 1994 nicht leisten. Sie finanziert, gleichermaßen beschämt wie großzügig, die Hilfsorganisationen. Und während es im Fernsehen so aussieht, als ob die Helfer das Problem im Griff hätten, hat der Präsident sein Ziel erreicht: Seine Anhänger sind versorgt, die politischen Gegner sitzen in den Versorgungszentren der Hilfsorganisationen: geschwächt, machtlos, bequem zu kontrollieren – und ohne dass ihn ihre Versorgung etwas kostet.

Dürfen die Helfer die Position der Täter stärken, um die Opfer zu retten? Ist Naivität (»Leben zu retten, ist alles, was zählt«) oder kritische Distanz das gebotene Mittel, um dieser Art der Gewaltausübung zu begegnen? Diese Fragen werden noch am Ende des Jahrhunderts nicht beantwortet sein, sondern sich verschärft stellen: Sind angesichts von Völkermord in Ruanda und ethnischen Säuberungen im ehemaligen Jugoslawien wirklich alle Opfer »gleich«? Der Konflikt wird zu einem Schisma, einer Glaubensspaltung, in der humanitären Bewegung führen. Doch vorerst steht den Helfern noch eine der finstersten Epochen des 20. Jahrhunderts bevor, die sie zwingt, die ihnen von Henry Dunant ursprünglich zugedachte Rolle wieder anzunehmen. Nicht alle werden dabei allerdings auch den Grundsätzen des Rotkreuz-Gründers folgen.

7. Der schmale Grat oder:
Die Helfer unter Hitler

Er ist Sam Spade in »Die Spur des Falken«, Steve Morgan in »Haben und Nichthaben«, aber vor allem Rick Blaine in »Casablanca«. Doch statt Filmrequisiten sprechen diesmal richtige Waffen, und Humphrey Bogart sammelt Geld für seine Landsleute, die durch sie verwundet werden. In »Report from the Front« berichten er und seine Frau Mayo 1944 über ihre Besuche bei amerikanischen Truppen in Übersee. Den dreiminütigen Werbespot hat das Amerikanische Rote Kreuz organisiert, an seinem Ende bitten die Bogarts die Zuseher um Spenden.

Schon am Vorabend des Zweiten Weltkriegs besinnen sich die nationalen Rotkreuz- und Rothalbmondgesellschaften der kriegführenden Staaten der Aufgabe des Ursprungs. Sie werden wieder zu »Hilfsgesellschaften mit dem Ziel, die Verwundeten in Kriegszeiten durch begeisterte, aufopfernde Freiwillige zu pflegen«.

Auch in Deutschland erinnert sich die neue Regierung an ihre größten Sanitäts- und Krankenpflegevereine. Sanitätskolonnen des Deutschen Roten Kreuzes begrüßen die Machtergreifung der Nationalsozialisten als »Tor der Zeitenwende«, die Gleichschaltung der Organisation beginnt bereits 1933, zunächst von der Basis aus: »Lokale Parteigruppen, Kommandos der SA und SS besetzten nicht nur Rathäuser, Zeitungsredaktionen, Finanzämter, Banken und Gerichte, sondern griffen auch in die Strukturen der Sanitätskolonnen und Frauenvereine ein, indem sie die Absetzung missliebiger Personen erzwangen oder massiv Kräfte des Deutschen Roten Kreuzes zugunsten der NS-Organisationen abwarben.«[34] Dann werden auch die Eliten ausgetauscht. Im Gezerre um Einfluss im Roten Kreuz unterliegt die SA der SS. Ein neues Gesetz über das Deutsche Rote Kreuz weist der Organisation im Dezember 1937 schließlich den Platz zu, den sie bis zu ihrer Auflösung durch die Alliierten im Jahr 1945 innehaben sollte – nach den Worten des Führers der Landesstelle III der Hilfsorganisation, Friedrich-Wilhelm Brekenfeld, ein »Nationalsozialistisches Sanitätskorps, auch wenn es sich mit Rücksicht auf die Genfer Konvention Deutsches Rotes Kreuz nennt«.[35]

Nach dem »Anschluss« 1938 wird auch das Österreichische Rote Kreuz in seine deutsche Schwestergesellschaft eingegliedert und auf braunen Kurs getrimmt. Der geschäftsführende Präsident des Deutschen Roten Kreuzes und oberste Mediziner der SS, Ernst Robert Grawitz, begleitet den Einmarsch deutscher Truppen und stattet der Österreichischen Gesellschaft vom Roten Kreuz Mitte März 1938 einen ersten Besuch ab. Dokumente, welche die deutschen Historikerinnen Birgitt Morgenbrod und Stephanie Merkenich in mehr als zwanzig Archiven eingesehen und in der bisher umfangreichsten Studie über das Deutsche Rote Kreuz während der NS-Zeit wiedergegeben haben, zeichnen auch ein Bild der Stimmungslage nach dem

Treffen mit den österreichischen Rotkreuz-Funktionären:»Geradezu entsetzt« rapportiert Grawitz nach Berlin:»Musste bei persönlicher Fühlungnahme am 13. März feststellen, dass die Leitung der Österreichischen Rotkreuzgesellschaft sich in Händen solcher Persönlichkeiten befindet, die für uns völlig untragbar sind. Es befinden sich z. B. im Vorstand dieser Gesellschaft an einflussreicher Stelle mehrere Volljuden, die zum Teil gleichzeitig Freimaurer sind. Der Präsident selbst ist Exc. Dr. Max Wladimir Baron Beck, 83 Jahre, Philosemit, freimaurerisch eingestellt und angeblich Legitimist.[36] Sein Sanitätschef … ist Volljude und Freimaurer Hofrat Dr. Isidor Lamberger.« Grawitz ist außerdem besorgt darüber, dass »bei nicht sofortigem Zugreifen namhafte Vermögenswerte usw. von den genannten Juden und Freimaurern verschoben bzw. verschleiert werden«.[37] Er bittet daher in Berlin um die sofortige Aufhebung der Selbständigkeit des Österreichischen Roten Kreuzes und »um die Sicherstellung politisch einwandfreier personeller Besetzung«. Präsident Beck und Sanitätschef Lamberger treten zwei Tage nach dem Besuch des SS-Arztes von ihren Funktionen zurück. Der drängt auf möglichst rasche Anwendung des Gesetzes über das Deutsche Rote Kreuz auch auf die österreichische Gesellschaft. Schon am 23. Mai 1938 erteilt das Reichsinnenministerium einen umfassenden Erlass:»Aufgrund des Gesetzes über die Wiedervereinigung Österreichs mit dem Deutschen Reich vom 13. März 1938 wird verordnet: Die Österreichische Gesellschaft vom Roten Kreuz, das Österreichische Jugendrotkreuz, die Frauenhilfe des Österreichischen Roten Kreuzes zur Bekämpfung der Tuberkulose, die Österreichischen Landes- und Zweigvereine vom Roten Kreuz sowie die sonstigen österreichischen Verbände, Vereine und Untergliederungen vom Roten Kreuz werden in das Deutsche Rote Kreuz eingegliedert und mit der Eingliederung aufgelöst.«[38] Grawitz drängt zur Eile: Die Eingliederung der österreichischen Schwestergesellschaft sei »ein dringendes sofortiges Erfordernis, da die Wehrmacht, für die insbesondere das Deutsche Rote Kreuz eine Einsatzorganisation darstellt, die Wehrkreissitze in Wien und Salzburg bereits festgelegt hat.« Auch das Gebiet des ehemaligen Österreich wird auf zwei Landesstellen mit Sitz in diesen beiden Städten aufgeteilt.

Die Eingliederung erweist sich allerdings als kostspielig: Außer in Wien und Niederösterreich ist nicht viel vorhanden, das die Wehrmacht nutzbar machen könnte. Die neuen Landesstellen müssen eingerichtet, Krankenanstalten, die Rotkreuzschwestern ausbilden, übernommen, häufig entschuldet und umgebaut, Bereitschaften – die es in Österreich nicht gibt – aufgebaut, eingekleidet und ausgerüstet werden. Die Kosten dafür belaufen sich schließlich auf mindestens fünf Millionen Reichsmark. Das Verwaltungsamt des Deutschen Roten Kreuzes zögert trotzdem nicht mit der Übernahme der Schwestergesellschaft. Das Deutsche und das eingegliederte Österreichische Rote Kreuz werden schon jetzt zum Teil der Kriegsmaschinerie. Für den Nürnberger Medizinhistoriker Horst Seithe stellt es fortan »eine paramilitärische Sanitätsorganisation dar, die mithalf, den Zweiten Weltkrieg führbar zu machen«.[39]

Vom Deutschen Roten Kreuz erhält das Regime auch Unterstützung außerhalb des Sanitätskorps. Eine Verstrickung der Organisation in die Vernichtungspolitik der Nationalsozialisten, wie sie der Autor Bernd Biege[40] und der *Spiegel*[41] 1996 behauptet hatten, können auch Birgitt Morgenbrod und Stephanie Merkenich nicht nachweisen. Sie zeigen aber, dass Delegierte des IKRK von deutschen Rotkreuz-Mitarbeitern über die Zustände in den Konzentrationslagern getäuscht und dass Opfer des Euthanasieprogramms von Rotkreuz-Personal abgeholt wurden; das Reichssicherheitshauptamt verhinderte die Weiterleitung von Postkarten deutscher Kriegsgefangener in Russland über den Rotkreuz-Suchdienst an deren Angehörige; das Deutsche Rote Kreuz vergab mit der Billigung Grawitz' günstige Millionenkredite an die SS. Der geschäftsführende Präsident erklärte sich außerdem bereit, SS-Ärzte für die Ermordung körperlich und geistig behinderter Menschen abzustellen. Er war mitverantwortlich für medizinische Experimente an Häftlingen in den Konzentrationslagern.[42] Andererseits, so die Historikerinnen, sei die Organisation auch eine Nische für diejenigen gewesen, die hofften, damit dem Zugriff von Partei und SS zu entgehen. Insgesamt, so der Historiker Hans Mommsen im Vorwort, habe sich das Deutsche Rote Kreuz aber »kläglich« verhalten.

Viereinhalb Jahre nach dem »Anschluss« Österreichs an das Deutsche Reich treffen einander im Genfer Hotel Metropole die Mitglieder eines der exklusivsten Klubs der Welt. Sie alle gehören den ältesten und reichsten Schweizer Familien an, sind Ärzte, Bankiers, Offiziere, Anwälte, Diplomaten, Universitätsprofessoren. Die 23-köpfige Runde bildet nicht nur das Führungsgremium des Internationalen Komitees vom Roten Kreuz. Diese Schweizerinnen und Schweizer *sind* das Komitee. IKRK-Mitarbeiterinnen und -Mitarbeiter kümmern sich inzwischen um mehrere Millionen Kriegsgefangene auf der ganzen Welt, aber beim Treffen an diesem 14. Oktober 1942 gibt es nur einen einzigen Tagesordnungspunkt. Dem Komitee ist – ebenso wie dem Vatikan und den Regierungen der alliierten Streitkräfte – zu Ohren gekommen, dass es neben Kriegsgefangenen in den reichsdeutschen und besetzten polnischen Gebieten auch Millionen von Zivilinternierten gibt. Die Wannsee-Konferenz, auf der Reichsführer SS Heinrich Himmler den Teilnehmern auseinandergesetzt hat, wie der Kontinent möglichst rasch von Juden, Sinti und Roma zu befreien sei, liegt erst acht Monate zurück. Inzwischen haben sich die Beweise verdichtet. Komitee-Mitglied Carl Jacob Burckhardt, Historiker und Professor am angesehenen Institut universitaire des hautes études internationales in Genf, verfügt über ausgezeichnete Kontakte nach Deutschland. Die Berichte, die er erhält, lassen keinen Zweifel daran, dass Hitlers »Endlösung« auf den Weg gebracht ist. Fraglich ist, wie sich die beiden der Welt verbliebenen moralischen Autoritäten jener Zeit – der Vatikan und das IKRK – dieser Entwicklung gegenüber verhalten sollen.

Die von Caroline Moorehead[43] minutiös beschriebene Debatte während des Treffens im Oktober 1942 führt die Komiteemitglieder zu dem Ergebnis: Das IKRK wird nicht öffentlich gegen den Holocaust protestieren, sondern versuchen, auf diplomatischen Wegen den Zugang zu den Zivilinternierten in den Lagern der Deutschen zu erhalten. Die Begründung: Das IKRK arbeite auf der Basis der Haager Landkriegsordnung von 1907 und auf einem erweiterten Abkommen, der Genfer Konvention aus dem Jahr 1929 zum Schutz von Kriegsgefangenen, unterzeichnet von 56 Staaten. Von zivilen Gefangenen ist darin nicht die Rede. Um seine Hilfsoperation für die Millionen Kriegsgefangenen nicht zu gefährden, für die das Komitee auf der Basis der Konvention von 1929 unmittelbar verantwortlich ist, wird es von einem öffentlichen Protest gegen die nun beginnende Endlösung absehen.

Diese Haltung wird vor allem aus heutiger Sicht als unerträglich empfunden. Als den »beschämendsten Augenblick in der Geschichte des IKRK« bezeichnet der *Economist* das Treffen vom 14. Oktober 1942.[44] »Das Internationale Komitee zog sich … in seinen Genfer Elfenbeinturm zurück, konnte sich zu keiner Geste des Protestes entschließen und verhinderte jede öffentliche Stellungnahme mit der Begründung, das Deutsche Reich könnte sonst die Genfer Abkommen womöglich gänzlich ignorieren«, urteilt Bernd Biege.[45]

Diese Befürchtung ist allerdings nicht ganz unbegründet. Der Präsident des Deutschen Roten Kreuzes Grawitz hat dem IKRK gegenüber bereits eine »Drohkulisse« für den Fall aufgebaut, dass es »die deutsche Repressions- und Vernichtungspolitik zu seinem Thema machen würde«.[46] Und noch kurz vor Kriegsende notiert der Reichsminister für Volksaufklärung und Propaganda Joseph Goebbels in sein Tagebuch: »Richtig wäre es gewesen, wenn wir seinerzeit nach dem Bombenangriff auf Dresden aus der Genfer Konvention ausgetreten wären.«[47] Historiker wie die Deutschen Birgitt Morgenbrod und Stephanie Merkenich oder der Genfer Jean-Claude Favez betrachten die Frage, ob ein öffentlicher Protest des IKRK den Holocaust aufgehalten hätte, daher differenzierter. Jean-Claude Favez stehen zu ihrer Beantwortung erstmals alle IKRK-Archive offen. Er würdigt in seiner 1988 veröffentlichten Untersuchung[48], was einzelne Delegierte des Komitees während des Zweiten Weltkriegs auf dem Reichsgebiet und im besetzten Polen geleistet haben; wie es dem IKRK gegen Ende des Krieges hin gelungen ist, Zivilinternierte durch ihre humanitäre Diplomatie den Konventions-Kriegsgefangenen wenigstens einigermaßen gleichzustellen; wie das IKRK, auch von den Alliierten im Stich gelassen, für Zehntausende die letzte und einzige Hoffnung in so vielen von den Deutschen überrannten Ländern geblieben ist. Sein abschließendes Urteil macht sich der Historiker nicht leicht, dennoch wirft er dem IKRK letztlich den Verzicht auf einen radikalen öffentlichen Appell vor und bemängelt, dass es »nicht das höchste Risiko eingegangen ist, das gesamte Gewicht seiner moralischen Autorität für diese besondere Gruppe von Kriegsopfern in die Waagschale zu werfen«.

Doch in Genf bezweifelt man, dass eine Presseaussendung den Holocaust aufgehalten hätte. »Hat die entsprechende Erklärung der Vereinigten Nationen vom 17. Dezember 1942 auch nur das Geringste am Los der Verfolgten geändert?«, fragt Cornelio Sommaruga, zum Zeitpunkt der Erscheinens von Favez' Studie Präsident des IKRK, zurück. Was das Reichsgebiet und das besetzte Polen angeht, »ist das IKRK nach wie vor der Meinung, dass die Lage der Juden hoffnungslos war; es stellt fest, dass Ihr Werk dies hinlänglich zeigt, aber nicht genügend betont. In der Tat geht aus Ihrem Werk eindeutig hervor, dass alle mündlichen und schriftlichen Demarchen, die sich spezifisch auf das Schicksal der Juden bezogen, zum Scheitern verurteilt waren, weil sie von den Nationalsozialisten von vornherein abgelehnt wurden. Einzig die vertraulichen Interventionen haben einige Erfolge gebracht, wenn diese auch in keinem Verhältnis zu den tragischen Dimensionen der Vernichtung standen.«

Die Dimensionen der Vernichtung und die daran gemessen bescheidenen Erfolge des Roten Kreuzes – dieses Missverhältnis ist bis heute der eigentliche Kern des Disputs. »Hinsichtlich der Konzentrationslager und der Judenverfolgung verläuft die Haltung des IKRK parallel zu der der Alliierten«, stellt Jean-Claude Favez fest. »Für die einen wie für die anderen blieb der Krieg Hitlers gegen die Juden Europas, selbst als er nicht mehr zu übersehen war, ein Nebenkapitel des großen Krieges, den das Dritte Reich gegen die ganze Welt führte. In ihren Augen konnte einzig der militärische Sieg über das Dritte Reich das jüdische Volk retten.«

War diese Einschätzung ein Fehler? »War der Fehlschlag zu verhindern oder nicht?«, fragt Francois Bugnion, Direktor für Internationales Recht beim IKRK, 2002 anlässlich der Ausstellung »Erinnerungen an die Lager« im Internationalen Museum des Roten Kreuzes und Roten Halbmonds in Genf. Vielen IKRK-Delegierten in Ungarn, in der Slowakei, in Rumänien und in Bulgarien sei es gelungen, Deportationen in bescheidenem Ausmaß aufzuhalten. Auch habe das IKRK der Bitte der Alliierten entsprochen, gegen Kriegsende seine Helfer in die Konzentrationslager zu schicken, um zu verhindern, dass die Deutschen keine Zeugen ihrer Verbrechen zurückließen. Die Delegierten sind diesem Ersuchen freiwillig nachgekommen – wissend, dass sie dabei ihr Leben aufs Spiel setzen und die Lager nicht vor Kriegsende wieder verlassen können würden.[49] »Diese Taten waren nicht unwesentlich, weil jedes gerettete Leben zählt«, so Bugnion. »Aber sie können die Tatsache nicht verdecken, dass die Anstrengungen des IKRK aufs Ganze gesehen ein Fehlschlag waren. Damit meine ich nicht so sehr das Absehen von einem öffentlichen Protest.« Nach Meinung des Rechtsexperten wiegt die Zurückhaltung in vertraulichen Aussprachen mit höchsten Nazi-Repräsentanten »am schwerwiegendsten gegen das IKRK«.[50]

Die Epoche der Helfer unter Hitler ist die bislang dramatischste und folgenreichste Verdeutlichung eines Dilemmas, vor dem jede einzelne Rotkreuz- oder Rothalbmondgesellschaft steht. »In ihren Satzungen (sind die nationalen Rotkreuzgesellschaften) zwar an die vom IKRK formulierten Prinzipien gebunden, die staatliche Anerkennung und Förderung verpflichtet sie auf der anderen Seite de facto zu Dienst und Loyalität gegenüber den jeweils herrschenden politischen Systemen. Durch die Einordnung der freiwilligen Sanitätsdienste in die militärischen Strukturen der einzelnen Länder gerieten die Rotkreuz-Vereine in der Tat schnell in das problematische Spannungsfeld von idealistischem Anspruch und dem von Machtwillen und Souveränitätsdenken bestimmten Handeln der europäischen Nationen.«[51]

Vor diesem Dilemma steht das Rote Kreuz an einigen Orten der Welt immer noch. Eine Alternative zur Angepasstheit im Angesicht staatlichen Terrors haben heute die nationalen Gesellschaften in Myanmar, Nordkorea oder Simbabwe kaum. Sie balancieren täglich auf dem schmalen Grat zwischen aktiver oder passiver Anpassung auf der einen und der Selbstbehauptung im Sinne der Rotkreuz-Grundsätze – vor allem, ohne Ansehen der Person und ausschließlich nach dem Maß der Not zu helfen – auf der anderen. Ihr Beispiel stellt deshalb gerade für das Rote Kreuz und den Roten Halbmond in offenen Gesellschaften eine Verpflichtung dar, angesichts von Widerständen »nicht gleich dem Bedürfnis auf Rückzug auf die eigene Bedrängnis« (der Historiker Hans Mommsen) nachzugeben und stattdessen »die Opfer im Kopf« zu behalten.

In seiner Reaktion auf das Buch von Jean-Claude Favez schreibt Cornelio Sommaruga, »dass man trotz der Fülle der Beweise, Fotos, Dokumente und Augenzeugenberichte (aus den deutschen Vernichtungslagern, Anm.) noch kaum begreifen kann, was zweifellos die größte Niederlage unserer Zivilisation und der Menschlichkeit bedeutet«.[52] In der Tat hat in den Jahren des Dritten Reichs eine ganze Zivilisation versagt – und das Rote Kreuz mit ihr.

Dass dieses Versagen eine Fortsetzung gehabt haben könnte, darüber mutmaßen mehr als sechzig Jahre nach dem Ende des Zweiten Weltkriegs Medien und Historiker gleichermaßen. In Buenos Aires taucht 2007 das Reisedokument eines gewissen Riccardo Klement auf. Es trägt die Dokumentennummer 100.501, Stempel des Roten Kreuzes und wurde am 1. Juni 1950 von der IKRK-Delegation im italienischen Genua ausgestellt. Was die Sache brisant macht, ist der

Umstand, dass sein Inhaber am 1. Juni 1962 in Ramla bei Tel Aviv in Israel hingerichtet worden ist. Denn Riccardo Klement war Adolf Eichmann, SS-Obersturmbannführer und Leiter des Reichssicherheitshauptamtes, und als solcher für die Deportation und Ermordung von mehr als sechs Millionen Juden mitverantwortlich. Der gesuchte Kriegsverbrecher war unter falschem Namen in Argentinien[53] eingereist – aber nicht mit Hilfe eines »Reisepasses« vom Roten Kreuz.

Das Rote Kreuz kann, anders als das gelegentlich dargestellt wird, keine Reisepässe ausgeben – das Erstellen von Identitätspapieren bleibt das Privileg staatlicher Behörden. Es darf aber aufgrund des in den Genfer Konventionen vorgesehenen Initiativrechts befristet Reisedokumente (»Titres de voyage«, abgekürzt TV) ausgeben. In Absprache mit den beteiligten Staaten hat das IKRK dieses Reisedokument in den Wirren der Nachkriegsjahre entwickelt, als Hunderttausende auf den Beinen waren, darunter viele ohne Dokumente. Flüchtlingen, Vertriebenen und Staatenlosen, die über keine eigenen Papiere mehr verfügten, ermöglichte ein TV des Roten Kreuzes die Rückkehr in ihre Heimat oder die Emigration in ein Land ihrer Wahl. Rund 6000 Menschen beantragen noch immer jedes Jahr ein solches Reisedokument – um in ein anderes Land zu reisen und dort um Asyl anzusuchen.

Im Gegensatz zu einem Reisepass ist ein TV aber kein Identitätsnachweis. Er wurde gerade für Menschen ins Leben gerufen, die über keine gültigen Reisedokumente mehr verfügen und die sich auch keine beschaffen können. Der Inhalt des TV wird auf Basis der Angaben des Antragstellers und eventuell noch verfügbarer Personaldokumente erstellt. Er enthält auch zwei Abschnitte, mit denen die Behörden des Ziellandes feststellen können, dass der Antragsteller und der Inhaber des Reisedokuments ein und dieselbe Person sind: einen Abschnitt mit Fingerabdruck und einen für ein Foto, wenn eines verfügbar ist. Missbrauch ist dabei – das zeigt das Beispiel Adolf Eichmanns, aber auch jenes von Klaus Barbie und Josef Mengele[54] – nicht ausgeschlossen. Der NS-Kriegsverbrecher hat sich das Papier unter

Angabe einer falschen Identität erschlichen.«Eine noch heute unverzichtbare humanitäre Dienstleistung ist von Leuten missbraucht worden, für die sie ganz bestimmt nicht erdacht worden ist«, erklärt Yves Sandoz vom IKRK.»Männer wie Eichmann und ihre verdeckten Unterstützer haben gewissenlos Nutzen aus einer Hilfeleistung gezogen, die seit dem Ende des Zweiten Weltkriegs mehr als einer halben Million Menschen – unter ihnen vor allem Überlebende der Konzentrationslager und später Flüchtlinge aus dem ehemaligen Ostblock – ein neues Leben in einem Land ihrer Wahl ermöglicht hat.« Wäre es vertretbar, wegen der Missbrauchsfälle die Hilfe für Hunderttausende andere Menschen in Not einzustellen?»Natürlich nicht«, sagt Yves Sandoz.

Die Reisefreiheit, die ein TV den Inhabern verschafft, ist von kurzer Dauer. Die Dokumente sind auf den Zeitraum der Reisevorbereitung und der Reise ins Zielland selbst befristet. Dort müssen die Behörden die Identität des Inhabers oder der Inhaberin feststellen, ihnen entsprechende Dokumente wie Personalausweis oder Reisepass ausstellen und das abgelaufene Reisedokument dem IKRK nach Genf zurückschicken. Nur Zweiteres scheint in vielen Fällen geschehen zu sein …

8. Immer einen Krieg zu spät oder:
Das Rote Kreuz und das Gleichgewicht des Schreckens

Trotz seines hohen Alters und des langsam schwindenden Augenlichts hat der Genfer Jurist Jean Pictet nichts von seinem jugendlichen Esprit verloren.»Es war natürlich ein Witz«, erzählt er dem Journalisten Peter Capella vom britischen *Guardian* 1999, zum Fünfzig-Jahr-Jubiläum der Genfer Konventionen. Damit meint er aber nicht seinen Vorschlag nach dem Ende des Zweiten Weltkriegs, die über mehrere Konventionen und Abkommen verstreuten Kriegsregeln zu einem kompakten Paket zu verschnüren – obwohl ihn namhafte Völkerrechtler allein dafür unverzüglich zum Wahnsinnigen erklären.»Man hatte mir danach erklärt, der Text der Konventionen wäre viel zu lang«, schmunzelt Pictet.»Ich sagte: In Ordnung, dann kürze ich ihn auf zwei Artikel zusammen. Artikel 1: Im Kriegsfall haben sich alle Menschen wie Engel zu verhalten. Artikel 2: Diese Konvention hat nur einen Artikel.«[55]

Unter der Schirmherrschaft von Jean Pictet entsteht bis 1949 nichts Geringeres als ein Destillat aller bereits gültigen und einiger neuer Kriegsregeln, zusammengefasst in Form von vier Abkommen: die Genfer Konventionen vom 12. August 1949 zur Verbesserung des Loses der Verwundeten und Kranken der Streitkräfte im Felde (1. Abkommen); zur Verbesserung des Loses der Verwundeten, Kranken und Schiffbrüchigen der Streitkräfte zur See (2. Abkommen); über die Behandlung von Kriegsgefangenen (3. Abkommen) und zum Schutz von Zivilpersonen in Kriegszeiten (4. Abkommen).»Aus völkerrechtlicher Sicht war die bedeutendste Errungenschaft dabei die neue Konvention über den Schutz von Zivilpersonen im Krieg«, erzählt Jean Pictet.»Etwas, das wir während des Zweiten Weltkriegs bitter benötigt hätten.«[56] Die vier Genfer Konventionen von 1949 stehen aber auch für einen inhaltlichen Sieg der Humanitaristen:»Die wirkliche Revolution war, dass die Staaten bereit waren, einen Teil ihrer Souveränität aufzugeben, um ein moralisches Ideal hochzuhalten. Zum ersten Mal in der Geschichte haben sie sich damit einverstanden erklärt, das gemeinsame Völkerrecht über die kurzfristigen Zwänge von Kriegen zu stellen«, sagt der Genfer Völkerrechtler.

Die Ansichten über die Wirksamkeit der Abkommen waren schon immer geteilt. Schon die Rotkreuz-Gründer haben sich mit dem Argument auseinandersetzen müssen, dass die erste Genfer Konvention von 1864 den Krieg eher attraktiver und damit wahrscheinlicher machen würde, weil sie ihm einen Teil des Leids und des Schreckens nimmt. 1997 kommt der Politikwissenschafter Nicholas O. Berry vom Ursinus College in Pennsylvania genau zum gegenteiligen Ergebnis. Die»heimliche Absicht«des Roten Kreuzes sei es, den Krieg auf der Basis dieser Konventionen zu fesseln. Weil die Bestimmungen jeden Waffengang tatsächlich bis in die Details regeln, machen sie Kriege »unführbar«.[57] Diese Auffassung dementiert das IKRK prompt und erklärt Berrys Buch zum Sicherheitsrisiko. »Jeder, dem bei seiner Arbeit in Kriegsgebieten von einer der kämpfenden Parteien ›heimliche Absichten‹ unterstellt werden, der wird dort ganz schnell ins Messer laufen«, erläutert der Pressechef des IKRK.

Jean Pictet selbst findet beim Fünfzig-Jahr-Jubiläum der Genfer Konventionen 1999 in Genf seine eigene Interpretation. Der 85-Jährige, dem zwei Saalbetreuer über die wenigen Stufen zum Podium helfen müssen, beendet seine kurze, flammende und bewegende Rede mit der ersten Zeile aus Friedrich Schillers »Lied von der Glocke«: »Die Lebenden rufe ich. Die Toten beklage ich. Den Fluch breche ich.« Den Fluch von Krieg und Tyrannei mit Hilfe des Völkerrechts zu brechen, war Pictets Absicht, auch wenn er weiß, dass jedes neue Abkommen immer einen Krieg zu spät kommt: Erst die Kriegsgefangenen – dann eine Konvention über ihre Behandlung. Erst die Verwendung von Giftgas – dann sein Verbot mittels einer zwischenstaatlichen Vereinbarung. Erst die Konzentrationslager – dann die Ausweitung der Verkehrsregeln im Krieg auf Zivilpersonen. Erst die Guerillakämpfe in der Dritten Welt – dann die Zusatzprotokolle zu den Genfer Konventionen. Es ist der Wandel des Kriegsbildes, der sich in immer neuen Bestimmungen niederschlägt. Genau das geschieht auch in der Zeit des Kalten Krieges: Die klassischen Feindseligkeiten zwischen Staaten, an denen klar gegliederte Armeen und Offiziere teilnehmen, die wissen, was in den Genfer Konventionen steht, verschwinden zusehends. Bürgerkriege treten an ihre Stelle, die Grenze zwischen Zivilisten und Kombattanten verschwimmt, was 1977 die Ergänzung der vier bestehenden Konventionen durch zwei Zusatzprotokolle notwendig macht. »Ein Durchbruch dabei war der neue und oft zitierte gemeinsame Artikel drei, der den Schutz der Konventionen auf die Opfer von nicht-internationalen Konflikten ausdehnt«, erinnert sich Jean Pictet. Protokoll 1 weitet darüber hinaus den Geltungsbereich der Abkommen auf »bewaffnete Konflikte, in denen Völker gegen Kolonialherrschaft und fremde Besetzung sowie gegen rassistische Regime in Ausübung ihres Rechts auf Selbstbestimmung kämpfen«, aus. Das Völkerrecht befinde sich eben in einem »Zustand der konstanten Weiterentwicklung«, erklärt Jean Pictet. Erfolge und Rückschläge gehören zu einer »großen Saga der Menschheitsgeschichte«, ergänzt Robin Coupland, Kriegschirurg beim IKRK. »Parallel zur Entwicklung der bewaffneten Gewalt ist immer schon eine ebensolche Entwicklung verlaufen, bei der es um die Beschränkung all dessen geht, was dabei erlaubt ist.« Nichts anderes war auch die Idee Dunants: den Krieg zu »humanisieren«, um der völligen Barbarei vorzubeugen. »Das gesamte humanitäre Völkerrecht, das daraus entstanden ist«, sagt Coupland, »ist eine einzige große Präventionsmaßnahme.«

Auch die Gründung des Flüchtlingshilfswerks der Vereinten Nationen (United Nations High Commissioner for Refugees, UNHCR) im Jahr 1951 ist eine Reaktion auf die neue Ära von Auseinandersetzungen nach dem Zweiten Weltkrieg. Unterdrückung und Unabhängigkeitskriege vertreiben Millionen aus ihren Heimatländern. Mit der Emanzipation der Kolonialvölker entsteht die sogenannte Dritte Welt. Für die Liga bedeutet das auch eine Explosion der Zahl ihrer Mitglieder. 1957 vereint sie bereits achtzig nationale Gesellschaften unter ihrem Dach, sieben Jahre später sind es schon 104. In den zunehmenden Beitritten »spiegelt sich die Entwicklung des Weltstaatensystems wie sonst nur noch in der Geschichte der Vereinten Nationen«.[58]

Die Liga macht in den Ländern der neuen Mitgliedsgesellschaften, was sie in den zwanziger Jahren auch in Europa getan hat: Sie organisiert die Entwicklungshilfe. Bei der Vergabe von staatlichen Hilfsmitteln für diesen Zweck spielen auch praktische Beweggründe eine Rolle. »Es ist bekannt«, bemerkt der Autor Dieter Riesenberger, »dass die Rotkreuzgesellschaften in Ländern der Dritten Welt und in den (ehemaligen) sozialistischen Staaten nur über einen sehr engen Spielraum verfügen und als Instrument staatlicher Interessenpolitik eingesetzt werden.«[59] Aber auch die westlichen Regierungen haben für die Hilfe nicht nur altruistische Gründe.»Entwicklungshilfe war ein Instrument des Kalten Krieges, als die Vereinigten Staaten und die Sowjetunion um Verbündete auf allen Kontinenten wetteiferten«, erklärt der 2006 verstorbene US-Botschafter in Kenya, Smith Hempstone, unverblümt.»Nahrungsmittelhilfe ermöglicht es uns, eigene Überschüsse loszuwerden, unser Gewissen zu beruhigen und Arbeitsplätze in Amerika zu sichern, während wir gleichzeitig Leben retten.«[60]

Fünfzig Jahre nachdem die UN-Generalversammlung auf Vorschlag des amerikanischen Präsidenten John F. Kennedy die erste Entwicklungsdekade ausgerufen hat, spielt die Hilfe mehr denn je auch eine sicherheitspolitische Rolle. Eine Waffe im Kampf um die »hearts and minds« der Bevölkerung nennt sie das Pentagon im Vietnamkrieg,»Force Protection« – Schutz für die kämpfende Truppe – heißt sie Jahrzehnte später im Irak. Der Einsatz der Hilfe als Mittel der Kriegspropaganda untergräbt allerdings das Bemühen der Helfer um Neutralität und Unparteilichkeit.

Was humanitäre Hilfe oder Entwicklungshilfe ist und was nicht, welche Interessen dabei auch die Geber haben – die Auseinandersetzung darüber nimmt trotz der Warnungen des Roten Kreuzes immer groteskere Formen an. Im April 2008 kündigt der österreichische Verteidigungsminister Norbert Darabos an, die Bundesregierung werde sich den Einsatz des Bundesheeres im Tschad als Entwicklungshilfe anrechnen lassen, weil er »klare humanitäre Ziele wie den Schutz von Flüchtlingen verfolgt«.[61]

Die Idee, die am Beginn der Entwicklungshilfe steht, ist in erster Linie die Übertragung des europäische Erfolgsmodells nach dem Zweiten Weltkrieg auf die Entwicklungsländer – mit dem Ziel, wirtschaftliche Unterschiede zwischen den Industrieländern und den Staaten der Dritten Welt zu verringern. Die Dimension dieser Unterschiede belastet auch die Liga. 1969 hat sie bereits 112 Mitglieder, wobei eine Minderheit wohlhabender nationaler Gesellschaften einer starken Mehrheit armer Schwestergesellschaften gegenübersteht, die nach mehr Ressourcen für die Entwicklung verlangt. Die Rotkreuzgesellschaften in Europa und den USA finanzieren die von der Liga initiierten und koordinierten Hilfsaktionen in den Ländern des Südens und gehen dabei bis an die Grenzen ihrer Kapazität. »Unsere Pläne und Strategien werden Wunschdenken bleiben«, erklärt der Generalsekretär der Liga, Henrik Beer, »solange wir unsere Absichten nicht mit den Ressourcen, die uns zur Verfügung stehen, in Einklang bringen.«

In der Tat haben die nationalen Gesellschaften des Nordens auch zu Hause alle Hände voll zu tun. In Polen eskalieren schließlich im Sommer 1956 Arbeiterdemonstrationen zu einem Aufstand gegen die kommunistische Regierung. Von den Ereignissen in ihrer Hoffnung auf eine antistalinistische Wende auch in Ungarn bestärkt, wächst die dortige Protestbewegung rasch an. Am 1. November stellt sich Ministerpräsident Imre Nagy offen auf die Seite der Aufständischen, die in einigen Städten bereits die Macht übernommen haben. Er erklärt den Austritt Ungarns aus dem Warschauer Pakt und die Neutralität seines Landes. Drei Tage später stoßen sowjetische Panzereinheiten nach Budapest vor, am 7. November ist der Aufstand blutig niedergeschlagen. Insgesamt sind bereits in den Oktobertagen 1956 mehr als 180 000 Ungarn nach Österreich geflohen. Über 70 000 von ihnen gelangen über die Brücke von Andau ins östlichste österreichische Bundesland, das Burgenland. Die noch junge Republik Österreich nimmt alle Flüchtlinge – mit und ohne Ausweispapiere – mit großer Hilfsbereitschaft auf. Für das Österreichische Rote Kreuz beginnt die größte Hilfsaktion der Zweiten Republik. Seine Helferinnen und Helfer versorgen die Flüchtlinge innerhalb weniger Wochen mit über 5800 Tonnen Nahrungsmitteln, 1300 Tonnen Bekleidung, Medikamenten, Verbandsmaterial und Blutkonserven.

Die Blutkonserven stammen aus der Eigenproduktion des Österreichischen Roten Kreuzes – ein weiterer neuer Leistungsbereich, den viele nationale Gesellschaften in Europa inzwischen eröffnet haben. Schon im Jahr 1900 entdeckt der österreichische Arzt Karl Landsteiner das AB0-Blutgruppensystem. Sechzehn Jahre später gelingt es zum ersten Mal, Blut haltbar zu machen. Der erste Bluttransfusionsdienst der Welt entsteht unter der Federführung des Britischen Roten Kreuzes 1921 in London. 1947 beschließt auch das Österreichische Rote Kreuz, ein nationales Blutspendewesen auf der Basis von freiwilligen und unbezahlten Blutspendern einzurichten.[62] Das Deutsche Rote Kreuz beginnt fünf Jahre später damit, zahlreiche europäische Rotkreuzgesellschaften folgen. Heute funktionieren die Blutspendedienste in der gesamten Europäischen Union nach den vom Roten Kreuz dafür aufgestellten Prinzipien, auch dort, wo die Organisation selbst nicht damit beschäftigt ist: Gemeinnützige Blutspendeeinrichtungen bringen freiwillig und unbezahlt gespendetes Blut auf der Basis nationaler Selbstversorgung auf.

Alles in allem, hat sich das Rote Kreuz in Europa inzwischen zu viel und zu viel Verschiedenes zugemutet? 1973 unterziehen sich das IKRK und – stellvertretend für ihre Mitgliedsgesellschaften – die Liga mit Hilfe des kanadischen Konsulenten Donald Transley einer gründlichen Durchleuchtung. Das Ergebnis, der Transley-Report, intern nur »The big study« genannt, findet: Das Komitee sollte wie bisher bei seiner Ursprungsaufgabe bleiben. Der Liga und den nationalen Gesellschaften rät er dagegen, sich auf die Soforthilfe nach Katastrophen zu beschränken und alle anderen Hilfstätigkeiten und -programme einzustellen. Die Empfehlung zur radikalen Schlankheitskur stößt auf wenig Gegenliebe. Nach einer Nachdenkpause bricht die Liga stattdessen mit ihrem neuen Slogan »Everywhere for everyone« (»Überall für jedermann«) in die achtziger Jahre auf.

Anfang dieses neuen Jahrzehnts brechen die Spannungen innerhalb der Liga voll aus. »Angesichts einer beispiellosen Welle von Katastrophen bezahlte die Organisation jetzt einen hohen Preis dafür, Transleys Empfehlung nach der rechtzeitigen Einführung einer schlanken Strategie, die Finanzierung, Art der Hilfsleistungen und die entsprechende Ausbildung des Personals beinhaltet, keine Beachtung geschenkt zu haben.«[63] Im April 1984 kehrt der Generalsekretär der Liga Hans Hoeg von einer Afrika-Reise zurück. Der halbe Kontinent hungert, und das Fernsehen liefert die Bilder davon auch in die europäischen Wohnzimmer. »Was wir brauchen«, teilt Hoeg dem Exekutivrat der Liga mit, »ist ein großangelegter Katastrophenplan.« Dieser müsse Frühwarnsysteme ebenso umfassen wie »Warenhäuser, in denen Hilfsgüter für den Notfall schon bereitstehen, und natürlich die Logistik für ihre Verteilung«. Wie auch immer, notieren die Biografen der Liga, Daphne Reid und Patrick Gilbo, »ein solcher Plan wurde nie entwickelt«. In ihrer einzigen Autobiografie[64] geht die Liga hart mit ihrer Arbeit in den achtziger Jahren und mit sich selbst ins Gericht. Präsident und Generalsekretär sind noch immer in einen Zweikampf um mehr Einfluss verwickelt, als die Nachrichten der britischen BBC am 23. Oktober 1984 zur besten Sendezeit Bilder einer »biblischen Hungersnot« (der Reporter des Senders Michael Buerk) in Äthiopien zeigen. Mütter und ihre Kinder sterben vor laufender Kamera. Fernsehzuschauer in aller Welt reagieren mit blankem Entsetzen – und mit einer noch nie da gewesenen Spendenbereitschaft. »Eine Herausforderung dieser Größenordnung kam für die Liga zur Unzeit«, erinnern sich Reid und Gilbo. »Die Reorganisation war noch immer nicht abgeschlossen, die beiden stellvertretenden Generalsekretäre – von denen keiner Erfahrungen mit Hilfsmaßnahmen im Feld hatte – gerade erst eingesetzt, die Umstellung auf elektronische Datenverarbeitung nicht beendet, und die Archivordner – die wichtige Hinweise und Lektionen aus der Hungersnot von 1973 und 1974 enthielten – lagerten unbeachtet auf Regalen im Keller.«

Gleichzeitig überhäufen die nationalen Gesellschaften die Liga mit Geld. Allein das Amerikanische Rote Kreuz überweist monatlich eine Million Dollar, die ausschließlich für die Hungerhilfe ausgegeben werden darf. Der Umfang der Hilfsmaßnahmen verdoppelt sich 1984 im Vergleich zum Vorjahr, und 1985 noch einmal. Zwei externe

Beraterfirmen stellen trotz allem fest, dass allein das Rote Kreuz Hunderttausenden Afrikanern das Leben gerettet hat und die Hilfsmaßnahmen selbst auch nicht schlechter organisiert waren als die anderer Organisationen. Vor allem der unnachgiebige Einsatz einzelner gewitzter Helfer vor Ort ermöglicht bisweilen das Unmögliche. In abgelegenen Regionen des Sudan stellt der erfahrene Delegierte Kjell Holthe die Ernährung von 300 000 Menschen ein ganzes Jahr lang sicher. Als die Straßen versanden und erodieren und für die Rotkreuz-Lastwagen unpassierbar werden, mietet er 800 Kamele, die, von Hubschraubern unterstützt, die Nothilfe zu den Hungernden bringen. Doch erfahrene Delegierte wie Holthe sind rar, und die riesigen Hilfsoperationen in nur zwei Ländern, im Sudan und in Äthiopien, absorbieren sie unverzüglich. Das gilt auch für dringend benötigte Ernährungsexperten. Knapp ein Jahrzehnt später wird das IKRK nach der Entdeckung halbverhungerter muslimischer Gefangener im Bosnien-Krieg Ernährungsfachleute aus Afrika für ihre Behandlung einfliegen lassen. Im Moment aber erfüllen Krankenschwestern und in einem Fall sogar ein Professor für Geschichte, der sich freiwillig für den Hilfseinsatz gemeldet hat, Aufgaben, für die sie nicht ausgebildet sind. »Wenn es sich noch bewegt, dann füttere es!«, beschreibt der Mitarbeiter einer anderen Hilfsorganisation die Ernährungsmethode der Liga.

Über zwei Millionen Menschen bewahrt die Rotkreuz-Hilfe in den beiden Jahren vor dem sicheren Hungertod. Doch auch den Helfern selbst ist klar, dass sie sich mittlerweile hoffnungslos übernommen haben. Im Herbst 1985 versiegt der Fluss der Hilfsgelder so plötzlich wie er begonnen hat, und die Zeit der gegenseitigen Schuldzuweisungen beginnt. Besonders erklärungsbedürftig erscheint den nationalen Gesellschaften eine grundsätzliche Frage: Wie ist es möglich, dass eine sechzig Jahre alte Organisation wie die Liga weder über standardisierte Soforthilfe-Programme noch über klar festgelegte Maßnahmen und auch nicht über einen Pool entsprechend ausgebildeter, einsatzbereiter Delegierter verfügt? Es ist ein schmerzhafter

Reformprozess auf der Grundlage der Erfahrungen aus den achtziger Jahren, der die Liga zu dem macht, was sie heute ist: eine weltweit verzahnte Hilfsmaschinerie, die über standardisierte Ausrüstung und trainiertes Personal verfügt, um die Akuthilfe rasch an die richtigen Orte zu bringen.

Ende der sechziger Jahre scheint es, als hätte der kanadische Medientheoretiker Marshall McLuhan den Nagel auf den Kopf getroffen: »Es ist dies das Zeitalter der Angst, weil die elektrische Implosion zum Engagement und zu aktiver Beteiligung zwingt, ohne Rücksicht auf Standpunkte.«[65] Nicht nur die immer populärer werdenden Fernreisen bringen die Bewohner der reichen Nordhalbkugel der Erde in hautnahen und persönlichen Kontakt mit bislang unvertrauten Kulturen, aber eben auch mit ihrem materiellen Elend. McLuhan glaubt, das Fernsehen – inzwischen auch in Europa zum Leitmedium aufgestiegen – verwandle die Welt in ein »globales Dorf«, in dem niemand mehr die Not seines Nachbarn ignorieren könne. Seit Jahren schon tobt in Vietnam der erste Fernsehkrieg der Geschichte. 1967 kommt es in Nigeria zum nächsten. Im Mai erklärt sich die Provinz Biafra für unabhängig. Die Regierung reagiert mit der Entsendung ihrer Armee und verhängt eine Wirtschaftsblockade über das Gebiet, um die Abtrünnigen auszuhungern. Die Maßnahme führt prompt zu einer Hungersnot. Einer der Helfer vor Ort ist Bernard Kouchner, ein junger Arzt, der im Auftrag des Französischen Roten Kreuzes für das IKRK arbeitet. In einem Feldspital operieren er und seine Kollegen rund um die Uhr. Schlimmer noch als der Bürgerkrieg ist aber der Hunger, an dem täglich Tausende Kinder sterben. Noch sind keine Kameras vor Ort, aber Kouchner ist einer von denen, die dafür sorgen, dass sich das rasch ändert: »Unser Schweigen macht uns Ärzte zu Komplizen eines systematischen Massakers an einer ganzen Bevölkerungsgruppe.«

Damit verletzt Kouchner das Schweigegebot des IKRK. Seine Delegierten sind mit dem Dilemma der verschwiegenen Neutralität durchaus vertraut. Ebenso mit den Vorwürfen von Menschenrechtlern, dass ihre Diskretion der Komplizenschaft mit Mördern gleichkommen könnte. Sie misstrauen aber der Wirksamkeit öffentlicher Empörung, die mit zunehmender medialer Berieselung eine immer geringere Halbwertszeit bekommt. Das Schweigen ist für sie der Preis, um vor Ort bei den Opfern bleiben und ihnen helfen zu können. »Die Gründung des Internationalen Roten Kreuzes durch Henry Dunant unter dem Eindruck des Schlachtfelds von Solferino«, schreibt der Geschichtsphilosoph Herfried Münkler, »war von vornherein darauf begründet, das moralische Paradox allen Kampfgeschehens nicht auflösen zu wollen, sondern es auszuhalten.«[66]

Aber Kouchner will angesichts von Menschenrechtsverletzungen nicht schweigen. 1971 ruft er das Alternativmodell zum Roten Kreuz ins Leben: Ärzte ohne Grenzen (Médecins Sans Frontières, MSF). »Wir sind die Kinder von Medizin und Journalismus«, erklärt Xavier Emmanuelli, ein weiterer Gründervater der Organisation. Bis heute weist MSF beharrlich und öffentlich auf die Verantwortung der politischen Machthaber für die Leiden der Zivilbevölkerung hin, ob in Tschetschenien, in Simbabwe oder im Kosovo. 1980 trennt sich Kouchner im Streit von den Ärzten ohne Grenzen – aber nicht von der »sans frontières«-Idee. Als französischem Minister gelingt ihm siebzehn Jahre nach der Gründung von MSF die Verankerung seines »devoir d'ingerence«, der »Pflicht zur Invervention« angesichts von Menschenrechtsverletzungen, im Völkerrecht. Die Resolution der UN-Generalversammlung mit der Nummer 43/131 aus dem Jahr 1988 gestattet es Hilfsorganisationen, auch ohne Genehmigung der jeweiligen Regierung, Staatsgrenzen zu überschreiten, um den Opfern von Naturkatastrophen und »ähnlichen Notlagen« zu Hilfe zu kommen. Die alleinige Verfügungsgewalt eines Staates über seine inneren Angelegenheiten stellt damit zum ersten Mal nicht länger das Allerheiligste in den internationalen Beziehungen dar. Resolutionen der UN-Generalversammlung haben für die Staaten allerdings lediglich Empfehlungscharakter, nur Beschlüsse des Sicherheitsrates sind bindend. Um diese zu erreichen, steht Kouchner und der »sans frontières«-Bewegung noch ein mächtiges Hindernis im Weg: die bipolare, von zwei Supermächten dominierte Weltordnung. Doch dann fällt am 9. November 1989 die Berliner Mauer.

9. Die Hilfe in der Midlife-Crisis oder:
Der Fluch der neuen Kriege

Am 2. August 1990 überrollen irakische Panzer die Grenze des benachbarten Kuwait und besetzen das winzige, an Erdöl reiche Wüstenemirat. Danach nehmen die Irakis Aufstellung entlang der Grenze zu Saudi-Arabien. Innerhalb weniger Tage beginnt die »Operation Wüstenschild«: Die USA entsenden im Blitztempo Truppen zum Schutz der saudi-arabischen Ölfelder. In der Nacht vom 16. auf den 17. Januar 1991 mutiert die Aktion zur »Operation Wüstensturm«. Kampfjets der Vereinigten Staaten und ihrer Alliierten bombardieren die irakische Luftabwehr, Kasernen, Waffen- und Armeelager. Der Fernsehsender CNN überträgt den mit modernstem Gerät geführten Angriff auf die Hauptstadt Bagdad live. Zuschauer auf der ganzen Welt sehen einen sauberen, mit Präzisionswaffen geführten Krieg, der eher an einen chirurgischen Eingriff denn an eine Schlacht erinnert. Verblüffte Reporter berichten von Cruise Missiles, »die an der Ampel links abbiegen«, um danach punktgenau in Saddam Husseins Bunkern einzuschlagen. In seiner Fernsehansprache an die Nation erklärt US-Präsident George Bush (senior): »Wir stehen vor der Chance, für uns und für künftige Generationen eine neue Weltordnung zu erschaffen – eine Welt, in der das Völkerrecht und nicht das Gesetz des Dschungels die Beziehungen zwischen den Nationen bestimmt.« Was noch wenige Jahre zuvor den Dritten Weltkrieg ausgelöst hätte, scheint nun Wirklichkeit zu werden: die Möglichkeit, die Welt in gerechten, nach Punkt und Beistrich der Genfer Konventionen geführten und die Zivilbevölkerung verschonenden Kriegen vom Gesetz des Stärkeren zu befreien.

Doch nicht nur die Fernsehbilder aus dem Irak täuschen. Mitte der neunziger Jahre spricht der Präsident des IKRK, Cornelio Sommaruga, erstmals öffentlich von zuvor unbekannten Erlebnissen und Erfahrungen seiner Delegierten. Von »neuen Kriegen« ist dabei die Rede, und von »neuen Kriegern«, denen die Kriegsregeln nichts bedeuten, die auf das Rote Kreuz schießen, keine Befehlsketten mehr kennen und deren Opfer vor allem Zivilisten sind, die sie foltern, verstümmeln, vergewaltigen, töten. Von marodierenden Mörderbanden in abstrusen Fantasieuniformen, viele ihrer Mitglieder traumatisierte Kinder unter Drogen. Die Rotkreuz-Helfer fühlen sich in die Zeit vor Dunant und Solferino zurückgeworfen, in die Ära des Dreißigjährigen Krieges und zu den Schrecken, die Francisco de Goya 200 Jahre später in seinen »Desastres de la Guerra« dargestellt hat. Jeder und alles, Babys, Vieh, Lebensmittel, Ernten, Häuser, Fahrzeuge, alte Leute, ist für die neuen Krieger nicht mehr als Freiwild, gegen das sie mit unvorstellbarer, roher Gewalt vorgehen. Der Völkermord von Ruanda hat soeben 800 000 Tote zurückgelassen. Rebellen in Sierra Leone hacken Dorfbewohnern, die im Verdacht stehen, mit der Regierung zu sympathisieren, bei lebendigem Leib Hände und Füße ab. Die »Stammeskriege« sind aber keine afrikanische Spezialität: Im Frühsommer 1991 bricht auch in Europa das Mittelalter wieder aus. In der bosnischen Bergwerksstadt Srebrenica führen im Juli 1995 serbische Soldaten und Paramilitärs unter den Augen niederländischer Blauhelme mehr als 7000 muslimische Buben und Männer ab und bringen sie in einem Tage andauernden Gemetzel um.

Es sind Zeiten, in denen sich die Delegierten klammheimlich in den Kalten Krieg zurücksehnen. »Politik war damals sehr wichtig«, erinnert sich Urs Boegli, über zwanzig Jahre lang Delegierter beim IKRK. Die Konflikte in Afrika, Asien und Lateinamerika sind damals Stellvertreterkriege der Großmächte, die um Verbündete ringen. »Für das IKRK war das gar nicht so schlecht«, erinnert sich Boegli, »denn die Großmächte hatten ein Auge auf diese Konflikte.« Wenn die Delegierten in Angola oder Kambodscha Schwierigkeiten haben, dann wenden sie sich damit an die Regierungen in Washington, Paris oder London, zum Schluss sogar an Gorbatschow in Moskau. »Irgendjemand rief dann immer vor Ort an und sagte: ›Passt ein bisschen auf mit denen vom Roten Kreuz.‹ Im Großen und Ganzen wurden die humanitären Organisationen besser respektiert als heute.« Auch, sagt Urs Boegli, weil die »neuen Krieger« heute wirtschaftlich unabhängiger sind als ihre Vorgänger aus dem Kalten Krieg. Mittels Rohstoff- und Drogenhandel halten sie sich über Wasser, »uns brauchen sie nicht mehr, und auch die Bevölkerung nicht. Sie müssen nicht länger, wie Mao sagte, wie ein Fisch im Wasser in der Zivilbevölkerung schwimmen. Ob die Hilfskonvois für die Leute durchkommen, kann ihnen egal sein. Die neuen Krieger empfinden keine moralische Pflicht mehr, einer größeren Bevölkerungsgruppe zu einem besseren Leben zu verhelfen.« Solche ideologischen Schönheiten gehören von nun an der Vergangenheit an.

Im Rückblick meint Boegli: »Ich glaube, wir haben, ohne es zu bemerken, auch vom Wunsch nach internationaler Anerkennung vieler Befreiungsbewegungen profitiert. Diese Leute haben mit uns zusammengearbeitet, weil sie sich gesagt haben: ›Das ist der erste Schritt zur diplomatischen Anerkennung, der erste Schritt auf dem Weg zu den Vereinten Nationen.‹« Für die UNO war es anfänglich unmöglich, mit Befreiungsbewegungen ins Gespräch zu kommen, weil das deren Anerkennung bedeutet hätte. Das Rote Kreuz steht nicht unter diesem Druck. Urs Boegli: »Wer will schon rotkreuz-anerkannt sein?« Die IKRK-Delegierten verhandeln ungehindert mit den Befreiungsbewegungen um Zugang zu Gefangenen, und um die Hilfe durchzubringen. »Jene, die gut mit dem Roten Kreuz zusammengearbeitet haben, haben sich auch gedacht: ›Toll, das sendet die richtigen Signale an die Regierungen in den USA und in Europa.‹ Man hat uns als Diplomaten zweiter Klasse betrachtet und ist diplomatisch, korrekt und positiv mit uns umgegangen, weil man sich gesagt hat: ›Wenn wir schon nicht mit der UNO und mit den richtigen Diplomaten reden können, dann seien wir doch wenigstens diplomatisch mit denen vom Roten Kreuz.‹« Nach 1989, nach dem Fall der Berliner Mauer, hat sich diese Situation grundlegend geändert: Politik ist aus der Mode gekommen. »Die Vernetzung mit Washington, Paris, London und Moskau ist nicht mehr vorhanden gewesen, anstelle der traditionellen Machtzentren sind neue, unvertraute regionale Interessen getreten.«[67]

Im Juni 1991 lösen sich Slowenien und Kroatien aus dem Verbund der Sozialistischen Föderativen Republik Jugoslawien. Bewaffnete Scharmützel in Kroatien weiten sich zum Bürgerkrieg aus, im August greifen die Unruhen auf Bosnien und Herzegowina über, das sich im Oktober für unabhängig erklärt. Das Regime unter dem Marschall und Ministerpräsidenten Josip Broz Tito hat die ethnischen und religiösen Differenzen Jugoslawiens jahrzehntelang ausgeblendet und im Zaum gehalten. Jetzt werden sie von allen Lagern explosionsartig mobilisiert, rasch steht die gesamte Region in Flammen. Der Westen reagiert mit einer »konfusen, widersprüchlichen Mischung aus Diplomatie, militärischer Intervention und humanitärer Hilfe« (Rony Brauman, ehemaliger Präsident von Ärzte ohne Grenzen). »Die Situation war absurd«, erzählt Urs Boegli. »Ich erinnere mich an ein Treffen mit UNPROFOR[68], als es um die Versorgung der bosnischen Enklave Mladei mit Nahrungsmitteln ging.« Er sucht den zuständigen Kommandanten der UN-Truppe auf und fragt: »Mladei ist so gefährlich, könnte nicht ausnahmsweise das Militär die Verteilung der Hilfsgüter übernehmen?« Der General erklärt, dass das nicht unter das Mandat der UNPROFOR falle und daher unmöglich sei. »Aber weil er ein netter General war«, erinnert sich Boegli, »hat er mir später seine tatsächlichen Beweggründe erklärt. Wenn jemand vom IKRK dabei ums Leben kommt, sagte er, dann ist das sehr traurig, vielleicht sogar tragisch. Aber mir hat meine Regierung gesagt: Wenn einer von unseren Jungs getötet wird, dann kann das zu Hause zu einem Misstrauensvotum führen, und deswegen darf das nicht passieren.« Die Helfer vor Ort sind in der grotesken Lage, dass die Situation plötzlich zu gefährlich für die Soldaten ist und diese sich hinter die Hilfsorganisationen zurückziehen. Das angebliche Allheilmittel humanitäre Hilfe, berichtet Urs Boegli, »das hat vielleicht im Fernsehen gut ausgesehen, aber vor Ort ist das Bild ein ganz anderes. Wir wurden rasch zu jedermanns Hassobjekt. In Bosnien hat man das tagtäglich gesehen. Die Serben mochten uns nicht, weil sie am liebsten überhaupt niemanden aus der internationalen Gemeinschaft dahaben wollten. In den Augen der Muslime waren zu wenige von uns da. Die Kriegsopfer waren von allen die Unglücklichsten. Sie erlebten am eigenen Leib, wie sie mit Nahrungsmittelhilfe am Leben erhalten wurden, während niemand etwas tat, um den Krieg zu beenden.« Für Michèle Mercier vom IKRK ist das »widerlichste Ergebnis der Medienschlacht, dass man die Welt glauben machte, die humanitären Helfer seien zur Stelle und könnten handeln«. Dabei ist ihre Anwesenheit oft nicht mehr als ein Alibi: »Die vor sich hin dösende Öffentlichkeit vergisst, dass die humanitäre Stafette den Staaten erlaubt hat, die Politik in den Ausstand treten zu lassen.«[69]

Bosnien bildet eine schmerzhafte Zäsur für die humanitäre Bewegung. Politik und Diplomatie tun nichts, um einen Krieg – nichts anderes als ein politisches Problem – zu beenden. Stattdessen nistet sich überall ein neuer Begriff ein: jener der »humanitären Krise«. Er wird zur Rechtfertigung und Erklärung dafür, warum ausschließlich die humanitären Helfer als einziges und letztes Aufgebot in hoffnungslose Situationen geschickt werden. 1994 geschieht in Ruanda dasselbe: Die internationale Gemeinschaft schickt Helfer in eine »humanitäre Krise«, um Hunger und Cholera zu bekämpfen – nachdem sie zuvor untätig zugesehen hat, wie 800 000 Menschen wegen ihrer ethnischen Zugehörigkeit mit Macheten in Stücke gehackt wurden. Rony Brauman ist nicht der Einzige, den diese Winkelzüge wütend machen: »Warum nennt man einen Krieg nicht beim Namen, sondern eine ›humanitäre Krise‹? Niemand würde auf die Idee kommen, eine Vergewaltigung als ›gynäkologische Krise‹ zu bezeichnen.«

Darf man Gutes tun im Wissen, dass es auch zum Schlechten gereichen kann? Die Hände in den Schoß zu legen und nichts zu tun, kommt für die Helfer auch in Österreich nicht in Frage. Mit »Nachbar in Not« rufen die beiden größten Hilfsorganisationen des Landes gemeinsam mit dem Österreichischen Rundfunk (ORF) eine Aktion ins Leben, die bis heute in vielerlei Hinsicht beispiellos ist. Am 21. Mai 1992 erhöht die österreichische Bundesregierung die Mittel für Flüchtlinge aus dem ehemaligen Jugoslawien und fragt gleichzeitig beim ORF an, ob der nicht flankierend dazu auch zu Privatspenden aufrufen könnte. ORF-Generalsekretär Kurt Bergmann kontaktiert das Rote Kreuz und die Caritas und schlägt die Bildung einer strategischen Allianz vor.[70] Über das Wochenende entwickeln er und Vertreter der beiden Hilfsorganisationen das Modell »Nachbar in Not«: Der ORF wird zu Spenden aufrufen und auf allen Kanälen aus dem Krieg und über die Hilfe berichten. Für das Rote Kreuz werden die örtlichen Dienststellen und das IKRK, für die Caritas die Pfarren im ehemaligen Jugoslawien den Bedarf an Hilfsgütern erheben und auch die Verteilung sicherstellen. Jedes Mal, wenn 300 000 Schilling – rund 21 000 Euro – aufgebracht sind, bricht ein Lastwagen mit Hilfsgütern in das Krisengebiet auf. »Hilfe, die ankommt« wird zum Claim der Aktion. Nur eine Woche später, am 27. Mai, fährt der erste Lkw los – in Begleitung eines Kamerateams des ORF. Bis zum Ende des Kosovo-Konflikts werden Rotes Kreuz und Caritas dank »Nachbar in Not« den Kriegsopfern im ehemaligen Jugoslawien mit Hilfsgütern im Wert von 125 Millionen Euro geholfen haben.

»Der Mechanismus, nach dem Gelder für Hilfaktionen aufgebracht werden, ist denkbar simpel«, erklärt Roland Siegrist, Mitbegründer von »Nachbar in Not« und heute Präsident der Evangelischen Diakonie in Österreich.[71] Die Formel lautet: Spendensumme ist gleich Attraktivität der Notlage mal medialer Dichte mal Österreichbezug. »Die Unterstützungsbedürftigkeit eines Opfers wird nicht nur an seiner objektiven Notlage gemessen, sondern auch daran, wie sehr der Notleidende an seiner Situation ›selber schuld‹ ist«, erläutert Roland Siegrist. »Das mag zynisch klingen«, ergänzt der Vorstandsvorsitzende von »Nachbar in Not« und Marketingleiter des Österreichischen Roten Kreuzes, Michael Opriesnig, »es ist aber empirisch gut belegt. Von drei möglichen Reaktionen auf Kriegsberichte – nämlich Verdrängung, Hilfsbereitschaft, die sich auch im Spenden äußert, und Schuldzuweisung – ist die dritte für die betroffenen Menschen die fatalste. Vor allem, wenn ein Konflikt länger dauert, hören wir oft: ›Die sollen erst einmal aufhören, sich die Köpfe einzuschlagen, dann werden wir auch wieder spenden.‹« Umweltorganisationen hätten es mit Spendenaufrufen da manchmal ein wenig einfacher, so Michael Opriesnig: »Den Walen die Schuld dafür zu geben, dass sie gejagt werden, oder dem Ozonloch, dass es größer wird, ist ja nicht gut möglich.«

Hohe mediale Dichte kann für die humanitären Spendensammler einiges gutmachen. »Auch, wenn das niemand gerne hört: Spenden sind in erster Linie emotionsgesteuert«, sagt Michael Opriesnig. Sie fließen erst dann in nennenswertem Ausmaß, »wenn der Sachverhalt so emotional vor Augen steht, dass man sich ihm nicht entziehen kann«, ergänzt Roland Siegrist. Mit Hilfe der Reichweite und des Engagements des ORF auf allen Kanälen ist es für »Nachbar in Not« eher einfach, die notwendige Mediendichte zu erzielen.

Schließlich zeigt die Erfahrung, dass lieber gegeben wird, wenn Österreicher vor Ort an der Hilfe beteiligt sind (oder wenn – wie im Falle des Tsunami vom Dezember 2004 – Österreicher unter den Opfern sind). »Auch dieser Faktor ist eher emotionsgesteuert«, sagt Roland Siegrist. »Weil rational betrachtet ist es ja völlig irrelevant, ob eine Hilfsaktion, die jemand mit seiner Spende finanziert, durch einen Österreicher, Schweizer, Amerikaner oder Deutschen durchgeführt wird.« Vor allem Peter Quendler von der Caritas sowie Uschi Schöll und Peter Kügler vom Roten Kreuz bringen es als Delegierte im ehemaligen Jugoslawien in der ersten Hälfte der neunziger Jahre auch zu Hause zu beachtlicher Popularität.

»Nachbar in Not« gibt es – inzwischen in die Rechtsform einer gemeinnützigen Stiftung überführt – immer noch. In den vergangenen Jahren ist die Marke mehrmals wieder aktiviert worden, um damit weitere 45 Millionen Spendeneuros zu sammeln – für Kriegsopfer im Darfur, für die Soforthilfe nach dem Erdbeben in Pakistan 2005 und für den Wiederaufbau nach dem Tsunami vom Dezember 2004 in Ostasien. »Mehr als das kann und will ›Nachbar in Not‹ nicht sein«, erklärt Michael Opriesnig. »Denn es ist klar, dass humanitäre Hilfe keine politischen Probleme lösen kann, und die sind die Ursache von Kriegen wie im ehemaligen Jugoslawien oder im Darfur.« Der Griff zum Spendeneuro könne höchstens zum Nachdenken über die Ursachen einer Not anregen. »Ich gestehe aber«, sagt Opriesnig, »dass wir Spenden auch von jenen nehmen, die nicht nachdenken.«

Durchaus notwendige Hilfe als Feigenblatt einer untätigen Politik, als letztes Aufgebot des Westens, der seit dem Ende der bipolaren Weltordnung kein Interesse mehr an den neuen Konflikten in Afrika und Asien hat: »Aus einer Geste der Solidarität ist ein dubioses Mittel der Politik geworden, das den fehlenden Willen zum politischen Handeln nur notdürftig kaschiert«, sagt Ulrike von Pilar, ehemalige Vorstandsvorsitzende der deutschen Sektion von Ärzte ohne Grenzen. »Die Präsenz der humanitären Organisationen gibt den Anschein, als geschehe etwas, und entbindet unsere Regierungen daher von politischem Handlungsdruck.«[72]

Aber nicht nur die Politik, auch »die humanitäre Bewegung geht angeschlagen und gedemütigt aus den neunziger Jahren hervor«, resümiert Rony Brauman. »Im Taumel ihres Medienerfolges« hätte sie sich eine Rolle angemaßt, mit der sie überfordert sein musste. Sie hat Kriege weder verhindert noch beendet; Menschenrechtsverletzungen weder durch öffentliches Anprangern der Täter noch durch von ihr befürwortete militärisch-humanitäre Interventionen abgestellt; zwar Mitleid erzeugt, es aber nicht vermocht, dieses Mitgefühl in die große Forderung nach Gerechtigkeit zu verwandeln. Viele der großen Hilfsorganisationen ziehen sich im Licht dieser Erfahrungen wieder auf die moderate »reine Lehre« des Ursprungs zurück: Alles, was humanitäre Hilfe leisten kann, ist, ein Minimum an Menschlichkeit, immer unzureichend, in Situationen zu bringen, die es eigentlich gar nicht geben dürfte. Ein Weg, den einzig das IKRK in fast 150 Jahren nicht verlassen hat. Den anderen Organisationen verordnet David Rieff, Kriegsreporter und Chronist des Humanitarismus, dringend einen Reality-Check. Sein kontroversielles und höchst zeitgemäßes Buch trägt den programmatischen Titel »A Bed for the Night« – eine ins Englische übertragene Zeile aus dem Bertolt-Brecht-Gedicht »Die Nachtlager«. Darin verschafft ein Mann in New York Obdachlosen durch Bitten an Passanten ein Bett für die Nacht. »Einige Männer haben ein Nachtlager/Der Wind wird von ihnen eine Nacht lang abgehalten/Der ihnen zugedachte Schnee fällt auf die Straße./Aber die Welt wird dadurch nicht anders/Die Beziehungen zwischen den Menschen bessern sich dadurch nicht/Das Zeitalter der Ausbeutung wird dadurch nicht verkürzt«, schreibt Brecht.

Während die Helfer noch dabei sind, angesichts der engen Grenzen des Humanitarismus ihre Wunden zu lecken, folgt bereits der nächste Schlag: Noch in der Planungsphase zur US-Invasion in Afghanistan im Jahr 2001 (»Operation dauerhafte Freiheit«) fordern die USA die Hilfsorganisationen zur engen Kooperation mit der Armee auf und bietet großzügige Summen zur Finanzierung ihrer Arbeit an. Zu Beginn der Invasion im Oktober 2001 wendet sich Außenminister Colin Powell höchstpersönlich an die Helfer: »So wie unsere Diplomaten und Soldaten dienen jetzt auch unsere amerikanischen Hilfsorganisationen da draußen an den Frontlinien der Freiheit. Ich meine es ernst, wenn ich beste Beziehungen mit Ihnen sicherstellen möchte. Denn Sie bilden eine Verstärkung unserer kämpfenden Truppe. Wir verfolgen dieselben Absichten: der Menschheit zu helfen, jedem Mann und jeder Frau in Not, die Hunger leiden, die ohne Hoffnung sind. Wir möchte ihnen zu essen geben, ein Dach über dem Kopf, und dafür sorgen, dass sie ihre Kinder zur Schule schicken können.«[73] Die Botschaft des Generals ist klar: Wir teilen dieselben Ziele und Werte – also lasst uns gleich zusammenarbeiten! Helfer und Soldaten sollen wieder gemeinsam marschieren. Allerdings nicht so, wie Henry Dunant das einst erdacht hatte.

10. Ein Teil der Infrastruktur oder:
Wo die Hilfe hingeht

Auf nationaler Ebene scheint es zu Beginn des dritten Millenniums zumindest in Europa so, als wäre das Rote Kreuz zum Opfer seines eigenen Erfolgs geworden. Dass der Rettungsdienst im Notfall sofort zur Stelle ist; die Hauskrankenpflege pünktlich kommt; sichere Blutkonserven immer und in ausreichender Zahl zur Verfügung stehen; nach den ersten Meldungen über Erdbeben in Zentralasien oder Überflutungen zu Hause sofort die Katastrophenhelfer ausrücken; all das ist für den Großteil der Bevölkerung zur Selbstverständlichkeit geworden. Das Rote Kreuz wird als Bestandteil der Daseinsvorsorge und der öffentlichen Infrastruktur gesehen.

Und doch steht die Hilfsmaschinerie des Roten Kreuzes auf tönernen Füßen. Das Mantra der Europäischen Union lautet: Der freie Wettbewerb im gesamten Binnenmarkt führt grundsätzlich und automatisch zu besseren Produkten und Dienstleistungen bei gleichzeitig niedrigeren Preisen. Aber das gilt nicht für alle Lebensbereiche. Was etwa bei der Telekommunikation funktioniert hat, ist bei der Privatisierung der kommunalen Wasserversorgung gründlich schiefgegangen. Besonders im Bereich der Dienstleistungen von allgemeinem Interesse hat die neue Freizügigkeit unerwünschte und oft gegenteilige Effekte, die zu Unterversorgung zu höheren Preisen führen. Durch die Privatisierungswelle steht auch das »Rettungsverbundsystem« – die Kombination von Notfallrettung und Krankentransport aus einem Guss – zur Debatte. Die kostenintensive Notfallrettung ist nur im Verbund mit dem Krankentransport finanzierbar. Gerade im weniger aufwendigen Krankentransport aber wittern vermehrt private Anbieter Profite und drängen in Österreich wie in Deutschland auf den Markt. Im Falle einer Trennung des Erfolgsduos wird aber nicht nur die Finanzierung der Notfallrettung prekär, auch viele Freiwillige verlieren ihr Betätigungsfeld. Die freiwilligen Rotkreuz-Helfer sind aber auch der größte Personalpool zur Bewältigung von Katastrophen. In Österreich und Deutschland hätte die Katastrophenhilfe mit einem Schlag Hunderttausende Helferinnen und Helfer weniger.

Trotz aller Sonntagsreden über die »Bürger- und Zivilgesellschaft« wird es ohnehin immer schwieriger, Menschen zu finden, die dem Roten Kreuz und anderen Hilfsorganisationen ihre Freizeit zur Verfügung stellen. »Wir liegen wie gewöhnlich bei 50 000 Freiwilligen«, erklärt der Präsident des Österreichischen Roten Kreuzes, Fredy Mayer. »Aber: Die Summe ihrer Leistungen geht kontinuierlich zurück, weil die berufliche Belastung gestiegen ist.« In Deutschland gehen bereits mehr als eine Million unselbständig Erwerbstätige einem zweiten Broterwerb nach, Zahlen für Österreich fehlen. Und selbst die Versorgung mit ausreichend sicheren Blutkonserven rund um die Uhr und 365 Tage im Jahr hängt an einem einzigen Satz in einem europäischen Vertrag.

Die Versorgung mit ausreichend Blutkonserven ist nur dann sichergestellt, wenn Blutspendezentralen eine gewisse Mindestgröße haben. Nur dann können sie auch seltene Blutgruppen und Blut mit seltenen Eigenschaften in ausreichender Menge sammeln. Schließlich müssen Blutspendedienste gemeinnützig arbeiten und dürfen nicht auf Gewinn ausgerichtet sein. Wer den Profit im Auge hat, wird von teuren Blutspende-Aktionen in entlegenen Gebieten eher absehen – so gehen Spender verloren. Oder nur Konserven jener Blutgruppen liefern, die leicht aufzubringen sind, und das ausschließlich zu attraktiven Öffnungszeiten: Teilversorgung statt Vollversorgung. Auch Skandale um verseuchte Blutkonserven – zuletzt in den neunziger Jahren – beleuchten immer wieder das Dilemma kommerzieller Bluthändler.

In Deutschland, Österreich, Finnland, Belgien, Luxemburg und in der Schweiz hat das Rote Kreuz die Verpflichtung, die Versorgung mit Blutprodukten jederzeit sicherzustellen, aufgrund seines humanitären Auftrags übernommen. Auf den drei Prinzipien Freiwilligkeit, Gemeinnützigkeit und nationale Selbstversorgung beruht in allen europäischen Ländern ein funktionierendes Blutspendewesen, das die flächendeckende Vollversorgung sicherstellt.

Doch dann wurde eines Tages in England eine Kuh verrückt. Nicht nur Steaks waren damals billig, weil fehlende Nachfrage die Rindfleisch-Preise in den Keller trieb. Der von Großbritannien ausgehende BSE-Skandal (»Rinderwahn«) Mitte der neunziger Jahre brachte auch Bewegung in die europäische Gesundheitspolitik. Sie machte deutlich, wie stark Gesundheitsfragen in der Europäischen Union zugunsten wirtschaftlicher Interessen schon ins Hintertreffen geraten waren. »Der eigentliche Skandal bestand darin, dass die britische Regierung und die EU-Generaldirektion für Landwirtschaft die drohenden Gesundheitsgefahren durch den Rinderwahn bewusst verschleiert haben, um den europäischen Markt für Rindfleischprodukte voll zu erhalten«, erinnert sich Hans Stein, der bis 2002 das Referat »Europäische Gesundheitspolitik« im deutschen Bundesgesundheitsministerium leitete.

Die EU-Kommission hatte bis dahin nur das Recht, gesundheitsfördernde Maßnahmen der Mitgliedsländer zu koordinieren und durch europäische Initiativen zu unterstützen. Jetzt wurde der Ruf nach wirkungsvolleren Maßnahmen zum Schutz der europäischen Bürger lauter. Die Forderung mündete in den Vertrag von Amsterdam, der 1999 in Kraft trat, und schließlich in die EG-Richtlinie mit der Nummer 2002/98. Diese und andere Richtlinien verpflichten die EU-Länder dazu, Qualitäts- und Sicherheitsstandards für menschliches Blut und Blutbestandteile festzulegen. EG-Richtlinien müssen außerdem innerhalb einer gewissen Frist in nationalstaatliches Recht umgesetzt werden. Zusätzlich ist es den Mitgliedsstaaten gestattet, »in ihrem Hoheitsgebiet strengere Schutzmaßnahmen beizubehalten oder einzuführen«.

Und dann folgt der Nebensatz: »… sofern diese Schutzmaßnahmen im Einklang mit dem Vertrag stehen.«

»Der Vertrag«, das ist jener »über die Europäische Gemeinschaft«, das Herzstück der EU. Unter anderem schreibt er die vier

Grundfreiheiten fest, welche die Existenz des europäischen Binnenmarktes überhaupt erst ermöglichen: die Niederlassungsfreiheit, die Dienstleistungsfreiheit, den freien Kapital- und Zahlungsverkehr – und den freien Warenverkehr. Autos, Mobiltelefone, Lebensmittel, DVD-Player … alle Güter müssen auf dem Binnenmarkt frei zirkulieren können. Dasselbe gilt für Waren wie Medikamente und medizinische Geräte. Aber wie sieht es mit Blut aus?

Wenn Blut eine Ware ist, dann dürfen die einzelnen Mitgliedsstaaten keine Schutzmaßnahmen festlegen, die gegen den freien Warenverkehr verstoßen – etwa ein Importverbot für Blutkonserven. Ist Blut keine Ware, wären solche Schutzmaßnahmen erlaubt. Dabei geht es um mehr als um semantische oder juridische Spitzfindigkeiten, sondern um lebenswichtige Fragen: Wer entscheidet, was das Beste für Patienten ist? Ärzte und Transfusionsmediziner oder der »freie Markt«? Mit anderen Worten: Von der Antwort, ob Blut eine Ware ist oder nicht, hängen Gesundheit und Sicherheit von Hunderttausenden Patienten ab, die in der EU tagtäglich Blutkonserven benötigen. Denn wenn Blut als Ware gilt, dann ist der Zusammenbruch der flächendeckenden Vollversorgung mit ausreichend sicheren Blutkonserven nur mehr eine Frage der Zeit. Wenn mehrere Blutspendedienste mit völlig unterschiedlichen Funktionen (hier humanitäre Selbstverpflichtung – dort Gewinnmaximierung) auf demselben Gebiet arbeiten, dann wäre schließlich bald keiner mehr in der Lage, ausreichend Blutkonserven aller Blutgruppen auf Lager zu halten.

Warum Blut dann nicht einfach importieren? Wäre Blut eine Ware, dann könnten kommerzielle Bluthändler Konserven aus anderen EU-Ländern nach Österreich bringen und hier an Spitäler verkaufen. Doch dadurch erhöht sich nicht nur das Risiko, mit diesen Konserven neue, unbekannte Krankheitserreger einzuschleppen.

Die Verfügbarkeit von Blut wäre dann ausschließlich von einem »Spendermarkt« abhängig – mit allen Nachteilen, die ein Markt eben auch hat.

Aus Gründen der Produkt- und der Versorgungssicherheit setzen heute alle europäischen Staaten auf die nationale Selbstversorgung, auf freiwillige und unbezahlte Blutspender und auf ein gemeinnütziges Blutspendewesen. So, wie es in der EG-Richtlinie Nummer 2002/98 steht. Und alle erwarten gespannt die Antwort auf die Frage: Ist Blut jetzt eine Ware oder nicht?

Bei der humanitären Hilfe, die das Rote Kreuz im Krieg leistet, aber auch bei den Tätigkeiten, denen es sich in Friedenszeiten widmet, handelt es sich um sehr spezifische Aufgaben. Es geht dabei selten um die Lösung von Grundproblemen, sondern um die Aufrechterhaltung eines zivilisatorischen Minimums. Im Krieg bewahren klares Ziel und Auftragsverständnis das Rote Kreuz vor einer Überschätzung der eigenen Möglichkeiten. Die Wirksamkeit seiner Arbeit gründet auf der Konzentration auf einen eindeutig umrissenen Auftrag. In Friedenszeiten erhebt sich für die nationalen Rotkreuzgesellschaften allerdings die Frage, ob durch diese Beschränkung auf – im übertragenen Sinn gesprochen – »Erste Hilfe« der erwünschte Effekt für Menschen in Not erzielt werden kann. Ob zum Beispiel die Ausstattung von Bedürftigen mit Altkleidern und ihre Ausspeisung in Suppenküchen das angestrebte Ergebnis – Not lindern und verhindern – erreicht. Oder ob es im Sinne der »am meisten benachteiligten Menschen«, der primären Zielgruppe des Roten Kreuzes, nicht wirksamer wäre, zur Aufrechterhaltung der Funktionsfähigkeit zeitgemäßer Wohlfahrts- und Sozialsysteme beizutragen. Damit begibt sich das Rote Kreuz auf das Terrain der Gesellschaftspolitik, und das scheint ein Bruch mit seiner Doktrin zu sein. »Nach der modernen Soziallehre[74] ist die allgemeine Aufgabe der Unterstützung benachteiligter Personen prinzipiell Sache der Staaten«, erklärt Jean Pictet in seinem Kommentar zu den Rotkreuz-Grundsätzen. »Das Rote Kreuz kann nicht an ihre Stelle treten. Es kann nur einen seinen Kräften entsprechenden Beitrag leisten.«[75]

Als Pictet diese Zeilen in den fünfziger Jahre schreibt, weiß er allerdings noch nichts von einem Phänomen, das nicht nur die sozialen

Sicherungssysteme in Europa, sondern auch die schiere Existenz der nationalen Gesellschaften des Roten Kreuzes in Europa, Japan, Australien und möglicherweise auch in den USA gefährdet. Die Auswirkungen dieser Bedrohung spürt das Rote Kreuz bereits an den unterschiedlichsten Ecken und Enden, aber es ordnet sie nicht konsequent seiner grundlegenden Ursache zu: dem demografischen Wandel. Der wird nicht, wie oft behauptet wird, zu einem Schrumpfen der Bevölkerung in ganz Europa führen (jedenfalls nicht bis zum Jahr 2030), sondern zu einer Veränderung der Zusammensetzung der Bevölkerung: Der Anteil der Menschen, die älter als 65 Jahre sind, wird zunehmen, jener der Altersgruppen darunter wird abnehmen. Mit anderen Worten: Die erwerbstätige Bevölkerungsgruppe wird kleiner, die nicht erwerbstätige größer. Oder, wieder anders formuliert: Der Anteil der Bevölkerung, der die Beiträge und Steuern zur Aufrechterhaltung der sozialen Sicherungssysteme entrichtet, schrumpft; der Anteil der Bevölkerung, der Leistungen aus diesen Systemen bezieht, wächst. Was »Umlagefinanzierung« und »solidarische Finanzierung« bedeutet, haben die Österreicher und Deutschen in den vergangenen Jahren vor allem am Beispiel des Pensionssystems gelernt: Es funktioniert nicht wie ein Sparbuch, sondern jeder eingezahlte Euro aus Beiträgen und Steuern wird in Form von Renten sofort wieder ausbezahlt. Zu dieser Art der Finanzierung der Sozialsysteme (Gesundheit, Pensionen, Pflege und Betreuung ...) gibt es keine sozial verträgliche Alternative. Sich dabei in die Abhängigkeit der Finanzmärkte zu begeben, wäre angesichts der permanenten Turbulenzen und jüngsten Erfahrungen grob fahrlässig.

Die Rotkreuz- und Rothalbmond-Bewegung beginnt gerade erst, den demografischen Wandel als Bedrohung wahrzunehmen – auch für die eigene Existenz. Denn in Europa sind viele nationale Gesellschaften in einen arbeitsteiligen Prozess eingebunden: Der Staat delegiert Dienstleistungen im Sozialbereich an sie und stellt dafür öffentliche Mittel zur Verfügung, die aus dem Steuer- und Beitragsaufkommen stammen. Sämtliche nationalen Gesellschaften in

Europa beziehen auf diese Weise Leistungserlöse in einer Höhe von bis zu achtzig Prozent ihrer Umsätze aus öffentlichen Mitteln, die aber im Rückgang begriffen sind. Denn die Zahl der Erwerbstätigen nimmt durch den demografischen Wandel ab, während die Anzahl der Leistungsbezieher steigt.

Das Rote Kreuz kann, wie Jean Pictet meint, nicht an die Stelle der Sozialpolitik eines Staates treten. Aber es scheint so zu sein, dass sein zeitgemäßer und »seinen Kräften entsprechender Beitrag« als Hilfsgesellschaft der öffentlichen Hand im humanitären Bereich und im Dienst der am meisten benachteiligten Menschen heute darin bestehen muss, zur Aufrechterhaltung der sozialen Sicherungssysteme beizutragen: als gesellschaftspolitischer Akteur, der sich der aktiven Gestaltung der gesellschaftlichen Verhältnisse widmet und nicht mehr nur mit Korrekturen – also der Linderung von Nöten im Nachhinein – zufriedengibt. Konsequenterweise hat die kleine österreichische nationale Gesellschaft Anfang 2007 für die Einrichtung einer Stelle gesorgt, die sich ausschließlich Fragen der Gesellschaftspolitik und – als humanitärer Lobbyist – der Beeinflussung der Rahmenbedingungen zur Aufrechterhaltung der sozialen Sicherungssysteme widmet. Sie ist im Chor der europäischen Rotkreuz- und Rothalbmondgesellschaften allerdings noch immer die Einzige ihrer Art.

Eine andere Art des Wandels lässt sich schon seit längerem aus den Katastrophendatenbanken des Roten Kreuzes ablesen. Bereits seit dreißig Jahren beobachten die Katastrophenhilfe-Manager der Organisation eine Zunahme von Desastern, die auf eine Kombination von Wetter, Wind und Wasser zurückgehen. Im Gegensatz dazu hat sich an der Anzahl von Epidemien oder Katastrophen mit geophysikalischen Ursachen – vor allem Erdbeben – im selben Zeitraum nichts geändert. Die Berichte des Weltklimarates der Vereinten Nationen liefern vor allem in den ersten Jahren des 21. Jahrhunderts eine inzwischen weitgehend akzeptierte Erklärung für diese Daten. Als die Internationale Föderation der Rotkreuz- und Rothalbmondgesellschaften 1999 in ihrem renommierten, jährlich erscheinenden

Weltkatastrophenbericht erstmals vor den humanitären Folgen des Klimawandels warnt, trägt ihr das noch den Vorwurf ein, einen »apokalyptischen Bericht zur Verbesserung des Spendenflusses«[76] veröffentlicht zu haben. Inzwischen hat die Internationale Föderation beim Niederländischen Roten Kreuz ein Zentrum für Klimawandel und Katastrophenvorsorge eingerichtet.[77] Die Leiterin, die Holländerin Madeleen Helmer, weiß, dass die Zahl der sogenannten Klima-Skeptiker immer noch beträchtlich ist, obwohl die Auswirkungen des Temperaturanstiegs in der Erdatmosphäre nach Ansicht des Klimazentrums nicht mehr zu übersehen sind. Häufigere Hitzewellen treffen Europa – unvorbereitet: Diejenige des Jahres 2003 kostet 35 000 Menschen das Leben. Nach zehn Jahren Dürre bedroht Wassermangel den Brotkorb Australiens im Murray-Darling-Becken, eine Region so groß wie Frankreich und Deutschland zusammen, in der vierzig Prozent der Nahrungsmittel des Kontinents produziert werden, sowie die Wasserversorgung der wachsenden Großstädte Sydney, Canberra, Melbourne und Adelaide. Wissenschafter sind überzeugt, dass der Klimawandel im Land »down under« bereits unabsehbare Auswirkungen zeigt. Einer der häufiger und heftiger werdenden Wirbelstürme trifft in der atlantischen Hurrikan-Saison 2005 Ende August erstmals auch die Erste Welt massiv: New Orleans hat sich von »Katrina« bis heute nicht erholt. »Was wir sehen, ist«, sagt Madeleen Helmer, »dass die Auswirkungen des Klimawandels, wie sie die Wissenschafter beschreiben, mit den Mustern übereinstimmen, die unsere Katastrophendatenbanken seit langem enthalten.« Doch nach wie vor ist der Klimawandel ein »grünes«, kaum ein humanitäres Thema. Wer kümmert sich um die Menschen, die wegen des – im Übrigen von den Industrieländern verursachten – Phänomens schon heute von häufigeren Überschwemmungen, Hurrikanen, Stürmen, Waldbränden, Dürren betroffen sind? »Ohne verstärkte Katastrophenvorsorge werden unsere Hilfskapazitäten und die anderer Katastrophenhilfe-Organisationen über kurz oder lang erschöpft sein«, sagt der frühere Generalsekretär der Internationalen Föderation der

Rotkreuz- und Rothalbmondgesellschaften, der Finne Marku Niskala. Das Klimazentrum in Den Haag koordiniert bereits Dutzende Vorsorge-Projekte nationaler Rotkreuz- und Rothalbmondgesellschaften: Der Norden hilft den Schwestergesellschaften im Süden. Doch Spenden dafür sind schwer aufzutreiben, denn die Vorsorge ist zwar wirksam, aber unspektakulär. Deshalb führen »Disaster Risk Reduction«-Programme zur Verminderung des Risikos, dass Katastrophen enorme Schäden in den ohnehin ärmsten Ländern der Welt anrichten, beim Roten Kreuz regelmäßig zu Finanzkrisen.

Abdishakur ist arabisch und heißt »Diener Gottes«. Othowai ist somalisch und bedeutet »der seinen Vater nie gesehen hat«. Abdishakur Othowai Abdulla ist Leiter für Sonderprojekte beim Roten Kreuz in Kenya. »Sonderprojekte« sind hier hoch an der Zahl, weil sein Land alle möglichen unterschiedlichen Übel treffen, weil diese Heimsuchungen so vielfältig sind, und nie vorhersehbar ist, welche als Nächstes kommt. Wenn im Norden Kenyas ein Bürgerkrieg der Viehhirten gegen die Bauern droht; wenn wegen der hohen Lebensmittelpreise der Hunger ausbricht; oder wenn wegen eines Wahlergebnisses Kenyas Volksgruppen mit Macheten übereinander herfallen; dann muss der schlaksige Riese mit dem wachen Blick her, weil dann sind Kreativität und Einsatzbereitschaft gefragt.

Meistens organisiert Abdishakur Entwicklungshilfe-Projekte. Im Norden, an der Grenze zu Äthiopien und zum Sudan, wo Waffen einfacher zu beschaffen sind als Saatgut, »führen wir Tiefbohrungen durch und errichten Tanks zum Sammeln von Regenwasser«, erzählt er. Die karge Erde ist aus der Sicht der Pastoralisten – der wandernden Viehhirten – Weideland, aus der Perspektive der sesshaften Bauern aber Ackerboden. Das Wasser aus den Tiefbrunnen, die das Keniatische Rote Kreuz baut, dient der Bewässerung und damit der Vergrößerung nutzbarer Fläche für beide Bevölkerungsgruppen. »Dabei müssen wir allerdings aufpassen, dass wir die Übernutzung nicht fördern und so die trockenen Weiden langfristig in Wüste verwandeln.« So wird die humanitäre notgedrungen auch zur Umweltschutz-Organisation. Abdishakur beobachtet, dass die Trocken-perioden häufiger werden und die Wüstenbildung auch dort, wo es keine Rotkreuz-Brunnen gibt, rascher voranschreitet als früher. Aber auch die Hochwasser nehmen zu: »Wenn es regnet, gibt es Überflu-tungen, und Menschen sterben. Wenn es nicht regnet, kommt eine Dürre, und die Menschen sterben auch.«

Abdishakur weiß, dass seine Arbeit nur wenig an den Grund-festen der Probleme seines Landes rüttelt. 410 Euro beträgt das BIP in Kenia, der EU-25-Durchschnitt beläuft sich auf knapp 25 000 Euro. »Ein hungriger Mann ist ein wütender Mann«, sagt er. »Wenn wir die Wut bezwingen wollen, müssen wir zuerst mit dem Hunger fer-tigwerden.« Es sei ja bekannt, dass Kenia kein Hochtechnologie-Land wäre. »Auf der Makro-Ebene sind wir von der Landwirtschaft ge-prägt. Aber der weltweite Anstieg der Lebensmittelpreise und der Kosten für Dünger und Treibstoff haben unsere Situation weiter ver-schlimmert. Wenn ausgerechnet jetzt auch noch die nächste Dürre kommt …« Dann – aber das spricht der Leiter für Sonderprojekte nicht aus – könnten nicht länger die Strände, Nationalparks und Safaris, für die man das Land in Europa kennt, das Bild Kenias prä-gen. Sondern die mit Steinen und Pfeil und Bogen bewaffneten jun-gen Männer, denen Abdishakur während der Unruhen an den Stra-ßensperren begegnet ist. Kenia ist umringt von Ländern, in denen die Anarchie auf der Tagesordnung steht: Somalia, Angola, Sudan … Ab-dishakur lehnt an einem Geländewagen des Keniatischen Roten Kreuzes. Das markante Zeichen ist hier vom traditionellen Speer und Schild umkränzt. Er ist auf dem Weg in den Norden, eine weitere Reise zu den Bauern, die zwei Wochen dauern wird. »Die Leute dort sagen uns: ›Wir säen, aber es regnet nicht. Wenn das Getreide keimt, müsste es fast bis zur Ernte regnen, so wie früher immer. Aber das passiert nicht mehr. Oder es schüttet kurz davor wie aus Eimern, und die Ernte verrottet.‹« Inzwischen nennen die Bauern das veränderte Wettergeschehen nicht mehr eine »Strafe Gottes«. Sie sagen auch noch nicht »Klimawandel« dazu. Aber sie haben vom Roten Kreuz gelernt, dass sie es mit einem Phänomen zu tun haben, das sie nicht mehr loswerden. An das sie sich anpassen müssen, wenn sie überleben wollen. Der Rotkreuz-Konvoi fährt los. Am Steuer des ersten Wagen sitzt ein schlaksiger Riese mit wachem Blick, der sich den Übeln, die Kenia heimsuchen wie die biblischen Plagen, mit seinen begrenzten Mitteln entgegenstemmt, und dem das manchmal gelingt und manchmal nicht.

11. Zwischen Prinzipien und Pragmatismus oder:
Die Welt der Helfer nach 9/11

Charles Krulak ist Kommandant in der US Army. Als solcher hat er sich auch das Verdienst erworben, als Erster klar auszusprechen, welche Rolle die humanitäre Hilfe in der Welt nach dem 11. September spielen soll: »Künftig werden wir drei Dinge tun«, sagt Krulak, »Flüchtlinge mit Nahrungsmitteln versorgen und einkleiden – humanitäre Hilfe; zwei rivalisierende Clans mit Waffengewalt auseinanderhalten – Friedenserhaltung; und eine tödliche Schlacht führen. Alles am selben Tag.«

Humanitäre Hilfe im Krieg – auch in jenem »gegen den Terror« – spielt längst kein Mauerblümchen-Dasein mehr wie zu Zeiten Dunants. Die Hilfsindustrie ist heute milliardenschwer und steht im Zentrum der öffentlichen Aufmerksamkeit. Beides macht sie auch für die Außenpolitik interessant. Und warum eigentlich nicht? Humanitäre Helfer »eingebettet« in die jeweilige Armee und von ihr abgesichert; drei bis fünf Prozent der Kosten eines Feldzugs für Hilfe und Wiederaufbau vorgesehen, schon bevor er beginnt; Flug-, Fahrzeuge und Logistik, von denen die Helfer ansonsten nur träumen können und für die sie bei großen Katastrophenhilfseinsätzen ohnehin auf das Militär angewiesen sind – auf den ersten Blick eine gute Idee.[78] Vor allem nach den Erfahrungen der jüngsten Kriege, in denen der Begriff »hilflos« immer öfter auftaucht. In Bosnien erlebt die humanitäre Bewegung ihr Waterloo, die Widersprüche, vor denen sie steht, sind entsetzlich: Evakuieren Helfer muslimische Zivilisten aus ihren Dörfern, dann beteiligen sie sich an den ethnischen Säuberungen – auch wenn sie, wie ein Delegierter bemerkt,»immer noch bevorzugen, dass gesäubert wird anstatt getötet«. Wenn sie es, wie im belagerten Sarajevo, nicht tun, dann ernähren und kleiden sie eine Stadtbevölkerung ein, die zum Abschuss freigegeben ist.

Während des Zweiten Weltkriegs schließt sich das IKRK der Ansicht der Alliierten an, dass»einzig der militärische Sieg über das Dritte Reich das jüdische Volk retten kann«. 1999 sehen viele Helfer angesichts der ethnischen Säuberungen im Kosovo die einzige Lösung wieder in einer militärischen Intervention, welche die marodierenden serbischen Streitkräfte vertreibt. Anfang April 1999 sieht der kanadische Autor Michael Ignatieff in Mazedonien, wo Kosovo-Albaner auf der Flucht zu Zehntausenden eintreffen, wie Chinook-Helikopter der NATO bündelweise Zelte in die Flüchtlingslager fliegen. Neben ihm steht die Krankenschwester einer skandinavischen Hilfsorganisation, den Tränen nahe.»Das ist eine humanitäre Nische«, sagt sie.»Hier ist kein Platz für das Militär.« Zu dieser Zeit »dachte ich, sie wäre verrückt«, erinnert sich Ignatieff.»Wie sonst sollten zehntausend Menschen rasch zu einem schützenden Platz für die Nacht kommen? Nur die NATO hatte die logistischen Möglichkeiten, die NGOs waren damit völlig überfordert.«[79]

Soldaten als Helfer – auf den zweiten Blick eine schlechte Idee. Denn gleichzeitig warnt auch Michael Ignatieff vor einer behaglichen Selbsttäuschung:»Trotz allem Gerede von der ›internationalen Gemeinschaft‹ und der moralischen Universalität der Menschenrechte bleibt die Kluft zwischen Arm und Reich bestehen wie eh und je, und die Unbarmherzigkeit, nicht das Mitgefühl, ist auch in der neuen Weltordnung die Lingua franca.« Auch künftig würden sich sogenannte»militärisch-humanitäre Interventionen« ausschließlich auf Regionen beschränken, in denen die intervenierende Macht bestimmte Interessen verfolgt, oder auf überschaubare Plätze wie das

Kosovo oder Osttimor. Für die Simbabwes, Kongos oder Nordkoreas dieser Welt dagegen, für alle »Zonen der Gefahr« (Ignatieff), die von Politik und Medien gleichermaßen ignoriert werden, wird der Norden außer humanitärer Hilfe weiterhin nichts anzubieten haben.

Um in solchen Gebieten arbeiten zu können, müssen die Helfer weiterhin als neutral und unparteilich wahrgenommen werden. Aber auch in den vielbeachteten Konflikten wie in Afghanistan oder im Irak verheißt die immer unkenntlicher werdende Grenze zwischen militärischer und humanitärer Aktion für Zivilbevölkerung und Helfer nichts Gutes. Zumindest auf dem Papier haben die Staaten das Recht aller Kriegsopfer auf Hilfe ohne Rücksicht auf politische, ethnische oder religiöse Zugehörigkeit akzeptiert. »In der Praxis«, so die ehemalige Geschäftsführerin von Ärzte ohne Grenzen Deutschland, Ulrike von Pilar, »tendieren sie dazu, sie ganz regelwidrig für ihre eigenen Ziele in Anspruch zu nehmen, wann immer es politisch opportun erscheint.«[80]

Die Helfer haben, so Henry Dunants ursprünglicher Gedanke, aber nur dann eine Chance, wenn sie weder von den Konfliktparteien noch von der Bevölkerung als Einmischung oder Bedrohung angesehen werden. »Das Militär dagegen ist entweder selbst Kriegspartei. Zumindest aber steht hinter jeder Entsendung immer eine von politischen Hintergedanken geleitete Entscheidung«, sagt Wolfgang Kopetzky, Generalsekretär des Österreichischen Roten Kreuzes.

Wo Soldaten humanitäre Hilfe aus politisch-militärischen Überlegungen leisten, da werden bald allen humanitären Helfern politisch-militärische Interessen unterstellt. »Es ist entgegen der landläufigen Meinung vor allem in Konfliktgebieten eben nicht egal, von wem die Hilfe kommt, Hauptsache, es kommt welche«, sagt Wolfgang Kopetzky. »Sonst kommt nicht nur für Kriegsopfer der ›falschen Seite‹ keine, sondern bald für niemanden mehr, weil die Hilfsorganisationen gezwungen sind, sich aus Sicherheitsgründen zurückzuziehen.« Die Zahl der getöteten Rotkreuz-Helfer seit dem Ende des Kalten Krieges spreche eine deutliche Sprache. Jedes weitere

Untergraben der Neutralität durch das Verwischen der Linie zwischen militärischen und humanitären Aktivitäten sei deshalb für das Rote Kreuz inakzeptabel. Kopetzky wünscht sich, dass diese Botschaft auch in den westlichen Demokratien besser verstanden wird, und dass Militäraktionen nicht als »militärisch-humanitäre Intervention« oder gar als »gerechte Kriege« verkauft werden. Politiker, Militärs, aber auch die Helfer selbst sollten auch 150 Jahre nach Solferino nicht vergessen, »dass die zentrale Frage immer war: ›Wer braucht Hilfe wegen dieses Krieges?‹ und nicht: ›Wer hat recht in diesem Krieg?‹« Es bestehe kein Grund, »die wunderbare Idee der humanitären Hilfe zu einem Sammelbecken für alle von der Wirklichkeit ständig vereitelten Sehnsüchte unseres Zeitalters zu degradieren«[81], findet auch Autor David Rieff.

Henry Dunant gilt als Idealist, und gemessen an Wesen und Anspruch der Männer um ihn, mit denen er das Internationale Komitee gegründet hat, mag er auch einer gewesen sein. Doch mindestens ebenso sehr war er ein Pragmatiker und Realist. Er hat von Anfang an akzeptiert, dass niemand den Krieg aus der Welt schaffen kann. Deswegen war er vor allem an der Frage interessiert, wie man den Menschen schützt, der in die Hände seines Todfeindes gefallen ist. Darauf hat er in seiner Zeit zwei Antworten gefunden: Man braucht schon in Friedenszeiten ein Heer freiwilliger, gut ausgebildeter Helfer. Und weil der Krieg nicht einem Einzelnen gehört, sondern dem Staat, sind es die Regierungen, die sich in gegenseitigen Abkommen darüber einigen müssen, was im Getümmel der Schlacht erlaubt ist und was nicht. Das waren die beiden Ideen des Ursprungs.

Hätte Dunant die Gelegenheit, heute auf Besuch vorbeizukommen, er würde sich zunächst freuen, dass sie immer noch Bestand haben. Wahrscheinlich würde er über die ausdifferenzierte Landschaft und all ihre Spezialisten staunen, die aus ihnen inzwischen hervorgegangen sind. Es mag zutreffen, dass die Organisation, die das zu Ehren seiner Heimat entworfene Zeichen trägt, immer »Heimstatt all derer war, die dem Elend der Welt zwar nicht den Rücken zuwen-

den, ihm aber auch nicht die Stirn bieten wollen«.[82] Andererseits
wäre ihm klar: Das ist eben das Wesen der Arbeitsteilung. So wie es
ein ständig auf dem schmalen Grat zwischen hochfliegenden Grundsätzen und der schauerlichen Realität balancierendes Rotes Kreuz
gibt, muss es auch Organisationen geben, die Menschenrechtsverletzungen öffentlich anklagen; jene, die sich im neuen Weltkrieg um
den Wohlstand für die in die Schlacht werfen, deren Leben ein täg-
licher, bitterer Überlebenskampf ist; einige, die sich um Obdachlose
und Pflegefälle zu Hause und solche, die sich um die Rechtlosen in
den Sweatshops der Globalisierung kümmern; diejenigen, die den
Kampf gegen die Armut vorantreiben; und darüber hinaus Hunderttausende Initiativen, die sich für Asylwerber engagieren, für die Integration von Flüchtlingen, für die Schmetterlingskinder, für misshan-
delte Frauen und gegen die Genitalverstümmelung. Dass tausend
Blumen blühen sollen, steht in der Bibel des Christen Dunant, und es
steht genauso bei Mao Zedong, den er nicht kennt.

Danach würde er sich eine Weile über für seine Zeit unvorstell-
bare Errungenschaften wundern: das Fernsehen und das Internet, die
ihm Nachrichten über menschliche Tragödien aus den »Zonen der
Gefahr« dieser Welt nur Minuten, nachdem sie sich ereignet haben,
zutragen – und über die zunehmende Gleichgültigkeit, mit der sie in
den »Zonen der Sicherheit« aufgenommen werden. Wahrscheinlich
würde er klammheimliche Freude daran empfinden, die Leute nach
einem gewissen Herrn Moynier zu fragen, nur um festzustellen, dass
niemand weiß, von wem er spricht.

Schließlich müsste er wohl bemerken, dass Hunderte originelle
und praktische neue Maschinen den menschlichen Unzulänglichkeiten, die ihm schon in seiner eigenen Epoche aufgefallen waren,
nicht abgeholfen haben: »Der Feind, unser wirklicher Feind«, hat er
damals geschrieben, »ist nicht irgendein Nachbarland, sondern Hunger, Kälte, Armut, Unwissenheit, Gewohnheit, Selbstgefälligkeit,
Aberglaube und Vorurteil. Statt einander die Hände zu reichen, um
Armut und Unwissenheit zu bekämpfen, stacheln sich die Menschen

gegenseitig an und machen einander Konkurrenz in blindem Chauvinismus, sinnlosem Blutvergießen und wahrhaft mörderischer Grausamkeit. Und in Friedenszeiten bemühen sie sich besonders darum, den wissenschaftlichen Fortschritt für die Kunst des Vernichtens zu verwerten.«

Nach der erneuten Feststellung dieses Sachverhalts würde er sich unverzüglich an die Arbeit machen …

Anmerkungen

1 Michael Ignatieff: Die Ehre des Kriegers. In: Ders.: Die Zivilisierung des Krieges. Ethnische Konflikte, Menschenrechte, Medien. Hamburg: Rotbuch Verlag 2000.

2 Petra Pinzler: Warme Suppe, gute Laune. In: Die Zeit (50), 5. Dezember 1997.

3 www.diegesellschafter.de

4 Neben dem IKRK sind (nur) noch der Heilige Stuhl und der Souveräne Malteser Ritterorden nichtstaatliche Völkerrechtssubjekte.

5 Jonathan Benthall: Disasters, Relief and the Media. London, New York: I. B. Tauris Publishers 1993.

6 Jean Pictet: Die Grundsätze des Roten Kreuzes. Kommentar. Genf und Freiburg: Institut Henry-Dunant und Badisches Rotes Kreuz 1979 und 1990.

7 Max Huber: Der barmherzige Samaritarian. Betrachtungen über Evangelium und Rotkreuzarbeit. Bern: Schweizerisches Rotes Kreuz 1948.

8 Die Anzahl der eingesetzten Schiffe und Flugzeuge ist nicht genau zu ermitteln. Die hier verwendeten Zahlen stammen aus der von US-Präsident George W. Bush am 6. Juni 2004 in Colleville-sur-Mer gehaltenen Gedenkrede zur Alliierten Landung in der Normandie.

9 Konrad Lorenz: Das sogenannte Böse. Zur Naturgeschichte der Aggression. München: Deutscher Taschenbuch Verlag 1998.

10 Irenäus Eibl-Eibesfeldt: Die Biologie des menschlichen Verhaltens. Grundriß der Humanethologie. Vierkirchen: Blank Media 2004.

11 Im wohl bekanntesten psychologischen Experiment der Geschichte wurden Versuchspersonen angeblich dazu angehalten, die Lernleistung von Prüflingen durch Elektroschocks zu verbessern. In Wahrheit wollte Milgram herausfinden, wie viele Probanden sich weigern würden, den Prüfling (in Wirklichkeit ein Schauspieler) mit immer höheren Dosen von Stromstößen zu foltern. 2008 wiederholte der US-Psychologe Jerry Burger von der kalifornischen Santa Clara University das Experiment. Sowohl bei Milgram (1963) als auch bei Burger (2008) waren

zwei Drittel der Versuchspersonen bereit, dem angeblichen Prüfling Elektroschocks zu verabreichen, die ihn schließlich getötet hätten.

12 Die Schwierigkeiten der Deutschen mit sich selbst. Henryk M. Broder im Gespräch mit Hans Magnus Enzensberger. In: Rainer Barbey: Hans Magnus Enzensberger – Zu große Fragen. Interviews und Gespräche 2005–1970. Frankfurt am Main: Suhrkamp 2007.

13 Neues Testament, Evangelium nach Lukas, 10,25–37.

14 Gundolf S. Freyermuth: Der Hilfs-Multi. Besuch bei einer menschenfreundlichen Vereinigung. In: TransAtlantik (2) 1982.

15 Marc Descombes: Henry Dunant. Finanzmann – Phantast – Gründer des Roten Kreuzes. Zürich: SV international/Schweizer Verlagshaus AG 1988.

16 Michael Ignatieff: Die Ehre des Kriegers, a.a.O.

17 Andrian Kreye: Das Kreuz mit der Hilfe. In: Süddeutsche Zeitung, 17. Mai 2008.

18 Henry Dunant: Eine Erinnerung an Solferino. Bern: Schweizerisches Rotes Kreuz 1988.

19 Volltext der ersten Genfer Konvention von 1964 in englischer Sprache: www.icrc.org/ihl.nsf/FULL/120?OpenDocument

20 So ausführlich wie angesichts der Quellenlange möglich behandeln folgende beiden Biografien das Leben Henry Dunants: Martin Gumpert: Dunant. Der Roman des Roten Kreuzes. Frankfurt am Main: Fischer Verlag 1987; Stockholm: Bermann-Fischer Verlag 1938 und Marc Descombes: Henry Dunant. Finanzmann – Phantast – Gründer des Roten Kreuzes, a.a.O.

21 Dunants Taufname ist Jean-Henri. Er selbst verwendet mehrfach andere Schreibweisen für seinen Vornamen, darunter Jean Henry, Henri und – um Verwechslungen zu vermeiden, etwa ab 1857 – vor allem Henry.

22 Martin Gumpert: Dunant, a.a.O.

23 Präsident des IKRK von 1987 bis 1999. Siehe auch: Diplomatie im Dienste der Menschlichkeit. Jürg Bischoff im Gespräch mit Cornelio Sommaruga. Zürich: Verlag Neue Zürcher Zeitung 2004.

24 Charles Krauthammer: Red Cross Snub. In: Jewish World Review, March 27, 2000.

25 Conditions for recognition of National Societies. In: Handbook of the International Red Cross and Red Crescent Movement. Geneva: ICRC and IFRC 1994 (13th Edition).

26 Das Militärbündnis zwischen Großbritannien, Frankreich und Russland, im Ersten Weltkrieg die gegnerische Kriegspartei der Mittelmächte, bestehend aus Deutschem Reich, Österreich-Ungarn, dem Osmanischen Reich und Bulgarien (»Vierbund«).

27 Daphne A. Reid and Patrick F. Gilbo: Beyond conflict. The International Federation of Red Cross and Red Crescent Societies, 1919–1984. Geneva: International Federation of Red Cross and Red Crescent Societies 1997.

28 Der Grundsatz der Unabhängigkeit lautet:»Die Rotkreuz- und Rothalbmondbewegung ist unabhängig. Wenn auch die nationalen Gesellschaften den Behörden bei ihrer humanitären Tätigkeit als Hilfsgesellschaften zur Seite stehen und den jeweiligen Landesgesetzen unterworfen sind, müssen sie dennoch eine Eigenständigkeit bewahren, die ihnen gestattet, jederzeit nach den Grundsätzen der Rotkreuz- und Rothalbmondbewegung zu handeln.«

29 Daphne A. Reid and Patrick F. Gilbo: Beyond conflict, a.a.O.

30 Birgitt Morgenbrod und Stephanie Merkenich: Das Deutsche Rote Kreuz unter der NS-Diktatur 1933–1945. Paderborn: Ferdinand Schöningh Verlag 2008.

31 Der Name»Rettung Innsbruck« für die Bezirksstelle Innsbruck des Landesverbandes Tirol des Österreichischen Roten Kreuzes hält sich bis heute.

32 Nach den Angaben eines österreichischen Historikers konnte eine Familie mit vier Kindern damals um diesen Betrag Lebensmittel für mehr als zwei Jahre kaufen.

33 Die UdSSR wird am 30. Dezember 1922 gegründet.

34 Dieter Riesenberger: Das Deutsche Rote Kreuz. Eine Geschichte 1864–1990. Paderborn: Ferdinand Schöningh Verlag 2002. Zit. nach: Birgitt Morgenbrod und Stephanie Merkenich: Das Deutsche Rote Kreuz unter der NS-Diktatur 1933–1945, a.a.O.

35 Birgitt Morgenbrod und Stephanie Merkenich: Das Deutsche Rote Kreuz unter der NS-Diktatur 1933–1945, a.a.O.

36 Anhänger des monarchischen Legitimitätsprinzips.

37 Schreiben des geschäftsführenden DRK-Präsidenten Ernst Robert Grawitz an das Reichsinnenministerium am 15. März 1938, zit. nach: Birgitt Morgenbrod und Stephanie Merkenich, Das Deutsche Rote Kreuz unter der NS-Diktatur 1933–1945, a.a.O.

38 Reichsgesetzblatt 1938, I. Teil.

39 Samariter auf braunem Kurs. In: Der Spiegel (43), 21. Oktober 1996, S. 206 ff.

40 Bernd Biege: Helfer unter Hitler. Das Rote Kreuz im Dritten Reich. Hamburg: Kindler Verlag 2000.

41 Samariter auf braunem Kurs, a.a.O.

42 »Professor Ernst Grawitz, Vizepräsident des Deuschen Roten Kreuzes und ›Reichsarzt SS‹, setzte sich (am 24. April 1945, Anm.) auf die Nachricht hin, dass die Spitzen des Regimes dabei seien, die Stadt zu verlassen, mit seiner Frau und seinen Kindern zum Abendessen. Als alle Platz genommen hatten, griff er unter den Tisch, zg zwei Handgranaten ab und sprengte sich mitsamt der Familie in die Luft.« Joachim Fest: Der Untergang. Hitler und das Ende des Dritten Reiches. Berlin: Alexander Fest Verlag 2002.

43 Caroline Moorehead: Dunants Dream. War, Switzerland and the History of the Red Cross. London: Harper Collins Publishers 1999.

44 Does help hurt? In: The Economist, 10. September 1998.

45 Bernd Biege: Helfer unter Hitler, a.a.O.

46 Birgitt Morgenbrod und Stephanie Merkenich: Das Deutsche Rote Kreuz unter der NS-Diktatur 1933–1945, a.a.O.

47 Joseph Goebbels: Tagebücher 1942–1945. Die letzten Aufzeichnungen. Hamburg: Hoffmann & Campe 1977. Der zitierte Eintrag datiert vom 28. März 1945.

48 Jean-Claude Favez: Une mission impossible? Le CICR, les déportations et les camps de concentration nazis. Lausanne: Payot 1988. In deutscher Übersetzung erhältlich unter den Titeln »Das internationale Rote Kreuz und das Dritte Reich. War der Holocaust aufzuhalten?« München: Bertelsmann 1989; und »Warum schwieg das Rote Kreuz? Eine internationale Organisation und das Dritte Reich. München: Deutscher Taschenbuch Verlag 1994.

49 Drago Arsenijevic: Voluntary Hostages of the SS. Paris: Éditions France Empire 1984.

50 Francois Bugnion: Dialogue with the Past. The ICRC and the Nazi Death Camps. Ansprache anlässlich einer Diskussionsveranstaltung am 4. November 2002 im Zuge der Ausstellung »Memoiré des Camps« im Internationalen Museum des Roten Kreuzes und Roten Halbmonds, Genf. www.icrc.org

51 Birgitt Morgenbrod und Stephanie Merkenich: Das Deutsche Rote Kreuz unter der NS-Diktatur 1933–1945, a.a.O.

52 Jean-Claude Favez: Une mission impossible?, a.a.O.

53 Adolf Eichmann wurde am 11. Mai 1960 in Buenos Aires entführt und nach Israel überstellt. Über die genauen Umstände der Entführung gibt es unterschiedliche Versionen.

54 The ICRC reaffirms »open door« policy on its role during and after World War II. In: International Review of the Red Cross, Nr. 834, 30. Juni 1999.

55 Peter Capella: The man who wrote the rules of war, Guardian, 12. August 1999.

56 Bannièrs. 50 ans des Conventions de Genève. Genf: Èditions Zoé 1999.

57 Nicholas O. Berry: War and the Red Cross. The Unspoken Mission. New York: St. Martin's Press 1997.

58 Dieter Riesenberger: Für Humanität in Krieg und Frieden. Das Internationale Rote Kreuz 1863–1977. Göttingen: Vandenhoeck und Ruprecht 1992.

59 Dieter Riesenberger: Für Humanität in Krieg und Frieden, a.a.O.

60 Smith Hempstone: Der unbequeme Botschafter. Als Diplomat in Ostafrika. Bad Honnef: Horlemann Verlag 1997.

61 Tschad-Einsatz wird als Entwicklungshilfe verrechnet. In: Der Standard, 15. April 2008.

62 Siehe auch: henri – Das Magazin, das fehlt, Ausgabe 5/Juni 2007, »Blut – Leben ist keine Ware«. Wien: Österreichisches Rotes Kreuz 2007.

63 Daphne A. Reid and Patrick F. Gilbo: Beyond conflict, a.a.O.

64 Daphne A. Reid and Patrick F. Gilbo: Beyond conflict, a.a.O.

65 Herbert Marshall McLuhan: Die magischen Kanäle. Understanding Media. Düsseldorf: Econ 1992.

66 Herfried Münkler: Die Ehre des Kriegers. In: Die Zeit (21), 18. Mai 2000.

67 Robert Dempfer: Telegenes Helfen als Politikersatz. Was heißt hier humanitär? In: Der Standard, 8. Oktober 1998.

68 United Nations Protection Force. Name der im Februar 1992 vom UN-Sicherheitsrat ins Leben gerufenen UN-Schutztruppe für die von serbischen Truppen gehaltenen Gebiete in Bosnien-Herzegowina und Kroatien.

69 Michèle Mercier: Schuld ohne Sühne. Der schwierige humanitäre Einsatz im ehemaligen Jugoslawien 1991–1993. Bochum: UVB-Universitätsverlag Dr. N. Brockmeyer 1995.

70 Christian Marte: Strategic Alliances in Disaster Relief – A Case Study about »Neighbour in Need«. Wien: Österreichisches Rotes Kreuz 1994.

71 Wolfgang Bergmann, Roland Siegrist: Anatomie eines Erfolgs. In: Nachbar in Not: Humanitäre Hilfe – Friedensbotschaft. Herausgegeben von Kurt Bergmann, Helmut Schüller und Heinrich Treichl. Wien: hpt-extra 1994.

72 Ulrike von Pilar: Feigenblatt einer gescheiterten Außenpolitik. In: Die Zeit (29), 14. Juli 1995.

73 Colin Powell: Remarks to the National Foreign Policy Conference for Leaders of Nongovernmental Organizations, State Department, Washington DC, 26. Oktober 2001.

74 Heute wird dafür allgemein der Begriff »Sozialpolitik« verwendet.

75 Jean Pictet: Die Grundsätze des Roten Kreuzes, a.a.O.

76 Rotkreuz-Warnung vor Naturkatastrophen. In: Neue Zürcher Zeitung, 25. Juni 1999.

77 www.climatecentre.org

78 Jean Bricmont: Humanitarian Imperialism. Using Human Rights to Sell War. New York: Monthly Review Press 2006.

79 Michael Ignatieff: Mission possible? In: The New York Review of Books, Volume 49, Number 20, December 19, 2002.

80 Ulrike von Pilar: Wen kümmern die Opfer? In: Frankfurter Rundschau, 14. Februar 2003.

81 David Rieff: A Bed for the Night. Humanitarianism in Crisis. New York: Simon and Schuster 2002.

82 Gundolf S. Freyermuth: Der Hilfs-Multi, a.a.O.

Teil 2

Die Bandbreite der humanitären Aktion

Die Praktiker der Hilfe

Charlotte Lindsey oder:
Die vierundzwanzigste Stunde

Das hauptberufliche Töten ist ein mühseliges Geschäft. Wie stark die jedem Menschen innewohnende Hemmung ist, lebende und atmende Artgenossen umzubringen, zeigen die Zahlen des Killologen Dave Grossman.[1] In der Schlacht bei Gettysburg zum Beispiel, im amerikanischen Bürgerkrieg, brachten es nur zehn Prozent der Soldaten über sich, mit ihren Musketen in die gegnerischen Reihen zu feuern. Noch im Zweiten Weltkrieg schossen nicht mehr als zwanzig Prozent der US-Soldaten auf den Feind. Im Koreakrieg war es immerhin schon jeder zweite. Aber erst im Vietnamkrieg schaffte es nur mehr einer von zehn GIs nicht, auf den Gegner zu schießen. Die Psychologie hat das Training verbessert: Desensibilisierung, klassische Konditionierung, operante Konditionierung heißen die modernen Methoden.[2] Auch die Dehumanisierung des Gegners zählt seit jeher zum Standard-Repertoire von Waffengängen: Die Entmenschlichung, die Herabwürdigung und die Verdinglichung des anderen bis zu dem Punkt, an dem es moralisch akzeptabel erscheint, ihn zu quälen und zu töten, ist eines der hervorstechendsten Merkmale von Bürgerkriegen. Warum ausgerechnet diese internen Kriege die grausamsten sind, diese Frage beschäftigt nicht nur die Militärs. Charlotte Lindsey ist 26 Jahre alt, als sie die Antwort findet: Wenn man sein Leben lang Seite an Seite lebt, dann weiß man genau, was den anderen am meisten schmerzt. Welche Knöpfe man drücken muss, um am stärksten wehzutun. Dort, wo der Krieg persönlich wird, ist er auch am grausamsten. »Um vor sich zu rechtfertigen, was Menschen in diesen Situationen tun und wie sie es tun, dafür ist ein höchstmögliches Maß an Brutalität nötig«, sagt sie.[3]

Mit den Auswüchsen menschlicher Brutalität hat auch Joseph Balicki seine Erfahrung. Länger als einen Monat braucht er, um nach dem Ausbruch aus einem Gefangenenlager der Nationalsozialisten zurück ins verglühte Warschau zu finden. Er ist auf der Suche nach seiner Frau Margrit und seinen drei Kindern Ruth, Edek und Bronia. Die Stadt, die er vorfindet, ist ein schwelender Trümmerhaufen. Die Straße, in der er gewohnt hat, erkennt er kaum wieder. Die Nazis haben seine Frau verhaftet, und seit der Nacht, in der das Haus der Familie zerstört wurde, fehlt auch von den Kindern jede Spur. Joseph Balicki weiß noch nicht, dass alle überlebt haben, dass die drei Kinder auf der Suche nach ihren Eltern durch halb Europa irren. Das Buch »Das silberne Messer«[4] des britischen Romanciers und Dichters Ian Serrailliers ist mittlerweile ein Klassiker der Kinder- und Jugendliteratur. Es ist das Lieblingsbuch der achtjährigen Charlotte, sehr zum Leidwesen ihrer Brüder. Sie ist die Einzige in der Familie, die im Auto lesen kann, ohne dass ihr dabei übel wird. Wenn ihre Geschwister sie auf längeren Fahrten bitten, ihnen vorzulesen, dann zieht sie immer wieder dieses Buch hervor, in das sie so vernarrt ist. Die Geschichte der Familie Balicki hat sich wirklich zugetragen. Und im Buch wie im wirklichen Leben finden ihre Mitglieder nach einer Odyssee durch das kriegszerstörte Europa wieder zueinander. Familie, merkt sich Charlotte Lindsey, das ist etwas Wichtiges, etwas Zentrales, etwas Unersetzliches. »Besitztümer können viel bedeuten«, sagt sie noch mehr als dreißig Jahre später, »aber sie sind austauschbar. Eine Familie ist etwas unwiederbringlich Einzigartiges. Wenn sie verloren ist, ist sie für immer verloren.«

Die Entsprechung zum Buch ihrer Kindheit findet sie als Teenager in einem Film. Charlotte ist sechzehn Jahre alt, als Roland Joffés »The Killing Fields«[5] in die Kinos kommt. Wie Serrailliers Buch erzählt auch der Film von einer wahren Begebenheit, vom *New-York-Times*-Korrespondenten Sydney Schanberg und seinem kambodschanischen Dolmetscher und Freund Dith Pran. Während der Machtübernahme der Roten Khmer im Kambodscha des Jahres 1975 bleiben der Reporter und Pran in der Hauptstadt Phnom Penh, um über den Einzug der neuen Machthaber zu berichten. Der Amerikaner wird bald ausgewiesen, sein Freund gerät in die Fänge des Terror-Regimes. Erst vier Jahre später gelingt ihm die Flucht nach Thailand, wo er Schanberg wiedertrifft. Bis dahin haben die Khmer etwa zwei Millionen Landsleute umgebracht, darunter fünfzig Angehörige Prans.

»The Killing Fields« fährt drei Oscars, einen Golden Globe und acht British Academy Awards ein, aber für Charlotte Lindsey spielen von Anfang an Nebendarsteller die Hauptrolle: Pausenlos hetzen Rotkreuz-Helfer durch das Bild, ständig ist irgendwo das Rotkreuz-Zeichen zu sehen – auf Ambulanzen, Spitälern, T-Shirts, Zeltplanen. »Ich erinnere mich noch ganz genau, wie der New-York-Times-Journalist an das Rote Kreuz schreibt, um seinen verschollenen Freund zu finden. Und ich erinnere mich, wie Dith Pran am Ende des Films von einem Hügel an der thailändischen Grenze unter sich die Dächer eines Rotkreuz-Spitals sieht und weiß, dass er in Sicherheit ist.«

Und wahrscheinlich erinnert sie sich auch noch an die Worte Sydney Schanbergs bei seiner Auszeichnung zum Journalisten des Jahres: dass es immer die einfachen Menschen sind, die für abstrakte politische Entscheidungen den Preis zahlen und die Schläge einstecken müssen. Dass der Mensch deshalb seines Bruders Hüter sein muss, auch wenn er nicht jeden retten kann. Dass er helfen muss, auch wenn er nicht für alles und für jeden eine Lösung finden kann, weil es eben auch für das Gute »keine Zaubertricks gibt« (Schanberg).

Der im Film von Sam Waterston verkörperte US-Journalist schreibt an eine Institution, die es tatsächlich gibt. Der Zentrale Suchdienst des Internationalen Komitees vom Roten Kreuz (IKRK) geht auf den Französisch-Preußischen Krieg von 1870 zurück. Noch heute besteht seine Aufgabe in der Suche nach Familienangehörigen, die ein Krieg voneinander getrennt hat, und der Wiederherstellung des Kontakts zwischen ihnen. Hunderttausende Menschen sind das jedes Jahr.[6] Sie haben auch in Gefangenschaft das verbriefte Recht, Familienbotschaften an ihre Angehörigen zu schreiben. Das Rote Kreuz sorgt durch Besuche von Gefangenen und über sein internationals Netzwerk für den Austausch dieser letzten Lebenszeichen.

Seit sie das Buch gelesen hat, und erst recht nach dem Film weiß Charlotte genau, was sie später einmal tun wird. Mit zwanzig bewirbt sie sich beim Roten Kreuz. Die Antwort: zu jung, nicht die richtige Erfahrung. Doch so schnell lässt sie nicht locker. Als sich das Praktikumsjahr ihres Wirtschaftsstudiums nähert, sucht sie keinen Platz in einem kommerziellen Unternehmen wie ihre Kommilitonen, sondern beim Britischen Roten Kreuz. Es dauert eine Weile, bis auch die Universität ihren Gedankengang versteht: Wirtschaft, dabei geht es um die Verteilung knapper Güter auf einen konkurrierenden Bedarf, so steht das auf der ersten Seite jedes Ökonomie-Lehrbuchs.[7] Deshalb sind die Herausforderungen für ein Wirtschaftspraktikum nirgendwo größer als bei einer Hilfsorganisation: Wo sonst ist der konkurrierende Bedarf höher und das, was es zu verteilen gibt, knapper? Danach arbeitet Charlotte Lindsey ein Jahr lang als Wirtschaftsprüferin und stößt schließlich wieder auf ein Stellenangebot des Britischen Roten Kreuzes: Gesucht wird eine Flüchtlingsbeauftragte. Durch das Praxisjahr bei der Organisation ist sie in guter Erinnerung. Sie bekommt den Job.

Inzwischen ist mitten in Europa das Mittelalter wieder ausgebrochen: Die Sozialistische Föderative Republik Jugoslawien implodiert in einem blutigen Bürgerkrieg.[8] Als der Journalist Ed Vulliamy vom britischen *Guardian* und seine Kollegen vom Fernsehsender ITN im August 1992 in der Nähe von Prijedor in Nordbosnien aus ihren Autos steigen, trauen sie ihren Augen nicht. »Hinter einem Stacheldrahtzaun drängten sich Männer, manche bis zum Skelett abgemagert, hohlwangig, jede einzelne Rippe unter der faulenden Haut zu erkennen. Niemand aus der Generation nach dem Zweiten Weltkrieg hätte sich vorstellen können, dass in Europa noch einmal solche Lager errichtet werden könnten.«[9] Vulliamy und das Fernsehteam haben das Lager Trnopolje entdeckt, in dem die bosnischen Serben ihre muslimischen und kroatischen Gegner gefangen halten. Von den Vereinten Nationen wird Trnopolje später als Konzentrationslager bezeichnet werden, die umliegenden Lager Omarska und Keraterm als »de facto Vernichtungslager«. Die Fernsehbilder des ausgezehrten bosnischen Muslims Fikret Alic hinter dem Stacheldrahtzaun werden weltweit zum Symbol für die Greuel des Bosnien-Krieges.[10] Im September 1992 fliegt das IKRK 68 dieser Männer aus. Im Vereinigten Königreich sollen die Flüchtlinge auf Zeit medizinische Hilfe erhalten. Charlotte Lindsey empfängt sie am Flughafen. Einer von ihnen sagt bei der Ankunft zu ihr: »Wir hatten keine Ahnung, wohin man uns bringen würde. Aber als ich die Rotkreuz-Plakette gesehen habe, da habe ich gewusst, dass alles in Ordnung kommt.«

Die Familien der Männer sind im ehemaligen Jugoslawien zurückgeblieben. Weil sich ihr Nachzug verzögert, treten sie in den Hungerstreik. Erst Charlotte Lindsey gelingt es, einen Kompromiss auszuhandeln: »Wir hören erst auf zu hungern, wenn sie geht und unsere Familien sucht«, erklären die Ehemänner und Väter. Die Flüchtlingsbeauftragte macht sich auf den Weg ins Kriegsgebiet. Dort haben ihre Kollegen vom IKRK die Angehörigen längst gefunden: Sie warteten darauf, dem Flüchtlingshochkommissariat der Vereinten Nationen (United Nations High Commissioner for Refugees, UNHCR) übergeben zu werden. Das UNHCR wiederum soll sie an die Internationale Organisation für Migration (International Organization for Migration, IOM) weiterreichen, die für ihre Einreise in Großbritannien zuständig ist. Aber nicht einmal im Krieg stirbt die Bürokratie: Niemand hat die nötigen Namenslisten und Dokumente vorbereitet. Charlotte Lindsey verbringt drei Monate damit, die Papiere zusammenzutragen, Genehmigungen einzuholen, die notwendigen Stempel und Unterschriften zu bekommen. »Das Problem war eine Menge unerledigter Papierkram, weiter nichts«, erinnert sie sich. Dann endlich sitzt sie mit den Frauen und Kindern in der Maschine nach London.

Der Krieg in Jugoslawien fällt in eine Zeit, in der die Rotkreuz-Urzelle IKRK wirklich international wird: Die Schweizer Staatsbürgerschaft ist nicht länger Voraussetzung dafür, um dort Delegierter werden zu können – so heißen die von Genf aus in alle Welt entsandten Rotkreuz-Helfer. Die Organisation beugt sich den Notwendigkeiten: Das Ende des Kalten Krieges hat allerorten heiße, lokale Kriege entfesselt. Die riesigen Hilfsoperationen in Somalia, auf dem Balkan, in Ruanda und auf dem Gebiet der ehemaligen Sowjetunion absorbieren eine enorme Zahl an Personal. In Ex-Jugoslawien hat sich herumgesprochen, dass es da eine beharrliche Flüchtlingsbeauftragte beim Britischen Roten Kreuz gibt. Charlotte Lindsey ist 26, als das IKRK sie in den Westzipfel Bosniens schickt. In der moslemischen Enklave Bihać tobt ein Krieg im Krieg: Mit bosnisch-serbischer Unterstützung liefert Fikret Abdić, Anführer der abtrünnigen »Autonomen Provinz Westbosnien« – im Wesentlichen die Ortschaft Velika Kladuša – der Regierungsarmee seines Rivalen, des bosnischen Präsidenten Alija Izetbegović, einen erbitterten Bruderkrieg – im wahrsten Sinn des Wortes: »Ich ging zum Minister für Innere Sicherheit auf der einen Seite der Front«, erzählt Charlotte Lindsey. »Dann sprach ich bei seinem Amtskollegen auf der anderen Seite vor – bei seinem Bruder!« In vielerlei Hinsicht ist der Krieg hier grausamer als im übrigen Land. Er ist wirklich ein Krieg der Bürger. Der Gefängnisdirektor ist der ehemalige Lehrer. Im Gefängnis sitzen seine ehemaligen Schüler. Niemand versteht mehr, was in der Enklave vor sich geht, und eine »richtige« oder »falsche« Seite gibt es hier schon lange nicht mehr. Soldaten der einen Seite werden gefangen genommen und nur freigelassen, wenn sie für den Gegner weiterkämpfen. Dann werden sie wieder gefangen genommen, und die Sache wiederholt sich. Jedes Mal verschlechtert sich ihre Behandlung, Vergeltung und Repressalien gegen die wiederholten »Verräter« nehmen zu.

Ihr Kindheitstraum geht für Charlotte Lindsey in einem Land in

Erfüllung, in dem der Krieg auch dem IKRK sein neues Gesicht zeigt; eines, von dem Europa geglaubt hat, es wäre mit dem Ende des Dreißigjährigen Krieges verschwunden. »Nie zuvor sind uns die Grenzen der humanitären Arbeit so deutlich aufgezeigt worden«, erinnert sich Angelo Gnaedinger, der zur Generation der vom Bosnien-Krieg geprägten Delegierten zählt und heute Generaldirektor des IKRK ist. Charlotte Lindsey geht in ihrer Arbeit auf. Sie sucht und findet Familienangehörige, vor allem Mütter, Schwestern, Ehefrauen, auf allen Seiten der Frontlinien. Sie besucht Kriegsgefangene und internierte Zivilisten und überbringt Familienbotschaften. Die Besuche haben nicht nur den Zweck, eine Verbesserung der Haftbedingungen zu erreichen. Sie sollen auch Misshandlungen, Folter und Hinrichtungen verhindern. Allein die Registrierung der Gefangenen durch das Rote Kreuz macht es schon schwierig, sie »verschwinden« zu lassen. Die Menschen, mit denen die IKRK-Delegierte an Küchentischen und in Gefängniszellen sitzt, könnten ihre Nachbarn sein. Europa ist für die meisten von ihnen alles andere als ein fremder Stern. »Einige hatten in Cambridge, von wo ich komme, studiert, oder hatten England zumindest bereist. Sie sprachen genauso gut Englisch wie ich. Sie hatten vor dem Krieg in Europa Urlaub gemacht.«

Für Charlotte Lindsey bilden die Aufgaben des Suchdienstes »das Herzstück der Rotkreuz-Arbeit und die Visitenkarte der Organisation«. Während die Mitarbeiter anderer Hilfsorganisationen und der UNO beginnen, sich mit Helmen und kugelsicheren Westen zu schützen und in gepanzerte Fahrzeuge zurückzuziehen, passieren die Rotkreuz-Delegierten in ihren weißen Toyota Landcruisern weiterhin Checkpoints und Frontlinien, durch nichts anderes geschützt als ihr markantes Zeichen. »Die Leute wussten: Die mit dem Roten Kreuz, das sind die, die Nachrichten von meinem gefangenen Bruder bringen, das sind die, die meine Mutter gefunden haben. An den Checkpoints fragen sie: Habt ihr eine Familienbotschaft für mich? Habt ihr etwas von meiner Familie gehört?« Die meisten Menschen in der Enklave haben den Kontakt zu nahen Angehörigen verloren.

Selbst wenn sie nur 25 Kilometer von ihnen entfernt leben, trennt sie die Front für Monate und Jahre. Und noch die vom Krieg am meisten verhärteten Soldaten in den Gefangenenlagern sagen: »Auch wenn mir der Kontakt mit meiner Mutter nicht mehr viel bedeutet – vielleicht möchte ja sie wissen, wie es um mich steht. Wer weiß, was sie durchmacht?« Je länger Trennung und Gefangenschaft dauern, desto wichtiger werden diese letzten noch möglichen Lebenszeichen. Denn das Rote Kreuz bringt nicht nur Familienbotschaften, Seife und Zigaretten. Es bringt durch die Kontaktmöglichkeit zur Familie auch die Erinnerung zurück, dass die Gefangenen trotz aller Grausamkeiten auch noch menschliche Wesen sind. »Eine ganze Bevölkerung kann dreiundzwanzig Stunden am Tag durch wahnhaften Hass und verrückte Ideologien verblendet sein«, meint der Autor Paul Berman. »Aber irgendwann kommt fast immer die vierundzwanzigste Stunde.«[11] Hier kommt sie dann, wenn die Männer in speckigen Kampfanzügen mit billigen Kugelschreibern die Familiennachrichten Zeile um Zeile füllen.

Zugang zu den Kriegsgefangenen und Zivilinternierten zu erhalten, ist keine einfache Aufgabe. Die internationalen Abkommen sehen nur die Notwendigkeit einer Organisation wie des IKRK vor, die ihre Dienste allen Kriegsparteien anbietet. Und da sind noch die jeweiligen Behörden und Gefängnisdirektoren vor Ort. Patentrezept gibt es keines, aber »Geduld und Ausdauer gehören jedenfalls dazu«, sagt die Delegierte. An einigen Orten braucht das IKRK achtzehn Monate, bis sich die Tore endlich öffnen. Auch Charlotte Lindsey sitzt stundenlang im Auto vor Gefängnissen, an einigen Orten vergehen Wochen damit, Tag für Tag vor verschlossenen Türen zu warten. Warum man zwanzig Tage lang hingeht und es dann am 21. plötzlich heißt: Okay, lasst sie rein! – »Den Auslöser dafür kennt man nie wirklich genau.« Dafür erzählen ihr die Gefangenen dann: Wir haben dich jeden Tag zurückkommen sehen, und wir haben gewusst, dass du es schaffen wirst. »Die Ausdauer speist sich auch aus dieser Erwartungshaltung«, sagt Charlotte Lindsey. »Es geht eben genau nicht um einen selbst oder darum, wie man vor Kollegen und Vorgesetzten dasteht. Sondern es geht um die Leute, die da drinsitzen. Deshalb hat man eigentlich gar keine Wahl. Man muss einfach einen Weg finden.« Im psychologischen Tauziehen mit den Behörden zählt auch das feine Gespür für Stimmungsänderungen, die einen

Bosnien: Rotkreuz-Familienbotschaft vom gefangenen Vater

Meinungsumschwung signalisieren könnten. Und es ist wichtig, dass niemand das Gesicht – oder Autorität – verliert, gar als Verlierer dasteht. Vor allem ist es »sinnlos, zu drohen oder eine feindselige Atmosphäre zu schaffen. Schließlich sind sie es, die die Waffen haben.«

Was außerdem hilft, ist die Berechenbarkeit der Organisation: »Wir tun, was wir sagen, und letztlich verstehen die Leute das. Das und unser klar umrissenes völkerrechtliches Mandat machen uns transparent.« Überprüfen der Haftbedingungen. Gespräche mit Gefangenen unter vier Augen. Einsammeln und Austeilen von Familienbotschaften. Wiederkommen, um nachzusehen, ob Missstände abgestellt worden sind: »Die Grenzen dieses Mandats verschieben sich nicht, im Sinne von: Jetzt haben wir ihnen das zugestanden, und jetzt möchten sie das und das auch noch.«

Und dann ist da noch die Diskretion, für die das IKRK so oft kritisiert und die ihm gelegentlich sogar als Komplizenschaft ausgelegt wird. Denn die Berichte, die nach den Gefangenenbesuchen entstehen, sehen nur die zuständigen Behörden. Hat sich von einem Besuch auf den nächsten nichts geändert, wird vom IKRK-Hauptsitz in Genf der jeweilige Botschafter und über diesen der Justizminister des betreffenden Landes informiert. Bis auf ganz wenige Ausnahmen gibt es keinen öffentlichen Protest über Haftbedingungen, die nicht den Genfer Konventionen entsprechen, und selbst diese Ausnahmen sind berechen- und vorhersehbar.

In Myanmar war die Arbeit der IKRK-Delegierten, vor allem in den Gefängnissen, für den Zeitraum von zwei Jahren praktisch paralysiert. Regierung und Behörden der südostasiatischen Militärdiktatur wussten, dass selbst das langmütige Rote Kreuz das früher oder später öffentlich kritisieren würde. Doch obwohl solche öffentlichen Erklärungen in der Geschichte der Organisation geradezu historische Ausnahmen bilden, bleibt das Echo gering. Im Juni 2007 – zehn Monate, bevor der tropische Zyklon »Nargis« Myanmar trifft – interessiert sich die Weltöffentlichkeit noch nicht für dieses Land. Und die wenigen, die es tun, erwarten von einer Militärjunta, die seit mehr als vierzig Jahren an der Macht ist, gar nichts anderes. »Das Paradoxe heute ist«, sagt Charlotte Lindsey, »dass wir alle ziemlich genau wissen, was vorgeht. Das Rote Kreuz kann nicht mehr viel ans Tageslicht zerren, das nicht schon bekannt ist. Man bittet uns eher, unser Gütesiegel auf eine Information zu drücken, die bereits öffentlich ist. Das ist keine besonders attraktive Option für uns.«

Eine weitere, allerdings völlig unbeabsichtigte Ausnahme war der IKRK-Bericht über die Misshandlungen irakischer Gefangener im amerikanischen Gefängniszentrum Abu Ghraib in Bagdad. Bis heute weiß niemand, wer aus der US-Administration dem *Wall*

Street Journal diesen Bericht zugespielt hat. Doch diesmal stimmen die Nachrichtenfaktoren, das *Journal* und bald darauf alle anderen Medien zitieren aus dem IKRK-Dokument, denn: Es gibt auch Bilder, aufgenommen von US-Soldaten, die sich selbst an Misshandlungen beteiligen und dabei fotografieren lassen. »Das Pentagon hat die Öffentlichkeit zwar bereits im Januar 2004 in einer sechs Zeilen langen Presseaussendung darüber informiert, dass es in Abu Ghraib zu Misshandlungen gekommen war«, erinnert sich Charlotte Lindsey. Doch die Resonanz ist gering, bis die Fotos auftauchen. »Auch hier waren die Tatsachen selbst bereits an der Öffentlichkeit«, und nicht nur über Abu Ghraib: Zu dieser Zeit ist bereits jede Menge Information über Internierte auf allen Seiten für jedermann zugänglich. Das World Wide Web bietet eine virtuelle Tour durch das US-Gefängnis Guantánamo auf Kuba, jedermann kann mit einem seiner Ex-Insassen in England bloggen. Die Frage ist immer, ob das öffentliche Wissen auch das öffentliche Gewissen in Gang bringt, damit Missstände beseitigt werden. »All diese Information gibt es außerhalb des IKRK, und jeder, der will, hat Zugriff darauf«, sagt Charlotte Lindsey. »Das zwingt uns, immer wieder Fragen zu stellen: Wann ist der richtige Zeitpunkt, um etwas öffentlich ›anzuprangern‹? Wo endet unser öffentliches Schweigen? Immer mit der Zielsetzung, die Situation der Menschen vor Ort zu verbessern. Es gibt auch so viele Organisationen, die dabei anders vorgehen können als wir. Unser Weg ist, dass das alles nicht am nächsten Tag in der Zeitung steht.« Auch zum Schutz der Gefangenen selbst: »Sie könnten uns Dinge sagen, von denen die Behörden nichts wissen sollen. Man darf nie vergessen, dass schließlich sie im Gefängnis sitzen, nicht wir. Ich gehe am Abend nach Hause. Ich kann jederzeit das Land verlassen, wenn ich möchte. Aber sie leben ja hier.«

Wissen und Gewissen marschieren im selben Jahr auch in Ruanda nicht im Gleichschritt. Trotz mehrfacher Warnungen durch Hilfsorganisationen und selbst den Befehlshaber über 5000 UN-Soldaten vor Ort, General Roméo Dallaire, hält die Staatengemeinschaft still, als Anfang April 1994 der lange geplante Massenmord an den Tutsi beginnt.[12] Nach hundert Tagen sind 800 000 Menschen tot. Hunderttausende wissen nicht, ob ihre Angehörigen fliehen konnten oder ermordet wurden, darunter unzählige Kinder. Charlotte Lindsey fliegt zur Verstärkung des IKRK-Suchdienstes für Ruanda für ein halbes Jahr nach Nairobi. Danach findet sie sich in einer weiteren Enklave in Zentralasien wieder. Tadschikistan ist die ärmste der aus der ehemaligen Sowjetunion hervorgegangenen Republiken und versinkt nach ihrer Unabhängigkeitserklärung 1991 sofort in einem Bürgerkrieg. Als Charlotte Lindsey im Herbst vier Jahre später dort eintrifft, ist die Rotkreuz-Hilfsoperation gerade am Ausklingen. »Wir waren fünf Delegierte«, erzählt sie, »und diskutierten darüber, wann wir hier zusperren sollten.« Nicht einmal drei Monate später arbeiten 36 internationale Rotkreuz-Delegierte in Tadschikistan, und um sie herum tobt erneut ein ausgewachsener Bürgerkrieg. Die Opposition hat sich in den unzugänglichen Tälern des Pamir-Gebirges verschanzt und in einer Enklave namens Gorno-Badachschan ihre Autonomie erklärt. Die Frontlinie verläuft mitten durch eines der höchsten Gebirge der Welt. Das IKRK eröffnet auf jeder Seite ein »Büro«. In der Ortschaft Tavildara ist das »genau genommen eine Hütte, ohne Bad, ohne Toilette, mit einem Funkgerät drin, um mit unserer Delegation in der Hauptstadt Duschanbe in Kontakt zu bleiben«, beschreibt Charlotte Lindsey ihren neuen Arbeitsplatz. »Die Toilette bestand aus einem Loch im Boden hinter dem Gebäude, zum Waschen gab es Wasser aus dem nahen Fluss.« Dort, auf 3 500 Metern Seehöhe, verbringt sie neun Monate ihres Einsatzes. Das andere IKRK-Büro befindet sich in Khorog, auf der anderen Seite der Front. Bei Schneefall dauert die Reise dorthin fünf Tage, um das Gebirge herum.

In Khorog hilft das IKRK Flüchtlingen und Vertriebenen, besucht von der Opposition gefangen gehaltene Regierungssoldaten, unterstützt die Spitäler mit medizinischen Hilfsgütern und bereitet sich auf eine mögliche Flüchtlingswelle aus dem benachbarten

Afghanistan vor, wo gerade die Taliban die Macht übernehmen. Die tadschikische Armee hat eigene Vorstellungen von der Rekrutierung ihrer Soldaten: Sie sammelt auf den Marktplätzen junge Männer ein, steckt sie in Uniform und schickt sie an die Front. Viele von ihnen sind noch halbe Kinder, unerfahren im Kampf und jämmerlich ausgerüstet. Deshalb erhebt sich bald der Protest der Mütter, viel heftiger, als die Armee das erwartet. Die Frauen wollen wenigstens Gewissheit über das Schicksal ihrer Söhne haben, die als Kanonenfutter dienen. Tote junge Männer sind zwar nicht gut für die Moral der Truppe, verschollene aber auch nicht. Die Armee fragt beim IKRK an: Wäre das Rote Kreuz bereit, einige der Gefallenen aus dem Oppositionsgebiet heimzuholen? Es ist das erste Mal, dass überhaupt die Hoffnung besteht, das Schicksal dieser Vermissten zu klären.

Das IKRK handelt einen Waffenstillstand aus, der einen Tag lang halten soll. Charlotte Lindsey und ihr Team machen sich mit Gelände- und Lastwagen auf den Weg in die Berge. Am Ziel angekommen, stoßen sie auf das erste Hindernis: Die Leichen der Soldaten liegen nicht wie erwartet in dem Bergdorf, sondern irgendwo weiter bergauf im Schnee. Sie zurück ins Dorf zu bringen, kann dauern – doch die Feuerpause gilt nur für 24 Stunden. Es ist eine kitzlige Entscheidung: »Sollen wir umkehren und die Sache abblasen?« Charlotte Lindsey hadert mit sich selbst. »Ich hatte die Risiken abzuwägen, für die einheimischen Fahrer, für den Übersetzer … andererseits war klar: Wir würden es nicht noch einmal hier herauf schaffen.« Sie entscheidet: jetzt oder nie. »Mittelalterlich« nennt sie, was dann kommt: Die Dorfbewohner graben die gefrorenen Körper der toten Soldaten bei Temperaturen, die nachts auf minus 35 Grad Celsius fallen, teils mit bloßen Händen aus dem Schnee und bringen sie anschließend auf Mulis zurück ins Dorf. Völlig unerwartet übergeben die Soldaten der Opposition dem IKRK auch einen Gefangenen: Es ist ein verwundeter tadschikischer Soldat mit einer Kugel im Genick. Er verbringt Tage und Nächte mit Charlotte Lindsey und ihrem Fahrer im Auto, dem letzten hinter fünf Lastwagen mit den Leichen seiner Kameraden, deren Motoren sich wegen der Kälte nicht starten lassen. Das IKRK hat keinen Arzt mit, denn niemand hat damit gerechnet, noch Überlebende zu finden. Die Delegierte weiß nicht, was schlimmer ist: die Schmerzensschreie des Verwundeten oder die Stille, die einsetzt, wenn er vor Erschöpfung in sich zusammensinkt. »Ich dachte, mein Gott, lass ihn wieder schreien, damit ich wenigstens weiß, dass er lebt!« Auch die tadschikische Opposition hat keine Eile, die Abreise des Roten Kreuzes zu beschleunigen. Für sie ist die Zeit des per Verhandlungen über Funk vom IKRK immer wieder verlängerten Waffenstillstands eine willkommene Ruhepause.

Fünf Tage nach Beginn der Operation rückt der Konvoi endlich ab. Wie bei der Hinfahrt müssen sich die Fahrzeuge mühsam ihren Weg durch die vom Wasser glitschigen Wege des Mionadu-Tals bahnen. Über schäumende Wasserläufe hinweg geht es im Schritttempo und auf Holzbalken – alles, was von den Brücken noch übrig ist. Ein Teil der Lkw-Ladungen liegt, mit Seilen festgezurrt und langsam auftauend, auf den Motorhauben der Fahrzeuge, um ausreichend Gewicht auf die Vorderräder zu bringen …

Mit insgesamt 47 toten Regierungssoldaten und einem Überlebenden kehrt die Karawane schließlich zurück. Charlotte Lindsey erinnert sich an diesen Einsatz, weil die Familien der Gefallenen zum ersten Mal ihre Toten begraben können, wenigstens das. Und weil sie sich freut, dass der verwundete Soldat überlebt. Für etwas Außergewöhnliches hält sie die Angelegenheit nicht. »Das ist eben, was IKRK-Delegierte tun«, sagt sie. »Man muss immer darauf gefasst sein, dass die Situation vor Ort völlig anders aussieht als die, auf die man sich vorbereitet hat. Auch in die Berge sind wir für ein paar Stunden gefahren, und erst fünf Tage später zurückgekommen.«

Wann erreicht man trotz aller Hartnäckigkeit den Punkt, an dem man nicht mehr weiterkann? Oder weiterwill? Am Bosnien-Krieg nehmen auch britische Journalisten an vorderster Front teil. Was auf dem Balkan vorgeht, ist ihren Berichten in Mitteleuropa tagtäglich zu entnehmen. »Die Leute sind buchstäblich über den Zaun zu ihren

Nachbarn gesprungen und haben sie abgeschlachtet«, berichtet die BBC-Journalistin Katie Adie. »Wir saßen einmal bei einer Familie in der Küche. Sie erschossen ihren Briefträger, während wir mit unserem Kamerateam anwesend waren!« Auch Ed Vulliamys Entdeckung der Gefangenenlager Trnopolje und Omarska hat eine Fortsetzung. Er ist einer der wenigen Reporter, die nach Kriegsende vor dem Internationalen Strafgerichtshof für das ehemalige Jugoslawien in Den Haag aussagen – auch in Strafprozessen gegen mittlere und niedrige Ränge. Dort hört er die Zeugenaussagen von Lagerinsassen über die tägliche sadistische Routine der Wärter. »Einen Mann hat man zur Fellatio an einem Mitgefangenen gezwungen. Danach musste er ihm die Hoden abbeißen, oder seine Zimmergenossen würden erschossen. Um die Schreie des Gefolterten zu ersticken, stopften sie ihm eine lebende Taube in den Hals, während er starb.«[13] Währenddessen werden im Zuge der ethnischen Säuberungen Nacht für Nacht bosnische Zivilisten mit Lastwagen zur Drina-Brücke in Višegrad gekarrt. Bosnisch-serbische Milizen bringen sie mit Messern um oder erschießen sie und schlitzen sie danach auf, damit sich der Fluss vom Blut der Sterbenden und Toten rot färbt. Hunderte Muslime, gleich welchen Geschlechts oder Alters, sperren sie in Häuser und verbrennen sie bei lebendigem Leib.

Das ist das Umfeld, in dem Charlotte Lindsey Tag für Tag arbeitet. »Den Wunsch aufzuhören, habe ich im Feldeinsatz trotzdem nie gehabt«, sagt sie. Nicht einmal, als die Enklave Bihać im August 1995 vom fünften bosnischen Armeekorps überrannt wird. Die IKRK-Helfer sehen die Bevölkerung von Velika Kladuša mit Gewehren im Rücken vor den Fenstern ihrer Delegation vorbei in eine ungewisse Zukunft ziehen. Sie selbst sitzen im Rotkreuz-Gebäude fest, während um sie herum die Schlacht tobt. »Wir haben uns darüber unterhalten, was wir tun würden, wenn wir hier lebend herauskämen«, erzählt Charlotte Lindsey. »Ich habe gesagt: Ich fahre nach Hause, bekomme zehn Kinder und vergesse all das hier.« In Tadschikistan lässt sie dieselbe Erfahrung nicht nochmals zu. Als eine Vorwarnung der Armee eintrifft, dass die Stadt fallen würde, lässt sie die Delegation evakuieren. »Ich wusste ja schon, wie es ist, wenn Soldaten dein Haus stürmen, dich an die Wand stellen und du in die Läufe ihrer Waffen starrst. Ich wollte das kein zweites Mal erleben.« Sie trifft die richtige Entscheidung. Nachdem die Delegierten die Stadt verlassen haben, zerstört Granatenbeschuss den verlassenen IKRK-Stützpunkt.

Dann gibt es noch die Momente, »da sieht man Dinge, die sind so entsetzlich, dass man sich fragt: Was mache ich jetzt? Wie verliere ich nicht die Selbstkontrolle? Die Kriegsopfer können keine Delegierten brauchen, die ihre Nerven verlieren oder in Tränen ausbrechen.« Eines Tages erleben die IKRK-Helfer, wie Zivilisten zusammengetrieben und verhaftet werden. Eine aufgegebene Fabrik dient als Gefangenenlager, Wasser oder Nahrung gibt es nicht. Unter den Internierten sind alte Leute, auch ein gelähmter Greis, in seinem Haus aus dem Bett gezerrt und im Lager wieder fallen gelassen. Da ist eine Mutter, deren Baby nach ihrer Verhaftung allein im Haus zurückbleibt, und die darüber wahnsinnig wird. Doch selbst diese Grausamkeiten verblassen noch gegenüber der Behandlung, denen die internierten Männer, und den wiederholten Massenvergewaltigungen, denen die gefangenen Frauen – in Hörweite ihrer Ehemänner – ausgesetzt sind.

Als sie nach dem Besuch dieses Lagers am Abend in die Delegation zurückkehrt, ist Charlotte am Boden zerstört. »Ich habe gehört, dass du geweint hast«, sagt der Delegationschef. Charlotte Lindsey antwortet: »An dem Tag, an dem mich das, was ich heute gesehen habe, kaltlässt, könnt ihr mich nach Hause schicken. Bis dahin bleibe ich.« Tags darauf geht sie zurück, und in den kommenden Wochen erreicht sie, was sie als »meinen wahrscheinlich größten Erfolg beim IKRK« bezeichnet. »Man hat uns gesagt: Zu diesen Gefangenen kommt ihr niemals rein. Und dann haben wir es sogar geschafft, dass dieses Lager geschlossen wird.« Doch für einige der Befreiten ist es unmöglich, den Ort ihres Martyriums zu verlassen. Ihre Häuser sind mittlerweile auf der anderen Seite der Front, sie sitzen im Feindesland fest und können nirgendwo hin. Tagelang bleiben die IKRK-Helfer bei ihnen, während Charlotte Lindsey versucht, bei den Behörden ihre Rückkehr nach Hause durchzusetzen. Wieder zahlt sich ihre Hartnäckigkeit aus. Irgendwann kommt die Antwort: Ihr habt drei Stunden Zeit. »Da haben wir alle greifbaren IKRK-Fahrzeuge in der Gegend zusammengetrommelt und diese Menschen zurück nach Hause gebracht.«

Auf der anderen Seite der Front sind sie zunächst nicht willkommen. »Wir tauschen keine Gefangenen aus«, heißt es, »ihr bekommt niemanden für diese Leute.« Es dauert eine Weile, bis die Soldaten verstehen. Charlotte Lindsey geht auch hier gründlich vor. Sie findet das verloren geglaubte Baby, Nachbarn haben es nach der Verhaftung der Mutter zu sich genommen. Sie organisiert medizinische Hilfe und bringt auch den behinderten Greis in sein Haus zurück, versichert sich, dass sich die Nachbarn um ihn kümmern. »Das alles klappt nicht immer und nicht überall«, sagt sie, »aber in diesem Fall hat es funktioniert.« Manchem erscheint es wenig im Vergleich zur Schlächterei ringsum. Aber es bedeutet alles für die, die davonkommen.

Der Hauptsitz des IKRK liegt auf einem Hügel mit Blick über den Genfer See: Ein ehemaliges Hotelgebäude, von allen nur »la maison« genannt, und mehrere darum gruppierte Büroschachteln. Im Innenhof graben Bagger, Transparente versperren den Blick auf die Baustelle. Darauf sind die Silhouetten von Soldaten, Zivilisten, darunter Frauen und Kinder, zu sehen. Distinguer! – Unterscheide! steht in roten Lettern darüber. »Die am Konflikt beteiligten Parteien unterscheiden jederzeit zwischen der Zivilbevölkerung und Kombattanten«, lautet eine der zentralen Kriegsregeln. Es sind alte Grundsätze, über die das IKRK bei seiner Feldarbeit wacht und die seine Arbeit erst ermöglichen. Doch die neue, beunruhigende Weltlage hat auch hier, im westlichsten Winkel der Schweiz, unübersehbar Einzug gehalten. Schranken und versenkbare Poller sichern die Zufahrt zur

IKRK-Zentrale. An allen Eingängen elektronische Zugangskontrollen, Lichtschranken und Bewegungsmelder, die Mitarbeiter eines privaten Sicherheitsdienstes streifen über das Gelände. Das alles hat es vor wenigen Jahren noch nicht gegeben.

In Charlotte Lindseys Büro erinnert wenig an die spektakuläre Feldarbeit von einst. Das achtjährige Mädchen, das vom »Silbernen Messer« bestrickt war, ist heute selbst Mutter von Zwillingen und stellvertretende Direktorin für Kommunikation beim IKRK. Zu ihren Aufgaben zählt es, die Öffentlichkeitsarbeit der Organisation in die von der Kommunikationsstrategie vorgegebene Richtung zu lenken. Diese Befugnisse erstrecken sich auf die Abteilungen für Publikationen und audiovisuelle Produkte, für deren Marketing und Vertrieb, für die Verbreitung des humanitären Völkerrechts, die Schulung von Waffenträgern aller Art in den Kriegsregeln und auf die Website der Organisation. Gerade kümmert sie sich um die Einführung eines neuen Intranets und sitzt daneben in mehreren Arbeitsgruppen, die sich mit administrativen Angelegenheiten beschäftigen: der Bautätigkeit vor dem Fenster, der Evaluierung von Stellenbeschreibungen, Fragen der Ausbildung von Delegierten, der Verwaltung der Budgets. Das klingt auch nicht anders als ein Job im höheren Management bei einer Bank oder einer Versicherung. »Nach fünfzehn Jahren kommt die Zeit, in der man nicht mehr an einer Frontlinie sitzen möchte«, sagt Charlotte Lindsey. Ein Grund dafür ist, »dass einem die Arglosigkeit des Anfangs abhanden kommt, diese Gewissheit, dass schon alles gut werden wird, dass man aus jeder noch so brenzligen Situation wieder unversehrt herauskommt. Daran glaubt man mit 26 viel leichter als mit vierzig.«

Der Unterschied zu Banken und Versicherungen ist trotzdem beträchtlich, auch wenn sogar das IKRK mittlerweile nicht mehr ohne Quartalsberichte und Leistungskennzahlen auskommt. Im vergangenen Jahr haben seine Delegierten knapp eine halbe Million Kriegsgefangene an 2500 Gewahrsamsorten in 71 Ländern besucht und mehr als 25000 von ihnen zum ersten Mal registriert. Sie haben

330 000 Familiennachrichten zwischen voneinander getrennten Angehörigen ausgetauscht, fast 12 000 Vermisste gefunden und mehr als 1000 Kinder zu ihren Eltern zurückgebracht – jeden Tag drei. Daneben kümmern sich 53 der achtzig IKRK-Delegationen um die Versorgung mehrerer Millionen Menschen mit Wasser und Nahrungsmitteln. Von der medizinischen Hilfe der Organisation profitierten 2,3 Millionen Menschen, und in seinen eigenen Spitälern hat das IKRK 10 000 Verwundete und 67 000 Kranke behandelt. Seine Ärzte haben insgesamt 65 200-mal operiert und 170 000 Menschen medizinisch rehabilitiert. »Es liegen Welten zwischen der Feldarbeit und der Arbeit hier am Hauptsitz«, räumt Charlotte Lindsey ein. »Aber eigentlich geht man nur dieselben Herausforderungen von einer anderen Seite her an. Die Benchmark ist: Wie ermöglichen wir unseren 1500 Delegierten und 12 500 nationalen Mitarbeitern in achtzig Ländern der Welt ihre Arbeit?«

In achtzig Ländern, das bedeutet: Kriegsopfer in mehr als einem Drittel der Staaten der Welt. Das IKRK, dem vorgeworfen wird, Menschenrechtsverletzungen nicht öffentlich anzuprangern, veröffentlicht einmal im Jahr die schärfste öffentliche Anklage: seinen Jahresbericht.

Wie erhält man das Vertrauen in die neutrale humanitäre Arbeit in einer Welt, in der diese Hilfe immer stärker manipuliert, für politische Zwecke missbraucht, für militärische vereinnahmt und immer stärker verstaatlicht wird? Eskortierten früher Rotkreuz-Freiwillige die kriegführenden Armeen auf die Schlachtfelder, um die Opfer zu bergen und zu versorgen, so scheint heute das Gegenteil der Fall zu sein: Die Armeen eskortieren die Helfer – oder sie führen die Hilfe im Krieg um die »hearts and minds« der Bevölkerung gleich selbst durch. Nicht wenige Hilfsorganisationen lassen sich vor diesen Karren spannen, denn der Finanzierungsdruck ist gewaltig. Allein in Deutschland gibt es im Jahr 1978 knapp 2400 NGOs, dreißig Jahre später sind es bereits 7500. Das IKRK hat kein Monopol mehr auf den Begriff »humanitär«. So, wie er einst gemeint war, stellte er einen

Handel zwischen Staaten dar: Wann immer sie Krieg führen, lassen sie Helfer auf die Schlachtfelder, die sich um alle Kriegsopfer kümmern dürfen. Im Gegenzug ergreifen diese Helfer keine Partei und mischen sich nicht in die Feindseligkeiten ein. Auf diese Weise entsteht eine Nische für die neutrale, unparteiliche humanitäre Hilfe. Heute führen Staaten kaum mehr Kriege, und die Kombattanten der Konflikte unserer Zeit, die innerhalb von Staatsgrenzen stattfinden, fühlen sich wenig an jenen Stapel Papier gebunden, den man das humanitäre Völkerrecht nennt. Wie also erhält man die Idee, dass auch im Krieg nicht alles erlaubt ist, im Chaos heutiger Bandenkriege am Leben? Und wie die Rolle des IKRK als letztes Appellationsgericht für die Rechte von Kriegsopfern, wenn die marodierenden Horden nicht einmal mehr wissen, was die Genfer Konventionen sind?

Für Charlotte Lindsey lautet die Losung auch hier: Distinguer! Wichtiger denn je ist es für das IKRK, sich von anderen Hilfsorganisationen zu unterscheiden, die – oft nur scheinbar – dasselbe tun. Das bedeutet für die Kommunikation: erklären, erklären und noch einmal erklären. »Unterschiedliche Dinge für unterschiedliche Leute. Neutralität bedeutet nicht für jeden dasselbe; Unabhängigkeit auch nicht; humanitäre Hilfe schon gar nicht.« Dafür ist das IKRK bereit, mit allen zu reden, die in heutigen Konflikten eine Rolle spielen. Dazu kommt, was der BBC-Journalist Nik Gowing als »Tyrannei der Echtzeit« in der Berichterstattung bezeichnet.[14] Auch Kindersoldaten im Kongo sehen auf CNN, dass in Tschetschenien sechs IKRK-Mitarbeiter ermordet werden. Dann bauen sie sich am anderen Ende der Welt vor den Delegierten auf und sagen: »Wenn ihr nicht aufpasst, dann machen wir euch hier auch ein Grosny!« Die Fotos im US-Magazin *TIME*, welche die Misshandlungen in Abu Ghraib zeigen, beeinflussen die Arbeit aller Helfer in Afghanistan und im Irak. Und nicht zuletzt sind Zweifel darüber aufgetaucht, ob in den heutigen asymmetrischen Konflikten ein neutraler Akteur wie das IKRK überhaupt noch zeitgemäß ist. Zumindest diese Frage hat sich inzwischen von selbst erledigt: Wenn es keinen vertrauenswürdigen Vermittler mehr gibt, dann geht man immer noch zum IKRK. Zuletzt sogar bei der Freilassung von Geiseln in Afghanistan und in Kolumbien.

Dieses Vertrauen zu erhalten, sieht Charlotte Lindsey heute wie damals als ihre Hauptaufgabe an, damit die Delegierten des IKRK auch weiterhin Zugang zu Menschen haben, für die sich niemand mehr interessiert, und die oft auf der untersten, der letzten Stufe menschlicher Existenz, jener, die gerade noch möglich ist, leben. In der Kantine des IKRK, eingerichtet im Resopal-Stil der siebziger Jahre, sitzt Nicholas Borsinger. Selbst nach sieben Kriegen hätte er kein Problem, jeden Brian-Ferry-look-a-like-Wettbewerb zu gewinnen. Er erzählt:»Ich hatte in einem Gefängnis festgestellt, dass ein Gefangener unter entsetzlichen Umständen hingerichtet worden war. Ich stellte bei den Mitgefangenen eine Untersuchung an. Zwei von ihnen fühlten, dass sie mich zum letzten Mal sahen. Sie kamen zu mir und sagten: Wir haben eine Frage. Ich sagte: Ja, bitte? Sie fragten: Haben Sie Kollegen, die die gleiche Arbeit auf der anderen Seite tun? Und ich antwortete: Natürlich haben wir Kollegen, die auf der anderen Seite dasselbe tun. Da sagten sie: Umso besser. Und ich fragte: Warum umso besser? Da schauten sie mir direkt in die Augen und sagten: Weil wir wissen, wozu wir fähig sind. Deshalb es ist wichtig, dass ihr das Gleiche für den Gegner tut.«

Anmerkungen

1 www.killology.org

2 Dave Grossman: On Killing. The Psychological Cost of Learning to Kill in War and Society. New York: Back Bay Books 1996.

3 »Der Bürgerkrieg hat … mit der Nähe der Menschen untereinander zu tun. So erklärt sich auch die Intensität der Hassgefühle, die in ihm zum Ausbruch kommen. Wo sich dieser Hass, der aus der Nähe kommt, zwischen zwei Parteien erst einmal entzündet hat, erhält er sich mehr oder weniger von selbst. Er braucht dann gar keine großen ideologischen Konzepte mehr, um zu wissen, wer der Feind ist und warum er es ist. Im Bürgerkrieg verdampft zuletzt jede abstrakte und rational komplexe Legitimation für Gewaltanwendung. Doch es braucht sie auch nicht;

man hat den Feind ja in konkreter Gestalt vor sich.« Hans Magnus Enzensberger: Der Große Bürgerkrieg und die Grenzen der Verantwortung. In: Rainer Barbey: Hans Magnus Enzensberger – Zu große Fragen. Interviews und Gespräche 2005 – 1970. Frankfurt am Main: Suhrkamp Verlag 2007.

4 Ian Serraillier: The Silver Sword. London: Puffin Books 2001. Deutsch: Das silberne Messer. Ravensburg: Verlag O. Maier 1967.

5 Grundlage des Films bildet die 1980 publizierte Geschichte »Death and Life of Dith Pran« des New-York-Times-Journalisten Sydney H. Schanberg, für die er mit dem Pulitzer-Preis für Internationale Berichterstattung ausgezeichnet wurde.

6 www.icrc.org/familylinks

7 »Economics is about the allocation of scarce resources between competing demands.«

8 Laura Silber and Alan Little: The Death of Yugoslavia. London: Penguin Books/ BBC Books 1995; und: David Rieff: Slaughterhouse. Bosnia and the Failure of the West. New York: Simon and Schuster 1995.

9 Roy Gutmann and David Rieff: Crimes of War. What the Public Should Know. London/New York: W. W. Norton & Company 1999. www.crimesofwar.org

10 Fikret Alic lebt heute mit seiner Familie in Dänemark und Bosnien. Über seine Folterknechte sagt er: »Keiner von ihnen hat sich jemals für das entschuldigt, was sie uns angetan haben. Ich kann dir jedes Mal, wenn wir durch Prijedor spazieren, fünf Mörder zeigen. Entweder sind sie stolz auf ihre Taten, oder sie geben vor, sie wären nie passiert.« Ed Vulliamy: »I am waiting. No one has ever said sorry.« In: The Observer, 27. Juli 2008.

11 Paul Berman: Idealisten an der Macht. Die Passion des Joschka Fischer. München: Siedler Verlag 2006.

12 Siehe u. a. Robert Dempfer: Polit-Krimi aus dem Herzen Afrikas. In: Wiener Zeitung extra, 22. Juni 2007; Andrew Wallis: Silent Accomplice – The untold Story of France's Role in the Rwandan Genocide. London: I. B. Tauris 2007; Jean Hatzfeld: Machete Season – The Killers in Rwanda Speak. New York: Picador 2006; Roméo Dallaire: Shake Hands with the Devil – The Failure of Humanity in Rwanda. New York: Da Capo Press 2004.

13 Ed Vulliamy: The edge of madness. In: The Guardian (G2), 23. Juli 2008.

14 Nik Gowing: The Unpredictable News Cycle and the Tyranny of Real Time. In: Media Coverage – Help or Hindrance in Conflict Prevention? A Report to the Carnegie Commission on Preventing Deadly Conflict. New York: Carnegie Corporation of New York 1997.

Dieter Krammer oder:
Die Helfer in der Nacht

Jetzt ist schon wieder was passiert. Das Gerücht von der Bombendrohung verbreitet sich wie ein Lauffeuer. Der Brandstifter, der erst gestern in der Ramsauer Straße wieder zugeschlagen hat, ist sowieso Gesprächsthema Nummer eins. Der muss ein Kenner sein, ein Insider. Weil er die Brände immer so legt, dass die Feuerwehr möglichst weit fahren muss. Jeder hier hofft, dass er bald geschnappt wird. Und dass er nicht gerade heute auf dumme Ideen kommt. Ausgerechnet zum Jahreswechsel. Sicher ist angesichts der bevorstehenden Silvesternacht nur, was das Rotkreuz-Urgestein Andi in kraftvollem Bariton verkündet: »Heute werden sie wieder speiben wie die Esel!«

In der Garage der Rotkreuz-Dienststelle hängen die Fahrzeuge am Tropf. Vier Rettungstransportwagen stehen für die Nacht bereit, dazu ein Notarzt-Einsatzfahrzeug, das die Notärztin im Dienst bei Bedarf rasch zum Patienten bringt. Erstversorgen, stabilisieren, transportieren, lautet das Mantra der modernen Notfallmedizin. Lange Kabel reichen wie Lianen von der Decke bis zu den Steckdosen der Rettungswagen. Die Batterien der Fahrzeuge werden geladen, wann immer sie in der Garage stehen. Das wird heute Nacht nicht oft der Fall sein.

Im Aufenthaltsraum laden sich die Frauen und Männer vom Roten Kreuz ein paar Happen vom Silvester-Buffet auf ihre Teller. Das hat ein Wirt aus der Umgebung spendiert. Es ist Punkt neunzehn Uhr, Dienstbeginn, als Fahrer und Notfallsanitäter Dieter Krammer und Rettungssanitäter Klaus Katschnig sich gerade zum Essen setzen. Da gehen ihre Pager los. Der erste Einsatz des Abends für Wagen 105. Die Teller bleiben unangetastet. »Ein Traum«, knurrt Dieter. Die beiden bewegen sich im Laufschritt zu ihrem Wagen. Das Display ihrer Pager zeigt, was sie erwartet. Klaus übersetzt den Zahlencode: »Ein Kind, ein Sturz.« Auch die Adresse des Einsatzortes steht dort. Mit Blaulicht und Folgetonhorn fährt Wagen 105 los. Klaus ist in dem Gespann der Mensch gewordene Stadtplan. Die Straße in dieser Stadt, die er nicht kennt, die gibt es nicht. Er hilft Dieter mit kurzen Anweisungen, den Wagen auf dem schnellsten Weg ans Ziel zu bringen. Dort sitzt der vierjährige Benjamin, die schmerzende Hand angeschwollen, mit Tränen im Gesicht. »Wie heißt du denn? Ich bin der Dieter.« Während er Benjamin in ein Gespräch über seinen Teddybären verwickelt, untersucht er das verletzte Handgelenk des Buben. »Eigene Kinder zu haben, hilft«, sagt Dieter, Vater von Lukas und Anna, die schon zwölf und zehn Jahre alt sind. Prellung oder Bruch, das ist bei Benjamin die Frage. Nur eine Röntgenaufnahme kann das klären. Bei einem Kind im Wachstum darf eine Fraktur auf keinen Fall unentdeckt bleiben. Also ab ins Krankenhaus. Benjamin wird in eine Decke gewickelt, die beginnende Winternacht ist eisig. Mama und Teddy fahren mit. »Bringt ihr schon das Neujahrsbaby?«, empfängt sie der Arzt bei der Übergabe. Da geht der Pager wieder los. Verkehrsunfall. Ein BMW hat eine Fußgängerin über den Haufen gefahren, der Lenker hat sich davongemacht – Fahrerflucht. Polizei, Schaulustige, die verletzte Frau muss in die Notaufnahme. »105 einsatzbereit«, funkt Dieter danach an die Zentrale. »Einrücken«, antwortet die – der Wagen kann zurück zur Rotkreuz-Dienststelle fahren. Zurzeit wird er für keinen Folgeeinsatz gebraucht.

Dieter und Klaus sind freiwillige Helfer beim Roten Kreuz. Klaus ist Einzelhandelskaufmann, seit mehr als zwanzig Jahren dabei. Seit über zehn Jahren verbringt er auch Weihnachten und Silvester beim Roten Kreuz. »Ich bin Junggeselle, auf mich wartet keine eigene Familie«, sagt er. »Mit der Zeit sind diese Dienste für mich zur Gewohnheit geworden.« Zu einer vertrauten Gewohnheit: »Meine Familie ist hier – im Kreis der Helfer.« Dieter ist Inspizient und Regieassistent am örtlichen Stadttheater. Nach dem Zivildienst 1989 ist er als Freiwilliger beim Roten Kreuz geblieben. Fünfzig Dienste pro

Jahr schafft er locker, meist in der Nacht, bevor er wieder ins Theater geht. Der nächste Einsatz kommt, als sich die beiden gerade wieder an ihr unberührtes Abendessen setzen. Diesmal ist es eine Patientin mit Atemnot, dringend. Direkt vor dem Stadttheater. »Den Weg brauchst du mir nicht zu erklären«, sagt Dieter und schaltet das Blaulicht ein.

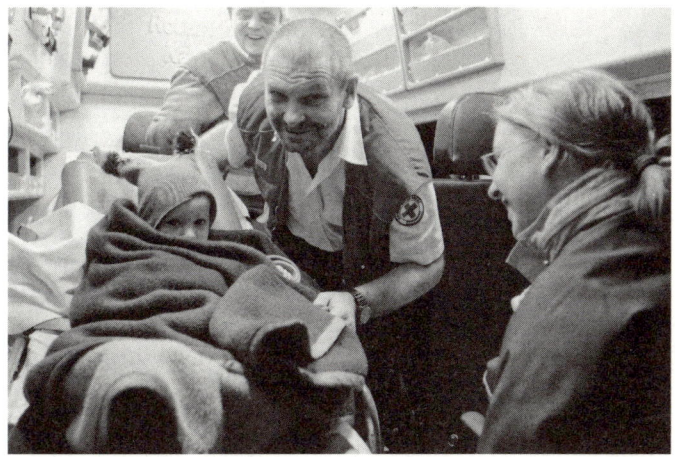

Erste Hilfe: Patient Benjamin, Sanitäter Dieter Krammer

In der Leitstelle ist heute Sabrina »Call Taker«. Die 27-Jährige war schon in der Schule beim Jugendrotkreuz. In dieser Nacht nimmt sie die Notrufe entgegen, stellt den meist aufgeregten Anrufern gezielte Fragen. Dabei hilft ihr ein Computerprogramm: eine Art Karteikarten-System, nur eben am PC. Aus den Antworten generiert das Programm einen Einsatzcode, den Sabrina per Tastendruck an den Leitstellen-Disponenten weitersendet. Das ist Walter, genannt Alf, ein alter Profi. Er schickt die richtigen »Rettungsmittel«, wie es in der Rotkreuz-Sprache heißt, los. Zur Frau vor dem Stadttheater entsendet er auch das Notarzt-Einsatzfahrzeug.

Oft ist es für die Mitarbeiter der Leitstelle notwendig, mit den Anrufern in Kontakt zu bleiben, mehr Informationen über den Zustand eines Patienten herauszubekommen, sie an die Sanitäter weiterzugeben und dabei gleichzeitig den Menschen am Apparat zu beruhigen. Oder ihm zu helfen, damit der Patient bis zum Eintreffen des Notarztes durchhält. Angehörige, die noch nie einen Erste-Hilfe-Kurs besucht haben, über das Telefon anzuleiten, wie man eine Beatmung durchführt; ihnen gelegentlich sogar zu erklären, wie man ein Kind zur Welt bringt … Es ist ein schweißtreibender Job am Telefon, »aber wenn man dann durch den Hörer das Baby schreien hört, dann sind das unglaubliche Momente«.

Alf arbeitet im Halbdunkel, nur sein Gesicht ist vom Dämmerschein mehrerer Großbildschirme erhellt. Darauf Karten und Luftaufnahmen der Region, keine älter als höchstens sechs Monate. Mit ihrer Hilfe lässt sich jeder Rettungswagen ans Ziel dirigieren. Nur allzu Menschliches kann dem System ein Schnippchen schlagen. Wenn etwa ein Anrufer hektisch erklärt: »Kommt's schnell! Ihr müsst beim Bildstock vorbeifahren, dann zwei Kilometer durch den Wald, und dort, wo sich der Hansi letztes Jahr aufgehängt hat, links abbiegen«, und dann auflegt. Da hilft auch der Leitstelle nur noch ein Anruf im örtlichen Polizeiwachzimmer oder im lokalen Wirtshaus. Einer der zechenden Stammgäste weiß garantiert, wo der Hansi letztes Jahr allem von eigener Hand ein Ende gemacht hat.

Mit Blaulicht trifft Wagen 105 gleichzeitig mit der Notärztin beim Stadttheater ein. Die Patientin im Abendkleid, bereit für die Silvestervorstellung, hängt halb aus dem Auto und ringt verzweifelt nach Atem. Lebensgefahr. Dieter und Klaus hieven sie behutsam auf die Trage, da steht plötzlich ihr Herz still. Jetzt wird es sehr hektisch. Notärztin und Sanitäter kämpfen im Rettungswagen um das Leben der Frau. Die Ärzte der Intensivstation warten schon und übernehmen. Die Helfer versammeln sich in der Kälte vor dem Krankenhaus, ziehen an ihren Zigaretten. »Das war sehr knapp«, flüstert die Notärztin. Klaus steht trotz der inzwischen beißenden Kälte der Schweiß auf der Stirn. »Jedes Jahr sage ich mir: Heuer mach ich zu Silvester keinen Dienst«, erklärt er. »Und jedes Mal zeige ich bei der Diensteinteilung wieder auf.« Dieter flucht auf die Zufahrtsstraße zum Krankenhaus – eine gnadenlose Buckelpiste. Schlaglöcher, nur behelfsmäßig mit Schotter und Teer geflickt, machen eilige Transporte regelmäßig zum Spießrutenlauf. Wie soll man da einen Patienten schonend transportieren?»Fährst du langsam auf der rechten Spur, wirst du angehupt, angeblinkt, überholt und geschnitten«, ärgert er sich. Gegenmaßnahme: Man fährt mit Blaulicht und dreißig Stundenkilometern in der Straßenmitte. »Dann kommen wieder die Anrufe, was für depperte Fahrer das Rote Kreuz hat.«

»Was ist mit dem Auto der Frau?«, fällt Klaus plötzlich ein. Es ist in der Hektik unverschlossen stehen geblieben, der Schlüssel steckt im Zündschloss, die Tasche der Theaterbesucherin liegt auf dem Beifahrersitz. Pager und Funkgerät schweigen, Dieter und Klaus fahren nochmals zurück, liefern Tasche und Schlüssel im Krankenhaus ab. Sie müssten das nicht machen. Aber »halbe Arbeit ist keine Arbeit«, findet Dieter.

Welche Einsätze aus zwanzig Jahren als Notfallsanitäter bleiben in Erinnerung? »Der allererste Verkehrsunfall, den vergisst man nie«, sagt Dieter. »Ich war selbst aufgeregt, und da sitzt dann dieser blutüberströmte Mensch. Mein erfahrener Kollege hat gesagt: Schau genau hin, bevor du durchdrehst. Und dann war's tatsächlich nur eine Platzwunde.« Die Amputationen sind ihm alle im Gedächtnis geblieben. Biker, die unter Leitschienen, nicht angegurtete Autofahrer, die durch Baumgruppen geschleudert wurden. Dass in zwei Jahrzehnten nie ein Kind dabei war, dafür empfindet er eine gewisse Dankbarkeit.

Bei der Frage nach angenehmen Erlebnissen muss er länger nachdenken. Nicht nur weil sie naturgemäß seltener vorkommen. Auch weil sie schwieriger zu beschreiben sind. Denn der Sanitäter Dieter Krammer merkt bald, dass auch die technischen Aspekte im Rettungsdienst nur die »halbe Arbeit« sind. Wegen dem »Feuerteufel« sind auch heute ausreichend Leute und Gerät in Einsatz und Bereitschaft, klar. Aber gerade gestern, als der Unbekannte ein Wohnhaus angezündet hat, ist Dieter wieder aufgefallen, wie froh die Leute aus den ausgebrannten Wohnungen sind, »dass jemand ein Zelt für sie aufbaut, dass sie nicht irgendwo allein in der Kälte stehen müssen. Kalt war's ja trotzdem«, sagt er, »aber dass diese Leute nicht einfach aus dem Gefahrenbereich irgendwohin abgeschoben werden, sondern dass wir uns um sie kümmern, sie auch trösten, das ist ganz wichtig.« Nach einer gewissen »Sturm- und Drangzeit, die man auch als Sanitäter anfangs hat«, merkt man schnell: Bei allem Fortschritt ist die menschliche und persönliche Zuwendung mindestens gleich viel wert wie alle Technik. »Weil jemand, der Angst hat, um seine Gesundheit oder um sein Leben, der weiß eh, dass es ihm mies geht«, sagt Dieter. »Jetzt, den Sauerstoff dranzuhängen, das ist zwar technisch richtig. Aber dadurch verschwindet die Angst nicht. Dafür braucht es Anteilnahme und Beruhigung. Das ist mindestens so viel wert, wie auf die genaue Literzahl des Sauerstoffs zu achten.« Besonders schlimm ist es bei schweren Unfällen, tödlichen Unfällen, bei Unfällen, in die Kinder verwickelt sind. »Dabei ist uns natürlich aufgefallen, wie furchtbar es den Angehörigen geht«, erzählt Dieter. »Und solange kein Folgeeinsatz hereingekommen ist, haben wir uns deshalb als Rettungswagen-Besatzung um sie gekümmert. Das Schrecklichste daran war, wenn dann mitten im Gespräch der Pager wieder losgegangen ist und wir sofort zum nächsten Einsatz mussten.«

Dieter Krammer ist deshalb unter den Ersten, die sich zur Ausbildung für die neuen »Krisen-Interventions-Teams« (KIT) des Roten Kreuzes melden. Aufgabe dieser Teams ist es, zu bleiben, wenn Arzt und Notfallsanitäter wieder abrücken, und Menschen nach außergewöhnlich belastenden Ereignissen zu betreuen. Sie bleiben lange, im Schnitt bis zu sechs Stunden, in Ausnahmefällen sogar Tage.

Auf dem Rückweg zur Zentrale stattet Wagen 105 dem Pfarrplatz einen kurzen Besuch ab. Der wird heute eines der Epizentren der Silvesterfeierlichkeiten sein. Freiwillige Rotkreuz-Helferinnen wie die neunzehnjährige Sabrina oder der um ein Jahr jüngere Zivildiener Hubert schieben hier Ambulanzdienst. Noch ist alles ruhig.

Über Funk kommt die Nachricht: Das Notarzt-Einsatzfahrzeug ist eine Stunde lang im Rosental blockiert. Wagen 105 rückt ein, es ist jetzt 21 Uhr, zwei Stunden sind seit Dienstbeginn erst vergangen. Der Lachs auf den Tellern der beiden Sanitäter ist schon etwas angegraut, die Mayonnaisesauce verkrustet. Aber das alles bleibt ohnehin unberührt, denn Klaus und Dieter rücken schon wieder aus. Verdacht auf Alkoholvergiftung, der erste Betrunkene muss ins Krankenhaus. Danach fahren sie in die Wohnung einer 74-jährigen Frau. »Die Familie ist bei ihr. Was sie sagen, klingt für mich wie ein Schlaganfall«, meldet Alf von der Leitstelle. Die Angehörigen irren sich, es ist nur ein Schwächeanfall. Dieter und Klaus schleppen die Frau im Tragstuhl aus dem vierten Stock zum Rettungswagen.

Um 22 Uhr ist der Aufenthaltsraum der Rotkreuz-Dienststelle leer. Dafür füllen sich die Straßen. Die Teams sind von Einsatz zu Einsatz unterwegs. Zehn Minuten vor Mitternacht treffen sich die meisten Sanitäterinnen und Sanitäter dieser Nachtschicht im Aufenthaltsraum wieder. Statt Sekt steht gespritzter Apfelsaft bereit. Fünf Minuten später ertönt eine Kakophonie der Pager. »Was leise wie ein Wecker klingt, das ist ein normaler Krankentransport«, erklärt Dieter im Laufschritt die Feinheiten der elektronischen Rotkreuz-Kommunikation. Sein Pager piept allerdings ziemlich laut. »Was wir heute haben, ist offenbar immer ein Notfall.« Kurz darauf sind alle Helfer wieder im Einsatz. Das Fernsehen überträgt Schlag Mitternacht traditionsgemäß das Geläute der Pummerin aus dem Stephansdom. Danach spielen die Wiener Philharmoniker live für mehr als vierzig Millionen Zuseher auf der ganzen Welt Wiener Walzer von Johann Strauß. Doch für die Besatzung der heutigen Nachtschicht mühen sich Glocke wie Orchester vergeblich ab. Der Aufenthaltsraum ist längst menschenleer.

Wagen 105 hat gerade einen weiteren Verkehrsunfall hinter sich, schon wieder Fahrerflucht, um diese Zeit und in dieser Nacht scheint niemand mehr anzuhalten. Ein Polizist erklärt, dass das neue Jahr genauso beschissen anfängt, wie das alte aufgehört hat. Nächster Einsatz Herrengasse, zwei Verletzte nach einer Schlägerei, »Polizei vor Ort«, schnarrt das Funkgerät. Dieter steuert den Wagen im Schritttempo durch den mit Kopfsteinen gepflasterten schmalen Durchgang. Polizist ist noch keiner da, dafür ein übel gelauntes Empfangskomitee, in den Händen viel mehr Flaschen und Gläser, als man zum Koma-Besäufnis braucht. Als sie die beiden Patienten im Rettungswagen versorgt haben, ist er plötzlich umringt. Erste Rufe sind zu hören: Rettungsrambos! Dann wird es handgreiflich. Hände schieben und stoßen von allen Seiten, Fäuste trommeln auf das Blech, das Fahrzeug schaukelt wie ein Boot, ans Abfahren ist nicht zu denken. Die beiden Sanitäter blicken einander kurz an. »Ein Traum«, murmelt Dieter. Dann steigt er wieder aus dem Wagen. Die betrunkene Menge starrt ihn mit glasigen Augen und halb geöffneten Mündern an. Niemand ist sicher, ob Dieter die fünfzig Zentimeter lange Mag-Lite-Taschenlampe in seiner Hand wirklich nur zum Leuchten braucht. »Noch jemand, der seine Fingerabdrücke auf dem Auto hinterlassen möchte?«, fragt er in die Runde. In diesem Moment biegt der Polizeiwagen um die Ecke. Man merkt Dieter die Nervosität keine Sekunde lang an, aber später sagt er: »Ich war mir nicht sicher, ob die Stimmung jetzt kippt oder nicht ...«

Um 1.10 Uhr fährt Wagen 105 zu einer ebenerdigen Wohnung. Ein Mädchen im Rollstuhl, die Musik eines New Yorker Radiosenders dröhnt aus den Lautsprechern ihres Notebooks. Ein Kasten ist von der Wand gefallen, sein Inhalt über den Boden verstreut, die Rollstuhl-Fahrerin kann sich allein nicht helfen. Die beiden Sanitäter bringen die Sache in Ordnung, hängen den Kasten wieder an seinen Platz, suchen die Gegenstände zusammen, räumen ihn ein und kehren Scherben vom Boden. Die junge Frau ist allein in der Wohnung, während überall der Jahreswechsel gefeiert wird. Dieter und Klaus blödeln ein bisschen mit ihr herum, sie lacht. Nicht alle Verletzungen, die die beiden an diesem Abend vorfinden, lassen sich einfach verbinden. Man wünscht einander ein gutes neues Jahr.

Zurück in der Dienststelle, kommen die beiden Sanitäter im

neuen Jahr doch endlich zum Essen. Klaus füllt kauend die Transportberichte aus – Rettung macht auch Papierkram. Viel Zeit hat er nicht. Halb zwei, ein Nobelhotel am nahe gelegenen See ruft an. Ein dicker 65-Jähriger ist kollabiert. Die Notärztin ist immer noch mit einem anderen Einsatz beschäftigt, an ihrer Stelle ist der Mediziner des Ärztefunkdienstes gekommen. Die Ehefrau sitzt im Pelzmantel vor abgegessenem Geschirr am Tisch und kann sich nicht festlegen. Haben die beiden jetzt zu zweit zwei Flaschen Wein getrunken oder jeweils? Der Kellner im Frack hält sich mit steinerner Mine im Hintergrund und schweigt. »Und ein paar Wodka«, erinnert sie sich noch, und außerdem an die Herzinfarkte ihres Gatten: »Natürlich hatte er schon mehrere!« – »Muss ich schon sterben?«, meldet sich der Patient von der Trage. »Nein«, erklärt Dieter. »Schon gar nicht bei uns.« Notaufnahme.

Danach der nächste Notruf. Wieder Verdacht auf Alkoholvergiftung, schon wieder in der Kneipenmeile der Stadt. »Zufahrt besser über Herrengasse oder Pfarrplatz?«, erkundigt sich Dieter über Funk. Keinesfalls über die Herrengasse, meldet die Leitstelle zurück, da liegen schon knöchelhoch die Scherben zerbrochener Gläser und Flaschen. Die beiden Helfer haben die Reifen ihres Wagens lieber heil. In die Nische einer Hausecke gekauert, bei Eiseskälte, finden die Sanitäter Petra, gestützt von ihrem Freund. Was sie heute Abend gegessen und getrunken hat, ist gleichmäßig über die Kleidung der beiden verteilt. Sie lallt. Immerhin, sie ist bei Bewusstsein. Ins Krankenhaus will sie nicht, aber aus der Kälte muss sie trotzdem raus. Klaus versucht, über Mobiltelefon ein Taxi zu besorgen. Aber um diese Zeit sind alle Nummern besetzt. Ein Polizist wird über die Einsatzzentrale einen Wagen organisieren. In einer Seitengasse liegt die nächste Schnapsleiche. Dieter und Klaus packen sie ein. Wagen 105 fährt los, Spital, dann einrücken, dann gleich wieder ausrücken: Das neue Jahr wird für einen Patienten im Landeskrankenhaus mit einer Operation beginnen. Dafür braucht er Blutkonserven. Das Rote Kreuz betreibt hier auch den Blutspendedienst, er liegt gleich um die Ecke der Einsatzzentrale. Die Ausgabeschwester wünscht Dieter und Klaus müde ein gutes neues Jahr.

»Dramatisch bei KIT-Einsätzen ist die Konfrontation mit der Schuldfrage«, sagt Dieter Krammer. Da sind die verzweifelten Eltern, deren Kind so wie alle anderen im Kindergarten drei Tage lang erkältet war. Doch dann stellt sich heraus: Es war gar keine Verkühlung, sondern eine eitrige Meningitis, und die Chancen des Kindes stehen sehr schlecht. »Dann mach den Eltern klar, dass das nicht ihre Schuld war, nicht ihr Versäumnis.« Jede Krisenintervention verläuft anders, aber es gibt einige grundsätzliche Regeln. In solchen Fällen geht es für die Helfer nicht in erster Linie ums Reden, sondern ums Zusehen und vor allem ums Zuhören. »Aktives Zuhören heißt das«, erklärt Dieter. »Man macht sich zu dem, was man hört, gleichzeitig umfangreiche Gedanken, verknüpft es mit Informationen, die man schon hat.« Der Grund: »Wenn du jemandem, der so verzweifelt ist, einmal unehrlich antwortest, dann hast du ihn verloren. Der merkt sich alles, was du sagst. Weil für ihn bist du ja die ›Rettung‹.« Im Zweifel ist es besser, ehrlich zu sagen: »Das weiß ich nicht« oder: »Ich werde nachfragen.« Sprüche wie: »Das wird schon wieder« oder: »Kommt Zeit, kommt Rat« sind überhaupt verpönt.

Aber wie geht man mit Angehörigen um, die berechtigte Schuldgefühle haben? »Da kannst du nur Folgendes machen«, sagt Dieter: »Die Schuld bejahen, nachforschen, was stimmt und was nicht, und dann relativieren.« Darüber hinaus gibt es Techniken, um Schuld abzuarbeiten. Zum Beispiel: erkennen – bekennen – abarbeiten. »Damit können wir beginnen. Weitermachen müssen dann ein Therapeut oder ein Psychologe.«

Der war nach einem anderen Selbstmord nicht nötig. Ein Mann hatte sich am Vormittag nach dem Aufwachen in seinem Bett erschossen. Der außergewöhnliche Wunsch seiner Nichte, das Zimmer unverzüglich aufzuräumen, obwohl Angehörige und Freunde noch da sind, macht Dieter stutzig. Erst nach längerem Gespräch vor der Tür ergründet er: Die Nichte fühlt sich schuldig, weil sie ihren Onkel am Morgen nicht geweckt hat. Hätte sie das getan, glaubt sie, dann wäre er noch am Leben. Dieter lässt die Frau in einem langen Gespräch selbst erkennen, dass sie den Suizid nicht hätte verhindern können und dass sie deshalb auch nicht daran schuld ist. Das Aufräumen übernimmt er selbst. Nicht dass das zu den Aufgaben von KIT-Mitarbeitern zählen würde. Aber wenn es hilft, schreckt Dieter auch vor unorthodoxen Methoden nicht zurück.

Die Schuldfrage drückt aber auch die Helfer selbst. Stellen dürfen sie sie – auf ihre Arbeit darf sie keinen Einfluss haben. Die Rotkreuz-Grundsätze der Unparteilichkeit – Hilfe einzig nach dem Maß der Not – und der Neutralität – keine Teilnahme an Feindseligkeiten, welcher Art auch immer – lassen keinen Spielraum zu. Was für den Krieg erdacht wurde, gilt auch in der Praxis der Notfallrettung. »Du kommst zu einem Unfall«, erzählt Dieter. »Ein Betrunkener hat ein Kind überfahren. Er ist vielleicht selbst verletzt. Schon die Sympathie des Notfallsanitäters ist jetzt nicht unbedingt bei ihm.« Und dann fordert der Sanitäter ein KIT-Team an, denn solche Erlebnisse machen Fahrzeuglenker oft zu Patienten der Krisenintervention. »Sich ihm nach so einem Unfall mit der gebotenen Neutralität und Einsatzbereitschaft zu nähern«, sagt Dieter, »das erfordert eine irrsinnige Kraftanstrengung. Vorher hast du vielleicht noch das verletzte oder tote Kind gesehen. Neutralität, das ist eine der mörderischsten Anforderungen, sie zu respektieren, kostet oft enorme Überwindung.« Sie macht die Arbeit manchmal sehr schwer, sagt der Notfallsanitäter, »denn: Sich auf keine Seite ziehen zu lassen, bedeutet ja nicht, dass man keine Meinung hat.« Die Doktrin der Organisation und ihre Anwendung in der Praxis – das sind nach zwanzig Jahren im Einsatz die Fragen, die ihn interessieren. »Weil du nach so vielen Jahren natürlich weißt: Der, der blutet, ist nicht immer automatisch nur das Opfer.«

Um drei Uhr früh beginnt die Müdigkeit zu drücken. Schön wäre: eine halbe Stunde im Aufenthaltsraum sitzen, ein heißer Kaffee. Aber jetzt noch nicht. Denn zuerst fährt Wagen 105 zu einer

Wohnhausanlage. In einem Vorzimmer liegt Karin. Ihr Exfreund hat sie geschlagen, und im Fallen ist sie mit dem Kopf gegen die Kante einer Kommode gestützt. Jetzt ist ihr schwindlig, sie hat eine Platzwunde, Kopfschmerzen und weint. Irgendjemand hat eine Decke über sie geworfen. Mehr ist den Partygästen nicht eingefallen. Stumm starren Angehörige und Freunde auf Karin herunter. Im Hintergrund brabbelt ein Betrunkener. Dieter kniet sich zur jungen Frau, tröstet sie, untersucht die Kopfwunde. Die Sanitäter sind nett und verständnisvoll. Die Nachtschwester im Spital und der Arzt sind nett und verständnisvoll. Karin ist ganz froh darüber, dass der misslungene Abend im Krankenhaus ausklingt.

Kurz nach drei sind die nächsten Patienten zwei Präsenzdiener auf einem Polizeiwachzimmer. Die Gesichtshälfte des einen ist blutüberströmt, die Nase des anderen blutig geschlagen. Ein Überfall, erzählen sie, die anderen hatten Messer. »Ein Traum«, murmelt Dieter und versorgt die Wunden. »Das muss genäht, die Nase geklebt werden«, befindet er. Also ab in die Kieferchirurgie. »Eine Nasenkorrektur, bitte«, sagt Dieter zur Nachtschwester. Die Burschen lachen schon wieder.

Der nächste Einsatz führt zur Unterkunft eines stadtbekannten Trinkers. »Altbekannte Kundschaft«, kommentiert Klaus. Die Notärztin hockt bereits neben dem Mann, der auf dem einzigen Stuhl seiner winzigen Zimmer-Küche-Wohnung sitzt. Sie hebt den Daumen: bei Bewusstsein, schon wieder ansprechbar. Ihre Schuhe stecken in Unrat und Kot, die den gesamten Boden bedecken. Es stinkt bestialisch. Die beiden Sanitäter stehen an der Tür mit dem Tragsessel bereit. »Hol doch ein paar Zeitungen aus dem Altpapier-Container«, bittet Dieter seinen Kollegen. »Aber nimm großformatige, die bringen uns schneller zum Patienten.« Notfallsanitäter Krammer ist ein praktisch denkender Mann.

Hat sich die Art der Einsätze in den vergangenen Jahrzehnten verändert? Haben die Zahl der Komatrinker und die Fälle von Gewalt in der Familie tatsächlich zugenommen? »Vieles davon ist Verklärung der sogenannten ›guten alten Zeit‹«, sagt Dieter Krammer. »Was es früher meines Wissens aber wirklich nicht gegeben hat, das war, dass Leuten bei Schlägereien noch immer ins Gesicht getreten wird, wenn sie schon am Boden liegen. Oder dass jemand einfach en passant mit dem Messer angestochen wird.« Auch die Medienlandschaft in ihrer aktuellen Form ist für ihn ein neues Phänomen. »Heute ist jeder hyperaktive Jugendliche, der in seinem Zorn oder in seiner Euphorie herumbrüllt, gleich eine Zeitungsmeldung wert. Das ist unsere Medienwelt – und *die* hat's früher nicht gegeben.«

Auch das Rettungswesen ist nicht mehr, was es einmal war. »Früher einmal, da warst du bis zum Lebensende dabei. Das gibt es nicht mehr.« Die Ausbildung ist umfangreich, fordernd, langwierig. Die Helfer müssen ihre Fähigkeiten regelmäßig überprüfen lassen: »Wer keine Schulungen besucht, ist draußen.« Dieter selbst muss seine Zertifizierung zum Notfallsanitäter »bis zum Herbst erneuern, sonst bin ich weg vom Wagen«. Er findet das in Ordnung, »weil es dadurch dieses typisch europäische Abendlanddenken nicht mehr gibt: einmal haben – nichts mehr dazutun müssen. Das hat sich sehr geändert, Gott sei Dank.«

Auf dem Korridor des Spitals steht ein Krankenbett, darin ein Mädchen, daneben ein junger Mann, der ihre Hand hält. Schon wieder alte Bekannte – es sind Petra und ihr Freund. »Hast du dir's anders überlegt?«, fragt Dieter. Petra grinst und lallt noch immer. Und hat jetzt außerdem ein blaues Auge. Das Funkgerät im Wagen erzählt, wie es den Kolleginnen und Kollegen ergeht. Ein Selbstmordversuch. Ein Fahrradunfall. Eine Schlägerei. Betrunkene. Der Türsteher einer populären Großdisco hat ein Mädchen zusammengeschlagen. Ein Verkehrsunfall. Eine Augenverletzung durch Böller. Mehr Schlägereien. »Da draußen starben Menschen, wurden verstümmelt, von fliegendem Glas zerschnitten, vom Steuerrad zerquetscht oder von schweren Reifen«, schreibt Raymond Chandler in seinem Klassiker »Der lange Abschied«.[1] »Menschen wurden zusammengeschlagen, ausgeraubt, gewürgt, vergewaltigt und ermordet.

Menschen waren hungrig, krank, gelangweilt, verzweifelt vor Einsamkeit oder Reue und Angst, waren zornig, grausam, fiebernd erregt, von Schmerzen geschüttelt. Eine Stadt, nicht schlimmer als andere, eine Stadt, reich und kraftvoll und stolz, eine Stadt, verloren und verlassen und voller Leere.«

Beharrlich pflügen Dieter und Klaus durch die Nacht in ihrer Stadt. Wieso machen sie sich die Mühe, anstatt zu feiern oder wenigstens zu schlafen? Was denken sich freiwillige Helfer bei Schlagzeilen über Postenschacher und Millionenabfertigungen, angesichts des Gedränges um die Tröge mit öffentlichen Geldern und der bloßen Sonntagsreden über die »Zivilgesellschaft«, während sie in ihrer Freizeit Nachtdienst schieben? »Du wirst die Ungerechtigkeiten, die es nun einmal gibt, nicht aus der Welt schaffen«, antwortet Dieter. »Da habe ich eher ein Problem mit einigen Bekannten, die das Ganze noch immer mit ›Tatü-Tata-Fahren‹ abtun.« Für ihn ist der Rotkreuz-Dienst »meine Erdung abseits vom Theater. Und dann ist es ein Dienst an der Gemeinschaft. In der leben wir doch alle gerne. Deshalb trägt man einfach dazu bei, dass sie auch funktioniert.« Im Talmud und im Koran, sagt Dieter, »da steht: ›Wer einen Menschen rettet, der rettet die ganze Welt.‹ Das heißt übersetzt: Fang vor deiner eigenen Türe damit an.« Nicht allen kann einfach gleichgültig sein, was um sie herum passiert. Aber für die ausführliche Erörterung der Sinnfrage bleibt heute Nacht nicht viel Zeit. Um 4.45 Uhr winkt ein junger Mann am Straßenrand. Wagen 105, gerade auf dem Rückweg in die Zentrale, hält an. Der Autostopper ist ein Student der örtlichen Universität, und das haben ihm einige Betrunkene in einer Kneipe übelgenommen. Was genau passiert ist, will er nicht sagen. Über einen Sessel ist er gestolpert, und nein, bitte keine Polizei. Dieter verarztet Prellungen und Schürfwunden, Klaus nimmt die Personalien auf. »Strohgasse 26«, sagt der Student. Klaus starrt ihn entgeistert an. »Das fällt mir jetzt gerade nicht ein, wo die ist …« – »Im Westend«, sagt der Student. Das Gesicht des Sanitäters hellt sich auf: »Klar. Das ist diese kleine Seitengasse, das Haus mit dem Efeu …«

Die Straße oder Hausnummer, die er nicht kennt, die gibt es wirklich nicht.

Es ist ebenfalls Neujahr, als Dieter Krammer unfreiwillig und ungefragt die Seiten wechselt: vom Notfallsanitäter zum betroffenen Angehörigen. Seine Frau ist über den Fernsehnachrichten eingenickt, er selbst kocht gerade das Abendessen. Als er sie wecken will, reagiert sie kaum, er versteht nicht, was sie zu sagen versucht. »Da ist mir ein Verdacht gekommen, den man privat und in ihrem Alter eigentlich nicht gleich zulässt«, erinnert er sich. Doch im Widerstreit zwischen dem Notfallsanitäter und dem Privatmann Krammer gewinnt Ersterer rasch die Oberhand. Nach einem kurzen Notfallcheck legt sich in ihm ein Schalter um: Die Frau auf dem Sofa ist nicht länger seine Lebensgefährtin, sondern eine Notfallpatientin, entweder mit einer Durchblutungsstörung im Gehirn oder einem Schlaganfall. Nach jahrelanger Ausbildung und Erfahrung fühlt er sich wie ein tagelang im Flugsimulator trainierter Pilot, bei dessen Maschine jetzt wirklich eine Turbine ausfällt: Hinter ihm schreien 300 Passagiere, er selbst ist starr vor Angst – aber er macht trotzdem automatisch das Richtige. Dieter setzt den Notruf ab, holt seine Notfalltasche, führt weitere Untersuchungen durch, bereitet eine Infusion vor. Dann alarmiert er seine Schwägerin, Oberschwester im örtlichen Krankenhaus, damit, falls nötig, »der OP schneller anläuft«. Als der Rettungswagen eintrifft, holt er selbst den Tragstuhl und bringt die Patientin gemeinsam mit seinem Kollegen zum Fahrzeug. Erst als er die Schiebetür hinter ihr zuschlägt und der Wagen um die Ecke verschwindet, fällt der Notfallsanitäter von ihm ab. Jetzt ist er wieder der Privatmann Dieter Krammer, ein Angehöriger, dessen lebensgefährlich erkrankte Frau vom Roten Kreuz weggebracht wird. Etwas, das er selbst unzählige Male gemacht hat, doch nun bricht er unter der Angst und Sorge um seine Frau beinahe zusammen.

Kurz darauf klingelt das Telefon. Der Kollege von der Leitstelle, der auch den Notruf entgegengenommen hat, hat in der Zwischenzeit befreundete Rotkreuzler, die in Dieters Umgebung wohnen, verständigt. Sie stehen die ganze Nacht über bereit, falls er reden möchte, falls er Unterstützung braucht. »Das war in der Zeit vor den KIT-Teams«, erinnert sich Dieter, »aber dieser Anruf hatte eine ähnliche Wirkung wie die Krisenintervention: etwas unglaublich Tröstendes und Beruhigendes.« Seine Diagnose – schwere TIA[2] – stellt sich als korrekt heraus. Seine Frau wird wieder gesund, aber das klamme Gefühl ist Dieter geblieben. Es hilft ihm noch heute bei Kriseninterventionen, sich in das Unglück anderer besser einzufühlen, aber gleichzeitig professionell mit ihnen zu arbeiten.

Um 5.15 Uhr in dieser Neujahrsnacht wird Wagen 105 zu seinem 28. Einsatz gerufen. Eine Gruppe Jugendlicher hat auf dem Heimweg in einer Bushaltestelle einen schlafenden Mann entdeckt. Es ist klirrend kalt. Die dünne Jacke des Mannes ist mit Eiskristallen überzogen. Er riecht nicht nach Alkohol, reagiert kaum und ist bereits stark unterkühlt. Dieter bedankt sich bei den Kids, dass sie angerufen haben. Viel später, als der Patient unter wärmenden Decken liegt und schon wieder plaudert, bedankt er sich bei Dieter und Klaus für die Hilfe. Es ist in dieser Nacht der erste und einzige Dank an die beiden Sanitäter.

Gegen sechs Uhr früh wird es schlagartig ruhig. Im Aufenthaltsraum erfahren die Helfer, dass es die Patientin vom Stadttheater geschafft hat. Auch für sie wird es ein neues Jahr geben. Die ersten Kolleginnen und Kollegen vom Tagdienst kommen. Man trinkt gemeinsam Kaffee. »Und ich garantiere dir eines«, sagt Klaus, »das war mein letzter Dienst zu Silvester!«

Ein Traum.

Anmerkungen

1 Raymond Chandler: Der lange Abschied. Zürich: Diogenes 1975.
2 Transitorische ischämische Attacke (TIA), eine vorübergehende neurologische Störung, die in ihren Symptomen einem Schlaganfall gleicht.

Dragoslav »Ciro« Blažević oder:
Im Gefängnis der Gedanken

Die Toten sind tot. Die Verwundeten werden gesund, die Gefangenen freigelassen. Irgendwann, früher oder später, geht das Leben weiter. Aber die Erinnerung an die Angehörigen, die verschwunden sind, bleibt, setzt sich hartnäckig im ganzen Körper fest. Als Dorn im Herzen, Stachel im Fleisch, Kloß im Hals, Blei in den Gliedern. Auch der Kopf bleibt nicht ausgespart. Dort wird aus liebevoller Erinnerung peinigende Sorge. Im Gefängnis unter der Hirnschale geht ein Gedanke so lange im Kreis, bis der Kopf an nichts anderes mehr denken kann: dass die Männer, Frauen, Söhne, Schwestern und Kinder vielleicht doch noch zurückkehren werden. Vermisst mögen sie sein. Vergessen sind sie nicht.

In der Küche ihres wiederaufgebauten Häuschens sitzt Nazmie mit ihrer Mutter und blättert im Buch des Grauens: »Podrinje Identifikacijski Projektat – Knjiga Fotografija« steht auf dem militärgrünen Umschlag. Als »Book of Belongings« firmiert es bei den Mitarbeitern des Roten Kreuzes. »Buch der Habseligkeiten« wäre angesichts seines Inhalts wohl die angemessene deutsche Übersetzung. Auf 450 Seiten finden sich 750 Farbfotos angemoderter, von nasser Erde verschmutzter Hemden, von Turnschuhen, Mützen, Hosen, Rasierpinseln, Ringen, Kugelschreibern, Zigarettenetuis, ein leeres Pistolenhalfter ist auch darunter … und natürlich ist es nur Einbildung, dass der Geruch von Verwesung aus den Seiten aufsteigt. Die Kleidungsstücke und persönlichen Gegenstände wurden an Leichen gefunden, aus den Massengräbern des Kosovo geholt, nachdem NATO-Bomben den ethnischen Säuberungen von 1999 ein gewaltsames Ende bereitet hatten. Das Rote Kreuz hat sie sortiert, numeriert und fotografiert. Den sterblichen Überresten gilt das Interesse von Forensikern der London Metropolitan Police, Pathologen der kanadischen Bundespolizei, Archäologen, Anthropologen, Radiologen, Ballistikern und Zahnärzten aus Europa und den USA. Um keine Möglichkeit zur Identifizierung der Toten auszulassen, ziehen psychologisch geschulte Mitarbeiter des Roten Kreuzes mit dem Fotobuch der Habseligkeiten von Haus zu Haus – in der Hoffnung, dass Angehörige diese Gegenstände einem der Toten zuordnen können, weil er damit das Haus verlassen hat, als er noch am Leben war. In 400 Fällen ist das bisher gelungen.

Roger Pfund, Maler, Grafiker und Schöpfer der alten französischen Banknoten, hat ein Museum gebaut. In einen Hügel über dem Genfer See hat er einen Krater sprengen und die dabei entstandene Katakombe mit Beton ausgießen lassen. Jetzt erstrahlt dort von Bildschirmen, Projektionswänden und transparenten Tüchern alles Elend dieser Welt. Computergesteuerte Diaprojektoren klicken pausenlos, Filmprojektoren spucken den nackten Schrecken an die Betonwände – so gut wie keine Kriegsszenen allerdings, sondern Bilder, deren subtile Grausamkeit eindringlicher unter die Haut geht als jedes Blutbad: ein vor Kälte und Schock zitternder Fünfjähriger, der nach einem Bombenangriff mutterseelenallein auf einer Bordsteinkante sitzt; das gespenstisch leere, platte Stadtgebiet von Hiroshima nach dem Atombombenabwurf; die vor Todesangst geweiteten und irgendwo hinter dem Betrachter Halt suchenden Augen eines soeben gefangen genommenen Weltkriegssoldaten. Mitten im Internationalen Museum des Roten Kreuzes und Roten Halbmonds in Genf ragt, durch dicke Glaswände geschützt, eine Prozession von Karteikästen bis zur Decke hoch. Sie enthalten sieben Millionen Karteikarten und dokumentieren die Schicksale von mehr als zwei Millionen Kriegsgefangenen des Ersten Weltkriegs. Diese sind damals zwar noch nicht durch ein Abkommen zwischen den kriegführenden Staaten geschützt – eine entsprechende Konvention folgt erst 1929 –, aber angesichts der Notwendigkeiten geht die Entwicklung des Roten Kreuzes rasch voran. Die Kartei hat die Internationale Zentralstelle für

Kriegsgefangene angelegt. Noch heute wird sie für Schicksalsklärungen herangezogen, oder von Historikern, welche die Geschicke jener Menschen nachzeichnen, von denen längst nichts mehr übrig ist als Staub und Erde. Denn so sieht das Rote Kreuz die Welt: Seine Delegierten besuchen Gefangene und überprüfen, ob die Haftbedingun-

Letzte Hoffnung: Blättern im Buch der Habseligkeiten

gen mit den Vorschriften in der einschlägigen Genfer Konvention übereinstimmen. Sie legen über jeden Internierten eine Kriegsgefangenschaftskarte an und verfolgen sein Schicksal weiter. Kriegsgefangene haben außerdem das Recht, während der gesamten Gefangenschaft in Kontakt mit ihren Angehörigen zu bleiben – auch dafür sorgt das Rote Kreuz. Die Helfer begleiten den Austausch von Gefangenen und ihre Rückführung nach Hause. Sich an Zivilisten zu vergreifen, ist sowieso verboten. Doch in den Kriegen, die in den neunziger Jahren das ehemalige Jugoslawien heimsuchen, herrscht eine andere Auffassung. »Jeder hohen Vertragspartei steht es frei, das vorliegende Abkommen zu kündigen«, heißt es in Artikel 142 des 3. Genfer Abkommens über die Behandlung von Kriegsgefangenen.

»Die Kündigung wird dem Schweizerischen Bundesrat schriftlich notifiziert.« Keine der Kriegsparteien auf dem Balkan macht sich diese Mühe. Die Rotkreuz-Helfer stehen plötzlich da mit ihren Konventionen, die den Kämpfenden nicht mehr bedeuten als ein Stapel alter Zeitungen.

In Schussweite von Nazmies Haus wohnt Oliviera, die am eigenen Leib erfahren hat, wie Greuel gegen die Zivilbevölkerung als Waffe eingesetzt werden. Im Gegensatz zu Nazmie steht sie vor einer Gewissheit, von der sie nicht mehr weiß, ob sie sie noch haben möchte. Am 2. August 1999 verschwindet ihr Mann. Nach jahrelanger Ungewissheit taucht kürzlich der Verdacht auf, dass sich sein Körper unter den aus einem Massengrab exhumierten Leichnamen befinden könnte. Oliviera fasst sich, aber auf etwas ist sie nicht vorbereitet: Der Körper ist geköpft worden, der Kopf verschwunden. In Priština werden DNA-Untersuchungen an der Leiche vorgenommen, während Oliviera wartet. Sie ist hin und her gerissen zwischen dem Bedürfnis, der Ungewissheit ein Ende zu bereiten – und dem Wunsch, die Wahrheit nicht zu erfahren. Damit nicht auch noch die letzte Hoffnung stirbt. Denn, so sagt sie: »Wenn sie kommen und die sterblichen Überreste bringen, dann gibt es keinen Zweifel mehr, dass mein Mann tot ist.«

Anderen wäre leichter, wenn sie wenigstens diese Gewissheit hätten. Nicht dass sie die materiellen Probleme löst, die mit dem Verschwinden der Männer – meist auch die Ernährer der Familien – entstehen. Aber sie hoffen, aus dem Gedanken-Gefängnis ausbrechen zu können. »Wenn ein Angehöriger stirbt, beginnt eine Zeit tiefer Trauer«, sagt die Mutter eines vermissten Soldaten. »Aber irgendwann geht das Leben weiter. Wenn hingegen ein Angehöriger einfach verschwindet – das ist eine tägliche Qual. Ich kann an nichts anderes denken.« Nazmie vermisst beide Eltern und vier Geschwister. »Jemand muss die Wahrheit kennen«, sagt sie. »Diese Ungewissheit ist eine Folter. Irgendwer muss wenigstens die Leichen gesehen haben.« Eine andere Nachbarin vermisst ihren Sohn. »Jedes Mal, wenn das

Telefon läutet, denke ich: eine Nachricht von ihm. Ich sorge mich oft, ob er genug zu essen bekommt. Im Kühlschrank liegt immer seine Lieblingsschokolade, falls er nach Hause kommt.«

»Srebrenica-Syndrom« heißt dieser Zustand. »Die gefrorene Zeit« nennt ihn die Schriftstellerin Anna Kim in ihrem ergreifenden Buch über die Suche eines Kosovaren nach seiner vermissten Frau.[1] Die Betroffenen können ihr altes Leben nicht weiterführen und kein neues beginnen. Von Zweifeln der Ungewissheit über eine mögliche Heimkehr erfüllt, schaffen sie es nicht, dem Tod ihrer vermissten Angehörigen ins Auge zu schauen. Ein Leben als Standbild – eingefroren in dem Moment, in dem man vereinbart hatte, wo man sich wiedersehen wird, wenn die Gefahr vorbei ist. Aber dieses Wiedersehen kommt nicht mehr. Oder vielleicht doch?

Dort, wo sich die Jala ihren Weg durch das von grünen Hügeln gesäumte idyllische Spreča-Tal bahnt, liegt Tuzla, eine Industriestadt im Nordosten von Bosnien und Herzegowina. Der Ort zählt heute rund 130 000 Einwohner und hat während des Bosnien-Krieges eine Besonderheit aufzuweisen: Die nationalistischen Parteien haben im Stadtrat nie das Sagen, Bosnier, Serben und Kroaten arbeiten vielmehr weiterhin zusammen und verteidigen die Stadt gemeinsam gegen serbische Nationalisten. Auch – oder erst recht – als Tuzla im Winter 1993 eingekesselt ist und es eng wird bei der Versorgung mit Nahrungsmitteln, Medikamenten und Energie. Im Mai 1995, ein halbes Jahr, bevor die Kriegsherren des zerfallenen Jugoslawien in Paris das Friedensabkommen von Dayton unterzeichnen, sterben bei einem Granatenangriff in der Altstadt noch 71 Schülerinnen und Schüler, die das Ende ihres Schuljahres feiern. Das Fernsehen zeigt die üblichen Bilder von schlaffen, blutüberströmten Körpern, die an Händen und Füßen zu den Autos ihrer Eltern geschleppt werden, Ambulanzen gibt es nicht genug. Die Empörung darüber dauert außerhalb der Stadt nicht lange.

Zu Bekanntheit bringt es aber vor allem der Luftwaffenstützpunkt von Tuzla, und wegen der Ereignisse, die sich dort bis zum Juli

1995 abgespielt haben, betreibt das Internationale Komitee vom Roten Kreuz (IKRK) immer noch ein Büro in der Stadt. Sein Leiter ist Dragoslav Blažević, den alle nur Ciro nennen. Ciro hat gerade Ärger mit den Leuten vom Bauunternehmen, die sein Haus im benachbarten Kroatien umbauen. Aber wirklich düster ist sein Gesicht, weil ihn das Gespräch in die Nacht vom 12. auf den 13. Juli 1995 zurückversetzt. Am Tag davor haben serbische Milizen die von den Vereinten Nationen zur »Schutzzone« erklärte muslimische Enklave Srebrenica überrannt.

Srebrenica und die umliegende Region sind ethnisch gemischt, bis bosnisch-muslimische Streitkräfte unter dem Kommando von Naser Orić in der Stadt eintreffen. Die serbischen Einwohner fliehen. »An ihrer Stelle kamen Muslime aus der umliegenden Gegend, und Srebrenica wurde zu einer muslimischen Enklave mit 35 000 Menschen. Von Beginn an attackierte Naser Orićs 28. Division die umliegenden serbisch bewohnten Dörfer mit größter Brutalität«[2], sagt der Politikwissenschafter Walter Manoschek von der Universität Wien. Über die Bluttaten gibt es Aufzeichnungen: Mehrmals lädt Orić westliche Journalisten ein und führt ihnen Videos vor, die abgeschnittene Köpfe, verbrannte und erschossene Serben, abgebrannte Häuser und Leichenberge zeigen. Der Internationale Strafgerichtshof für das ehemalige Jugoslawien in Den Haag verurteilt Orić 2006 zu zwei Jahren Haft. Weil er bereits seit 2003 in Haft sitzt, verlässt er das Gericht nach dem Urteil als freier Mann. Ob hier nicht mit zweierlei Maß gemessen werde, fragt Walter Manoschek.

Schon 1992 hat die serbische Bevölkerungsgruppe einen großen Teil Kroatiens, die sogenannte Krajina, unter ihre Kontrolle gebracht. Um zum Zweck der Errichtung Großserbiens eine Brücke mit Belgrad herzustellen, ist nun die Schaffung eines Verbindungskorridors quer durch Nordbosnien notwendig. Allerdings ist dieses Gebiet hauptsächlich von bosnischen Muslimen und Kroaten bewohnt. Hier beginnen die Vertreibungen, hier entsteht ein Gulag aus Folter- und Todeslagern. Die ethnischen Säuberungen treiben die bosnischen

Muslime hauptsächlich in drei Enklaven: Zepa, Goražde und Srebrenica. Schon am 16. April 1993 erklärt der UN-Sicherheitsrat die Provinz und die Stadt Srebrenica zur Schutzzone, die nicht angegriffen werden darf. Eine weitere Resolution zwei Monate später gestattet den Blauhelmen der UNPROFOR, die die Einhaltung des UN-Beschlusses überwachen sollen, den Gebrauch ihrer Waffen zum Zweck der Selbstverteidigung. Aber nicht zum ersten Mal hat die UNO der muslimischen Bevölkerung mehr versprochen, als sie halten kann. Anfang Juli 1995 beginnen Einheiten des Drina-Korps der Bosnisch-Serbischen Armee mit Angriffen gegen die Schutzzone um Srebrenica und nehmen die Stadt am 11. Juli ein. Nur einige hundert UN-Soldaten bewachen die Zivilbevölkerung – in einer aufgelassenen Fabrik der Ortschaft Potočari in der Enklave liegt das holländische UN-Kontingent »Dutchbat III«. Dorthin flüchten nun 30 000 Zivilisten, doch nach der Eroberung entwaffnen die Serben die Blauhelme mühelos. Dann selektieren Soldaten, Milizionäre und Polizisten die muslimischen Männer und Buben von den Frauen und Kindern. Dem IKRK untersagen sie den Zugang zur Stadt und gestatten ihm nur das Betreten des Niemandslandes zwischen der serbischen und bosnischen Frontlinie. Es geht das Gerücht, dass Tausende Menschen aus Srebrenica in Bussen an die serbische Front geschafft und gezwungen werden, von dort zu Fuß weiterzugehen – erschöpfte Frauen, Kinder und alte Leute, die durch Gefechtslinien und über verminte Wiesen und Felder stolpern. Eine zweite Gruppe, bestehend aus rund 15 000 Männern, Frauen und Kindern, soll durch die Wälder in Richtung Tuzla flüchten.

Ciro gehört zu den Rotkreuz-Helfern, die in ihrem Wagen mitten im Niemandsland zwischen den serbischen und bosnischen Linien sitzen und warten – den ganzen 12. Juli über, »aber von den Flüchtenden keine Spur. Dann, zwischen drei und vier Uhr am Morgen des 13. Juli, sind wir aufgewacht, weil unser Fahrzeug plötzlich umringt war.« Eine Menschenflut strömt ihnen entgegen, immer mehr Wellen von Überlebenden treffen auf ihrem Marsch in Richtung bosnisches Territorium ein. »Es waren so viele, dass wir nur die Schwächsten unter ihnen in unseren Fahrzeugen mitnehmen konnten«, sagt Ciro. Die Menschenmenge ist der indirekte Beleg für etwas, das schon alle Beteiligten befürchten: Es sind, bis auf die Alten, keine Männer unter den Flüchtenden. Béatrice Mégevand-Roggo leitet damals die IKRK-Delegation in Sarajevo. Sie erinnert sich: »Ich war hin und her gerissen. Einerseits konnte ich nicht glauben, dass jemand es wagen würde, unter unseren Augen, unter den Augen der internationalen Gemeinschaft, ein Massaker anzurichten. Andererseits sahen wir in diesem Niemandsland nur Frauen, Kinder und Alte aus Srebrenica.« Die Delegierten hoffen noch, dass die Buben und Männer in Gefangenschaft geraten sind und versuchen, Zugang zu möglichen Gefängnissen und Lagern in der Enklave auszuhandeln. »Aber wir haben bald einsehen müssen, dass von diesen Männer, Brüdern und Söhnen wahrscheinlich niemand am Leben gelassen wurde.«

In Ciros Wagen beginnt eine Frau plötzlich in Panik zu schreien: Sie hat ihren Schwiegervater irgendwo im Niemansland verloren, ruft sie. »Er hatte ihr gesagt, dass er nur zu einem nahen Fluss gehen würde, um etwas zu trinken«, erinnert sich Ciro. »Ich bin zurückgefahren, um nach ihm Ausschau zu halten.« Nach einer Weile sieht er am Flussufer einen Mann auf dem Bauch liegen, den Kopf unter Wasser. Ciro läuft zu ihm und zieht ihn hoch. Der Mann ist klatschnass, völlig erschöpft und schluchzt. »Er hat versucht, sich zu ertränken«, sagt Ciro. »Er war so verzweifelt, dass er nicht mehr leben wollte.« In der nächsten Nacht erreicht die Delegation ein Funkspruch: Einige der Flüchtenden aus Srebrenica sitzen zwischen den bosnisch-serbischen Linien fest und können weder vor noch zurück. Den Delegierten ist klar, dass sie dort nicht lange überleben werden. Ciro und sein Kollege entscheiden, sich über die strengen Sicherheitsvorschriften des IKRK hinwegzusetzen und die Leute herauszuholen – auch auf die Gefahr hin, dabei ihr Leben aufs Spiel zu setzen. An der Frontlinie angekommen, steigen sie aus ihrem Wagen und müssen zu Fuß weiter.»Wir haben unsere Rotkreuz-Fahne und starke Taschenlampen genommen und kugelsichere Westen angezogen«, erzählt er.»Dann sind wir losgezogen.« Von den Soldaten müssen sie sich zwar wüste Beschimpfungen anhören,»weil wir die Überlebenden vor ihrem sicheren Tod gerettet haben. Aber alles Schlimmere hat Gott verhindert.«

An die Tage zwischen dem 12. und 17. Juli 1995 erinnert er sich heute »als an die belastendsten und schwierigsten meines Lebens« zurück. Als er und seine Kollegen endlich zu ihren eigenen Familien und Freunden zurückkehren, schaffen es viele nicht, über die traumatisierenden Erlebnisse zu reden. Ciro vertraut sich der psychologische Hilfe an, die das IKRK anbietet, um seinen Delegierten nach besonders belastenden Einsätzen posttraumatische Belastungsstörungen zu ersparen. Trotzdem ist für ihn nach Srebrenica nichts mehr wie zuvor. Mehr als 7000 Buben und Männer zwischen zwölf und achtzig Jahren sind tot und in Massengräbern verscharrt. Sie sind in Lagerhäuser oder Schulen getrieben und umgebracht oder einfach am Straßenrand exekutiert worden. Jene, denen zunächst noch die Flucht in die Wälder gelungen ist, wurden dort zusammengetrieben und erschossen. Das schlimmste Massaker in Europa seit dem Ende des Zweiten Weltkriegs hat sich über fünf Tage hingezogen. Der UN-Kommandant in Sarajevo, General Bernard Janvier, hat sich geweigert einzuschreiten.

Die Erlebnisse haben einen anderen Menschen aus Ciro gemacht. Er bleibt beim IKRK, bis heute.»In all diesen Jahren habe ich viel gegeben«, erzählt er.»Bei meiner Arbeit habe ich die Emotionen, das Leiden und die Tragödien unzähliger Menschen miterlebt und oft genug selbst mitgelitten. Aber nichts davon kommt dem nahe, was in den Tagen nach dem Fall von Srebrenica geschehen ist.«

Als die überlebenden Mädchen, Frauen und Alten von Srebrenica die Stadt Tuzla erreichen, streiten »dank der Nachrichtenkameras vor Ort bald fünfzig Hilfsorganisationen darum, wer den Frauen und Kindern bei ihrer Ankunft helfen darf«, berichtet der Autor

Michael Ignatieff. »Das Rote Kreuz, das bei dem ganzen humanitären Gerangel nicht mitmachen wollte, beschloss, sich auf das Aufspüren der Opfer zu konzentrieren.« Die Delegierten errichten auf dem Flugplatz eine Zeltstadt und befragen die geflüchteten Frauen und Kinder über das Schicksal der Männer von Srebrenica. Hier wird ihnen endgültig klar, dass sie die mehr als 7000 Vermissten, wenn überhaupt, nicht mehr lebend finden werden. »Die Witwen von Srebrenica sind in Wohnheimen am Stadtrand von Tuzla untergebracht«, beschreibt Michael Ignatieff das Geschehen vor Ort, »in umgewandelten Turnhallen, in ehemaligen Klöstern und früheren Restaurants. Die Feldbetten stehen dicht an dicht, vierzig in einem Raum; von den Bettgestellen hängt das, was die Frauen besitzen, in Plastiktüten herab. Die Frauen kommen meist vom Land, tragen Kopftücher und weite Hosen und schlurfen in ihren alten Hausschuhen von den Betten zu den Waschräumen und Speisesälen. Ihr Gang wirkt unruhig; sie sitzen stundenlang da und starren aus dem Fenster. Sie warten. Auf Gerechtigkeit. Auf eine Antwort. Darauf, dass die Zeit vergeht. Und nun wissen sie, jedenfalls die meisten von ihnen, dass ihre Männer nie mehr zurückkehren werden. Wenn sie erzählen, was sie zu berichten haben, schlagen sie sich mit den Fäusten gegen die Knie und weinen.«[3]

Doch für Gerechtigkeit zu sorgen, übersteigt das Mandat des Roten Kreuzes. Um seine Arbeit in den Kriegsgebieten dieser Welt nicht unmöglich zu machen, sind die Delegierten sogar von Zeugenaussagen vor internationalen Strafgerichtshöfen befreit. »Denn den hundertprozentigen Zeugenschutz gibt es nicht«, erläutert die Völkerrechtlerin Kate Mackintosh. »Welcher Grad der Vertraulichkeit auch immer zugesagt wird: Jede Aussage muss ja von der Verteidigung überprüft werden können.«[4] Zum Beispiel: Ein Mitarbeiter des Welternährungsprogrammes (World Food Programme, WFP) gibt an, dass der Angeklagte, Kommandant A, im März 2002 seinen Soldaten den Befehl gegeben hat, das Dorf Y niederzubrennen und das Warenlager des WFP zu plündern. »Dann«, so Mackintosh, »muss die Verteidigung des Kommandanten A zumindest überprüfen können, ob der Mitarbeiter der Hilfsorganisation wie angegeben im März 2002 tatsächlich in dieser Gegend gearbeitet hat, woher sein Eindruck stammt, A hätte das Kommando über die Soldaten, und so weiter.« Es ist möglich, dass Aussagen von Mitarbeitern humanitärer Organisationen nicht an die Öffentlichkeit gelangen – »dass sie in einem Gerichtsverfahren aber völlig geheim gehalten werden, ist allerdings sehr unwahrscheinlich«, sagt die Völkerrechtlerin. »Was das für die Mitarbeiter einer Organisation bedeutet, die nach wie vor im betreffenden Gebiet arbeitet, liegt auf der Hand.«

Es ist ein unauflösbares Dilemma. Der Internationale Strafgerichtshof für das ehemalige Jugoslawien – das »UN-Kriegsverbrechertribunal« – in Den Haag hat deshalb im Juli 1999 entschieden: IKRK-Delegierte können nicht als Zeugen einvernommen werden und müssen auch nicht aussagen. »Jede andere Regelung würde es unmöglich machen, die nötige Vertrauensgrundlage mit Kriegsparteien und Kriegsopfern gleichermaßen zu erhalten«, sagt Stéphane Jeannet, Rechtsberater des Internationalen Komitees. »Die daraus resultierende Unsicherheit würde dazu führen, dass dem IKRK der Zugang zu den Opfern verweigert wird.«[5] In der Tat ist das IKRK die einzige humanitäre Organisation, die selbst während der kroatischmuslimischen Offensive im Jahr 1995 in den von Serben besetzten Gebieten in Bosnien und Kroatien bleiben darf – alle anderen Helfer müssen gehen; und die, als 600 000 Serben aus der Krajina (dem Zusammenschluss aller damals serbisch kontrollierten Gebiete in Kroatien) vertrieben werden, diesen Flüchtlingen zu Hilfe kommen kann.

Die Website www.familylinks.icrc.org ist beileibe kein Friedhof der Namenlosen. Ob sie dennoch nichts anderes als ein großer Friedhof ist, darüber spekulieren manche. Hier können Angehörige ihre vermissten Familienangehörigen registrieren. Oft findet sich der fehlende Teil des Puzzles, der die Wiedervereinigung von Familien ermöglicht, in diesem virtuellen Netz, das das IKRK über alle Länder der Welt wirft. In ihm verfangen sich vielleicht voneinander getrennte Väter, Mütter, Geschwister, Söhne und Töchter, die sich in einem anderen Land aufhalten. Meist werden die Namen aber gelöscht, nachdem ihnen die in grüne Plastikschürzen gekleideten Frauen und Männer im Leichenschauhaus der bosnischen Stadt Lukavac Knochen und vermoderte Kleidung aus einem der Leichensäcke aus Srebrenica zugeordnet haben.

Es ist länger als fünfzehn Jahre her, dass Guliko Ekizashvili ihren Sohn Besarioni zum letzten Mal gesehen hat. 1992 spaltet sich die Region Abchasien von der Kaukasus-Republik Georgien ab und erklärt sich für unabhängig. Die georgische Regierung in Tiflis reagiert mit der Entsendung ihrer Soldaten gegen die Abtrünnigen, und Besarioni zieht mit ihnen in den Krieg. »Ich muss für mein Land kämpfen«, lauten die Abschiedsworte, die seine Mutter immer noch im Ohr hat. Eine Wand in der bescheidenen Wohnung Gulikos am Stadtrand von Tiflis ist bedeckt mit Fotos des hübschen jungen Mannes mit dunklem, gewelltem Haar, der im Alter von 22 Jahren aus ihrem Leben verschwindet. Elf Tage nach dem Marschbefehl informiert die Armee die Eltern, dass die Mehrheit der Soldaten in Besarionis Bataillon gefallen ist, er selbst mit einer Knieverletzung im Spital liegt. Sie steigen sofort ins Flugzeug, doch als sie im Spital eintreffen, ist er nicht dort. Jetzt wird auch Gulikos Mann von der Armee eingezogen, sie selbst macht sich auf eigene Faust auf die Suche nach dem Sohn. In den Wäldern, in denen seine Einheit zuletzt gekämpft hat, dreht sie die angemoderten Leichname von Soldaten um, die dort immer noch liegen. Mit seinem Foto in der Hand wandert sie von Dorf zu Dorf und fragt die Leute nach ihm. Nachts schläft sie auf Parkbänken und in Bushaltestellen, ernährt sie sich vom Obst der Bäume am Wegrand. »Dann habe ich gehört, dass sie einige Männer in Tsugurovka, vier Kilometer vor der abchasischen Hauptstadt Sochumi, über die Klippen geworfen haben. Das ist der einzige Ort, an dem ich nicht nachsehen konnte.« Die Hoffnung hat sie immer noch nicht aufgegeben. Als ihr Mann im Sterben liegt, flüstert er kurz bevor er das Bewusstsein verliert: »Ich sehe meinen Sohn, er lebt!« – »Wo ist er, habe ich ihn gefragt, aber er hat nicht mehr antworten können«, erzählt Guliko. Sie schluchzt. Fünfzehn Jahre nach dem Verschwinden von Besarioni sind Trauer und Sorge noch immer so übermächtig wie am ersten Tag.

Das Verschwinden eines Angehörigen ist nicht nur ein emotionaler Schock. Vor allem Hunderttausende Frauen auf der ganzen Welt betreten nach dem Verlust ihrer Männer oft ein bürokratisches und existenzielles Niemandsland: »Die Ehefrau eines Verschwundenen macht emotional zunächst grundsätzlich dasselbe durch wie eine Witwe«, sagt Florence Tercier, Beauftrage des Projekts »Frauen und Krieg« beim IKRK. »Aber ihre Situation ist aus zahlreichen praktischen Gründen noch um ein Vielfaches schwieriger. Ohne offizielle Sterbeurkunde haben diese Frauen keinen Anspruch auf Unterstützung, wie es sie für Witwen gibt. Der Zugriff auf Liegenschaften oder anderes Eigentum, die Möglichkeit, ein Erbe anzutreten, das Sorgerecht für die Kinder, eine Wiederverheiratung, das alles steht für sie auf dem Spiel.« Sabita aus Nepal ist noch eine junge Frau, als die Bewaffneten mitten in der Nacht kommen, um ihren Mann abzuholen. »Ich habe sie angefleht, mich an seiner Stelle mitzunehmen, damit jemand weiter für die Kinder sorgen kann«, berichtet sie. Doch die Soldaten prügeln ihren Gatten, bis er sich kaum noch bewegen kann. Dann verschwinden sie mit ihm im Dschungel. Es ist das letzte Mal, dass Sabita ihn sieht. Von diesem Ereignis ist sie so traumatisiert, dass ihr Körper aufhört, Milch zu produzieren. Ihr Baby, ein Sohn, stirbt. Heute lebt sie mit ihrer Mutter und dem älteren Kind, das ihr geblieben ist, in einer Baracke, in Armut.

Wie lange muss man suchen, wann darf man aufgeben? Das Rote Kreuz arbeitet an vielen Fällen seit zwanzig, an manchen seit dreißig Jahren. Für Béatrice Mégevand-Roggo hat keiner davon ein Ablaufdatum. »Solange ein Mensch vermisst ist, ist da auch eine Familie, die darunter leidet«, sagt sie. »Die Antwort aus der Sicht einer humanitären Organisation kann deshalb nur lauten: Man muss so lange suchen, bis die letzte vermisste Person gefunden oder wenigstens ihr

Schicksal geklärt ist.« Die Schwierigkeit dabei ist, die Behörden vom selben Standpunkt zu überzeugen, denn »die, die das Sagen gehabt haben, als Menschen verschwunden sind«, sagt Béatrice Mégevand-Roggo, »sind in den meisten Fällen auch diejenigen, die die Antwort kennen«. Dabei sind die Zuständigkeiten zumindest auf dem Papier klar: »Sobald die Umstände es zulassen, spätestens jedoch nach Beendigung der aktiven Feindseligkeiten, forscht jede am Konflikt beteiligte Partei nach dem Verbleib der Personen, die von einer gegnerischen Partei als vermisst gemeldet worden sind«, heißt es in Artikel 33 des ersten Zusatzprotokolls zu den Genfer Konventionen. »Die gegnerische Partei erteilt alle zweckdienlichen Auskünfte über diese Personen, um die Suche zu erleichtern.« Das Abkommen, dem bis heute 181 Staaten beigetreten sind, führt auch an, wem dabei die Arbeit zufällt: »Auskünfte über als vermisst gemeldete Personen werden entweder unmittelbar über die Schutzmacht oder den Zentralen Suchdienst des Internationalen Komitees vom Roten Kreuz oder die nationalen Gesellschaften des Roten Kreuzes oder Roten Halbmonds geleitet.«

Das ist die völkerrechtliche Grundlage, auf der die Mitarbeiterinnen und Mitarbeiter der Rotkreuz-Suchdienste hartnäckig jede Chance nützen, um Vermisste zu finden oder wenigstens ihr Schicksal zu klären. Auch wenn die Delegierten des IKRK sich schon lange nicht mehr ausschließlich aus Schweizer Staatsbürgern rekrutieren, ist die Arbeitsweise der Organisation dabei doch von Attributen geprägt, die man gemeinhin mit den Eidgenossen verbindet: stetig, stoisch, stur. Die Delegierten fragen, forschen unnachgiebig nach, werden bei den Behörden vorstellig, immer und immer wieder. Sie bitten geduldig, Archive und Akten einsehen zu dürfen. Oft genug werden sie behindert, vertröstet, abgewimmelt, während die Beamten ein Gesicht machen wie Kleinkinder, die man mit Schokolade um den Mund erwischt hat. Die Helfer kennen die Gründe, warum ihnen die Suche so schwer gemacht wird. Daten und Informationen werden zurückgehalten – als Waffe gegen aktuelle oder künftige Gegner.

Politiker errichten ihre Macht auf dem Hass ihrer Anhängerschaft gegen das andere Volk, die andere Partei, die andere Ethnie. Die Greueltaten, an die sich noch die Enkel erinnern werden, halten den Hass am Leben.

»Ehrlich gesagt«, sagt Ciro einmal, »das IKRK war die einzige Organisation, die die enorme psychische Belastung, unter der die Angehörigen Vermisster stehen, von Anfang an erkannt und mit konkreter Hilfe darauf reagiert hat.« Warum hat dann ausgerechnet das IKRK sich dazu entschlossen, durch den Aufbau einer Ante-mortem-Datenbank noch einmal in offenen Wunden zu rühren? »Weil es mehr Schaden anrichtet, wenn man diese Wunden unbehandelt lässt, als wenn man die Menschen noch einmal gründlich und mit dem Zweck befragt, mit Hilfe dieser Informationen das Schicksal ihrer Angehörigen ein für alle Mal zu klären«, antwortet Ciro. Unmittelbar nach Unterzeichnung des Friedensabkommens von Dayton wird im Januar 1996 die »Expertengruppe für Exhumierungen und vermisste Personen« gegründet. Bis 1998 sammeln die Organisation Ärzte für Menschenrechte und das Ludwig Boltzmann Institut für Menschenrechte besondere Kennzeichen, die rund 7000 Vermisste zu ihren Lebzeiten – also ante mortem, vor ihrem mutmaßlichen Tod – aufgewiesen haben: persönliche Merkmale wie Körpergröße, medizinische Besonderheiten wie etwa Zahn- oder andere Prothesen, aber auch Angaben über die Umstände des Verschwindens und über die Bekleidung zu diesem Zeitpunkt. 1999 werden die Informationen dem IKRK mit dem Auftrag übergeben, damit eine umfangreiche Datenbank aufzubauen. »Allen Beteiligten, auch den Behörden, war von Anfang an klar: Das IKRK ist die einzige Organisation, der man die nötige Diskretion im Umgang mit diesen Informationen zutraut«, sagt Ciro. Gemeinsam mit dem »Book of Belongings«, das Fotos von Kleidungsstücken und persönlichen Gegenständen der Toten aus den Massengräbern enthält, wird die Datenbank zum wichtigsten Instrument der Organisation für Schicksalsklärungen. Bereits im August 1996 hat die internationale Gemeinschaft mit großangelegten Exhumierungen begonnen, und auch in Srebrenica wird ein Massengrab nach dem anderen ausgehoben. Forensiker vergleichen die Angaben aus der Ante-mortem-Datenbank mit den Überresten der Leichen, um deren Identifikation sicherzustellen, sie in vielen Fällen überhaupt erst zu ermöglichen.

Insgesamt 30 000 Suchanträge aus Kroatien, Bosnien und Serbien hat das Rote Kreuz während und nach den Balkan-Kriegen erhalten. Bis heute ist geklärt, was der Hälfte dieser vermissten Personen widerfahren ist. Öffentlich kommentieren will die Zahlen im Roten Kreuz niemand. Sie sprechen auch so für sich: Von den 15 600 Fällen in der Ante-mortem-Datenbank sind 5500 Schicksale geklärt. Davon lebend gefundene Personen: neunzehn. Im Zusammenhang mit Srebrenica hat das Rote Kreuz 7640 Suchanträge erhalten. 3300 Fälle sind geklärt. Davon lebend gefundene Personen: 26. Fast zehn Jahre nach den Kriegen auf dem Balkan ist noch immer unklar, was mit mehr als 20 000 Menschen geschehen ist.

Fotos, aufgenommen beim Picknick an einem strahlend schönen Herbstnachmittag. Das Siegerbild des Sohnes nach der Leichtathletik-Meisterschaft. Ziel der wenigen Lebensjahre, die ihr noch bleiben, sagt Guliko Ekizashvili, ist: noch einmal zurück nach Abchasien zu gehen, um diesmal auch am Fuß der Klippen von Tsugurovka nachzusehen. »Selbst wenn ich nur mehr ein Skelett finde«, sagt sie, »es ist egal. Ich will nur meinen Sohn zurück.« Bilder von Freunden, die einander umarmen. Verblichene Fotos mit dem Mann, den Kindern. »Wenn ich von ihm träume, kann ich sein Gesicht nicht mehr sehen«, sagt Oliviera. In das Meer aus Bildern taucht sie ein, um gegen dieses Vergessen anzuschwimmen. Mit zitternden Händen nimmt sie das Foto, das sie und ihren Mann als Brautpaar zeigt. Sie küsst es, immer und immer wieder, während Tränen über ihr Gesicht strömen. Auf das Ergebnis der DNA-Untersuchung wartet sie wie auf ihr eigenes Todesurteil.

Auch in einer Zelle des Penitentaire Complex Scheveningen an der Nordseeküste wartet jemand auf sein Urteil. Der Internationale

Strafgerichtshof für das ehemalige Jugoslawien wirft dem ehemaligen Präsidenten der Serbischen Republik (»Republika Srpska«), Radovan Karadžić, eine Reihe von Kriegsverbrechen, schwerwiegende Verletzungen der Genfer Konventionen und des Gewohnheitsvölkerrechts vor, darunter Verbrechen gegen die Menschlichkeit, Vernichtung, Verschleppung, Geiselnahme, Terror gegen die Zivilbevölkerung, Massenmord, darunter die Verantwortung für das Massaker in der UN-Schutzzone Srebrenica. Die Staatengemeinschaft war schlecht im Verhindern, dafür ist sie heute gut im Anklagen. Für die Schlächterei in der moslemischen Enklave bereits verurteilt: Radislav Krstić, Chef des Generalstabs der Armee der Republika Srpska, heute sechzig Jahre alt, 35 Jahre Haft. Vidoje Blagojević, heute 58 Jahre alt, Kommandant, fünfzehn Jahre Haft. Dragan Jokić, heute 51 Jahre alt, Kommandant, neun Jahre Haft.

In Bosnien und Herzegowina, im Kosovo und in mehr als siebzig anderen Ländern der Welt sitzen Millionen Eltern, Geschwister, Ehepartner und Kinder, erinnern sich an den Augenblick, von dem sie nicht gewusst haben, dass es der Abschied sein würde, und warten darauf, dass die Vermissten zurückkommen. Nicht wenige werden warten bis an das Ende ihrer Tage.

Anmerkungen

1   Anna Kim: Die gefrorene Zeit. Graz: Droschl 2008.
2   Walter Manoschek: Verbrechen, mit zweierlei Maß gemessen? In: Der Standard, 30. Juli 2008.
3   Michael Ignatieff: Unarmed Warriors. In: The New Yorker, 24. März 1997. Deutsche Fassung: Die Ehre des Kriegers. In: Michael Ignatieff: Die Zivilisierung des Krieges. Ethnische Konflikte, Menschenrechte, Medien. Hamburg: Rotbuch Verlag 2000.
4   Kate Mackintosh: Note for humanitarian organizations on cooperation with international tribunals. In: International Review of the Red Cross, No. 853, März 2004.
5   Stéphane Jeannet: Testimony of ICRC delegates before the International Criminal Court. In: International Review of the Red Cross, No. 840, Dezember 2000.

Die Vordenker der Hilfe

Robin Coupland oder:
Ein Mann wie ein Nobelpreis

Der längste Kampf in der Menschheitsgeschichte geht weiter. XYXX heißt das neue Parfüm von Hugo Boss – in Anlehnung an die weiblichen und männlichen Geschlechtschromosomen. Denn die Erbeigenschaften, Ergebnis unserer langen biologischen Entwicklung, beeinflussen auch alle Beziehungen zwischen Mann und Frau. Harmonie ist dabei keine Strategie (»Harmony is overrated«), Boss empfiehlt stattdessen die Erzeugung von erotischer Hochspannung mit Hilfe seines Duftwassers. Im Werbespot stehen Rottöne für weibliche, Blautöne für männliche Eigenschaften. Auch die Varianten des Parfüms für Damen und Herren sind dementsprechend eingefärbt.[1]

Nachzulesen und auf Bildern zu sehen ist diese Idee schon ein Jahr vor dem Start der Boss-Promotion auf der Website www.pic2d. com. Hier stellt der Engländer Robin Coupland seine Gemäldezyklen »XYXX – Die Biologie der Liebe« aus. »Mit dieser Bildersammlung packe ich ein kontroversielles Thema an«, bemerkt er dazu, nämlich »wie die biologische Entwicklung des Menschen alle Beziehungen zwischen Mann und Frau beeinflusst. Männlichkeit stelle ich mit blauen Farbblöcken dar, Femininität in Rot und Rosa.« Wirklich gut ist, wer kopiert wird. Ob die Boss-Designer sich auf einer von Couplands Vernissagen oder gleich von seiner Website inspirieren ließen, war nicht zu ermitteln. Trotz mehrfacher Nachfrage schweigt der Konzern. Robin Coupland regt das nicht auf. Dass andere ernten, was man selbst gesät hat, kann vorkommen. Vor zehn Jahren hat er den Friedensnobelpreis nicht bekommen.

Coupland sitzt an einem mit Acrylfarben, Pinseln und Pigmentpulverdosen übersäten Tisch in seinem Atelier im malerischen Genfer Stadtteil Carouge. Im Hauptberuf ist er Chirurg und hat acht Jahre lang in Kriegsspitälern des Roten Kreuzes gearbeitet: in Afghanistan, Angola, Kambodscha, Kenia, Pakistan, Somalia, Thailand, im Sudan und im Jemen. Heute ist er »Berater für bewaffnete Gewalt und die Wirkungen von Waffen« beim Internationalen Komitee vom Roten Kreuz (IKRK). Der Job ist keine Erfindung eines obskuren Thriller-Autors, sondern ein echter Beruf, den allerdings bisher nur Robin Coupland ausübt. Das Motto seiner Arbeit passt auf eine Zigarettenschachtel: Krieg kann ihre Gesundheit gefährden! »Das hört sich vielleicht seltsam an«, sagt er. »Aber Waffen sind dazu konstruiert, das körperliche und psychische Wohlergehen zu beeinträchtigen. Deshalb ist die Wirkung bewaffneter Gewalt eine Frage, mit der sich das öffentliche Gesundheitswesen beschäftigen muss.« Logisch, aber was verschreibt der Doktor gegen die Waffenkrankheit? Eine immer höhere Dosis Völkerrecht, antwortet Coupland.

Noch einmal zehn Jahre zuvor, Ende der achtziger Jahre, liegt die übliche feuchte Hochsommerhitze über dem Grenzgebiet zwischen Thailand und Kambodscha. Hier flickt Robin Coupland, gerade dreißig Jahre alt geworden, in einem Feldspital des Roten Kreuzes Minenopfer wieder zusammen. Anti-Personen-Minen haben sich wie eine globale Epidemie ausgebreitet, doch die kleinen Bomben sind gar nicht zum Töten gebaut. Sie pervertieren noch das fünfte Gebot, indem sie ihre Opfer am Leben lassen – nicht ohne ihnen zuvor Beine oder Arme abzureißen. Die Waffen sind eigens dafür konstruiert, denn ein toter Soldat bleibt liegen. Doch der Kombattant, dem eine Mine das Bein absprengt und die Bauchdecke aufreißt, bindet wenigstens vier weitere Soldaten zu seiner Versorgung. Er stellt den militärischen Sanitätsdienst vor enorme Herausforderungen, und allein der psychologische Effekt einer Minenverletzung auf die Kameraden ist eine nicht zu unterschätzende Waffe. Minen schwächen den Gegner – physisch und psychisch.

Täglich liegt mehrmals eine blutige Masse aus Fleisch und Knochen auf Couplands Operationstisch. Er absolviert stundenlange Eingriffe, erlebt die Schmerzen der Opfer und ihre Angst unmittelbar mit. Meist folgt die Amputation eines Beines, manchmal beider, oder beider Beine und einer Hand. Coupland graut vor dem Funkspruch, der die nächste Ambulanz von einem der Erste-Hilfe-Posten des Roten Kreuzes ankündigt. Dann sagt er zu seinen Kollegen:»Ich hoffe, es ist eine Schusswunde.«Ihn irritiert nicht, dass die in einer Stunde versorgt werden kann, während die Behandlung einer Minenverletzung oft nach vier Stunden noch nicht vorüber ist. Aber jedes Mal, wenn er hört:»Minenverletzung kommt!«, sieht er die nächsten Wochen und Jahre im Leben des Opfers vor sich:»Da ist ein Mensch, der muss zunächst mit großen Schmerzen und dann mit dem Trauma der Amputation fertigwerden. Schließlich sieht man ihn zum ersten Mal auf Krücken oder im Rollstuhl. Dann beginnt die wochenlange Physiotherapie. Und immer ist trotz aller Bemühungen ein Leben völlig zerstört.« Maßlos überzogen im Verhältnis zum militärischen Vorteil erscheint ihm, was diese Waffe anrichtet. Der Chirurg hat im Laufe der Jahre Hunderte Minenopfer operiert, und »es war jedes Mal grauenhaft«.

Während Coupland von Krieg zu Krieg eilt, formiert sich auf der ganzen Welt langsam eine Koalition aus 1400 NGOs: Die International Campaign to Ban Landmines (ICBL, Internationale Kampagne für ein Verbot von Landminen) hat Millionen Mitstreiter in neunzig Ländern. Der Aktivismus der Kampagne ist das Ärgernis der Außen- und Verteidigungspolitiker. Sprecherin der Koalition ist eine Amerikanerin aus Brattleboro, einem 1200-Seelen-Nest in Vermont, die eigentlich Lehrerin werden wollte. Jody Williams vereint zwei Eigenschaften, die der bunte Haufen dringend nötig hat: Charisma und Pragmatismus.»Viele Menschen meinen, alle Guten sind immer in den NGOs und alle Schlechten in den Regierungen und in der Wirtschaft daheim«, rüffelt sie gelegentlich ihre eigenen Anhänger, die allzu romantische Vorstellungen von der Welt haben. Doch erfolgreiche Arbeit der NGOs, so Williams, sei nicht möglich ohne Regierungen: »Nur sie erlassen Gesetze, nur sie können Gesetze durchsetzen, nur sie unterzeichnen internationale Abkommen.« Ein solches Abkommen, das Anti-Personen-Minen weltweit verbietet, ist das Ziel ihrer Kampagne.

Wo immer der Tross haltmacht, hat er Menschen und Medien auf seiner Seite. Minen töten spielende Kinder. Minen verstümmeln Frauen beim Wasserholen. Minen reißen Bauern auf dem Feld Beine und Arme ab. Alle zwanzig Sekunden fordern sie ein Opfer. Die Botschaften der Kampagne sind Kurzgeschichten über himmelschreiendes Unrecht und wie geschaffen für die begrenzte Aufmerksamkeitsspanne der Massenmedien. Dieses Moment nützt Jody Williams, um mit Politikern ins Gespräch zu kommen – und sie davon zu überzeugen, dass Anti-Personen-Minen auch aus volkswirtschaftlichen Gründen verboten gehören: Weil Felder und Weiden vermint sind, können Menschen nicht für sich selbst sorgen und bleiben auf Hilfe von außen angewiesen. Weil amputierte Minenopfer aufwendige medizinische Versorgung benötigen, belasten sie die Gesundheitssysteme in den ohnehin ärmsten Ländern. Selbst wer das Glück hat, eine Prothese zu bekommen, benötigt alle drei Jahre eine neue. Die Wirkungen von Anti-Personen-Minen kosten ein Leben lang – auch Geld. Ihr Verbot würde Milliarden sparen.

Die Belegschaft des Rotkreuz-Feldspitals an der Grenze zwischen Thailand und Kambodscha kämpft inzwischen mit ganz praktischen Problemen. Der übliche Konflikt zwischen den Ärzten und Krankenschwestern entzündet sich an der Frage: Warum ist eine frische Amputationswunde schon wieder infiziert? Es ist Robin Coupland, der die Debatte eines Tages abkürzt: »Um euch die Wahrheit zu sagen«, erklärt er der verblüfften Runde, »ich denke nicht, dass wir hier das Richtige tun.« Zu Hause hat er die chirurgische Fachliteratur studiert, aber nichts über Amputationen bei Minenverletzungen gefunden: »Bei den modernen Amputationstechniken geht es um alte Leute, denen wegen ihrer Diabetes ein Bein abgenommen werden muss. Diese Methode funktioniert hier draußen aber nicht.« Warum sie erst zwei Jahre lang hier sein müsse, bevor sie das endlich aus dem Mund eines Chirurgen höre, fragt eine Krankenschwester. »Da dachte ich mir: Das ist aber interessant«, erinnert sich Coupland. »Wir haben hier ein chirurgisches Problem, für das nirgendwo in der Fachliteratur eine Lösung beschrieben ist.« Er beginnt, nach einer zu suchen. Bei seinem dritten Einsatz in einem Rotkreuz-Spital an der pakistanisch-afghanischen Grenze knackt er die Nuss. Coupland benutzt Gewebe des Wadenmuskels, der selbst bei Minenverletzungen relativ unversehrt bleibt, weil ihn die Explosion zur Seite schleudert. »Seit wir das so gemacht haben, waren erfolgreiche und saubere Amputationen kein Problem mehr.«

Die Lösung des Problems lenkt seine Aufmerksamkeit von chirurgischen Fragen auf das Phänomen der Minenverletzungen selbst. Coupland ist Mediziner und gewohnt, methodisch vorzugehen: Anamnese – Diagnose – Therapie. »Wir hatten es grundsätzlich mit drei Verletzungsursachen zu tun«, sagt er. »Da gab es Menschen, die auf eine vergrabene Mine getreten waren; dann solche, die eine Splittermine verletzt hatte; und schließlich die, denen eine Mine in der Hand explodiert war.« Sie alle benötigen unterschiedliche Behandlung, aber bisher verfügen die Ärzte noch nicht einmal über eine systematische Anamnese. Coupland beginnt deshalb mit dem Aufbau der ersten medizinischen Datenbank zur Erfassung von Minenverletzungen. Gemeinsam mit seinem Kollegen Adriaan Korver vom Holländischen Roten Kreuz verfasst er darüber einen Artikel für das angesehene *British Medical Journal*.

Die Hagiografie der Minen-Kampagne will es, dass Couplands Daten noch etwas anderes ermöglichen als die richtige Behandlung von Minenverletzungen. Sie zeigen erstmals, wer da wirklich von diesem Kriegsgerät verstümmelt und getötet wird: mehrheitlich Zivilisten, und nicht Soldaten. Und das noch lange nach dem Ende von Kriegen, weil Minen jahrzehntelang liegen und scharf bleiben. Daraus formt die ICBL ihre zentrale Botschaft: Minen gehören verboten, weil sie praktisch nur Menschen treffen, die an den Kämpfen gar nicht beteiligt sind.

Robin Coupland hat die frühe Zeit der Anti-Minen-Bewegung anders in Erinnerung: »Anfang der neunziger Jahre haben unsere medizinischen Daten das noch nicht leisten können«, erklärt er. »Es ist in Feldspitälern, mitten im Krieg, sehr heikel zu fragen, ob jemand Kombattant ist oder Zivilist. Also haben wir angenommen: Junge Männer sind Kombattanten, junge Frauen und ältere Männer sind Zivilisten. Damit wäre eine Mehrheit von Kombattanten auf Minen getreten.« Trotzdem sei nichts, was die ICBL behauptet hat, falsch, verteidigt Coupland die Kampagne: »Der Kalte Krieg ging damals zu Ende, und die Menschen konnten sich aufgrund der neuen politischen Lage freier bewegen. Auch über ehemalige Grenzen und Frontlinien, die noch vermint waren. Deswegen haben Minen im Laufe der Zeit tatsächlich immer mehr zivile Opfer gefordert.« Das spiegelt auch die von ihm gegründete Datenbank wider.

Der entscheidende Faktor für den späteren Erfolg der Kampagne ist für Robin Coupland trotzdem ein anderer. Er weiß, wie Regierungen ticken. Die nationale Sicherheit hat höchste Priorität, und Menschenrechts-Kampagnen ändern daran in der Regel wenig. Aber Staaten sind auch an das Völkerrecht gebunden, und das ist für ihn der Hebel: »Die Art der Verletzung bildet nach diesem Recht die Grundlage für das Verbot einer Waffe. Das ist sehr wichtig«, sagt er. Denn wenn man beweisen kann, dass eine Waffe Verletzungen oder Leiden verursacht, die in keinem Verhältnis zu ihrem militärischen Nutzen stehen, dann ist sie völkerrechtlich verboten, »egal, ob ihre Opfer Soldaten oder Zivilisten sind«.

»Die Waffen nieder!«, so viel ist klar, ist hier nicht das Motto. Die Rotkreuz-Helfer sind keine Pazifisten, und sie misstrauen aus Erfahrung allen Utopien von einer Welt ohne Krieg. Während sich unter dem Banner der ICBL auch Hunderte Friedens- und Menschenrechtsorganisationen gruppieren, markiert Couplands Sichtweise das Selbstverständnis des Roten Kreuzes: Nicht Krieg ist verboten. Sondern Unmenschlichkeit im Krieg. Die Genfer Konventionen fordern, dass Verwundete und Gefangene anständig behandelt werden, und sie untersagen den Kampf gegen Zivilisten. Ähnliches gilt für Kriegsmittel. Keine Kriegsregel bemüht Coupland so oft wie den Artikel 35 des 1. Zusatzprotokolls von 1977 zu den Genfer Konventionen: »Es ist verboten, Waffen, Geschoße und Material sowie Methoden der Kriegführung zu verwenden, die geeignet sind, überflüssige Verletzungen oder unnötige Leiden zu verursachen.« Schon bei der Entwicklung, Beschaffung oder Einführung neuer Waffen müssen Regierungen prüfen, ob die Neuerwerbungen ihrer Armeen nicht gegen diesen Artikel verstoßen. 194 Staaten sind dem 1. Zusatzprotokoll beigetreten, darunter alle ständigen Mitglieder des Sicherheitsrates, die USA, Großbritannien, Frankreich, Russland und China. Hinter dem Paragrafen steckt eine jahrtausendealte Tradition: Keine Kultur kommt ohne Vorkehrungen aus, die den Menschen vor dem Menschen schützt. Im heutigen Kriegsrecht spiegelt der Begriff der Verhältnismäßigkeit diesen zentralen Gedanken wider: Der Schaden, den eine militärische Operation verursacht, darf nicht schwerwiegender sein als der durch sie erreichte militärische Vorteil.

Couplands nächster Einsatz führt ihn nach Afghanistan. Zuvor schickt er seinen Artikel über Minenverletzungen an das *British Medical Journal* in London. Bei seiner Rückkehr findet er ein Schreiben vor: Wir erlauben uns, Ihnen mitzuteilen, dass Ihr Text zur Publikation angenommen wurde. »Halleluja, darüber war ich sehr glücklich«, sagt er. Doch als das *Journal* schließlich eintrifft, ist er überrascht. Die Herausgeber haben seinem Beitrag ein Editorial von Eric Stover von der Organisation Ärzte für Menschenrechte und Rae McGrath von der Mines Advisory Group vorangestellt. Angesichts der in Couplands Datenbank beschriebenen Wirkungen von Anti-Personen-Minen wäre der Berufsstand der Ärzte verpflichtet, sich für eine Ächtung dieser Waffe einzusetzen. Der Text ist der erste Aufruf für ein internationales Verbot von Anti-Personen-Minen, geäußert von den Vertretern zweier führender NGOs und abgedruckt in einer hochangesehenen medizinischen Publikation. »Ich hatte bis zu diesem Zeitpunkt von diesen Leuten überhaupt nichts gehört«, sagt Coupland. »Ich hatte nicht einmal gewusst, dass auch andere in der Minen-Sache tätig sind. Deshalb bin ich immer ein wenig zögerlich, wenn die Leute sagen: Das Landminen-Verbot ist letztlich Robin Couplands Verdienst.«

Gert Leipold, Chef von Greenpeace International, ist noch heute anderer Meinung. Für ihn war Couplands Datenbank die entscheidende Voraussetzung für das spätere Verbot von Minen. Aber nicht weil sie im Laufe der Zeit immer mehr Zivilisten erfasst. Sondern weil sie zeigt, dass Minen so konstruiert sind, dass sie nichts anderes können, als entsetzliche Verwundungen zu verursachen.

Denn normalerweise hängt die Wirkung einer Waffe auch von der Art ihres Gebrauchs ab. »Eine Pistole setzt 500 Joule Energie ab, und das Projektil verursacht ein Loch von einer bestimmten Größe«, erklärt Coupland. »Das ist von ihrer Bauart her so vorgesehen. Aber es ist ein großer Unterschied, ob dieses Loch in einem Kopf ist oder in einem Bein.« Zu den Kernaufgaben des Roten Kreuzes zählt es, Soldaten die Genfer Konventionen beizubringen – in der Hoffnung, ihr Verhalten damit so zu beeinflussen, dass das Loch nach Möglichkeit im Bein ist, und bei Kriegsgefangenen und Zivilisten tunlichst nirgendwo. Und dann gibt es noch Waffen, die so konstruiert sind, dass die Art ihres Gebrauchs keinen Unterschied bei ihrer Wirkung macht. Zum Beispiel Anti-Personen-Minen. Sie lassen keinen anderen Effekt zu als grausame Verstümmelungen. Die einzige Alternative dazu lautet: sie gar nicht erst zu benutzen. »Deswegen argumentiere ich ständig mit der Wirkung einer Waffe, egal, gegen wen. Und deshalb argumentiert Rae McGrath, dass Ärzte die Aufgabe haben, diese Wirkungen aufzuzeigen.« McGrath war der Erste, der erkannt hat, dass Couplands medizinische Datenbank genau das macht. Deshalb, folgert Greenpeace-Chef Leipold, »hätten es im Fall der Landminen-Kampagne Robin Coupland und Rae McGrath am ehesten verdient, mit dem Friedensnobelpreis ausgezeichnet zu werden.«

Ist es nicht trotzdem naiv anzunehmen, die Armeen dieser Welt würden sich ihre wirkungsvollsten Waffen einfach so aus der Hand nehmen lassen? Robin Coupland zieht ein schon etwas fleckiges Foto hervor. Es zeigt einen verwundeten Soldaten auf einer Tragbahre. Wo die Schulter des Mannes sein sollte, klafft ein riesiges Loch, sein Arm hängt nur mehr an einem Hautfetzen. Dum-Dum-Geschoße verursachen solche Verletzungen. Im Gegensatz zu einem Vollmantelgeschoß (Full Metal Jacket) liegt bei dieser Munition die Projektilspitze frei. Beim Eintritt in einen Körper verformt sie sich und zersplittert. So entstehen solche riesigen Eintritts- und noch größere Austrittswunden wie auf Couplands Foto. Neben der Zerstörung von Gewebe und Knochen verursachen Teilmantelgeschoße außerdem raschen, hohen Blutverlust, die Wundbehandlung ist wegen der Projektilsplitter schwierig. Ursprünglich waren die Geschoße für die Tiger- und Elefantenjagd in Indien entwickelt worden. Ihr umgangssprachlicher Name geht auf die Munitionsfabrik in Dum Dum in Nordindien zurück, die in der zweiten Hälfte des 19. Jahrhunderts Munition für die britischen Kolonialtruppen gefertigt hat. Sehr lange waren Dum-Dum-Geschoße nicht im Einsatz. Schon 1868 einigten sich die Staaten in der St. Petersburger Deklaration auf ihr Verbot und erneuerten es 1899 in der Haager Landkriegsordnung. Mittel der Kriegführung zu verbieten, die sogar für das Schlachtfeld zu barbarisch sind – es funktioniert.

Die Paragraphen des Völkerrechts lassen – so wie alle Gesetzestexte – dennoch Interpretationsspielraum zu. Vor allem darüber, was »überflüssige Verletzungen oder unnötige Leiden« denn genau sind. Besser wäre ihre Beurteilung auf der Basis eindeutiger medizinischer Kriterien. Deshalb analysiert ein Ärzte-Team unter der Leitung von Robin Coupland als Nächstes die Verwundungen von insgesamt 26 636 Menschen, die ihnen die Kriege zwischen 1991 und 1997 in Afghanistan, Kambodscha, Ruanda und im Sudan beigebracht haben. Das Ergebnis: Projektile, Granaten, Mörser und Bomben haben eine weitgehend ähnliche Wirkung. Sie töten bis zu 22 Prozent der

Soldaten sofort, weitere viereinhalb Prozent sterben später in Lazaretten an ihrer Verwundung. Weniger als zehn Prozent der von diesen Waffen verursachten Wunden haben einen größeren Durchmesser als zehn Zentimeter.

Diese Ergebnisse bilden 1997 die Grundlage für die völlig neuartige Wundklassifikation des SIrUS-Projekts. Der Name ist ein Akronym aus der Artikel-35-Formulierung »Superfluous Injury or Unnecessary Suffering« – eben: »überflüssige Verletzungen oder unnötige Leiden«. Mortalitätsraten und Größe von Wunden sollten von neu entwickelten Waffen nicht übertroffen werden. Andernfalls käme Artikel 35 zur Anwendung und das Kriegsgerät damit nicht zum Einsatz. Das SIrUS-Projekt bietet die Möglichkeit, eine schärfere Trennlinie zwischen legalen und illegalen Waffen zu ziehen, als Paragrafen das können. »Was Waffen heute anrichten, ist schlimm genug«, erläutert Coupland das Grundprinzip des Projekts. »Nach Möglichkeit sollte alles noch Ärgere verhindert werden.«

Mitte der neunziger Jahre ist die ICBL auf ihre maximale Größe angeschwollen, doch das Rote Kreuz ist immer noch unentschlossen, wie es in der Öffentlichkeit mit der Forderung nach einem Minen-Verbot umgehen soll. Da meldet sich Cornelio Sommaruga, ein charismatischer Berufsdiplomat und gerade Präsident des IKRK, mit einem Paukenschlag. Das Rote Kreuz tritt uneingeschränkt für ein Verbot von Anti-Personen-Minen ein, verkündet er 1995 auf einer Pressekonferenz. Es werde sich allerdings nicht der ICBL anschließen, sondern getrennt von der NGO-Koalition marschieren.

Eine öffentliche Kampagne, das ist für das diskrete IKRK neu. Bisher hatte es sich auf stille Verhandlungen beschränkt. Selbst gelegentliche öffentliche Aufrufe, wie gegen den Einsatz von Giftgas nach dem Ersten und gegen den Einsatz der Atombombe nach dem Zweiten Weltkrieg, klangen eher nach einem mahnenden Hüsteln als nach lautstarkem Protest. Nun mobilisiert das Rote Kreuz, um »Bedarf nach dem humanitären Völkerrecht zu schaffen«, wie IKRK-Kommunikationsberater Gilbert Holleufer das nennt. »Irgendwann

1995 saß ich in London im Taxi vom Flughafen in die Stadt«, erinnert sich Robin Coupland. Unterwegs sieht er ein Plakat des Britischen Roten Kreuzes mit dem Aufruf »Schluss mit Landminen!« Es zeigt das Bild eines Minenopfers, das er vor Jahren für die Ausbildung von Rotkreuz-Ärzten in einem Feldspital aufgenommen hat. An diesem Punkt erkennt er: »Die Chirurgie zählt zwar zu den höchsten Disziplinen der Heilkunst. Doch jetzt wurde mir mit einem Schlag auch die Verantwortung bewusst, vorbeugend handeln zu müssen.« Im Nachhinein erinnert ihn die Minen-Kampagne an die exakte Anwendung der Grundsätze jedes zivilisierten Gesundheitswesens, die er an der Universität gelernt hat: Um sicherzustellen, dass eine Bevölkerung wohlauf bleibt, müssen Gesundheitsgefahren ermittelt und bereits durch Vorbeugung beseitigt werden. »Wir Ärzte sehen uns die Auswirkungen einer Krankheit auf den Einzelnen an, und versuchen dann, ihre Ausbreitung auf andere durch Prävention zu verhindern. Wenn der Grund für die gesundheitliche Beeinträchtigung eine Waffe ist, dann besteht diese Vorbeugung in ihrem völkerrechtlichen Verbot.«

Gleichzeitig ist die Kampagne trotz immer größerer Unterstützung in der Öffentlichkeit bei ihrem eigentlichen Ziel festgefahren. Die Staaten sind nicht bereit, Landminen aus ihren Arsenalen zu verbannen. Die Verhandlungen drehen sich im Kreis. »Wir sagten den Militärs: Anti-Personen-Minen verursachen scheußliche Verletzungen, und die Antwort war: Aber wir können nicht auf sie verzichten. Dann sagten wir: Anti-Personen-Minen verursachen wirklich ganz scheußliche Verletzungen, und die Antwort war: Aber wir können wirklich gar nicht darauf verzichten.« Es ist Couplands Kollege, der IKRK-Jurist Peter Herby, der an diesem Punkt zurückfragt: Können Sie das auch beweisen? Die Militärs sind über die plötzliche Umkehrung der Beweislast zwar verblüfft, stimmen aber zu, die fälligen Belege nachzuliefern. Die Studie »Anti-Personen-Minen: Freund oder Feind?«[2], die 1996 erscheint, belegt allerdings genau das Gegenteil: Was Anti-Personen-Minen anrichten, steht tatsächlich in keinem

Verhältnis zum Vorteil, den sie einer Kriegspartei angeblich verschaffen. Plötzlich ist das große Gleichgewicht zwischen militärischem Nutzen und menschlichen Kosten im Krieg in Frage gestellt. Dieses Ergebnis beflügelt die ICBL- und die Rotkreuz-Kampagne gleichermaßen. Letztere verzeichnet jetzt erste Erfolge auf nationa-

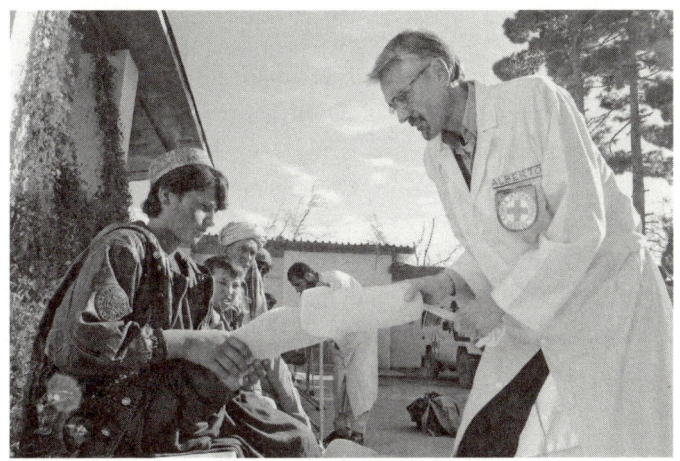

Verstümmeln statt töten: Minenopfer in Afghanistan

ler Ebene. In Österreich setzt das Rote Kreuz einen Gesetzesentwurf für ein Minen-Verbot auf und bringt ihn mit Hilfe der Abgeordneten Irmtraut Karlsson und des Diplomaten Thomas Hajnoczi durch die gesetzgebende Instanz, das Parlament. Kaum ein Jahr später ist die Alpenrepublik das erste Land der Welt, das Verwendung, Lagerung und Einsatz von Anti-Personen-Minen verbietet. Das österreichische Bundesgesetz wird später zur Schablone für das internationale Abkommen, die sogenannte »Ottawa-Konvention«.

Auch das Britische Rote Kreuz landet einen Publicity-Volltreffer: Es gewinnt Prinzessin Diana im Februar 1997 dafür, sich öffentlich für eine Ächtung von Anti-Personen-Minen starkzumachen. Diana reist mit dem Roten Kreuz nach Angola, einem der am schwersten verminten Länder der Welt. In Schutzhelm und Splitter-schutz-Weste spaziert sie durch Minenfelder und trifft verstümmelte Kinder. Im selben Jahr besucht sie auch Bosnien-Herzegowina. Reporter, Kameraleute und Fotografen folgen ihr auf Schritt und Tritt. Wer bisher noch nichts von Anti-Personen-Minen gehört hat, weiß spätestens jetzt, was das ist und was sie anrichten.

Diana verschafft dem Ruf nach einem Minen-Verbot ungeteilte öffentliche Aufmerksamkeit und der Kampagne neuen Auftrieb. Den benötigt sie auch dringend, denn auf dem diplomatischen Parkett sieht es nach wie vor düster aus. Zwar lädt Kanadas Außenminister, der Philanthrop Lloyd Axworthy, die Vertreter der Staaten ein, im Dezember 1997 nach Ottawa zu kommen, um dort ein internationales Minen-Verbot zu unterzeichnen – aber worunter sollen sie ihre Unterschrift setzen? Noch gibt es nicht einmal einen Vertragstext. Den sollen Diplomaten zwei Monate vorher auf einer Konferenz in Oslo ausarbeiten. Doch zu viele mächtige Regierungen sind immer noch gegen ein Verbot, und bald steht die Konferenz selbst auf der Kippe. »Wir waren noch immer meilenweit, sogar Lichtjahre von einem politischen Konsens entfernt«, erinnert sich Robin Coupland.

Da bohrt sich in der Nacht vor Beginn der Osloer Konferenz in Paris ein Mercedes S 280 in der Unterführung der Pont de l'Alma in einen Betonpfeiler. Rettungssanitäter bergen auch eine Frau aus dem Wrack und rasen mit ihr ins Karankenhaus Pitié-Salpêtrière. Dort stirbt »Lady Di« nur wenige Stunden später an ihren schweren inneren Verletzungen.

Bei Konferenzbeginn am nächsten Morgen ist ein mächtiges europäisches Land plötzlich nicht mehr gegen das Landminen-Verbot: Großbritannien. Ein britischer Diplomat, der in Oslo dabei war, erinnert sich an die gespenstische Atmosphäre: »Wir konnten uns unmöglich länger gegen dieses Verbot stemmen. Das Vereinigte Königreich, ja, die ganze Welt, trauerte um Diana, die ›Königin der Herzen‹, die es sich so sehr gewünscht hatte.« Der Meinungsumschwung der britischen Delegation tritt eine Lawine los. Plötzlich stellen auch andere Regierungen ihre Vorbehalte zurück. »Dianas tragischer Tod war der entscheidende Faktor für das Erreichen der Konvention von Ottawa«, sagt der Diplomat, der heute britischer Botschafter in einem afrikanischen Land ist und seinen Namen lieber nicht gedruckt sehen möchte. »Ich habe das anfangs einige Male öffentlich gesagt, und jedes Mal reagierten die Leute sehr aufgebracht. Aber es ist die Wahrheit.«

Der Weg nach Ottawa ist damit endgültig frei. Delegierte aus 122 Nationen treffen sich unter dem Vorsitz von Außenminister Axworthy im Dezember 1997 in der kanadischen Hauptstadt und beschließen ein internationales Minen-Verbot. Es tritt am 1. Mai 1999 in Kraft. Bis heute sind ihm 156 Staaten beigetreten. Sie haben aufgehört, Anti-Personen-Minen herzustellen, zu verwenden, damit zu handeln, und ihre Lagerbestände vernichtet.

Im selben Jahr werden die ICBL und Jody Williams mit dem Friedensnobelpreis ausgezeichnet. Zum ersten Mal in der Geschichte ist der Zivilgesellschaft das Verbot einer Waffe gelungen. »Die Ottawa-Konvention ist tatsächlich das erste Verbot aufgrund einer ›Forderung des öffentlichen Gewissens‹[3], wie es in der Martens'schen Klausel heißt«, sagt Robin Coupland, »und sie ist so rasch in Kraft getreten wie kaum ein anderes internationales Abkommen davor.«[4]

Seither verstummen die Stimmen jener nicht, die immer noch meinen, dass der, der die Saat ausgebracht hat, auch die Ernte einfahren soll. Robin Coupland ist da zurückhaltender. Er, der von Anfang an dabei war, kennt die vielen Faktoren und Unwägbarkeiten, die völlig unplanbaren Ereignisse, die vielen glücklichen und die besonders tragischen Umstände auf dem Weg zum internationalen Vertrag von Ottawa. »Was diese Konvention eigentlich ermöglicht hat«, sagt er, »war das Ende des Kalten Krieges.« Erst durch die Beendigung der Konfrontation der beiden Supermächte wurde es überhaupt denkbar, eine Waffe aus dem Verkehr zu ziehen. Was dabei entstanden ist, »war ein riesiges Signalfeuer, das nur darauf wartete, entzündet zu werden. Es war so groß, dass ich nicht sehen konnte, was Rae

McGrath auf seiner Seite tat. Auch er hat ein Streichholz daran gehalten, so wie ich auf meiner Seite. Und wir haben einander erst kennengelernt, als das Feuer schon brannte.« Das war 1995, bei einem Symposium, das klären sollte, worüber man überhaupt redete: »Über alle Landminen? Oder nur über Anti-Personen-Minen? Über Minen mit achtzig Gramm Sprengstoff oder solche mit 500 Gramm? Über die Empfindlichkeit des Zünders? Alles das war zwei Jahre vor Ottawa auch uns noch völlig unklar«, sagt Coupland und erinnert sich: »Ich sehe einen Tisch beim Abendessen mit uns vier: Eric, Rae, Jody und ich. Das war für mich ein sehr aufschlussreicher Moment. Denn da sah ich, dass all diese Leute auch an der Minen-Sache arbeiteten, wenn auch auf ganz anderen Gebieten als ich. Wir sind gute Freunde geworden.« Robin Coupland freut sich über die Anerkennung seines Beitrages zum Minen-Verbot – »aber ich habe nicht gesagt: ›Seht euch das an! Wir müssen eine Kampagne dagegen starten!‹ Sondern ich habe gesagt: ›Seht euch das an! Kriegschirurgen haben keine Lösung für das spezifische Problem der entzündeten Amputationswunden.‹«

Das Minen-Verbot hat auch eine ganze Reihe mächtiger Staaten erschreckt, weil es zeigt, wie sehr die Macht von Regierungen zugunsten der Zivilgesellschaft bereits erodiert ist. Als die ICBL nach 1997 auch Anti-Fahrzeug-Minen und zuletzt Streubomben ins Visier nimmt, hören ihre Mitstreiter mehr als einmal aus höchsten Regierungskreisen: »Okay, bei den Minen habt ihr es geschafft. Aber versucht das bloß nicht noch einmal.«

Vielleicht bereiten die Staatenvertreter dem SIrUS-Projekt auch deswegen einen so kühlen Empfang, als es ihnen 1999 vorgestellt wird. 190 Regierungen entsenden ihre Delegierten zur alle vier Jahre stattfindenden Internationalen Konferenz des Roten Kreuzes und Roten Halbmondes, die diesmal in Genf tagt. Nur die australische Regierung stimmt zu, ihre Kriegsmittel künftig nach der Wundklassifikation des SIrUS-Projekts zu prüfen. Die heftigste Kritik kommt aus den Vereinigten Staaten. Hays Parks, Völkerrechtler der

US Army, erklärt: »Daten und Methode dieses Projekts sind aus wissenschaftlicher, medizinischer und militärischer Sicht fehlerhaft. Sie stammen aus afrikanischen und asiatischen Konflikten und sind auf die moderne Kriegführung gar nicht anwendbar.« Vivienne Nathanson von der Britischen Ärztevereinigung widerspricht. Die Kritik hat ihrer Meinung nach einen simplen Grund: »Nirgends auf der Welt lässt sich das Militär gerne von Außenstehenden sagen, was es tun oder lassen soll.« Robin Coupland, vertraut mit den verschlungenen Wegen der internationalen Diplomatie, sieht die Sache gelassen. »Jede Menge Wissenschafter sagen, SIrUS ist eine stichhaltige und aussagekräftige Studie. 78 Experten verbürgen sich mit ihrem Namen dafür.« Und die anderen? »Das SIrUS-Projekt sitzt da im Regal, es zwinkert ihnen zu, und sie wissen nicht, was sie damit anfangen sollen.«

Dergleichen Erfolge und Rückschläge sind für ihn Episoden in einer viel größeren Geschichte: »Die Konstruktion immer neuer Waffen setzt sich weiter fort«, sagt er. »Aber parallel zur Evolution der bewaffneten Gewalt ist immer schon eine ebensolche Entwicklung verlaufen, bei der es um die Beschränkung all dessen geht, was im Krieg erlaubt ist.« Nichts anderes war auch die Idee Dunants: den Krieg zu »humanisieren«, um der völligen Barbarei vorzubeugen. Das gesamte humanitäre Völkerrecht, das daraus entstanden ist, stellt für Coupland eine einzige große Präventionsmaßnahme dar. Selbst die Landminen-Kampagne fügt sich nahtlos in »diese große Menschheitssaga ein. Pausenlos werden neue Waffen erfunden. Dann sehen wir, was sie anrichten. Und daraus entsteht der Wunsch nach Selbstbeschränkung.« Seit der St. Petersburger Deklaration von 1868 sind explodierende Geschoße verboten. Die Haager Landkriegsordnung aus dem Jahr 1899 schreibt erste Kriegsregeln fest. Die Genfer Giftgas-Konvention von 1925 verbietet den Einsatz bestimmter toxischer Stoffe im Krieg. 1949 fassen die Völkerrechtler die Kriegsregeln in den Genfer Konventionen zu einem kompakten Paket zusammen und ergänzen sie 1977 durch zwei Zusatzprotokolle. Laserblendwaffen werden 1995 verboten, zwei Jahre später Anti-Personen-Minen. Danach geht es um Streubomben.[5]

Robin Coupland hat diese Saga gemeinsam mit seinem Bruder sogar in Comic-Form gegossen: »Ug & Iggi oder Wie die Menschen dem Krieg Regeln gaben«[6] beschreibt die Entstehung bewaffneter Gewalt und die Bemühungen, ihre Auswirkungen einzuschränken, von Anfang an: von urgeschichtlichen Kämpfen über die Verwendung von Gift, die Bombardierung von Wohngebieten, die Behandlung von Kriegsgefangenen. Das Ende der Geschichte ist offen, und moderne Waffen werden immer bizarrer: Direktenergie-Waffen senden unhörbare Töne und elektromagnetische Wellen aus, welche die Eingeweide der Gegner verflüssigen; Laserstrahlen lassen sie erblinden; der letzte Schrei sind »Ethnowaffen«: biologische Waffen, die gezielt auf bestimmte genetische Eigenschaften reagieren. »Ein Beispiel ist die Sterilisation aller Männer einer bestimmten Bevölkerungsgruppe«, beschreibt Coupland ihre denkbaren Wirkungen. »Eine andere wäre, Krankheitserreger zu entwickeln, die einen Giftstoff nach der Wahl ihres Designers so wie Grippeviren verbreiten, aber eben nur innerhalb einer bestimmten ethnischen Gruppe.« Science-Fiction ist das nicht. »Unser Wissen über Gene schreitet in atemberaubendem Tempo fort«, warnt Coupland. »Deshalb müssen wir schon jetzt beginnen, über Ethnowaffen nachzudenken.« Im September 2002 hat das IKRK in seinem Aufruf »Biotechnology, Weapons and Humanity« Politik, Wissenschaft und Industrie zu stärkeren Selbstkontrollen aufgefordert.[7]

Seine Arbeit hat Coupland über die Jahre zur Kernfrage geführt, was überhaupt den Menschen menschlich oder eben unmenschlich macht. Sie dürfe nicht länger allein der Moralphilosophie und den Religionen überlassen werden, meint er: »Die Wissenschaft erklärt die Entstehung von Gefühlen wie Zorn, Liebe oder die Furcht vor Fremden. Sie zeigt, dass Altruismus ein biologisches Programm ist. Sie belegt, dass Kinder, die dazu erzogen werden, sich mit der Not anderer Menschen auseinanderzusetzen, später weniger dazu neigen,

Konflikte mit Gewalt zu lösen.« Was den Menschen zur erfolgreichen Koexistenz veranlasst, ist heute in objektiven, wissenschaftlichen Begriffen erklärbar. »Menschlichkeit und Unmenschlichkeit«, sagt Coupland, »können in Begriffen der Evolutionsbiologie beschrieben werden.«[8] Das Rote Kreuz müsse dieses Wissen für sich nutzbar machen, um für eine bessere Anwendung des Völkerrechts zu sorgen, das Grausamkeiten und Entwürdigung im Krieg verhindert und so Versöhnung und friedliche Koexistenz danach überhaupt erst möglich macht. Coupland wünscht sich mehr Wissenschaft im Roten Kreuz, doch »die Wissenschafter und wir Humanitären haben noch nicht begonnen, uns miteinander zu verständigen. Die Bestandteile fügen sich aber nicht von selbst zusammen – sie müssen zusammengefügt werden!«

Auf diesem Feld ist Robin Coupland noch ein einsamer Rufer, der einzige ist er nicht. In seinem Bücherregal steht auch Martin Gumperts berühmte Biografie des Rotkreuz-Gründers Henry Dunant.[9] Thomas Mann hat Gumpert dazu geschrieben: »Sie haben viel mehr gegeben als das Bild eines sehr wunderlichen und rührenden Menschenlebens. Wie von ungefähr ist Ihnen daraus das Gemälde eines ganzen Jahrhunderts mit seinen Schwächen und in seiner Größe geworden.«

Für Gumpert erhebt sich Dunants Schicksal als Bewohner dieses Jahrhunderts aber auch als Warnung: »Eine Gesinnung darf man fühlen, ein Ziel muss man denken. Das 19. Jahrhundert verfuhr umgekehrt: Es konstruierte Gesinnungen und hatte keine Vorstellungen von der Durchführbarkeit und dem Gehalt der Ziele, die es unklar ersehnte.«

Gumpert selbst stammt aus einer großbürgerlich-liberalen jüdischen Ärztefamilie. Die Machtergreifung der Nationalsozialisten zwingt ihn zur Emigration nach New York. Wie für Coupland ist die Medizin auch für ihn »von Anfang an eine soziale Wissenschaft, eine Wissenschaft von der Gesellschaft«. Sein Buch über das Leben des Rotkreuz-Gründers schließt mit den Worten: »Die Humanität, deren

Aufgaben glücken und deren Handlungen fortwirken sollen, muss kühn, durchdacht, unsentimental, politisch wachsam, radikal in ihrer Moral und wissenschaftlich in ihrer Methode sein. Gibt es da für das Rote Kreuz eine Wahl?«

Anmerkungen

1 www.hugo-xyxx.com

2 Anti-Personnel Landmines: Friend or Foe? A Study of the Military Use and Effectiveness of Anti-Personnel Mines. Genf: Beauftragt vom Internationalen Komitee vom Roten Kreuz 1996, zweite Auflage 2007.

3 Die Martens'sche Klausel taucht zum ersten Mal 1899 in der Haager Landkriegsordnung auf:»In Fällen, die von den geschriebenen Regeln des internationalen Rechts nicht erfasst sind, verbleiben Zivilpersonen und Kombattanten unter Schutz und der Herrschaft der Grundsätze des Völkerrechts, wie sie sich aus den feststehenden Gebräuchen, aus den Grundsätzen der Menschlichkeit und aus den Forderungen des öffentlichen Gewissens ergeben.« Die verbreitete englisch Übersetzung der Klausel lautet:»War is limited by the dictates of public conscience.« In der Präambel zum 2. Zusatzprotokoll zu den Genfer Konventionen von 1949 ist davon folgende Version erhalten:»Die Hohen Vertragsparteien … eingedenk dessen, dass die menschliche Person in den vom geltenden Recht nicht erfassten Fällen unter dem Schutz der Grundsätze der Menschlichkeit und der Forderungen des öffentlichen Gewissens verbleibt, sind wie folgt übereingekommen …«

4 Sechs Monate nach der 40. Ratifikation des Abkommens durch Burkina Faso am 1. März 1999.

5 Cluster munitions: Decades of failure, decades of civilian suffering. Genf: Internationales Komitee vom Roten Kreuz 2008.

6 http://ugandiggi.roteskreuz.at

7 www.icrc.org/Web/eng/siteengo.nsf/htmlall/5EAMTT

8 Robin Coupland: Exploring the humanity of humans. In: Red Cross Red Crescent, Nr. 1/2004. Genf: Internationale Föderation der Rotkreuz- und Rothalbmondgesellschaften 2004. www.redcross.int

9 Martin Gumpert: Dunant. Der Roman des Roten Kreuzes. Stockholm: Bermann-Fischer Verlag 1938.

Madeleen Helmer oder:
Wie das Neue ins Rote Kreuz kommt

Am 12. August 2005 wissen die Bewohner des Paznauntals in Tirol noch nicht, was eine Vb-Wetterlage ist. An diesem Tag macht sich das Tiefdruckgebiet »Norbert« in Südfrankreich auf den Weg in Richtung Polen. Es zieht über den Golf von Genua und die Poebene, stößt aber unterwegs auf Widerstand: Kaltluftmassen aus Nordeuropa drängen das ostwärts ziehende Tief weiter in den Süden ab. Weil das Mittelmeer im Sommer besonders warm ist, tankt »Norbert« dort reichlich Feuchtigkeit. Wie alle Tiefdruckwirbel auf der Nordhalbkugel der Erde rotiert er gegen den Uhrzeigersinn. So strömt seine feuchte Luft zunächst gegen die Südalpen und trifft dann auf die kalte Luft aus dem Norden. Durch die Abkühlung entsteht entlang des gesamten nördlichen Alpenhauptkamms ausgiebiger Regen. Die Meteorologen messen nie zuvor da gewesene Niederschlagsmengen von mehr als 300 Millimetern in nur 72 Stunden.

Das Gefälle in den Alpen lässt das Wasser bergab schießen. Abhänge und Gerinne erodieren, plätschernde Rinnsale verwandeln sich in reißende Ströme. Das Wasser mischt sich mit Feststoffen zu Muren, zerstört Straßen, Schienen und Gebäude. Am 22. August hat das Hochwasser das Paznauntal von der Außenwelt abgeschnitten. Hubschrauber des österreichischen Bundesheeres fliegen tagelang Katastrophenhelfer und Hilfsgüter ein und aus. Das Rote Kreuz macht seine Anlagen zur Trinkwasseraufbereitung einsatzbereit – eine Maßnahme, die sonst für Dürregebiete in Afrika und Flutopfer in Asien vorgesehen ist.

Tataua Pese hebt als Antwort nur resigniert die Schultern. Was macht man wirklich in einer solchen Lage? Tataua arbeitet für das Rote Kreuz in Tuvalu, einem Mini-Staat mitten im Pazifischen

Ozean. Seine Heimat ist die viertkleinste Nation der Welt, sie besteht aus neun Atollen, verstreut über eine Distanz von 500 Kilometern, und sie ist flach. »Tuvalu liegt nur Zentimeter über dem Meeresspiegel. Der höchstgelegene Punkt bei uns ist eine Erhebung von fünf Metern«, sagt er. »Der Klimawandel trifft uns daher zu 100 Prozent.« Tuvalu ist buchstäblich dem Untergang geweiht. Einen Meter Land um seinen gesamten Umfang herum hat das größte Atoll schon ans Meer verloren. Das hört sich nach wenig an – doch keine der Inseln misst in der Breite mehr als höchstens 200 Meter. Die Böden versalzen, weil Meerwasser die Inseln überspült, es dringt in die Süßwasserlager ein, deshalb wird auch das Trinkwasser knapp.

Das Rote Kreuz bereitet die Einwohner Tuvalus auf die Hurrikan-Saison vor. Es bildet Katastrophen- und Ersthelfer aus, bringt ihnen den Umgang mit Satelliten-Handys bei. Damit sich die Tuvaluer selbst helfen können, sollte der Sturm eine ihrer Inseln tagelang vom Rest der Welt abschneiden. Doch gegen den steigenden Meeresspiegel hilft das alles nichts. Dazu, sagt Tataua Pese, müsste man die Erderwärmung stoppen.

Die rührigen Inselbewohner haben inzwischen auch das in Angriff genommen. 1998 überließ die Regierung dem kalifornischen Technologie-Unternehmen Idealab Tuvalus Top Level Domain .tv. Idealab verkauft sie an Fernsehsender auf der ganzen Welt weiter und zahlt den Insulanern dafür bis 2018 Jahr für Jahr vier Millionen US-Dollar. Diese Summe hat nicht nur Tuvalus Bruttosozialprodukt über Nacht verdoppelt. Sie ermöglichte der Inselnation im Jahr 2000 auch den Beitritt zu den Vereinten Nationen. Dort unternehmen Tuvalus Delegierte seither alles, um die Aufmerksamkeit der Staatengemeinschaft auf das Schicksal ihres bedrohten Inselreichs zu lenken. Sie haben größtes Interesse an einem möglichst strengen Klima-Abkommen, denn »es muss rasch etwas geschehen«, sagt Tataua Pese. »Sonst wird mein Land in fünfzig Jahren verschwunden sein.«

Die UNO ihrerseits hat allen Grund, sich des Schicksals der Inselnationen anzunehmen. Ihre Migrationsexperten zerbrechen sich schon die Köpfe für den Ernstfall. Für Menschen, die vor Krieg und Unterdrückung fliehen, hat das Völkerrecht eine Antwort. Solche Flüchtlinge haben Rechte, zum Beispiel auf Asyl. Doch auf Umweltflüchtlinge ist niemand vorbereitet. Mit mehreren Millionen von ihnen rechnen die Vereinten Nationen bis 2020, und viele sind überzeugt davon, dass die ersten schon heute unterwegs sind, auch, wenn man sie noch anders nennt. Was, zum Beispiel, macht man mit 11 000 Tuvaluern, deren Staatsgebiet wegen des Klimawandels von der Landkarte verschwindet? Anote Tong, Präsident des benachbarten Kiribati, verhandelt bereits bilateral mit Neuseeland, um der 90 000 Menschen zählenden Bevölkerung seines Inselatolls wieder festen Boden unter den Füßen garantieren zu können. Zwei – allerdings unbewohnte – Inseln, Tebua Tarawa und Abanuea, sind schon untergegangen. »Die schrittweise Absiedelung muss bald beginnen«, verkündete er nach einem Staatsbesuch in Neuseeland, »und die gut Ausgebildeten werden zuerst gehen.«[1] Mit Neuseelands Premierministerin Helen Clark hat er jährliche Einwanderungsquoten ausgehandelt. »Unsere kleine Diaspora der Kiribati wird bald größer werden«, sagt die Staatschefin.

Bleibt die Frage: Wer ersetzt den Insulanern den Verlust von Land, Haus und Hof? Dazu müsste es zuerst möglich sein, einen anderen Schuldigen festzumachen als die Natur. Auch deshalb wehren sich viele Industrienationen heftig, den Klimawandel als anthropogen (»menschengemacht«) anzuerkennen. Einen Präzedenzfall gibt es möglicherweise bald: Die 400 Eskimos von Kivalina in Alaska, deren Dorf im Polarmeer versinkt, haben 24 Öl- und Energiekonzerne auf Schadenersatz verklagt – Streitsumme: 400 Millionen Dollar.[2]

Anisur Rahman ist ein Bürgermeister, dem sein Dorf unter den Füßen wegbricht. Die Ortschaft Antarpara erstreckt sich entlang eines der großen Flüsse Asiens, des Brahmaputra. Er speist sich aus dem schmelzenden Schnee des Himalaya, bevor er sich durch das Tiefland Bangladeschs in den Indischen Ozean wälzt. Die Menschen in Antarpara haben über Jahrhunderte gelernt, mit dem Brahmaputra zu leben – auch mit seiner Angewohnheit, gelegentlich über die Ufer zu treten. Aber nun ist alles anders. »Aus irgendeinem Grund führt der Fluss immer mehr Wasser«, sagt der Bürgermeister, »und die Überflutungen werden heftiger. Sie schwemmen nicht mehr nur unsere Häuser weg, sondern auch das Land darunter.« 239 Familien haben ursprünglich in Antarpara gelebt. Jetzt sind es nur mehr 38.

So wie Anisur Rahman hat auch Madeleen Helmer ihr Leben lang in dem Ort gelebt, in dem sie geboren wurde. So wie der Bürgermeister aus Bangladesch hat auch sie über Jahrzehnte beobachtet, wie sich über ihr die Wetterlage verändert hat. In ihrer Kleinstadt an der holländisch-deutschen Grenze stehen viele Häuser aus den sechziger Jahren. Die Offenheit und Großherzigkeit der Niederländer, die Gäste so schätzen, ist hier zu Architektur geworden. Sie drückt sich unter anderem in großen Fensterflächen aus, die nicht nur die Blicke der Passanten einlassen, sondern vor allem viel Licht und Sonne. Das haben sie auch im Juli und August 2006 getan. Damals brach die Hochsommerhitze in zwei gewaltigen Wellen über die Niederlande herein. »Das war ein Killer«, erinnert sich Madeleen Helmer. Kein so heftiger wie drei Jahre zuvor die sommerliche Hitzewelle, welche die europäischen Gesundheitssysteme in die Krise gestürzt und 35 000 Todesopfer gefordert hat. Doch schlimm genug, um die Niederlande gemeinsam mit Belgien und Frankreich in die Top Ten der verheerendsten Katastrophen Europas des Jahres 2006 zu katapultieren.

Hitzewellen, Sturzfluten vom Himmel, Überschwemmungen, steigender Meeresspiegel, Wirbelstürme, und immer mehr davon. In den Tabellen über Katastrophenursachen, die das Centre for Research on the Epidemiology of Disasters der Katholischen Universität Louvain in Brüssel Jahr für Jahr veröffentlicht, zeigt eine dunkelblaue Linie jene Naturgewalten an, die hydrologische oder meteorologische Ursachen haben – also salopp formuliert: wo Wind und Wasser Verheerungen anrichten. Eine hellblaue Linie steht für geophysikalische Katastrophen – in erster Linie Erdbeben –, und eine grüne für Seuchen, die durch Krankheitserreger wie Insekten oder

Würmer übertragen werden. Nur die dunkelblaue Linie zeigt im Laufe der vergangenen zwanzig Jahre immer stärker nach oben. Die Katastrophendatenbanken der Internationalen Föderation der Rotkreuz- und Rothalbmondgesellschaften zeichnen dasselbe Bild: immer mehr Katastrophen, immer mehr Betroffene, immer höhere Schäden. Aber warum? Was ist die Ursache hinter der immer häufigeren Katastrophenursache Wind und Wasser?

In den Achtzigern arbeitet Madeleen Helmer in den Niederlanden für NGOs, die sich mit der pazifischen Region beschäftigen. Dabei stößt sie zum ersten Mal auf das Phänomen Klimawandel. »Damals war der Anstieg des Meeresspiegels das große Thema«, erinnert sie sich. 1988 nimmt, von der Wissenschaft alarmiert, der Weltklimarat der Vereinten Nationen[3] seine Arbeit auf. Zwei Jahre später publiziert er seinen ersten Bericht. Dieser stellt darin einen vorsichtigen Zusammenhang zwischen den vom Menschen erzeugten Treibhausgasen – hauptsächlich Kohlendioxid, CO_2, das bei der Verbrennung fossiler Brennstoffe wie Erdöl, Erdgas oder Kohle entsteht – und der Erwärmung der Erdatmosphäre her. Je nach Temperatur strahlt das Treibhausgas CO_2 Wärme ab und nimmt vom Erdboden abgegebene Wärme auf, die sonst in den Weltraum abgestrahlt würde. Beides trägt schrittweise zur globalen Erwärmung bei. Deren Folgen: Wärmere, feuchte Luft verursacht mehr Wirbelstürme und Wolkenbrüche; Regen, Gletscher- und Schneeschmelze führen zu mehr Überflutungen und Muren; höhere Temperaturen und stärkere Verdunstung bewirken Dürren und Hitzewellen; Krankheitserreger breiten sich in Regionen aus, in denen sie zuvor unbekannt waren; und der Meeresspiegel steigt – nicht bloß wegen der schmelzenden Eiskappen an den Polen, sondern vor allem aufgrund eines simplen physikalischen Gesetzes: Wenn Wasser wärmer wird, dehnt es sich aus.

Klimaschwankungen hat es allerdings immer schon gegeben. Der Streitpunkt zwischen den Advokaten des Klimawandels und den Klima-Skeptikern[4] lautet daher: Ist die Erwärmung ein vollkommen natürliches Ereignis oder ist sie menschengemacht? Welche Temperatur-Vorhersagen stimmen? Wird die durchschnittliche Temperatur auf der Erde bis zum Ende des Jahrhunderts tatsächlich um zwei bis vier Grad steigen, was seit 10 000 Jahren nicht mehr vorgekommen ist? »Was wir sehen, ist, dass die Auswirkungen des Klimawandels, wie sie der Klimarat beschreibt, sich mit den Beobachtungen decken, die unsere Katastrophendatenbanken aufzeichnen«, sagt Madeleen Helmer. Treibhausgase bleiben außerdem jahrzehntelang in der Atmosphäre.

Madeleen Helmer erinnert sich noch an das Titelblatt des Magazins *Pacific Islands Monthly* von damals: »Treibhaus-Effekt«, stand da, und darunter: »Sag auf Wiedersehen zu Tuvalu, Kiribati und den Marshall-Inseln.« In dieser Zeit ist der Klimawandel noch ausschließlich ein grünes Thema, etwas für Umweltschützer, Energie-Experten und Landwirtschaftsminister. Aus damaliger Sicht verständlich, meint Madeleen Helmer: »Wenn wir verhindern möchten, dass Tuvalu untergeht, dann müssen wir den Ausstoß von Treibhausgasen senken. Eine andere Möglichkeit gibt es nicht.« Die neue Klima-Konvention der Vereinten Nationen[5], die 1994 in Kraft tritt, gibt Anlass zu Optimismus. Allerdings merkt die Holländerin bald: Es sind schon heute Menschen von den Auswirkungen des Klimawandels betroffen, und »weil wir im Norden der Hauptverursacher des Problems sind, haben wir die Pflicht, ihnen zu helfen. Aber nicht nur, indem wir unsere Treibhausgas-Emissionen senken, das ist bloß die langfristige Variante.« Es geht auch nicht mehr bloß um Katastrophenhilfe, sondern um »Climate Risk Reduction«: das Risiko, dass Menschenleben und Lebensgrundlagen durch Klima-Katastrophen zerstört werden, durch Vorbeugung zu minimieren.

Das ist allerdings nicht mehr das Feld, auf dem sich die Umweltschützer tummeln. »Jetzt müssen Leute her, die die Risiken, die da auf uns zukommen, besser verstehen«, denkt Madeleen Helmer. Die Niederlande sind auch in der Katastrophen- und Entwicklungshilfe traditionell stark, doch die Appelle finden Mitte der neunziger Jahre noch wenig Widerhall. In der Szene weht damals noch immer der

Geist des »Brandt-Berichts«. In diesem Dokument der Nord-Süd-Kommission[6] proklamiert der ehemalige deutsche Bundeskanzler Willy Brandt: »Man muss sich von der Vorstellung freimachen, als hätte die ganze Welt die Modelle hochindustrialisierter Länder nachzuahmen. Es gilt, von der ständigen Verwechslung zwischen Wachstum und Entwicklung loszukommen, und wir unterstreichen mit Nachdruck, dass das eigentliche Ziel der Entwicklung eines Landes in dessen Selbsterfüllung und schöpferischer Partnerschaft liegt.« Mit anderen Worten: Die Länder des Südens bestimmen, was in der Entwicklungshilfe geschieht. Eine politisch korrekte Antwort, bloß nicht sehr hilfreich. »Wenn du eine Gefahr erkennst, die dein Partner nicht sieht«, entgegnet ihnen Madeleen Helmer, »dann hast du auch die Verpflichtung, ihn davor zu warnen.« Erst recht dann, wenn die Bedrohung vom Norden gemacht ist, »dann hat man die doppelte Verantwortung. Wir verursachen den Klimawandel – sie leiden unter den Folgen!« Doch das Interesse an ihren Warnungen bleibt noch für einige Jahre gering.

Auch in der größten weltweit agierenden Organisation zur Bewältigung von Naturkatastrophen gibt es anfangs wenige, die im Klimawandel ein Phänomen sehen, das ihnen künftig noch mehr Arbeit machen wird. Das Rote Kreuz ist in den neunziger Jahren ganz auf die weitere Verbesserung und Beschleunigung seines Katastrophenhilfe-Managements eingeschworen. »Sag mir, wann die Flut kommt, und wir werden bereit sein«, lautet die Devise. Inzwischen kann das Rote Kreuz seine Schnelleinsatz-Einheiten (Emergency Response Units – ERU) für Trinkwasseraufbereitung, Feldspitäler oder Telekommunikation binnen 48 Stunden von einem Ort der Welt an jeden beliebigen anderen schaffen und dort in Betrieb nehmen. Ausrüstung und Personal der ERUs kommen aus ganz verschiedenen nationalen Rotkreuz- und Rothalbmondgesellschaften, aber sowohl Material als auch die regelmäßigen Trainings sind standardisiert. Dass das Schwedische oder Finnische Rote Kreuz nach einem Erdbeben ein Feldspital schicken, in dem deutsche Ärzte und dänische

Krankenschwestern operieren, während für die Wasserversorgung eine mit Spaniern und Österreichern besetzte Trinkwasser-Aufbereitungsanlage am Krankenhaus andockt, ist inzwischen der Normalfall.

Doch gegenüber den Risiken, die der Klimawandel birgt, scheint das katastrophenerprobte Sensorium nicht anzuschlagen. »Das Problem ist, dass man einzelne Wetterereignisse nicht direkt auf den Klimawandel zurückführen kann«, erklärt Chris West vom britischen Climate Impacts Programme. »Wir sprechen hier von Wahrscheinlichkeiten. Aber wir kommen langsam dorthin, wo Wissenschafter sagen können: An einem Teil des Katastrophenrisikos ist der Klimawandel schuld.« Auch Madeleen Helmer räumt ein: »Ein Katastrophenfachmann kann in der Tat wenig mit der Vorhersage anfangen: Es ist sehr wahrscheinlich, dass in Nordwest-Europa innerhalb der nächsten Jahrzehnte mehr Niederschläge im Winter und trockenere Sommer zu erwarten sind. Aber er muss sich trotzdem vorher auf die neuen Risiken einstellen, anstatt im Nachhinein überrascht zu sein.« Denn mehr und mehr Wetterextreme und Katastrophen passen in das Muster der vorhergesagten Klimafolgen. Deshalb lässt der Generalsekretär des Schwedischen Roten Kreuzes, Anders Wijkman, schon Anfang der achtziger Jahre die Alarmglocken schrillen. »Aber das war einfach noch zu früh«, sagt er heute. »Bei diesem Thema sind wir noch ein schlafender Riese«, meint wenige Jahre später auch Peter Walker, damals Chef der Programmabteilung in der Zentrale der Internationalen Föderation der Rotkreuz- und Rothalbmondgesellschaften in Genf.

Walker und Wijkman zählen zu der Handvoll Leuten im Roten Kreuz, die früh erkennen, was der Klimawandel für die Organisation über kurz oder lang bedeuten wird: Er ist eine Erscheinung, die alle Hilfskapazitäten zu sprengen droht. Denn so viel Geld, Material und Personal, um mit immer mehr Katastrophen fertigzuwerden, gibt es nicht. Die gehäuften Desaster zehren tatsächlich schon bald an einer der wichtigsten Ressourcen der Rotkreuz- und Rothalbmondbewegung: an den freiwilligen Helfern. Madeleen Helmer erinnert sich an die Überflutungen der Jahre 2005 und 2006 in Rumänien. Insgesamt fünfmal trat die Donau über die Ufer. »Zuerst war die Hilfsbereitschaft groß, und sie blieb es auch noch nach der zweiten Flut«, erzählt sie. »Aber dann kam die dritte, die vierte, die fünfte, und unsere Leute waren einfach erschöpft. Die freiwilligen Helfer haben ja außerdem noch einen Beruf, eine Familie. Kein Wunder, dass sie überfordert waren.«

Allerhöchste Zeit also, den Riesen zu wecken. »Der Reflex der Katastrophenhilfe allein funktioniert nicht mehr«, erklärt Peter Walker. »Wir müssen uns auf diese neue Bedrohung einstellen, operativ und finanziell.«

Walker ist auch Herausgeber des jährlich erscheinenden und renommierten Weltkatastrophenberichts der Rotkreuz- und Rothalbmondföderation. Die Ausgabe 1999 widmet er dem Thema Klimawandel – es ist die erste offizielle Stellungnahme der Organisation zu diesem Phänomen. »Die Anzeichen sprechen dafür, dass die Ausbeutung der natürlichen Umwelt durch den Menschen unsere Biosphäre signifikant verändert«, lässt Walker seinen Generalsekretär George Weber im Vorwort schreiben. »Die schrittweise Veränderung des Weltklimas wird sich in extremen Wetterereignissen niederschlagen. Mehr Wirbelstürme, mehr Dürren, mehr Überschwemmungen.«[7]

Doch wie wenig der Klimawandel immer noch ein humanitäres Thema ist, zeigen die Reaktionen, die von Nichtbeachtung bis zu harscher Kritik reichen. Von einem »apokalyptischen Bericht zur Verbesserung des Spendenflusses« wettert die *Neue Zürcher Zeitung*, der eher an ein Drehbuch zu einem Katastrophenfilm von Steven Spielberg erinnere denn an ein Abbild der Realität. Dem Bericht hafte »etwas Marktschreierisches an. Der Leser wird das Gefühl nicht los, der in den vergangenen Jahren kaum in die Schlagzeilen gelangten Organisation gehe es darum, sich in Erinnerung zu rufen und Spendengelder anzuziehen«, kommentiert das ansonsten knochentrockene Blatt heftig.[8]

In Holland liest auch Madeleen Helmer im Frühjahr 2000 den Weltkatastrophenbericht des Roten Kreuzes. Im November dieses Jahres wird die sogenannte COP 6[9] in Den Haag stattfinden, die sechste jährliche Konferenz der Vertragsstaaten zur UN-Klimarahmenkonvention. Bei diesem Weltklimagipfel werden vor allem die Maßnahmen zur Reduktion von Treibhausgasen ausgehandelt, die Inhalte des späteren »Kyoto-Protokolls«: ein völkerrechtlich bindendes Instrument zum Klimaschutz. Die humanitären Folgen des Klimawandels spielen dabei immer noch höchstens eine untergeordnete Rolle. Deshalb ruft Madeleen Helmer beim Niederländischen Roten Kreuz an: Sie möchte wissen, was die Katastrophenhelfer vorhaben, um das zu ändern. Bei einem Treffen im August werden einige gemeinsame Workshops für die Konferenz vereinbart. Im September greift Madeleen Helmer nochmals zum Telefon: Sollte man nicht auch darüber reden, was das Rote Kreuz nach der Konferenz vorhat, um das Thema »Katastrophen als Folgen des Klimawandels« zu trommeln und die künftige Art von Katastrophenvorsorge und Hilfsmaßnahmen zu überlegen? Der zuständige Mitarbeiter meint: Machen Sie sich erst gar nicht die Mühe, vorbeizukommen. Wir haben gar nicht die Leute dafür zur Verfügung. »Daraufhin sagte ich«, erinnert sich Madeleen Helmer, »was wäre, wenn ich dafür zur Verfügung stünde?« – »Wenn das so ist«, lautet die Antwort, »dann lohnt es sich vielleicht doch, wenn Sie mal vorbeischauen …«

Dann geht alles überraschend schnell. Beim neuen Generaldirektor des Niederländischen Roten Kreuzes rennt die Klima-Expertin offene Türen ein. Nur ein Jahr später wird das »Zentrum für Klimawandel und Katastrophenvorsorge des Roten Kreuzes und Roten Halbmonds«[10] gegründet und beim Niederländischen Roten Kreuz in Den Haag angesiedelt. Madeleen Helmer wird die Leiterin des neuen Kompetenzzentrums und lernt jetzt auch, wie das Rote Kreuz funktioniert. Sie findet ein einzigartiges Netzwerk vor: 186 nationale Rotkreuz- und Rothalbmondgesellschaften mit Millionen von Mitarbeitern noch im hintersten Winkel der Welt. Es ist die ideale

Struktur, um einem globalen Phänomen mit maßgeschneiderten Lösungen auf lokaler Ebene zu begegnen – vorausgesetzt, sie findet die nötige Unterstützung dafür. Denn vom Slum von Jakarta über die zentraleuropäische Metropole bis zum Fischerdorf in Guatemala ist der Klimawandel vor allem für die Armen und Gebrechlichen schon Realität. Madeleen Helmer beginnt, die Zusammenarbeit der nationalen Gesellschaften aus den vermögenden Industriestaaten mit ihren Schwestergesellschaften in den bereits vom Klimawandel betroffenen Ländern zu fördern und zu systematisieren: Den Anfang machen Japan und Australien, die mit Tuvalu und Samoa zusammenarbeiten. Die Niederlande selbst helfen in Vietnam und Nicaragua. Ein Projekt des Deutschen Roten Kreuzes in Indonesien findet Madeleen Helmer bereits vor, und auch die Briten und Schweden engagieren sich schon in Bangladesch.

So unterschiedlich die Länder und ihre Kulturen, ein Gespräch über das Wetter ist überall ein guter Konversations-Starter. »In Nicaragua habe ich bemerkt, wie sehr meine eigenen Erfahrungen denen der ärmsten Menschen gleichen«, sagt Madeleen Helmer. »Ich habe beobachtet, wie sich das Wettergeschehen in meiner Stadt über Jahrzehnte hinweg verändert hat. Und genau das ist den Menschen hier eben auch aufgefallen, weil sie genauso wie ich ihr Leben lang am selben Ort gelebt haben.«

Diese Erfahrung nützt das Team vom Rotkreuz-Klimazentrum als Anknüpfungspunkt. »Die Menschen nennen das, was sie beobachten, natürlich nicht Klimawandel«, sagt Madeleen Helmer. »Sie finden: Das Wetter spielt verrückt. Andere nennen es eine Strafe der Götter. Aber als Thema war es nichts Neues.« Das Phänomen selbst ist den Menschen vertraut, und das ist ermutigend: »Denn das Erfolgsrezept ist natürlich nicht, ihnen etwas völlig Neues namens Klimawandel zu servieren. Sondern diesen mit den Beobachtungen aus dem täglichen Leben der Leute zu verknüpfen. Mit etwas, das sie schon kennen, wovon man sie nicht erst groß überzeugen muss.«

Ziel des Klimazentrums ist es auch hier, die Menschen auf das höhere Katastrophenrisiko vorzubereiten. Und dann ihre Fähigkeiten zu stärken, sich selbst zu helfen. »Community resilience« lautet der Begriff in der Rotkreuz-Sprache. Wenn in Pakistan die Erde bebt oder in Vietnam 800 000 Häuser überflutet werden, können die internationalen Rotkreuz-Helfer zwar binnen zwei Tagen da sein. Aber in diesen ersten heiklen 48 Stunden sind die einheimischen Retter auf sich allein gestellt. Arme, hilflose, schwache und sprachlose Opfer, als die sie die Medien darstellen, sind sie nicht. Bloß fehlen ihnen meist die Mittel, und hier setzt die Rotkreuz-Hilfe an. Dann stellen sich auch die Erfolge ein: Bevor der Hurrikan »Michelle« 2001 die Karibikinsel Kuba mit voller Wucht traf, wurden 700 000 Menschen im Blitztempo aus der Gefahrenzone evakuiert – ohne Hilfe von außen. Zwei Jahre zuvor zogen Helfer 50 000 türkische Erdbebenopfer aus den Trümmern ihrer Häuser – 98 Prozent von ihnen wurden von einheimischen Rettern geborgen. Von der großen Überflutung in Mosambik im Jahr 2000 sind vor allem noch die Fernsehbilder in Erinnerung, in denen Menschen mit Hubschraubern aus Bäumen und von Dächern geborgen werden. Doch die internationalen Retter mit ihren Rotoren haben während der Katastrophe nur eine kleine (wenn auch lebenswichtige) Rolle gespielt: Nur vier Prozent der Flutopfer haben sie geborgen, den Rest der Arbeit haben lokale Helfer selbst erledigt. Dass das Rote Kreuz großen Wert auf die Stärkung der Selbsthilfe-Fähigkeit legt, bewährt sich.

Jetzt gilt es außerdem, das künftige Risiko Klimawandel bei der Katastrophenvorsorge mitzudenken. »Unsere Aufgabe ist es, die Kluft zwischen den wissenschaftlichen Erkenntnissen über den Klimawandel und den davon betroffenen Menschen zu überbrücken«, sagt Madeleen Helmer. »Wir müssen dieses Wissen übersetzen, und zwar in Maßnahmen, die von jedermann praktisch und alltäglich angewendet werden können.« Praktisch, das bedeutet in Südostasien: gemeinsam mit dem Vietnamesischen Roten Kreuz entlang der Küste Mangrovenwälder zu pflanzen, die dann die Wucht eintreffender Zyklone abfangen; in Samoa, wo die Bezeichnungen für die

Windrichtungen in beinahe jedem Dorf anders lauten, eine gemeinsame Sprache zu finden, damit die Warnung: »Wirbelsturm aus Südwesten!« auch überall dasselbe bedeutet; in Bangladesch Motorräder und Megaphone bereitzustellen, damit eine Flutwarnung so rasch wie möglich bis ins letzte Dorf vordringen kann; in Holland, Frank-

Mofas und Megaphone: Hurrikanwarnung in Bangladesch

reich oder Österreich die lokalen Rotkreuz-Dienststellen auf sommerliche Hitzewellen vorzubereiten, damit dann alte und kranke Menschen nicht tagelang allein gelassen werden.

Auch entlang der Mosquito Coast in Nicaragua unterstützt das Team des Den Haager Klimazentrums die Kooperation des Niederländischen Roten Kreuzes mit seiner zentralamerikanischen Schwestergesellschaft. Auch hier ist das nationale meteorologische Institut in der Hauptstadt Managua ein weiterer fester Partner. Die Dörfer in dieser Atlantikregion Nicaraguas sind abgelegen und unzugänglich. Wie sollen die Warnungen der Meteorologen die Menschen in ihren Dörfern erreichen, wo es weder Strom noch Telefon gibt? Das Rote Kreuz identifiziert nicht nur geeignete Schutzbauten, in die sich die

Bewohner zurückziehen können, während ein Wirbelsturm durch ihr Dorf zieht. Seine Helfer installieren auch ein einfaches Alarmierungssystem aus mit Sonnenenergie betriebenen Radios. Gerade noch rechtzeitig, denn 2005 sollte zum tödlichsten und teuersten Katastrophenjahr seit zwei Dekaden werden.

Desaster aus Wind und Wasser haben in diesem Jahr auch die reichen Industrieländer nicht verschont. Die Saison, vor der sich sogar die mächtigste Nation der Welt fürchtet, beginnt jedes Jahr im Juni. Dann überschreiten die Windgeschwindigkeiten tropischer Wirbelstürme 118 Kilometer pro Stunde, und aus den taumelnden Luftkreiseln werden Hurrikane, die über die USA hinwegfegen. Schon in den ersten beiden Monaten der Saison des Jahres 2005 zählen die Meteorologen sieben von ihnen – bislang waren es höchstens fünf gewesen. Für die Benennung der 27 Hurrikane dieses Jahres reicht das Reservoire aus 21 Namen, ausgewählt von der World Meteorological Organization (WMO), nicht mehr aus. Für die letzten von ihnen müssen die Wissenschafter das griechische Alphabet bemühen: Sie werden »Alpha«, »Beta«, »Gamma«, »Delta«, »Epsilon« und »Zeta« heißen. Die Stürme werden außerdem wuchtiger. 2005 entwickeln sich drei der zehn stärksten Hurrikane seit dem Beginn der Aufzeichnungen im Jahre 1851. Die Stürme suchen auch neue Gebiete heim, etwa die bislang Hurrikan-freien Westküsten Europas und Afrikas.

Zerstörerisch sind aber nicht nur die Wirbelstürme selbst, sondern auch ihre Sekundärgefahren, Ergebnis des Zusammenspiels von Wind und Wasser: Sturmfluten, Sturzfluten, Überschwemmungen. Anfang Oktober 2005 zieht Hurrikan »Stan« zwar relativ langsam über Zentralamerika, schleppt aber enorme Regenmengen mit sich. Das Wasser löst Tausende Erdrutsche aus, die in Guatemala, Honduras, El Salvador und Nicaragua mehr als 1500 Menschen unter sich begraben.

Erst drei Monate zuvor ist weiter nördlich eine seit langem erwartete Katastrophe eingetroffen: Am Sonntag, dem 28. August, trifft »Katrina«, der elfte Hurrikan der Saison und der sechststärkste seit Beginn der Aufzeichnungen, New Orleans wie eine Atombombe und verwüstet große Teile der US-Bundesstaaten Mississippi und Louisiana sowie Ölförderungsanlagen im Golf von Mexiko. Der Hurrikan ist die Ursache dafür, dass das Wasser des Lake Pontchartrain seine Deiche überströmt, durchbricht oder einfach aus dem Weg schiebt und achtzig Prozent des Stadtgebiets von New Orleans meterhoch unter Wasser setzt.

»Katrina« ist nicht nur der teuerste Sturm aller Zeiten und das bisher am stärksten beachtete Beispiel dafür, dass sich auch die sogenannte »Erste Welt« nicht mehr sicher fühlen kann. Während die – reparablen – Schäden an den Ölförderungsanlagen im Zentrum der öffentlichen Aufmerksamkeit stehen, wird der Hauptschaden ignoriert: »Katrina« hat eine ganze Wirtschaftsregion entvölkert. In New Orleans liegt der wichtigste Seehandelshafen der Vereinigten Staaten, und wegen der Verwüstungen verlassen Zehntausende die Stadt. »All diese Arbeitskräfte haben nichts, wohin sie zurückkehren könnten«, sagt der Politikberater George Friedman. »Das Gebiet könnte sich nur mit enormen Hilfsmitteln von außen erholen, aber jeder weiß: Das Risiko eines Hurrikans besteht immer.«[11]

Der Bevölkerung der Industrieländer dämmert nach »Katrina«: Der Klimawandel zerstört nicht nur die Hütten, Felder und Weiden der Armen auf der Südhalbkugel der Erde. Er ist auch eine Bedrohung für die Paläste des Nordens, nur komplizierter: wirtschaftlich, strategisch, geopolitisch. »Klimawandel ist ein Bedrohungsmultiplikator, der bestehende Tendenzen, Spannungen und Instabilität noch verschlimmert«, erklärt drei Jahre später der Generalsekretär des Rates der Europäischen Union, Javier Solana.[12]

Währenddessen erwarten die Menschen in ihren Dörfern an der Atlantikküste von Nicaragua auf das Eintreffen von »Beta«, einem Wirbelsturm der Kategorie drei.[13] Als er das Festland erreicht, radiert er zunächst die Küstenstadt Sandy Bay aus. Niederschläge verursachen danach im Landesinneren zahlreiche Überflutungen. Doch die Menschen in der Programmregion des Rotkreuz-Klimazentrums sind gut auf das Ereignis vorbereitet. Sie wissen, dass der Wirbelsturm im Anzug ist, sie ziehen sich rechtzeitig in schützende Gebäude zurück, die Naturgewalt fordert diesmal kaum Menschenleben, die Zerstörungen an Lebensgrundlagen bleiben überschaubar.

Die Belastungsgrenze ist zwei Jahre später erreicht. Der tropische Sturm »Felix« wird im September 2007 über Nacht stärker und von der amerikanischen Luftwaffe nach einem Aufklärungsflug als Kategorie-zwei-Hurrikan eingestuft. Kurz darauf schlägt das Nationale Hurrikanzentrum der USA in Miami Alarm und stuft »Felix« in die Kategorie fünf[14] hoch. »Diesmal hat es sie erwischt«, erinnert sich Madeleen Helmer. »Felix'« Zerstörungskraft widerstehen weder Häuser noch Radiostationen. Der Sturm knickt Bäume und Strommasten, deckt Häuser ab und bringt sie zum Einsturz. Die Dörfer sehen aus wie nach einem Flächenbombardement. Überrascht sind die Menschen inzwischen nicht mehr. »Normalerweise hätten sie gesagt: Wir hatte ja gerade einen Hurrikan, so bald kommt jetzt keiner mehr, und ganz sicher keiner der Kategorie fünf«, sagt Madeleen Helmer. »Jetzt waren sie gewarnt, denn sie kannten das Risiko. Sie haben die Vorsichtsmaßnahmen eingehalten, sie wussten, was zu tun ist, selbst, wenn es außer dem eigenen Leben diesmal nicht viel zu retten gab. Das war das unmittelbare Ergebnis unseres Programms.«

Die Gegenprobe ist fatal. Die Miskito Keys, ein Archipel vor der Küste Nicaraguas, zählen nicht zum Programmgebiet des Roten Kreuzes. Die über tausend Hummerfischer der Keys mit ihren Familien erleben »Felix« buchstäblich im Auge des Orkans mit. Wenn überhaupt, dann wurden sie nur vor »starkem Wind« gewarnt, erinnert sich Simón McDavis Pablo, der unbesungene Held dieser atlantischen Hurrikan-Spätsaison. Der Kapitän hatte dreißig seiner 44 Lebensjahre auf See verbracht, und diese Erfahrung rettete nun viele Leben. Simóns Schiff, die Mrs Julies, liegt vierzig Seemeilen vor dem Festland bei den Maras Keys vor Anker, als »Felix« beginnt, alle festen Gegenstände, Bäume und Masten in fliegende Geschoße und Rammböcke zu verwandeln. »Wenn wir noch irgendeine Chance haben wollen, müssen wir hier weg«, dämmert es Simón. 170 Menschen, Hummerfischer und ihre Familien, nimmt er mit. Nach fünfstündigem nächtlichem Überlebenskampf haben sie es überstanden. In der Morgendämmerung sehen sie Leichen im Meer treiben, auch einige Verletzte, die sie bergen. »Alles war verschwunden«, erinnert sich der Kapitän, »die kleine Gemeinde existierte nicht mehr.« Offiziell wurden vierzig Todesopfer anerkannt, in Wahrheit waren es wohl mehr als hundert. »So viele könnten noch am Leben sein, wären wir rechtzeitig gewarnt worden«, sagt Simón McDavis Pablos voller Bitterkeit.

An das Jahr 2006 und an das Frühjahr 2007 erinnert sich Madeleen Helmer als eine Kette von Ereignissen, die dem Thema Klimawandel endgültig zum öffentlichen Durchbruch verhelfen. Da ist zunächst allen noch die verheerende Hurrikan-Saison des Jahres 2005 im Gedächtnis. Der Kinostart des Films »Eine unbequeme Wahrheit«, weltweit beworben vom ehemaligen amerikanischen Vizepräsidenten Al Gore, fällt in den Mai 2006. Am 30. Oktober schließlich präsentiert der ehemalige Chefökonom der Weltbank und Wirtschaftsberater der britischen Regierung, Sir Nicholas Stern, seinen Bericht[15] über die wirtschaftlichen Folgen der globalen Erwärmung. Seine Schlussfolgerung, dass die finanziellen Verluste durch den Klimawandel zwischen fünf und zwanzig Prozent der globalen Bruttoinlandsprodukte betragen könnten, erschüttert die Wirtschafszentren aller Kontinente. Deutlicher als je zuvor wird klar: Der Klimawandel ist auch ein Problem für jede einzelne Geldbörse in der Ersten Welt. Im Februar 2007 schließlich veröffentlicht der UN-Weltklimarat seinen mit Spannung erwarteten »Vierten Sachstandsbericht«[16], ein weiterer Report über »Auswirkungen, Anpassung und Anfälligkeit« im Zusammenhang mit der globalen Erwärmung folgt im April. Von zunehmenden Dürren und Fluten ist darin die Rede und von Epidemien, die im Zuge von Überschwemmungen entstehen; von immer größeren Problemen bei der Wasserversorgung; von abnehmender Nahrungsmittelproduktion; und von den Millionen

Menschen in den Großdeltas Afrikas und Asiens sowie von den Inselbewohnern, die vom Ansteigen des Meeresspiegels bedroht sind. Das kommt vielen Eingeweihten bekannt vor, aber »plötzlich war die kritische Masse für einen wirklichen Durchbruch erreicht«, sagt Madeleen Helmer. »Auf einmal war weltweit genug Publikum da, und jeder redete über den Klimawandel.«

Auch im Roten Kreuz findet zueinander, was längst zusammengehört. Peter Rees ist der oberste Katastrophenhelfer der Internationalen Rotkreuz- und Rothalbmondföderation. Bei einem Treffen von Spitzenkräften der Organisation in Genf im Jahr 2007 berichtet er von einem beunruhigenden Trend der vergangenen drei Jahre: Die Anzahl der Katastrophenhilfseinsätze, die aus dem Disaster Relief Emergency Fund (DREF) der Föderation bezahlt werden, hat sich in diesem Zeitraum verdoppelt. Dann betritt Madeleen Helmer das Podium und erzählt vom Klimawandel. »Ich hatte nicht erwartet«, sagt sie, »dass Peters und meine Geschichte so rasch ineinanderfließen würden. Lange Zeit hatte ich geglaubt, dass wir mit ausreichender Katastrophenvorsorge Risiken verringern könnten. Jetzt war mir klar: Wir müssen uns trotzdem parallel dazu auch auf mehr Katastrophenhilfe einstellen. Und da stehen wir heute.«

Die Botschaft ist angekommen, der Riese erwacht, ein Erfolg auf der ganzen Linie? Madeleen Helmers Optimismus hält sich in Grenzen. »Ich glaube, die Leute haben immer noch nicht begriffen, wie ernst die Lage ist. Sie glauben, sie hätten es verstanden. Aber das haben sie nicht.« Dass das Rote Kreuz als größte Hilfsorganisation der Welt inzwischen immer noch zu langsam reagiert, findet sie aber nicht. »Im Vergleich zu anderen sind wir sogar ziemlich schnell. Nur im Vergleich zu den Risiken, die der Klimawandel birgt, sind wir alle miteinander zu langsam.«

Vorwürfe, dass die Berichte des UN-Weltklimarates zu politisch und zu alarmistisch wären, haben die Wissenschafter vorsichtig gemacht. Doch wer die Prognosen mit der Wirklichkeit vergleicht, stellt schon heute beunruhigende Unterschiede fest. »Noch vor wenigen

Jahren wurde prognostiziert, dass die Eisdecke am Nordpol bis zum Ende dieses Jahrhunderts verschwindet, wenn wir so weitermachen wie bisher. Vor fünf Jahren hieß es, dass das bereits in einigen Jahrzehnten passieren könnte. Und heute redet man schon vom Jahr 2015«, sagt Madeleen Helmer.[17]

Die Prognosen hinken hinter den tatsächlich beobachteten Auswirkungen des Klimawandels her – aber warum?»Was das Abschmelzen des Polareises angeht, hat man zum Beispiel ursprünglich angenommen, dass das ein gleichmäßiger Prozess sein wird«, erklärt die Leiterin des Klimazentrums.»Aber jeder, der schon einmal seinen Eisschrank abgetaut hat, weiß, dass das nicht stimmt. Man sieht die Eisbrocken fallen, und danach schmelzen sie immer rascher. Und der Nordpol ist dabei gar nicht die erste Sorge, es geht vielmehr um die Antarktis und die Eisdecke Grönlands.«

Dasselbe gilt für die Vorhersagen über Treibhausgas-Emissionen und Temperatursteigerungen –»es geht alles viel schneller als vom Weltklimarat prognostiziert. Was uns vor neue Herausforderungen stellt: Wie kommuniziert man die zunehmende Dringlichkeit von Maßnahmen, weil die Vorhersagen viel rascher eintreffen als angenommen?« Noch dazu, wenn alle beteiligten Institutionen und Regierungen schon wegen ihrer Größe und der vielen unterschiedlichen Interessen einer gewissen Trägheit unterliegen.»Dazu kommt, dass das Ausmaß des Problems gewaltig ist«, sagt Madeleen Helmer.»Die Dringlichkeit scheint sich in dieser ganzen Komplexität zu verlieren. Deshalb bin ich nicht optimistisch.« Resigniert klingt sie dabei allerdings auch nicht. Das alttestamentarisches Schicksal, dass dort, wo es viel Wissen gibt, auch viel Gram ist, scheint sie nicht zu teilen.»Was wir zurzeit erleben, und worauf wir uns zubewegen, das ist ziemlich furchterregend«, sagt sie.»Aber ich lasse das nicht jeden Tag an mich heran. Man muss eben alles, was man macht, auch gegen die beschränkte Aufnahmefähigkeit des Menschen abwägen.« Und womöglich gegen sein Erbe aus der Urzeit. Weil sich jahrhunderttausendelang angesichts lebensbedrohlicher Gefahren die kurzfristigen

Reaktionen Flucht oder Kampf als Überlebensrezepte durchgesetzt haben, ist der Menschen biologisch dazu programmiert, den Terrorismus mehr zu fürchten als den Klimawandel. Man kann offenbar den Menschen aus der Savanne nehmen. Aber nicht die Savanne aus dem Menschen.

Der Zynismus ist in solchen Situationen eine Versuchung, »allerdings nicht für mich«, sagt Madeleen Helmer. »Der ganzen Angelegenheit einfach den Rücken zuzudrehen, ist auch keine Möglichkeit, dadurch verschwindet sie ja nicht. Also versuche ich, das Beste daraus zu machen. Und ich fühle mich sehr privilegiert, dass ich dazu die Möglichkeit habe.«

Das Beste daraus zu machen, das versucht inzwischen auch die Europäische Union[18], Australien hat unter seinem neuen Premierminister Kevin Rudd das Kyoto-Abkommen ratifiziert, und selbst in den USA gibt es Bewegung an der Klimafront. »Aber im Brennpunkt stehen immer noch die Treibhausgas-Emissionen«, zieht Madeleen Helmer Bilanz, »und nur einige leise Stimmen bei all diesen Verhandlungen zu einem internationalen Nachfolge-Abkommen für Kyoto sagen: Hallo! Das ist nicht mehr genug! Millionen Menschen leiden heute schon an den Klimafolgen, und wer kümmert sich um sie?«

Fünfzehn Jahre lang hat es gedauert, bis der Klimawandel als Umweltproblem begriffen wurde und Regierungen Maßnahmen gegen die Erwärmung in internationale Abkommen gekleidet haben. Jetzt bleibt nicht mehr viel Zeit, um dasselbe für seine humanitären Folgen zu erreichen. Denn schon im Dezember 2009 treffen sich die Staatenvertreter in Kopenhagen zur COP 15. Dort wird der Inhalt des Kyoto-Nachfolgeregimes festgelegt, das für länger als eine Dekade Gültigkeit haben wird. Bis dahin muss klar sein, welche Maßnahmen die Staatengemeinschaft zu treffen gedenkt, damit Menschen wie Tataua Pese, Anisur Rahman und Simón McDavis Pablo ihr Leben an die Risiken und Folgen des Klimawandels anpassen können. Und wer diese Maßnahmen bezahlt und umsetzt. Die Hilfsorganisationen schätzen, dass zwei Milliarden Dollar allein für die dringendsten Aktivitäten in den am wenigsten entwickelten Ländern nötig sind. Das Geld sollen die Regierungen in einen eigenen Fonds einzahlen. Doch schon bei Vorverhandlungen im deutschen Bonn – dem Sitz des UNFCCC[19]-Sekretariats – haben sie weniger als zwanzig Prozent der Summe zugesagt. Japan möchte sich mit 250 000 Dollar beteiligen – das ist weniger, als die Bevölkerung der Insel täglich für Raumsprays ausgibt.»Es wird 2009 ganz bestimmt kein Abkommen geben, wenn die Länder, die für den Treibhauseffekt verantwortlich sind, nicht einsehen, dass sie jetzt dafür auch die Rechnung begleichen müssen«, sagt Saleemul Huq vom Internationalen Institut für Umwelt und Entwicklung[20] in London. Der Gedanke, dass es dabei nicht um Wohltätigkeit, sondern um Wiedergutmachung geht, hat noch nicht in vielen Köpfen Platz gegriffen, findet auch Madeleen Helmer.»Wir haben hier im Norden noch nicht ganz verstanden, dass wir einen Preis zu zahlen und eine Verantwortung zu übernehmen haben«, sagt sie. Gerade das Rote Kreuz, schon von seinen Grundsätzen her Advokat für die Schwächsten und Verletzlichsten, spielt dabei eine zentrale Rolle für sie.»Es ist doch das Normalste, jetzt die Verantwortung für das zu übernehmen, was wir mit unseren Treibhausgasen anrichten. Das ist einfach, was zivilisierte Menschen tun.«

Anmerkungen

1 Kiribati president in NZ for talks. Australian Broadcasting Corporation, 5. Juni 2008. www.radioaustralia.net.au

2 Ein Dorf verklagt die Welt. In: Der Spiegel (24), 2008, 9. Juni 2008.

3 Intergovernmental Panel on Climate Change (IPCC), etwa »Zwischenstaatlicher Ausschuss für den Klimawandel«. 1988 vom UN-Umweltprogramm und der Weltorganisation für Meteorologie ins Leben gerufen. Das IPCC selbst betreibt keine Wissenschaft. Es ist der Klimarahmen-Konvention mit der Aufgabe beigestellt, die Risiken des Klimawandels zu beurteilen und Vermeidungsstrategien vorzuschlagen. 2007 wurde das IPCC gemeinsam mit dem ehemaligen US-Vizepräsidenten Al Gore mit dem Friedensnobelpreis ausgezeichnet.

4 Einen laufend aktualisierten Überblick über aktuelle Entwicklungen und Stand-

punkte auch von Klima-Skeptikern bietet die Website Climate Debate Daily, siehe http://climatedebatedaily.com

5 Rahmenübereinkommen der Vereinten Nationen über Klimaänderungen (United Nations Framework Convention on Climate Change) mit Sitz in Bonn. Ein internationales Abkommen mit dem Ziel, die globale Erwärmung zu bremsen und ihre Folgen zu lindern.

6 Die vom Präsidenten der Weltbank, Robert S. McNamara, angeregte »Unabhängige Kommission für Internationale Entwicklungsfragen« nahm im September 1977 ihre Arbeit auf. Auf seine Initiative übernahm Willy Brandt den Vorsitz dieser Kommission, der Vertreter aus insgesamt zwanzig Staaten – die Hälfte davon Entwicklungsländer – angehörten, unter ihnen der ehemalige britische Premier Edward Heath und der ehemalige Ministerpräsident Schwedens, Olof Palme. Ihre Hauptaufgabe sah die Kommission darin, »die ernsten Probleme von globalen Ausmaßen zu untersuchen, wie sie sich aus den wirtschaftlichen und sozialen Ungleichgewichten der Weltgemeinschaft ergeben, und Wege dafür aufzuzeigen, wie angemessene Lösungen für die Entwicklungsprobleme (…) und Armut vorangetrieben werden können«. Am 12. Februar 1980 reichte die Kommission offiziell bei den Vereinten Nationen in York den »Nord-Süd-Bericht« ein, dessen vollständiger deutscher Titel lautet: »Das Überleben sichern. Gemeinsame Interessen der Industrie- und Entwicklungsländer«. Der Bericht und seine zukunftsweisenden Strategien und Konzepte gelten bis heute als Meilenstein der Entwicklungspolitik.

7 World Disasters Report 1999. Geneva: International Federation of Red Cross and Red Crescent Societies 2000.

8 Rotkreuz-Warnung vor Naturkatastrophen. In: Neue Zürcher Zeitung, Nr. 144, 25. Juni 1999, S. 64.

9 Die sechste »Conference of the Parties« (COP) des Rahmenübereinkommens der Vereinten Nationen über Klimaänderungen.

10 Siehe www.climatecentre.org

11 George Friedman: The Ghost City. In: The New York Review of Books (15), 6. Oktober 2005.

12 EU warnt vor Krisen wegen Klima. In: Financial Times Deutschland, 3. März 2008.

13 Auf der fünfteiligen Saffir-Simpson-Hurrikan-Skala, Windgeschwindigkeit bis 209 km/h.

14 Auf der fünfteiligen Saffir-Simpson-Hurrikan-Skala, Windgeschwindigkeit bis 250 km/h.

15 Downloadbar von www.sternreview.org.uk

16 Siehe www.ipcc.ch

17 Für aktuelle Daten und Berichte siehe die Website des amerikanischen National Snow and Ice Data Center (NSIDC), http://nsidc.org

18 Council of the European Union: Report from the Commission and the Secretary General/High Representative to the European Council on Climate change and international security. Brussels, 3 March 2008, Document No. 7249/08.

19 Rahmenübereinkommen der Vereinten Nationen über Klimaänderungen (United Nations Framework Convention on Climate Change).

20 Megan Rowling: Who'll pay for the poorest to adapt to life after global warming? Reuters Alertnet, 4. Juni 2008. www.alertnet.org

Hans Magnus Enzensberger oder:
Die Lügner des Guten

Der Brief aus München enthält eine höfliche Bitte: »Ich gebe eine etwas ungewöhnliche Buchreihe heraus und möchte in diesem Kontext gern einen Band über die Geschichte, die Arbeit und die Probleme des Roten Kreuzes veröffentlichen. Ich wäre Ihnen für jede Art der Hilfe und für jeden Hinweis dankbar, wenn Sie mein Projekt für sinnvoll halten. Mit den besten Wünschen, Hans Magnus Enzensberger.«

Auf den ersten Blick: ein Scherz von Kollegen. Warum sollte sich ausgerechnet Hans Magnus Enzensberger für das Rote Kreuz interessieren? Auf den zweiten Blick: Das Interesse ist vielleicht doch nicht so abwegig. Es ist kein Zufall, dass Enzensberger ein Hausheiliger vieler Rotkreuz-Mitarbeiter ist. In seinem Werk finden sie jene Unterstützung, die ihnen der Zeitgeist verwehrt. Auch Hans Magnus Enzensberger geht es nicht (mehr) um allgemeine Weltverbesserung, sondern um die hartnäckige Verteidigung von Minimalstandards der Zivilisation. Auch er misstraut der unverbindlichen Rhetorik von Absichtserklärungen und einer Selbstüberschätzung, die glaubt, für alles Verantwortung übernehmen zu können (»Ein Lump ist, wer mehr verspricht, als er halten kann!«). Auch er hält große Stücke auf die Handlungsbereitschaft einzelner Personen, die präzise dort Verantwortung übernehmen, wo sie die Dinge entsprechend ihren Kräften und Fertigkeiten auch tatsächlich zum Besseren wenden können. Damit ist viel über das Selbstverständnis des Roten Kreuzes gesagt. Hans Magnus Enzensbergers Buch ist schließlich unter dem Titel »Krieger ohne Waffen« erschienen. Das Rote Kreuz hat den Schriftsteller eingeladen, sich mit dem Präsidenten des Internationalen Komitees vom Roten Kreuz (IKRK), Jakob Kellenber-

ger, über die Menschen im Roten Kreuz zu unterhalten, die sich
»einer Mission verschrieben haben, von der sie wissen, dass sie nie
ein gutes Ende nehmen wird« (Enzensberger im Vorwort).

*Herr Enzensberger, was hat Sie bewogen, ausgerechnet ein Buch über das
Rote Kreuz zu schreiben?*

Hans Magnus Enzensberger: Auf das Thema bin ich zum einen durch ein
grundsätzliches Interesse gestoßen. Ich habe vor Jahren ein Buch geschrieben, das »Aussichten auf den Bürgerkrieg« heißt. Darin werden die Gefährdungen der Zivilisation in Form eines längeren Essays
behandelt, und zwar sowohl im Hinblick auf die größeren Konflikte
in der Welt als auch auf die zugespitzten Konflikte im Inneren unserer eigenen Gesellschaft.

Aber was mich wirklich bewogen hat, mich mit dem Roten Kreuz
näher zu befassen: Ich habe zwei Jahre vor dem Genozid in Ruanda
mit einem Schweizer Freund, der damals Afrika-Korrespondent der
Neuen Zürcher Zeitung in Nairobi war, eine Reise in Ostafrika gemacht. Durch seine Kontakte haben wir in Kigali einen Delegierten
des IKRK kennengelernt. Dieser Mann war an den unglaublichsten
Krisenorten, der hat eigentlich alles gesehen, und die Haltung, die er
dazu eingenommen hat, hat mich durch das Fehlen einer Rhetorik
der Menschenrechte in einem allgemeinen Diskurs ganz besonders
beeindruckt. Das war ein äußerst nüchterner Mann, und das hat ihn
nicht nur nicht an seiner Arbeit gehindert, sondern das war gewisser-
maßen die Voraussetzung dafür. Diese ganze Person war so ein-
drucksvoll, das hat mich dann nicht mehr ruhig gelassen.

*Bestätigt der Präsident des IKRK diese pragmatisch-nüchterne Herange-
hensweise?*

Jakob Kellenberger: Wenn Sie in Konfliktgebieten verantwortungsvoll
arbeiten, die Kriegsopfer erreichen, aber auch in Sachen Sicherheit

das Möglichste tun wollen, dann müssen sie sehr straff organisiert sein und sehr diszipliniert arbeiten. Wir haben sicher ein sehr klares Auftragsverständnis. Die Mentalität der Organisation ist geprägt durch ein ganz klares Bewusstsein davon, was die Kernaufgabe ist.

Diese Mentalität finden Sie in Herrn Enzensbergers Werk wieder?

Jakob Kellenberger: Nach der Lektüre Ihrer Schriften sind mir vor allem zwei Aussagen geblieben, die ich wahnsinnig wichtig finde. Zum einen haben Sie einmal geschrieben, dass es schon eine große Errungenschaft sei, wenn man ohne Waffe auf die Straße gehen könne. Damit ist gesagt, dass die Verteidigung der zivilisatorischen Minima schon eine sehr, sehr große Aufgabe darstellt. In einem gewissen Sinne versuchen wir diese Aufgabe zu übernehmen. Es geht uns nicht um allgemeine Weltverbesserung, wir versuchen mit Hartnäckigkeit, diese zivilisatorischen Minima unter schwierigsten Umständen zu verteidigen.

Das Zweite ist die Gradierung der Verantwortlichkeit. In jenem Essay waren Sie sehr kritisch mit Leuten, die Ansprüche erheben – meist sind es ja nur rhetorische Ansprüche –, für alles Verantwortung zu übernehmen. Sie haben aber vielmehr betont, dass es im Grunde auf die Gradierung der Verantwortlichkeit ankomme, man also Verantwortung in einem sehr präzisen Sinn übernähme. Nämlich dort, wo die Handlungsmöglichkeit auch hinreicht.

Hans Magnus Enzensberger: Ja. Es gibt ja so etwas wie eine gutgemeinte Allmachtsfantasie, eine gewisse Überschätzung der eigenen Möglichkeiten. Aber man muss seine Reichweite und seine Handlungsmöglichkeiten schon bestimmen können, sonst bleibt das vollkommen abstrakt. Das wird nicht immer gerne gehört, weil es natürlich auch bedeutet, dass man nicht überall handeln kann. Und es bedeutet, dass man in der Zuspitzung, wenn es wirklich sehr ernst wird, Entscheidungen treffen muss, die sehr schwer zu treffen sind. Die auch moralisch schwierig sind. Man tut sich eben viel leichter mit einer unverbindlichen Rhetorik.

Absichtserklärungen kann man natürlich beliebig abgeben, aber dann kommt man in die Nähe utopischer Texte. Es gibt ja Gesellschaftsentwürfe utopischer Art, da kann jeder gern tun, was ihm gefällt. Aber das hat keinen politischen, operativen Charakter, keine Handlungsdimension. Um im eigenen Land zu bleiben: In Deutschland erheben manche die Forderung, das Recht auf Arbeit in der Verfassung zu verankern. Ich bin dagegen, denn dieses Versprechen kann der Staat nicht einlösen. Ein Lump ist, wer mehr verspricht, als er halten kann. Das ist doch nicht gut!

Sie äußern sich oft skeptisch gegenüber dem Universalanspruch von Werten und meinen, dass dieser Anspruch eine moralische Falle und ein eurozentristisches Konzept sei. Aber ist es nicht so, dass die etwa in den Genfer Konventionen festgeschriebenen Werte schon ziemlich global vorhanden sind?

Hans Magnus Enzensberger: Ich vertrete nicht die Position, dass es eine europäische Idee ist, lieber nicht unterdrückt werden zu wollen, und dass das in Asien alles ganz anders sei. Dieser Kulturrelativismus liegt mir ganz fern. Worauf es mir ankommt, ist das verantwortungslose Versprechen von etwas, wobei der Sprechende gar nicht daran denken kann, es einzulösen.

Das kann man bis in hochoffizielle Texte wie die Allgemeine Erklärung der Menschenrechte der Vereinten Nationen zurückverfolgen. Da wird ja nicht nur Sicherheit für Leib und Leben versprochen, sondern auch alle möglichen sozialen Rechte, auf Gesundheit, auf einen angemessenen Lebensstandard und so fort. Und das hört sich natürlich im Kontext eines afrikanischen Landes wie blanker Hohn an. Das ist ja leeres Stroh gedroschen, und dagegen wende ich mich.

Das bedeutet nicht, dass ich denke, die Afrikaner hätten weniger Anspruch auf diese Rechte als irgendjemand sonst auf der Welt. Ich glaube nur, man muss aufpassen, nicht zum Lügner des Guten zu werden. Es stellt sich einfach die Frage nach Konkretisierung solcher Werte. Ich finde es auch fatal, dass diese Reden meistens von den Leuten kommen, denen es gut geht. Man muss dann auch die anderen fragen, was sie davon halten.

Dann wären Sie für die Abschaffung der Allgemeinen Erklärung der Menschenrechte?

Hans Magnus Enzensberger: Zumindest für eine starke Reduzierung dieses Katalogs. Regierungen haben das ja unterschrieben, und das finde ich auch ganz fatal. Das ist eine Absichtserklärung. Wenn darüber stünde: Eine wünschenswerte Welt würde folgendermaßen aussehen, Doppelpunkt, erstens, und so weiter, dann wäre ja gar nichts dagegen einzuwenden. Aber das in einer verbindlichen Form festzulegen, um dann noch wenig oder nichts zu tun, um es auszuführen, das halte ich einfach für Etikettenschwindel. Da steht dann drin: Jeder hat ein Recht auf angemessene Gesundheitsversorgung. Und man weiß, dass drei Viertel der Menschheit sich nicht einmal die notwendigsten Medikamente kaufen können. Das klingt ein bisschen obszön.

Aber es kann doch auch ein Ausgangspunkt für die Bürger sein, um auf ihren Rechten zu bestehen.

Hans Magnus Enzensberger: Das nützt den Leuten sehr, sehr wenig. Bleiben wir doch bei diesem Recht auf Arbeit, im Kleinen kann man das sehr gut darstellen. Wenn wir das in die Verfassung der Bundesrepublik hineinschreiben, wird davon kein Arbeitsloser satt. Mich stört das fast schon moralisch, wenn man das hinschreibt und absegnet und verkündet, und dann fehlt jede Realisierungsmöglichkeit. Dazu müsste man erst ein anderes Gesellschaftssystem entwickeln, damit dann jeder zu einer Stelle gehen und Arbeit verlangen kann. Das gibt es aber nicht, also finde ich das prekär.

Politik hat unmittelbar etwas mit Handlungen zu tun. Das öffentliche Handeln ist ja nicht bloß eine Predigt. Diese Erklärung der Menschenrechte ist nun auch schon ziemlich lange her, sie wurde kurz nach dem Zweiten Weltkrieg abgegeben; und um die Bibel zu zitieren: An den Früchten sollt ihr sie erkennen. Ja, wo sind die denn?

Herr Kellenberger, stimmen Sie der These des Herrn Enzensberger zu?

Jakob Kellenberger: Der Grundgedanke von Herrn Enzensberger besteht darin, dass man die Worte sehr ernst nehmen sollte. Wenn man etwas erklärt, dann muss man das Maximum unternehmen, um das auch Wirklichkeit werden zu lassen. Der Grundgedanke von Herrn Enzensbergers Arbeit läuft ja stark auf die Ablehnung rhetorischer Alibihandlungen hinaus.

Müsste auch das humanitäre Völkerrecht, so wie der Menschenrechtskatalog, überarbeitet werden?

Jakob Kellenberger: Der Gedanke, ob man das humanitäre Völkerrecht weiterentwickeln soll, wird oft diskutiert. Bestimmt gibt es Entwicklungsmöglichkeiten. Aber wir müssen uns unbedingt auf alle Maßnahmen und Initiativen konzentrieren, aus denen eine bessere Respektierung der bestehenden Regeln folgt. Das ist eine ungeheure Herausforderung. Die Hauptverantwortung dafür liegt natürlich bei den Staaten, die diese Abkommen ratifiziert haben. Aber der Normalfall des Krieges sind heute die vielen Bürgerkriege. Die bewaffneten Parteien kennen die Kriegsregeln oft gar nicht. Oder sie ignorieren sie und sagen, sie fühlten sich dadurch nicht gebunden, weil diese Verträge seinerzeit von einer Regierung unterzeichnet worden sind, mit der sie sich nicht identifizieren.

Hans Magnus Enzensberger: Das führt jetzt mich zu einer Frage, und die betrifft die sogenannten weißen Flecken auf der Weltkarte. Die weißen Flecken haben eine Vorgeschichte in der Kolonialzeit. Das waren Orte, die noch niemand aus anderen Teilen der Welt besucht hat. Die mussten erforscht, kolonisiert, beherrscht werden. Aber gibt es heute neue weiße Flecken auf der Welt? Aus denen sich zuerst die staatlichen Gewalten zurückziehen, dann die Diplomatie, die Ausländer, die Medien – und die Letzten, die sich dann möglicherweise zurückziehen müssen, wären die Helfer. Treten solche Situationen auf?

Jakob Kellenberger: Sie haben ja schon Anfang der neunziger Jahre vorausgesagt, dass der Bürgerkrieg der Normalfall der bewaffneten Auseinandersetzung wird. Dass er immer mehr in einem Umfeld stattfindet, in dem es nicht nur keine staatlichen Strukturen, sondern bei den Konfliktparteien oder Banden auch keine klaren Kommandostrukturen mehr gibt. Wenn wir uns die 25 größten bewaffneten Konflikte der Gegenwart ansehen, dann ist dieser Fall jetzt schon an mehreren Orten eindeutig gegeben.

Was bedeutet das konkret für die Arbeit des Roten Kreuzes?

Jakob Kellenberger: Für das IKRK ist dieses Umfeld natürlich radikal verschieden von dem vor den neunziger Jahren. Wir sind eine Organisation, die ihre Sicherheit auf die Verbindung mit allen Konfliktparteien baut. Das ist aus verschiedenen Gründen schwieriger als früher. Oft sind mehrere Konfliktparteien im gleichen Gebiet tätig, oft haben Sie es auch mit einer Überlagerung von Konflikten zu tun. Dabei ist es oft sehr schwierig herauszufinden, an wen Sie sich wenden können, um sicher zu sein, dass die Befehle ihren Weg überallhin finden. Für mich grenzt es manchmal an ein Wunder, wie gut das alles in allem funktioniert. Aber mit der Ermordung unserer Mitarbeiter in Burundi, Tschetschenien und in Kongo-Kinshasa haben wir auch Gegenbeispiele erlebt. Das geschah in sehr heiklen Gebieten. Wir hatten uns in der üblichen Weise informiert, hatten die notwendigen Kontakte geknüpft, und dann wurden die einfach ermordet.

Das führt nicht unmittelbar zu der Entscheidung, sich aus dem Gebiet zu-
rückzuziehen, sich aus den »weißen Flecken« zurückzuziehen? Vor der
Aufklärung hieß es ja metaphorisch, dort wären Löwen ...

Hans Magnus Enzensberger: ... hic sunt leones! ...

... genau. Wenn die Brutalisierung oder Unzivilisierung des Bürgerkrie-
ges zunimmt, werden dann die weißen Flecken mehr? Gibt es heute mehr
Gebiete, wo das IKRK daran gehindert wird, die Ideale des Henri Dunant,
also die Zivilisierung des 19. Jahrhunderts, zu üben? Fallen wir hinter
schon Erreichtes zurück?

Jakob Kellenberger: Wir machen diese Rückzugsbewegung nicht mit. Es
gibt einzelne Gebiete, wo wir es aus Sicherheitsgründen nicht ver-
antworten können zu operieren. Sie sind sehr selten. Die Antwort ist:
Die weißen Flecken enthalten IKRK-Tätigkeit.

Das IKRK war 1996 gezwungen, sich aus Tschetschenien zurückzuzie-
hen.

Jakob Kellenberger: Jetzt müssen wir mit dem Wort »gezwungen« aufpassen. Nehmen wir das »gezwungen« wörtlich, dann bedeutet es,
dass man uns verbietet, tätig zu sein. Im übertragenen Sinne bedeutet es, dass wir gehen, weil wir finden, wir könnten die Arbeit aus Sicherheitsgründen nicht aufrechterhalten. Sie meinen das Zweite.

Ja, genau.

Jakob Kellenberger: Nehmen wir den Fall Tschetschenien. Dort hat sich
das IKRK nach der Ermordung von sechs Mitarbeitern zurückge-
zogen. Aus Sicherheitsgründen, denn wir wissen bis heute nicht,
weshalb sie ermordet worden sind. Einer unserer schwierigsten Ent-
scheide war es, vor diesem Hintergrund dort trotzdem wieder tätig zu

werden. Sie müssen heutzutage in dieser unstrukturierten Welt auch eine gewisse Flexibilität haben. In Tschetschenien machen wir zweierlei: Das eine sind die Besuche von tschetschenischen Gefangenen in Tschetschenien und um Tschetschenien herum. Ich habe das mit Herrn Putin direkt ausgehandelt. Und das Zweite ist die Hilfstätigkeit in Tschetschenien.

Wie haben Sie Ihr Sicherheitsproblem gelöst?

Jakob Kellenberger: In Tschetschenien sind die großen Probleme der Banditenaspekt und die Geiselnahmen. Davon sind lokale Angestellte viel weniger betroffen. Wir haben die Sache also so gelöst: Die Assistenztätigkeit, zum Beispiel die Wiederinstandsetzung der Trinkwasserversorgung von Grosny, die Besuche bei alten Leuten oder die Nahrungsmittel-Hilfslieferungen, das alles wird durch lokale IKRK-Angestellte gemacht, weil sie nicht dieser Gefahr ausgesetzt sind. Die Gefängnisbesuche hingegen machen wir mit ausländischen Delegierten, das sind dort lauter Schweizer.

Auch dabei standen wir vor einem ganz schwierigen Entscheid: Verzichten wir aus Sicherheitsgründen auf das, was wir unbedingt wollen, nämlich diese Gefängnisse nach unseren Regeln zu besuchen? Nach unseren Regeln heißt: Zugang zu allen Gefangenen, wiederholte Besuche und Gespräche ohne Zeugen. Oder machen wir es zwar nach unseren Regeln, aber unter einer Abweichung von unseren allgemeinen Prinzipien? Wir haben dann gesagt: Es ist wichtig, dass wir diese Gefängnisse besuchen, aber die Delegierten werden von einer bewaffneten Eskorte begleitet. Das ist mit Somalia zusammen die einzige Ausnahme von bewaffnetem Schutz für unsere Delegierten.

Hans Magnus Enzensberger: Zur Frage, ob wir es mit einem Rückfall zu tun haben, muss man auch sagen: Es ist ja sehr schwer, das Volumen der Barbarei zu messen. Das 20. Jahrhundert hat diese massive Bar-

barei gesehen, während wir es zur heutigen Zeit mit einer merkwür-
digen molekularen Barbarei zu tun haben. Die taucht immer wieder
auf und verschwindet, konzentriert sich nicht, geht ja auch nicht von
irgendeinem Zentralkomitee oder vom Führerhauptquartier aus. Insofern sind das schwer vergleichbare Zustände, und ich denke, wir

Regeln des Völkerrechts in den »neuen Kriegen« erklären

können unsere Zeit schwer beschuldigen, schlimmer auszusehen als
vor fünfzig Jahren.

Frühere Besuche bei Kriegsgefangenen waren ja eine ganz klare,
international abgemachte Sache. Die meisten haben sich auch daran
gehalten, die Konzentrationslager ausgenommen. Aber mit den
Kriegsgefangenen hat es im ganzen Zweiten Weltkrieg funktioniert,
inmitten eines riesigen Debakels. Und heute geht es eben auch um
ein tastendes Sich-Einstellen auf neue Situationen. Wenn die alten
Regeln nicht mehr funktionieren, muss man erfinderisch sein.

Jakob Kellenberger: Ja, und von der Handlungsbereitschaft der einzelnen Personen hängt dabei viel ab. Was mich dennoch am meisten

schockiert, selbst wenn wir uns nur auf das humanitäre Völkerrecht, nur auf diesen kleinen Teil des internationalen Rechts beschränken: Fast alle Staaten sind Vertragsparteien, und trotzdem steht es mies um die Respektierung dieser Regeln. Das ist schon etwas, das einen sehr plagt.

Bei den Genfer Konventionen heißt es ja am Anfang sinngemäß, dass die Signatarstaaten verantwortlich sind, diese Regeln zu beachten, aber auch dafür zu sorgen, dass sie von den anderen beachtet werden. Man kann sich auch davon keine Wunder versprechen, aber es wäre schon sehr wichtig, dass die Staatengemeinschaft oder einflussreiche Staaten gegenüber Konfliktparteien sehr deutlich zum Ausdruck bringen, dass die Respektierung dieser Regeln für sie von zentraler Bedeutung ist. Es kann einen ziemlichen Unterschied machen, ob es Ihnen gelingt, in einer gewissen Situation einen Staat zu mobilisieren.

Einem tatsächlich in gewissen Fragen ermutigenden Wertebewusstsein steht heute also eine Welt gegenüber, in der die Regeln laufend brutal verletzt werden, man mag ja gar nicht beschreiben, wie. Und da kommt man dann wieder drauf, dass es darum geht, relativ bescheiden und hartnäckig und vielleicht nur an einem Ort und vielleicht nur zu einem gewissen Zeitpunkt eine Regel durchzusetzen.

Was bedeutet das für die Erwartungen, denen Opfer und Delegierte gleichermaßen ausgesetzt sind? Wenn man sich die Mitarbeiter von Hilfsorganisationen als Idealisten vorstellt, müssten die ja unter ihrem Anspruch zusammenbrechen.

Jakob Kellenberger: Gemessen an den Erwartungen, welche die Opfer gegenüber der Organisation haben, und gemessen an den Erwartungen, die der Delegierte hat, muss man sehr oft damit leben, dass man das nicht erfüllen kann. In der Praxis ist es trotzdem erstaunlich, wie viel mit Hartnäckigkeit erreicht wird. Was mich immer wieder beeindruckt, ist, wie die Leute halt Demarche auf Demarche machen, nicht

Zugang bekommen haben am Tag A, und dann versuchen sie es halt am Tag B wieder. Die Einstellung wird kaum je sein: alles oder nichts. Sie können nur gewisse Ziele erreichen, und das ist für die Delegierten vor Ort manchmal wahnsinnig schwierig.

Im ehemaligen Jugoslawien, in Zagreb, in Sarajevo und in Belgrad, habe ich Familienangehörige der Leute getroffen, die immer noch vermisst sind, heute noch. Es sind 20 000 Menschen, von denen es keine Nachrichten gibt, und die Angehörigen haben wahnsinnige Erwartungen gegenüber dem IKRK. Auf der einen Seite sind sie dankbar, dass eine Organisation bei den Behörden auf Informationen beharrt. Auf der anderen Seite sind die Delegierten aber oft mit Enttäuschungen konfrontiert. Die Menschen fragen: Warum wissen wir noch immer gar nichts? Das ist schon auch sehr schwierig.

Hans Magnus Enzensberger: Wie ist es denn mit der Verweildauer der Delegierten in der Feldarbeit? Da muss es ja Grenzen geben, Burnout, Überforderung. Ich habe mit zwei Delegierten gesprochen, die nach vielen Jahren von sich aus gesagt haben: Jetzt geh ich weg, ich bin nicht mehr in der Lage, das weiterzumachen.

Jakob Kellenberger: Ich hatte jedenfalls nie Mühe zu verstehen, dass es notwendig ist, nach einem gewissen Zeitraum zu wechseln. Es hat einmal eine Zeit gegeben, in der Delegierte einen Posten in einem sehr grausamen, schwierigen Umfeld gemacht haben, und dann einen Posten in einer etwas einfacheren Umgebung. Das wird leider immer schwieriger, weil die Bedürfnisse nach Personal in den sehr hässlichen Umfeldern sehr stark gestiegen sind.

Michael Ignatieff sagt in seinem sehr skeptischen Essay: Die Krieger haben kein Ehrgefühl mehr, deshalb werden sie brutaler. Herr Enzensberger, Sie gelten ja auch ein bisschen als Zivilisations-Skeptiker. Haben Sie dieses Buch auch aus einer gewissen Skepsis hinsichtlich der Entwicklung der Zivilisation gemacht?

Hans Magnus Enzensberger: Nein. Das IKRK ist eine ganz wichtige Organisation in der Welt, es ist auch in der Geschichte der Gattung etwas Tolles, dass es so eine Organisation überhaupt gibt, und davon muss man Kenntnis nehmen. Allerdings nicht unkritisch, deswegen ist auch die ganze Sache mit der Nazizeit dokumentiert. Man muss natürlich auch die Probleme sehen, und die vom IKRK, das sind die Ersten, die diese Probleme sehr ernst nehmen. Das ist ja nicht nur der Herr Ignatieff. Wir wollen uns auch nicht bloß darauf festlegen, ob wir Optimisten oder Pessimisten sind. Das sind ziemlich schwache Alternativen, wenn man sich immer nur zwischen »entweder« und »oder« entscheiden kann.

Jakob Kellenberger: Herr Enzensberger hat seine Motivation, glaube ich, etwas bescheiden dargestellt. Wenn man Ihre Schriften liest, vor allem, was Sie über den Bürgerkrieg geschrieben haben, dann gibt es für mich schon viele direkte Verbindungen mit Ihrem Engagement. Wenn man sich überlegt, wie Sie den Bürgerkrieg und sein Wesen beschrieben haben, mit all diesem autistischen Verhalten, der Mischung aus Zerstörung und Selbstzerstörung, das ist eben auch das Umfeld, in dem unsere Organisation arbeitet. Wenn man gewisse Essays von Herrn Enzensberger liest und im Roten Kreuz arbeitet, dann kann es sehr oft passieren, dass man sich sagt: Ja, so ist es jetzt eigentlich, und das ist es genau, was passiert.

Sie sagen beide, dass die Rolle von Staaten überall immer stärker zurückgedrängt wird, dass in vielen Bürgerkriegen staatliche Gebilde gar nicht mehr existieren. Muss sich das IKRK mittelfristig darauf einstellen, anders mit dieser Situation umzugehen?

Jakob Kellenberger: Wenn Sie die Realität sehen, ist es natürlich heute schon so. Der Großteil unserer Gesprächspartner sind nicht Staaten. Das hängt damit zusammen, dass wir heute vor allem in Bürgerkriegen tätig sind. Wenn das IKRK in Kolumbien sechzehn Delegationen betrieb, dann hat das viel damit zu tun, dass es dort mit der FARC, mit der ENL, mit den Paramilitärs und mit der Regierung in ständigem Kontakt sein muss. Es genügt nicht einmal, das auf zentralstaatlicher Ebene zu machen, denn die Abschnittskommandanten haben eine große Autonomie. Dass wir diese Kontakte daher in verschiedenen Provinzstädten knüpfen und aufrechterhalten, ist ein Kennzeichen dieses Arbeitsumfelds.

Es genügt heute auch überhaupt nicht mehr, bloß staatliche Armeen in den Regeln des humanitären Völkerrechts zu unterrichten. Wir machen das heute auch bei nichtstaatlichen Konfliktparteien. Manchmal werden wir sogar dazu aufgefordert. Auch die Taliban haben uns gebeten, ihre jungen Soldaten in humanitärem Völkerrecht zu unterrichten. Die Welt ist voll von Überraschungen.

Haben Sie's gemacht?

Jakob Kellenberger: Jaja, wir machen das.

Und nützt es?

Jakob Kellenberger: Sich allgemein über den kurzfristigen Nutzen der Unterrichtung im humanitären Völkerrecht zu äußern, ist nicht nur in Bezug auf die Taliban eine große Herausforderung …

Mit dem sich verändernden Wesen der bewaffneten Konflikte sind auch sogenannte humanitäre Interventionen populär geworden. Droht von dieser Seite Gefahr?

Hans Magnus Enzensberger: Ich glaube, man muss Politisches und Humanitäres ganz entschieden voneinander trennen. Soweit ich weiß, hat das Internationale Komitee sich in der Frage dieser bewaffneten humanitären Interventionen auch gar nicht festgelegt. Die werden den Teufel tun, da Partei zu ergreifen. Das wäre ja ganz falsch für sie, die auf beiden Seiten der Linie operieren müssen. Sehe ich das richtig?

Jakob Kellenberger: Herr Enzensberger hat völlig recht, das IKRK hat sich zur Frage der Berechtigung oder Nichtberechtigung der militärischen Intervention nicht geäußert. Wir stellen uns auf den Standpunkt, dass die internationale Gemeinschaft dafür verantwortlich ist, wie man groben und massiven Verletzungen des humanitären Völkerrechts begegnet. Wie man das macht, regelt die Charta der Vereinten Nationen und nicht das humanitäre Völkerrecht.

Hingegen ist es wichtig zu sagen, dass Armeen, die eine Intervention mit einer humanitären Teilzielsetzung vornehmen, selbstverständlich auch an die Regeln des humanitären Völkerrechts gebunden sind. Und zweitens sind wir im IKRK schon entschieden der Auffassung, dass die politisch-militärische und die humanitäre Rolle zwei verschiedene Rollen sind. Wir denken nicht, dass es gut ist, die beiden zu verwechseln. Die politisch-militärische Rolle ist es, zu versuchen, die Ursachen von Konflikten zu lösen. Die humanitäre Rolle besteht darin, sich mit den Folgen von Konflikten zu befassen. Wenn Militärs beides machen, dann kann es für die humanitären Organisationen die indirekte Wirkung der Infragestellung ihrer Unabhängigkeit und Unparteilichkeit haben.

Der Begriff der humanitären Intervention macht Ihnen Mühe.

Jakob Kellenberger: Ich gehöre nicht zu den Leuten, die leugnen, dass eine politisch-militärische Operation mit dem Ziel, massivsten Verletzungen des humanitären Völkerrechts ein Ende zu setzen, nicht auch eine humanitäre Dimension haben kann. Aber ich betone: eine humanitäre Dimension! Es sollen nicht militärisch-politische Kräfte sein, die humanitäre Aufgaben übernehmen. Die beiden Worte des Kurztextes »humanitäre Intervention« passen nicht ganz zusammen. Die Idee, dass etwas, das mit Gewalt verbunden ist, humanitär

218

sein soll, da stimmt etwas nicht. Wir sind hier beide für kurze Worte, für kurze Sätze, Herr Enzensberger und ich. Aber es ist schon korrekt, von einer militärischen Operation, die auch eine humanitäre Zielsetzung hat, zu sprechen.

Auch bevor sich politisch-militärische Kräfte in das Aufgabengebiet der humanitären gedrängt haben, gab es schon einen starken Wettbewerb unter den Hilfsorganisationen. Etwa, den Auftrag für die Lebensmittelverteilung in einem Krisengebiet zu bekommen. Ist das IKRK von diesem Wettbewerb betroffen?

Jakob Kellenberger: Was den Wettbewerb vor Ort angeht: Es gibt Gebiete, wo Sie sehr viele Organisationen haben, und dann gibt es welche, in denen Sie sehr allein sind. Normalerweise sind die Gebiete, in denen Sie allein sind, die schwierigeren. Wenn der Wettbewerb die Qualität der Hilfe an die Opfer verbessert, dann kann ich mir nichts Besseres wünschen, auch als Vertreter des IKRK. Nur ist das nicht in jedem Kontext so sicher. Man sollte schon mit einer großen Strenge vom Ziel her denken.

Das Ziel wäre im Beispiel, das Sie nennen, möglichst viele Bedürftige mit Nahrungsmitteln zu versorgen. Wenn Sie dieses Ziel mit vielen Organisationen besser erreichen können, fein. Aber wenn eine starke Präsenz von Organisationen auch einen Mangel an Koordination bedeutet und man sich unter Umständen sogar im Weg steht und stört, dann kann man das natürlich nicht befürworten. Das IKRK will von seiner Grundeinstellung her absolut unabhängig sein, auch handlungsunabhängig. Trotzdem sind wir bereit, mit anderen zu kooperieren. Aber mit dem genannten Ziel vor Augen, das muss der Zweck sein.

Hans Magnus Enzensberger: Das Komitee wird ja auch anders finanziert als die meisten internationalen Organisationen, soweit ich das verstanden habe, leisten hauptsächlich Regierungen Beiträge. Der Vorteil ist natürlich, dass man viel unabhängiger operieren kann und nicht in die Zweideutigkeiten dieser Werbungsgeschichten kommt, mit all ihren hohen Aquisitionskosten und diesen Drückerkolonnen-Methoden, die wir von anderen Organisationen kennen. Aber es hat den Nachteil, dass der Bekanntheitsgrad des Komitees unter dem allgemeinen Publikum gering ist, weil sich das IKRK an diese Leute ja gar nicht wendet.

Jakob Kellenberger: Ja, das IKRK wird zu fast 85 Prozent von Staaten finanziert. Das ist nicht ganz unlogisch, weil die Staatengemeinschaft über die Genfer Konventionen dem IKRK Aufträge gibt. Deshalb ist es uns wichtig, dass die Staaten überzeugt sind, dass wir unsere Arbeit gut machen. Die überprüfen das ja auch sehr genau. Was die breite Öffentlichkeit betrifft: Wir haben das intern diskutiert und gesagt, auch wenn wir nicht unter diesem Zwang stehen, den Sie beschreiben, sollten wir die Öffentlichkeit mehr informieren über das, was wir machen. Und auch gewisse Sachen problematisieren. Ich weiß schon, es gibt Sachen, die sind streng vertraulich. Aber wir haben in der Vergangenheit wahrscheinlich doch eine eher extensive Interpretation dieser Vertraulichkeit gehabt. Ich glaube, wir können die Vertraulichkeit dort, wo sie unerlässlich ist, gewährleisten, und dabei gleichzeitig etwas mehr sprechen.

Hans Magnus Enzensberger: Ich finde es sehr interessant, wie Sie auf dem Aspekt der Information beharren. So eine Organisation wie das Internationale Komitee, bitte verstehen Sie mich nicht falsch, das ist ja auch eine Nachrichtenorganisation. Es gibt ja besonders in der Politik viele Beispiele, wo unterschätzt wird, dass man jemanden studieren muss, bevor man ihm helfen kann. Selbst jemanden, dem man persönlich helfen will, muss man kennen, das ist ja eine heikle Sache. Umso mehr gilt das natürlich im politischen Kontext. Auch das Rote Kreuz muss ja ganz genau studieren, wo es reingeht, mit welchen Mitteln, mit wem es spricht. Ich glaube, dass die Erforschung der Gesellschaft, der man helfen will, ein sehr wichtiger Teil der Arbeit ist.

Jakob Kellenberger: Das ist natürlich wahr. Wir haben in den Ländern, in denen wir tätig sind, ausländische und lokale Mitarbeiter über viele Delegationen im Land verteilt. Damit ist natürlich auch viel Wissen darüber verbunden, was dort passiert. Wir haben offenbar den Ruf, dass wir mehr schweigen als reden. Aber wenn das IKRK in der Öffentlichkeit nicht redet – oder nicht vorzeitig redet –, dann bedeutet das nicht eine Geringschätzung der Bedeutung von Information.

Das Reden ist oft die große Versuchung – und auch das Leichte. Und wenn das IKRK nicht informiert, nicht redet, dann gehorcht es seiner Zielsetzung. Man will vermeiden, dass man durch öffentliches Reden seine Hauptaufgabe nicht mehr wahrnehmen kann. Das hat wiederum sehr viel mit der Gradierung der Verantwortlichkeit zu tun. Wir wollen nicht durch öffentliches Reden daran gehindert werden, den Opfern helfen zu können. Es ist wichtig klarzustellen, dass das keine Geringschätzung des öffentlichen Lebens darstellt, sondern eine Prioritätensetzung. Und unsere Priorität ist, alles zu machen, um helfen zu können.

Sie betonen hier das öffentliche Reden ...

Jakob Kellenberger: ... ja, lassen Sie sich nicht täuschen: Eine der schwierigsten Aufgaben der Delegierten des IKRK im Feld ist es, mit den Konfliktparteien Klartext zu reden. Öffentlich nicht über gewisse Dinge zu reden, heißt noch nicht, dass unsere Leute nicht sehr klar darauf aufmerksam machen, welche Regeln verletzt werden, und fordern, dass Abhilfe geschaffen wird. Das geschieht unter sehr widrigen Umständen, die viel Mut erfordern, und manchmal mit ziemlich gefürchteten Gestalten.

Hans Magnus Enzensberger: Insofern ist die Logik des Roten Kreuzes eine ganz andere als die der Medien. Denn der Reporter muss liefern, so viel, wie er nur erfahren kann. Das ist natürlich eine ganz andere Logik als die der Hilfsorganisationen.

Jakob Kellenberger: Wobei wir ja beide heute ein Beispiel für das Reden geben.

Die Popstars der Hilfe

Bernard Kouchner oder:
Der Freibeuter der Hilfe

Dass ihn eine Journalistenfrage reizt, kommt nicht oft vor. Entsteht angesichts seiner permanenten Präsenz in den Medien nicht der Eindruck, dass er, der Helfer, wichtiger sei als die Opfer von Kriegen und Katastrophen? Die Mine des Befragten verdüstert sich. Er beugt sich über den Schreibtisch vor. »Das ist doch bloß das Geschwätz von Neidern!«, donnert er und spekuliert, was es heißt, *mediatique* zu sein – ein Begriff, der sich mit »mediengewandt« genauso übersetzen lässt wie mit »publizitätssüchtig«. »Nicht mich sieht man, sondern das Leid der Opfer! Nicht ich stehe im Zentrum der Aufmerksamkeit! Sie wissen nicht einmal, wie alt ich bin! Und fragen Sie einmal die Opfer, ob die finden, dass genug über sie berichtet wird!« Medienwirksamkeit, das bedeutet: »Dass etwas in dieses Loch da reingeht. Damit etwas geschieht!« Sein Zeigefinger nähert sich dem Objektiv der Fernsehkamera, bis er beinahe den gesamten Bildschirm ausfüllt …

Bernard Kouchner, Arzt, Ex-Kommunist, aus der Partei ausgeschlossener Sozialist und seit 2007 Außenminister der französischen Regierung unter dem konservativen Präsidenten Nicolas Sarkozy, protestiert. So wie immer, wenn er eine Ungerechtigkeit bemerkt. Kouchner ist ein lupenreiner Achtundsechziger, einer aus jener Protestgeneration, die sein heutiger Präsident noch im Wahlkampf scharf attackiert hat. Einer von denen, die damals in Paris, Berlin und Frankfurt den Marsch durch die Institutionen angetreten haben, um die Gesellschaft zu verändern. Manche von ihnen hat es dabei weit nach oben getragen: Joschka Fischer, deutscher Ex-Außenminister; Daniel Cohn-Bendit, einflussreicher Europaabgeordneter; Jiří Dienstbier, nach der Wende tschechischer Außenminister; Klaus Reinhardt, deutscher General und ehemaliger NATO-Befehlshaber; Javier Solana, NATO-Generalsekretär, Generalsekretär des Rates der Europäischen Union und Hoher Vertreter für die Gemeinsame Außen- und Sicherheitspolitik (GASP) der Europäischen Union. Andere sind in den Institutionen selbst hängen geblieben: bei den Vereinten Nationen, bei Menschenrechtsorganisationen, beim Roten Kreuz. Und vielen von ihnen kam es lange so vor, als würde dieses Jahr 1968 nie vorbeigehen. Doch sein Ende hat ein präzises Datum: Am 19. August 2003 stirbt in den Trümmern des UNO-Hauptquartiers in Bagdad nicht nur einer der wichtigsten Weggefährten der Revolutionsveteranen (der UNO-Sonderbeauftragte für den Irak Sergio Vieira de Mello), sondern auch ihre große Hoffnung: dass sich die Menschenrechte mit Hilfe ihres genauen Gegenteils, nämlich des Faustrechts, verbreiten und durchsetzen lassen.

Um dem Bösen zum Triumph zu verhelfen, genügt es, dass die Aufrechten sich zurücklehnen und nichts tun, schrieb der irische Philosoph Edmund Burke. Bernard Kouchner ist 28 Jahre alt, als Militärgouverneur Odumegwu Ojukwu im Mai 1967 die Provinz Biafra im Südosten Nigerias für unabhängig erklärt. Die Folge ist nicht nur ein Bürgerkrieg zwischen Sezessionisten und regulären Streitkräften. Die Regierung in der Hauptstadt Abuja verhängt außerdem eine Wirtschaftsblockade über die abtrünnige Region. Die Menschen dort, in der Mehrheit Angehörige der Volksgruppe der Ibo, sollen ausgehungert werden.

»Nach Biafra bin ich gelaufen, weil ich für Guernica[1], Auschwitz, Oradour[2] und Sétif[3] zu jung gewesen bin«, erinnert sich Bernard Kouchner. Der Internist hat soeben seine Ausbildung abgeschlossen und beim Roten Kreuz angeheuert, das ihn sofort ins Spital von Awo-Omama in Biafra schickt. Der Flughafen von Uli ist die Lebensader der abgeschnittenen Provinz. Die Transportmaschine mit Lebensmitteln, die auch Kouchner nach Biafra bringt, entgeht nur knapp dem Flugabwehrfeuer der Regierungsarmee. Rotkreuz-Ärzte sind ständig mit »der fürchterlichen Disziplin der Triage« (Kouchner) beschäftigt – dem Einteilen der Verwundeten und Kranken nach der Schwere ihrer Verletzungen. Viele müssen sie liegen und sterben lassen, unter den Bedingungen im Feldspital ist ihnen nicht zu hel-

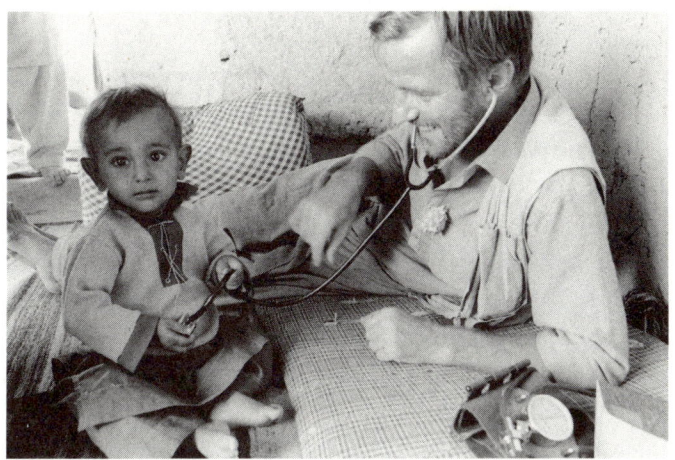

Bernard Kouchner 1984 in Afghanistan

fen. Dabei operieren die Ärzte rund um die Uhr, auch wenn Bomben fallen. Täglich sterben Tausende Kinder an der von der Wirtschaftsblockade ausgelösten Hungersnot.

Noch weiß die Welt nicht, was in Biafra vor sich geht, und vom Roten Kreuz wird sie es auch nicht erfahren. Seine Mitarbeiter wollen nicht durch öffentlichen Protest riskieren, ausgewiesen zu werden. Der Preis, um vor Ort bleiben und helfen zu können, sind Schweigen und Diskretion. »Wir reden darüber, was wir tun, nicht darüber, was wir sehen«, lautet das Mantra, das Rotkreuz-Delegierten noch heute eingebläut wird.

Auch Kouchner hat das Schweigeabkommen unterzeichnet, doch er ist entschlossen, es zu brechen. »Durch unser Schweigen machen wir uns zu Komplizen des Gemetzels an einer ganzen Bevölkerungsgruppe«, argumentiert er. Die ärztliche Schweigepflicht gelte nur für Einzelpersonen, nicht für ganze Völker in Todesgefahr. Der Feldzug der nigerianischen Regierung, so Kouchner, sei nichts anderes als ein Ausrottungsprogramm an den Mitgliedern des Ibo-Stammes in Biafra. Zurück in Paris, informiert er die Medien über das Sterben in der nigerianischen Provinz. Doch noch hält sich das Interesse der Presse in Grenzen.

Kouchner unternimmt weitere Einsätze mit dem Roten Kreuz, arbeitet in Peru, im Libanon, in Bangladesch. 1970 erlebt er den »Schwarzen September« mit, das Massaker der jordanischen Armee an den Palästinensern. Danach hat er genug. Wo Menschen in Not sind, müssten Ärzte auch ohne Einladung der jeweiligen Machthaber über Grenzen hinweg eingreifen dürfen, findet er. Schon im Sterilisationsraum des Feldspitals von Awo-Omama träumt er mit den anderen *french doctors* von einem neuen, angriffigeren, politischeren Roten Kreuz. Von einer medizinischen Schnelleinsatz-Truppe, die nicht nur Kranke behandelt, sondern auch Widerstand leistet, indem sie Menschenrechtsverletzungen öffentlich anprangert. Bereits der Name der Organisation, die er 1971 gründet, ist eine Provokation und steht für die Geringschätzung jeder staatlichen Souveränität: *Médecins Sans Frontières* (MSF) – *Ärzte ohne Grenzen*. »Unparteilichkeit ja – Neutralität nein«, lautet ihre Devise. Kouchner vollzieht das Schisma, die Glaubensspaltung innerhalb der humanitären Bewegung. Er entweiht das Allerheiligste der humanitären Hilfe: die Neutralität. Ärzte ohne Grenzen werden zur Gegenkirche, das Motto *soigner et témoigner – pflegen und Zeugenschaft ablegen* – zu ihrem Katechismus. »Eine Art medizinischen Flügel der weltweiten Guerilla-Bewegung«[4] nennt Kouchners zeitweiliger Wegbegleiter, der amerikanische Publizist Paul Berman, die Organisation: MSF – die Freibeuter der Hilfe.

Noch etwas ist neu an Ärzte ohne Grenzen: Frankreich hat nicht nur eine reichhaltige und funktionstüchtige Zeitungslandschaft, über die sich die unterschiedlichen weltanschaulichen Lager ihre Debatten liefern und politischen Streit auf zivilisierte Weise austragen. Anfang der siebziger Jahre steigt auch das Fernsehen in ganz Europa zum Leitmedium auf. Ärzte ohne Grenzen erkennt als erste Hilfsorganisation seine Möglichkeiten und seine Bedeutung. Die Organisation ist von Anbeginn stark medienorientiert. »Wir sind die Kinder von Medizin und Journalismus«, erklärt Xavier Emmanuelli, ein weiterer Gründervater von MSF. »Wir haben uns der Medien bedient, bevor das alle getan haben«, erinnert sich Kouchner. »Weil wir es ablehnen, dass Verwundete, Kranke und ihre Ärzte massakriert werden, und die Welt dabei in Schweigen und Unterwerfung zusieht. Erst die Kamera rüttelt das Entsetzen über das Elend wach«, ist er überzeugt. »Das ist nun mal das Gesetz von Spektakel und Skandal, tut mir leid, ich habe es schließlich nicht erfunden …«[5] Was andere erst langsam begreifen, erkennt Kouchner instinktiv: Das Fernsehen informiert, indem es unterhält. Es will mit Geschichten gefüttert werden, die genauen Regeln folgen, und eigentlich kennt die jedes Kind: Wie im Märchen braucht es auch in den Nachrichten Helden, Bösewichter, leidende Gute, einen vermittelnden Erzähler und eine abschließende Reinigung, nach der die Tränen getrocknet und die Leidenden erlöst sind.[6] Geschichten vom Leid der anderen zu erzählen, darin entwickelt Kouchner große Perfektion – mit sich selbst in der Hauptrolle des Helden.

Hinter Kouchners Drang, das Unrecht anzuklagen und dagegen Widerstand zu leisten, steckt aber nicht bloß die Lust an der Selbstdarstellung, sondern auch ein ausgeprägter Oppositionsgeist. »Ich bin ein Kommunist und ein Rastignac«, schreibt der 23-Jährige voller jugendlichem Pathos in der Zeitung *Clarté*, einem Sprachrohr der Pariser Linken. Schon mit vierzehn Jahren ist er der Kommunistischen Jugend beigetreten. Doch dem Protagonisten aus Balzacs Roman »Vater Goriot«, den es um seiner Karriere willen in die große Stadt treibt, ähnelt er höchstens in Idealismus und Ehrgeiz. Ein mittelloser junger Mann vom Land ist Kouchner – geboren 1939 in

Avignon – nicht. Seine Mutter ist eine französische Protestantin, sein Vater ein jüdischer Arzt (weshalb Kouchner später erklärt, er sei jüdisch, »wenn er wolle«[7]). Die Nationalsozialisten bringen seine Großeltern väterlicherseits in Auschwitz um. Ihr Schicksal hat Kouchner tief geprägt: Völkermord darf sich nie mehr wiederholen. In Biafra erlebt er mit, was er für einen solchen hält. Das Schweigen des Roten Kreuzes setzt er mit der öffentlichen Zurückhaltung der Organisation angesichts des Holocaust gleich.

Kouchner gründet zunächst das »Internationale Komitee gegen Völkermord« und gewinnt prominente Unterstützer: Jean-Paul Sartre, Simone de Beauvoir, Michel Leiris und andere Pariser Intellektuelle und Prominente helfen publikumswirksam. Mit Sartre ist Kouchner seit längerem vertraut. Die linksintellektuelle Szene kennt er gut, denn seit Anfang der sechziger Jahre ist er ihr fixer Bestandteil. Als Kader der kommunistischen Studenten demonstriert er Arm in Arm mit den jungen Kommunisten gegen den Krieg in Algerien und schleudert als Protest gegen den US-Imperialismus Beutel mit roter Farbe gegen die amerikanische Botschaft. Sonntags verkauft er das Parteiblatt *L'Humanité* und prügelt sich mit den *fachos*. Sein Tummelplatz ist Saint-Germain-des-Prés am linken Seine-Ufer und dessen intellektueller Kern, das Quartier Latin. 1964, kurz nach der Kubakrise, besucht er mit der *Clarté*-Redaktion die Karibikinsel. Er verbringt eine Nacht mit Fidel Castro beim Fischen und Trinken und schlägt ihm vor, sich durch eine demokratische Wahl bestätigen zu lassen. Mehrmals trifft er auch Ché Guevara, ebenfalls Arzt, dem er später seine Dissertation über Hungerkrankheiten in Afrika widmen wird. Doch im Gegensatz zu vielen seiner kommunistischen Kommilitonen fehlt Kouchner die doktrinäre Verbissenheit. Es gibt im Quartier Latin auch proletarische Studententreffs, doch Kouchner und seine Freunde bevorzugen das Restaurant *Le Balzar*. Das wird nicht nur von Jean-Paul Sartre und seiner Entourage frequentiert, dort gibt es auch die hübscheren Mädchen. Die humorlosen Stalinisten sind so lange Zielscheibe seines Spotts, bis sie ihn aus der Kommunistischen Jugend werfen. Kouchner war immer auch *gauche caviar* – einer der »Kaviar-Linken«, die problemlos und selbstverständlich ihre politische Haltung mit dem Savoir-vivre in Einklang brachten.

Spürsinn – im Sinne von Gottfried Benns Diktum: »Erkenne die Lage!« – beweist er nicht nur im Umgang mit den Medien. Seine Ärzte ohne Grenzen füllen auch ein idealistisches Vakuum ihrer Zeit. Viele Linke sind vom Kampf um die neue Gesellschaft zermürbt und desillusioniert. Sie lesen nicht nur Marx, sondern auch Hannah Arendt; sie studieren nicht nur Mao, sondern auch Karl Popper; und sie debattieren nicht nur über Lenin, sondern auch über Solschenizyn. Dabei entgeht ihnen nicht, dass eben auch die »Revolution« korrupt ist wie alles Menschenwerk, dass sich die Methoden sozialistischer und kommunistischer Machthaber nicht von jenen der verhassten Faschisten unterscheiden. Die Sympathie vieler Linker wendet sich deshalb langsam einer anderen Rebellen-Figur zu: der des Bürgerrechtlers und Dissidenten. »Solschenizyn hat damals Ché Guevara abgelöst«, erinnert sich Rony Brauman, ehemaliger Maoist und später selbst fünfzehn Jahre lang Präsident von Ärzte ohne Grenzen. »Nicht mehr der politische Kampf für Gerechtigkeit, sondern die öffentliche Verteidigung der Menschenrechte beherrschte nun die Weltbühne.« Die humanitäre Hilfe entwickelte sich zu einem Instrument dafür, »sie wurde zur neuen Form des persönlichen Engagements.«[8]

Dieses Engagement, medienwirksam verkörpert von Ärzte ohne Grenzen, ist auch eine Form des Idealismus mit reduzierter Erwartungshaltung. Sein Ziel ist nicht mehr die Erschaffung des »neuen Menschen« sozialistischer Prägung, sondern die Behebung der Nöte des alten, verursacht durch Katastrophen, Kriege und Menschenrechtsverletzungen. Kouchner und seine Helfer ernten für diesen Abfall von der reinen Lehre den Hohn der dogmatischen Linken. Diese wischt die Tatsache, dass die alte, grausame Realität sehr rasch ins neue linke Denken zurückgekehrt ist, mit einem Argument vom

Tisch, das Kouchner nicht gefallen kann: Natürlich begehen auch linke Regime Menschenrechtsverletzungen. Aber wo gehobelt wird, so Kouchners Gegner, da fallen nun einmal Späne …

Mitte der siebziger Jahre erhält das neue humanitäre Engagement sein weltanschauliches Gerüst. Die französischen »Neuen Philosophen« um André Glucksmann, Alain Finkielkraut und Bernard-Henri Lévy stellen den Kommunismus in Frage und verdammen ihn schließlich. Ihr Zorn richtet sich nun nicht mehr bloß gegen den Imperialismus amerikanischer Bauart, sondern auch gegen totalitäre linke Regierungen. Zuvor undenkbare Allianzen selbst mit den Vordenkern der Kirchen bilden sich: »In Frankreich verbünden sich die, die den Totalitarismus eben erst entdeckt haben, mit denen, die ihn schon lange verurteilen«, erinnert sich Rony Brauman. Kouchner, als Arzt schon immer stärker am konkreten Menschenschicksal als an abstrakten politischen Gedankengebäuden interessiert, liefert einmal mehr die Tat zur Theorie. Schon Ende der sechziger Jahre, kurz vor der Gründung von MSF, rechtfertigt er sich: Weil er gewohnt sei, sich nicht bloß zu entrüsten, sondern auch zu handeln, »bezichtigen mich die Leute, dass ich mich in den Vordergrund dränge. Das ist die typische Ausrede der Unentschlossenen.« Mit der gewohnten Entschlossenheit bereitet er jetzt vor, was zum völligen Zerwürfnis mit Ärzte ohne Grenzen führen wird.

Nicht einmal vier Jahre nach dem Sieg der Kommunisten in Vietnam werden die Boatpeople 1979 zum Inbegriff der totalitären Unterdrückung. Angst vor Repressionen und der Rache der neuen Regierung, aber auch einfach der Hunger und die miserablen Lebensbedingungen führen zu einem Exodus aus dem südostasiatischen Land. Bis zum Ende der achtziger Jahre flüchten über eineinhalb Millionen Vietnamesen über das südchinesische Meer. Dort sind sie den Übergriffen von Piraten ausgesetzt, viele der überladenen Boote sind kaum seetauglich, sie kentern oder sinken. Kouchner gehört zu den Unterzeichnern eines Appells französischer Künstler und Intellektueller in der Tageszeitung *Le Monde*, die planen, ein Lazarettschiff zur

Rettung der Flüchtlinge loszuschicken. Doch die meisten seiner Kollegen bei Ärzte ohne Grenzen sind dagegen. Die Boatpeople im Südchinesischen Meer aufzuspüren, kommt der sprichwörtlichen Suche nach der Stecknadel im Heuhaufen gleich. Und dann, wohin mit den Flüchtlingen? Schon jetzt will kein Land zu viele von ihnen aufnehmen. Passierende Handelsschiffe weigern sich bereits, sie aus der Seenot zu retten. Nicht nur die Kosten für eine solche Aktion werden Kouchner vorgehalten, die kommunistische Fraktion argumentiert außerdem: Warum, mit Verlaub, sollten wir ausgerechnet die vor der sozialistischen Regierung fliehende vietnamesische Bourgeoisie aus dem Meer fischen?

Auch Kouchner räumt ein, dass das Projekt hauptsächlich symbolischen Charakter hat – aber eben das mache es so attraktiv. Schon der Name des Schiffs spricht für sich: *Ile de lumière – Insel des Lichts.* Die Ein-Mann-PR-Maschine Kouchner rollt bereits unaufhaltsam. Wieder treibt er prominente Unterstützer für sein »Boot für Vietnam«[9] auf – darunter den französischen Staatspräsidenten Valéry Giscard D'Estaing, den Schauspieler und Chansonnier Yves Montand, Intellektuelle wie Jean-Paul Sartre, Bernard-Henri Lévy und André Glucksmann. Das Schiff macht sich auf den Weg in die malaiischen Gewässer, und Ärzte und Journalisten arbeiten Hand in Hand, um Druck auf die Regierungen auszuüben: Die *Ile de lumière* ist nicht nur bloß Rettungsschiff, sie ist »eine schwimmende Kritik am Totalitarismus« (Rony Brauman).

Währenddessen toben die zu Hause Gebliebenen. Selbst Xavier Emmanuelli, Weggefährte der ersten Stunde, fällt von Kouchner ab. Dessen Kahn wäre in Wahrheit »ein Schiff für St.-Germain-des-Prés«, spottet er in einem Zeitungsartikel, ein Spektakel zur Sättigung des Wertehungers linker Gutmenschen, ohne nennenswerten Effekt für die Bedürftigen. Es würde hauptsächlich Flüchtlinge aufnehmen, schreibt Emmanuelli, die es ohnehin schon bis nahe an die rettende Küste geschafft hätten, und darüber hinaus nur noch mehr Vietnamesen ermutigen, die lebensgefährliche Reise anzutreten.

Durch das Projekt würde »der Exodus nicht gestoppt, es werden keine Lösungen für das Problem gefunden. Stattdessen sieht man »ein mythologisches Hospitalschiff, so weiß, so leuchtend …« Und immer wieder sieht man auch Bernard Kouchner. Diese Publicity ist »das Benzin, mit dem meine humanitäre Organisation läuft«[10], verteidigt er sich. Doch diesmal hat er einmal zu oft aufs Gas gedrückt, die Aktion führt zum Bruch. Ärzte ohne Grenzen sollen nicht länger ein Sammelbecken abenteuerlustiger Freunde Kouchners sein, sondern sich zu einem professionellen Hilfswerk entwickeln. »Kouchner ist ein emotionaler Stalinist«, sagt Rony Brauman. »Man ist entweder für oder gegen ihn. Ihm zu widersprechen, heißt, ihn anzugreifen. Und wer ihn angreift, macht das aus Eifersucht, weil er mittelmäßig ist oder ein Bürokrat.«[11] Das Feuer der Gründerzeit ist erloschen, Kouchner verlässt die Organisation mit einer Handvoll Loyalisten, ohne sich auf einen Machtkampf einzulassen, und gründet stattdessen 1980 die Hilfsorganisation Ärzte der Welt. Es ist Braumans Verdienst, die prekäre finanzielle Situation von Ärzte ohne Grenzen zu konsolidieren, wenn auch mit weniger spektakulären Mitteln als ihr Gründervater: Er überzeugt die französische Post, Wohlfahrtsbriefmarken einzuführen, bei denen ein Zuschlag an humanitäre Organisationen weitergereicht wird.

Kouchner ist zu diesem Zeitpunkt ohnehin schon wieder ein paar Gedankensprünge weiter. Ärzte ohne Grenzen und die neu gegründeten Ärzte der Welt helfen im afghanischen Bürgerkrieg den Mudschahedin. Über die Landesgrenzen gelangen sie – dem humanitären Imperativ folgend, dass man helfen muss, wenn man helfen kann – notfalls ohne Einladung. Auch eine in vietnamesischen Hoheitsgewässern kreuzende *Ile de lumiére* kommt der Missachtung der Grenzen eines souveränen Staates und der Einmischung in seine inneren Angelegenheiten aus humanitären Gründen schon sehr nahe. Noch besser wäre aber eine ganze Flotte von Schiffen, oder sogar von Flugzeugen, ausgestattet mit der höheren Befugnis, die Rechte von Menschen in Not zu verteidigen.[12] Doch selbst Kouchner ist klar, dass ein humanitärer Freischärler allein mit dieser Idee nicht sehr weit kommt. Deshalb möchte er das »Recht auf Einmischung« (*droit d'ingerence*) als Prinzip im Völkerrecht verankert sehen. Wieder führt er eine historische Parallele aus dem Vorspiel zum Dritten Reich als Begründung für ein solches Recht an. In seinem Buch »Les guerriers de la paix«[13] schreibt Kouchner später: »Im September 1933 protestierte der deutsche Jude Franz Berheim im Völkerbund gegen die Pogrome der Nazis. Da erklärte der Vertreter des Reiches, Joseph Goebbels, ohne auf empörten Widerspruch zu stoßen: ›Meine Herren, wir sind Herr und Meister im eigenen Haus. Wir sind ein souveräner Staat; was dieses Individuum gesagt hat, geht sie nichts an. Mit unseren Sozialisten, Pazifisten und Juden machen wir, was wir wollen. Wir sind weder der Menschheit noch dem Völkerbund Rechenschaft schuldig.‹ Und die Nazis taten, was sie wollten.«

Kouchner präsidiert noch bis 1988 über die Ärzte der Welt, dann trennt er sich auch von ihnen im Streit. Im selben Jahr ruft ein anderer Präsident an: François Mitterrand holt ihn als Staatssekretär für humanitäre Angelegenheiten in die französische Regierung. Ein in der Welt einzigartiges Amt und wie maßgeschneidert für den »Minister für Empörung«. Er bemängelt zwar, dass den Ärzten ohne Grenzen zu diesem Zeitpunkt schon zehnmal mehr finanzielle Mittel zur Verfügung stehen, aber dafür verschafft ihm das politische Amt nun jenen Hebel, den er benötigt, um seine jüngste Idee in völkerrechtliche Bestimmungen zu kleiden. »Was bedeutet dieses Recht auf Einmischung?«, fragt der Gegner der Neutralität in Menschenrechtsfragen, und gibt gleich selbst die Antwort: »Es sagt den Diktatoren: Ihr habt kein Recht mehr, bei euch zu Hause zu morden.«

Seit dem Westfälischen Frieden von 1648, der den Dreißigjährigen Krieg beendet, ist die Souveränität der Nationalstaaten das höchste völkerrechtliche Gut: Innerhalb ihrer Grenzen können sie tun und lassen, was ihnen beliebt. Die UN-Charta von 1945 bekräftigt dieses Grundprinzip, in Kapitel VII heißt es dann allerdings auch: Wenn eine Bedrohung oder ein Bruch des Friedens oder eine Angriffshandlung vorliegen, dann kann der UN-Sicherheitsrat »mit Luft-, See- oder Landstreitkräften die zur Wahrung oder Wiederherstellung des Weltfriedens und der internationalen Sicherheit erforderlichen Maßnahmen durchführen«.

Kouchner ist das zu wenig. Gemeinsam mit dem Pariser Völkerrechtler Mario Bettati entwickelt er eine Beschlussvorlage, die das Recht auf Einmischung auf »Naturkatastrophen und ähnliche katastrophale Notlagen« ausweitet. Die UN-Resolution 43/131 wird am 8. Dezember 1988 von der Generalversammlung der Vereinten Nationen angenommen. Zwei Jahre später verabschieden die Delegierten die Nachfolgeresolution 45/100, welche »die Einrichtung humanitärer Korridore zum Zweck der sofortigen Versorgung der Opfer mit medizinischen Hilfsgütern und Nahrungsmitteln« völkerrechtlich absichert. Wenn der Staat die Schutzpflicht gegenüber seinen Bürgern vernachlässigt, können sie sich von nun an jedenfalls theoretisch durch eine andere Institution, nämlich die Vereinten Nationen, vertreten lassen.

Auf der Grundlage dieser Beschlüsse erfolgt nur ein Jahr später tatsächlich die erste Intervention: Nach dem Waffenstillstand vom Februar 1991, der den zweiten Golfkrieg beendet, sehen im Nordirak die Kurden ihre Stunde gekommen: Sie erheben sich gegen Saddam Hussein. Doch der irakische Präsident schlägt den Aufstand nieder und löst eine Massenflucht in Richtung der türkischen und iranischen Grenze aus. Die Operation »Provide Comfort« unter der Führung der USA beginnt, um den Flüchtlingen militärisch Schutz zu gewähren. Das Gebiet bis zum 36. Breitengrad im Norden des Irak wird zur Schutz- und Flugverbotszone erklärt.[14] Weitere Interventionen folgen: 1993 landen US-Soldaten in Somalia, um der hungernden und vom Bürgerkrieg terrorisierten Bevölkerung zu helfen. Doch als die ersten amerikanischen Soldaten sterben, zieht Präsident Clinton die Truppen wieder ab. Ein Jahr später intervenieren die Vereinten Nationen militärisch in Ruanda – aber nur, um Ausländer vor dem beginnenden Völkermord in Sicherheit zu bringen. Der Einsatz niederländischer Friedenstruppen 1995 in der bosnischen UN-»Schutzzone« Srebrenica gerät zum völligen Debakel, die Beschützten werden unter den Augen der Friedenssoldaten massakriert. Die Interventionen in Ost-Timor 1999 und Sierra Leone im Jahr 2000 verlaufen zwar erfolgreich, doch der Einsatz militärischer Gewalt zum Schutz der Menschenrechte liefert aufs Ganze gesehen höchst widersprüchliche Ergebnisse. Und so wie Ruanda werden auch Liberia, Tschetschenien oder die Demokratische Republik Kongo überhaupt links liegengelassen.

Kritik am neuen Menschenrechts-Bellizismus kommt denn auch vor allem von den Regierungen des Südens. Sie bezeichnen ihn als Rückfall in den kolonialen Machtrausch, als westliche Selbstjustiz oder sehen darin bloß einen neuen Trick des Nordens, um vor allem kleineren und machtloseren Staaten seinen Einfluss aufzuzwingen. Tatsächlich ist die humanitäre Schlachtschiff-Diplomatie unter umgekehrtem Vorzeichen schlecht vorstellbar – zum Beispiel nach den Verwüstungen, die Hurrikan »Katrina« 2005 im US-Bundesstaat Louisiana anrichtet: Die US-amerikanische Katastrophenhilfe ist völlig überfordert, da bringt sich eine humanitäre Organisation aus dem Iran ein. Die Helfer Präsident Mahmud Ahmadinedschads bauen, vom iranischen Militär abgesichert, in New Orleans Zeltlager auf, errichten Krankenstationen, verteilen Lebensmittel und Medikamente … Selbst Mario Bettati räumt ein, dass es sich beim »Recht auf Einmischung« um einen für jeden Menschenrechtler eigentlich bedrohlich klingenden Begriff handelt. »Seine Bedeutung erhält er erst durch die Hinzufügung des Adjektivs »humanitär«. Als Anwalt würde ich überhaupt den Ausdruck »Recht auf humanitäre Hilfe« bevorzugen, sagt er. Und selbst dann stecke die Anwendung dieses Rechts voller Fallstricke und Ambivalenzen: »Gerade die Intervention im Kosovo hat uns alle Zwiespältigkeiten eines ›Rechts auf Einmischung‹ im Namen der internationalen Gemeinschaft und durch eine Koalition der mächtigsten Militärmächte der Welt demonstriert.«[15]

Im Kosovo beginnt im Frühjahr 1999 »Bernard Kouchners Krieg«. Seit Ende 1998 säubert das Militär des jugoslawischen Präsidenten Slobodan Milošević die Provinz[16] von ethnischen Albanern – Motto: »A village a day keeps NATO away« (»Ein Dorf pro Tag hält uns die NATO vom Hals«). Der ehemalige deutsche Außenminister Joschka Fischer erinnert sich an ein Gespräch mit Slobodan Milošević, das unmittelbar vor Kriegsbeginn in Belgrad stattgefunden hat. »Was wollen Sie eigentlich im Kosovo?«, fragt Milošević. »Wir wollen, dass das Morden beendet wird«, lautet Fischers Antwort. Darauf der Serbenführer: »Was wollen Sie denn, das sind doch unsere Leute.«[17] Meine Herren, wir sind Herr und Meister im eigenen Haus …

Nach dem Scheitern der Verhandlungen über den künftigen Status des Kosovo und erneuten Massakern an albanischen Zivilisten erteilt NATO-Generalsekretär Javier Solana am 24. März 1999 die Weisung, mit der Bombardierung strategischer Ziele in Jugoslawien zu beginnen. Der »Krieg im Namen der Menschenrechte« (Michael Ignatieff)[18] dauert bis zum 10. Juni und endet mit der Errichtung eines UN-Protektorats. Der erste Leiter der »United Nations Interim Administration Mission in Kosovo« (UNMIK) heißt Bernard Kouchner. Paul Berman hat den Kosovo-Krieg als »Krieg der 68er-Internationale« bezeichnet, und tatsächlich ist Kouchner in Priština von Revolutionsveteranen umringt: Tom Koenigs, in den späten sechziger Jahren wie Joschka Fischer Mitglied der Frankfurter »Putzgruppe« und später Büroleiter des grünen Parteivorsitzenden, ist als stellvertretender Sonderbeauftragter des UN-Generalsekretärs für den Aufbau der Zivilverwaltung zuständig. Dan Everts, ein niederländischer Ex-Anarchist, der im Mai 1968 gar nicht schnell genug nach Paris reisen konnte, ist Botschafter der Organisation für Sicherheit und Zusammenarbeit in Europa (OSZE) im Kosovo. Und sie sind beileibe nicht die Einzigen: »Der UN-Beamte, der als unmittelbarer Vorgänger Kouchners im Kosovo das UN-Hauptquartier aufbaute, war Sergio Vieira de Mello, ein brasilianischer Diplomat, der 1968 wegen seiner radikalen Aktivitäten aus Frankreich ausgewiesen worden war«, zählt Berman auf. »Der tschechische Beamte, der 1998 den Vertrag unterschrieb, der die NATO-Mitgliedschaft der Tschechischen Republik besiegelte (und damit auch die Beteiligung seines Landes am Krieg), war Jan Kavan, ein Mann, der für seinen Radikalismus während des Prager Frühlings 1968 berühmt war. Jiří Dienstbier, ein weiterer tschechischer 68er, war eine Zeit lang der diplomatische Vertreter der NATO im Kosovo. Der NATO-Generalsekretär war Javier Solana, ein 68er aus Spanien und Mitglied der Spanischen Sozialistischen Arbeiterpartei (PSOE). Einer der NATO-Kommandeure, die unter Kouchners UN-Verwaltung im Kosovo dienten, war der deutsche Klaus Reinhardt, der 1968 ein radikaler Demonstrant gewesen war, bevor er schließlich eine militärische Laufbahn einschlug. Die 68er-Internationale, die Cohn-Bendit in den Achtzigern in seiner Vorstellung hatte versammeln wollen – hier war sie, leibhaftig. Sie war das UN-Team. Sie war die NATO.«[19]

Die deutsche Beteiligung am Kosovo-Krieg wiederum ermöglicht der ehemalige Frankfurter Sponti Joschka Fischer, Außenminister der erst kürzlich angelobten rot-grünen deutschen Regierung. Rückblickend meint Bernard Kouchner über seine ersten unmittelbaren Erfahrungen mit der Anwendung seines *droit d'ingerence*: »Unser größter Fehler war zu hoffen, dass nach der Intervention wie durch ein Wunder die Menschenrechte über Nacht in Kraft treten würden – in einer Region, in der das zwölf Jahrhunderte lang nicht der Fall war. Die Menschen haben unglücklicherweise ein Problem damit, in einer multi-ethnischen Umgebung zu leben, und wir können sie nicht dazu zwingen, einander zu lieben.«

Seine Schlussfolgerung fällt trotzdem eindeutig aus: »Die Intervention war ein Erfolg. Die ethnischen Säuberungen haben aufgehört. Milošević ist im Gefängnis, und Serbien ist eine Demokratie.« Tony Blair schließlich ist der erste europäische Staatsmann, der am Beginn der NATO-Luftschläge den Anspruch auf das moralische Recht geltend macht, sich mittels eines »gerechten Kriegs, bei dem es nicht um territoriale Gewinne, sondern um Werte geht«, in anderer

Leute Angelegenheiten einzumischen.[20] Vier Jahre später wird sich eine von den USA angeführte Koalition derselben Rhetorik bedienen.[21] Auch Bernard Kouchner wird die Invasion des Irak durch eine Militärkoalition unter der Führung der USA begrüßen.

Am 19. August 2003, fünf Monate nach dem Beginn des Irakkrieges und 35 Jahre nach dem »Pariser Mai«, rollt ein russischer Pritschenwagen der Marke Kamash die Canal Road, eine der Hauptverkehrsadern Bagdads, entlang. Das Auto, das kurz darauf in eine schmale Straße abbiegt, die zum Canal Hotel – dem Hauptsitz der Vereinten Nationen in der irakischen Hauptstadt – führt, fällt nicht weiter auf. Saddam Husseins Regierung hat diese Fahrzeuge erst ein Jahr zuvor en gros eingekauft, sie sind allgegenwärtig in der Stadt. Um 16.30 Uhr rast der Lastwagen in die Rückwand des Hotels. Die 450-Kilogramm-Bombe auf seiner Ladefläche explodiert zwei Stockwerke unter dem Büro von Sergio Vieira de Mello, Hochkommissar für Menschenrechte der Vereinten Nationen und Sondergesandter von UN-Generalsekretär Kofi Annan im Irak. Während die einen 68er eine militärische Intervention im Namen der Menschenrechte ermöglicht haben, ist die Aufgabe des charismatischen Spitzendiplomaten die Beschleunigung des zivilen Wiederaufbaus. De Mello bedrängt die amerikanischen und britischen Besatzer, mehr für die Wiederherstellung von Infrastruktur, Strom- und Wasserversorgung zu tun, damit sich das Leben rascher normalisiert. Vor allem arbeitet er am Aufbau einer irakischen Polizeitruppe, denn »kein Außenstehender kann hier für Sicherheit sorgen«.[22] Er sollte recht behalten. Der Attentäter des 19. August reißt 22 Menschen mit in den Tod. Sergio Vieira de Mello lebt noch einige Stunden, eingekeilt zwischen den Trümmern des zerstörten Gebäudes und halb unter Schutt begraben. Dann stirbt auch er[23], und mit ihm ein Lebenstraum der »Achtundsechziger-Internationale«: dass man jemandem die Menschenrechte notfalls mit Panzern und Bombern aufzwingen kann, wenn nach dieser schlimmsten Form der Gewaltanwendung unverzüglich der Brückenschlag zurück in die Zivilisation erfolgt –

der zivile Wiederaufbau im Einklang mit den Grundsätzen der Vereinten Nationen.

In den Jahren seit 1968 hat Bernard Kouchner oft die Gegner gewechselt, gelegentlich auch die Verbündeten. Sein Weg führte ihn von der radikalen Linken in die anti-totalitäre Mitte. Noch im Präsidentschaftswahlkampf 2007 wirbt er für Nicolas Sarkozys Rivalin Ségolène Royal, die Kandidatin der Sozialisten. Nach seiner Angelobung zum Außenminister wirft ihn die Sozialistische Partei hinaus. Die »Persönlichkeit ohne Grenzen«, höhnt der sozialistische Fraktionschef Jean-Marc Ayrault, sei von Sarkozy höchstpersönlich »sorgfältig unter die direkte Oberaufsicht des Élysées gestellt worden«.

Doch die Ideale des politischen Gastarbeiters Kouchner sind auch angesichts der immer höheren Dosen Realpolitik nicht verglüht. Am 2. Mai 2008 machen der Wirbelsturm »Nargis« und die nachfolgende Überflutung große Gebiete des Irrawaddy-Deltas im Süden Myanmars dem Erdboden gleich. Auch die frühere Hauptstadt Rangun liegt genau in der Zugbahn des Zyklons. Die Vereinten Nationen sprechen von über 100 000 Toten und insgesamt 2,4 Millionen Betroffenen, die rasch und dringend Hilfe benötigen: Notunterkünfte, medizinische Versorgung, sauberes Wasser, Nahrungsmittel. Doch die Militärjunta lässt die ausländischen Helfer nicht ins Land und richtet den Opfern aus, sie müssten eben »notfalls Frösche essen«. Kouchner ist der erste hochrangige Politiker, dem öffentlich der Kragen platzt. Der Teletext der ARD meldet: Außenminister Kouchner entsendet Kriegsschiffe[24] mit Hilfsgütern nach Myanmar, französische Soldaten werden sie verteilen! Doch der deutsche Sender ist voreilig. Zwar hat die UNO Kouchners »Recht auf Einmischung« inzwischen zur »Schutzverantwortung« (»Responsibility to Protect«, im Diplomaten-Jargon »R2P«) weiterentwickelt und dieses Prinzip 2006 durch einen Beschluss des Sicherheitsrates sogar zu geltendem Völkerrecht gemacht. Zwar wäre eine Intervention auch militärisch möglich: »Ein französisches und vier amerikanische Kriegsschiffe könnten schnell im Irrawaddy-Delta sein, 11 000 US-Soldaten sind abrufbereit. Amphibienschiffe würden Hilfsgüter an Land bringen, Helikopter Nachschub heranschaffen, Soldaten die Verteilung überwachen.«[25] Allein: Der Irak-Feldzug hat diese Quelle vergiftet. Was die Staatengemeinschaft überhaupt nicht riskieren will, ist noch ein Krieg, und Myanmar hat 400 000 Soldaten unter Waffen. Außerdem ist China, der Schutzherr der Militärregierung, dagegen. Aussichtslos, unter diesen Bedingungen eine Resolution des UN-Sicherheitsrates für eine Intervention zu erwirken. Macht nichts, findet Kouchner, für den Kosovo-Krieg gab es ja auch keine. Außerdem beruft er sich auf die beiden auf ihn zurückgehenden UN-Resolutionen von 1988 und 1990, auf die Schaffung »humanitärer Korridore« zur Versorgung der Katastrophenopfer. Die beiden Resolutionen haben aber, weil von der UN-Generalversammlung und nicht vom Sicherheitsrat beschlossen, für die Staaten nur Empfehlungscharakter. Die Wochen vergehen, den internationalen Helfern bleiben die Hände gebunden. Kouchner tobt in einem Kommentar in der französischen Tageszeitung *Le Monde*: »Das nationale Strafrecht nennt so etwas unterlassene Hilfeleistung, ein Tatbestand, der schwer bestraft wird. Das internationale Recht hat diesen Grad der Perfektion offenbar noch nicht erreicht!«[26] Aber es ist auf dem Weg dorthin, antwortet Joschka Fischer. Es werde nur Zeit brauchen, bis R2P, die Schutzverantwortung im Fall von Verbrechen gegen die Menschlichkeit, zum Standardrepertoire der Außenpolitik zivilisierter Staaten gehören wird. Genauso wie andere Maßnahmen, »an deren Gültigkeit wir uns heute wie selbstverständlich gewöhnt haben«.[27] Mit Edward Luck, einem Völkerrechtler der Columbia University, hat sich schon UN-Generalsekretär Kofi Annan einen Sonderberater dafür geholt. Er soll ausloten, unter welchen Bedingungen aus dem Motto der antitotalitären Pariser Linken – »Hass auf die Tyrannei und Solidarität mit den Opfern« – tatsächlich eine humanitäre Intervention werden kann.

Um zu verhindern, dass bis dahin das Böse weitere Triumphe feiert, ist alles besser, als sich zurückzulehnen und nichts zu tun, findet

Bernard Kouchner. Es gibt eine Episode aus dem Jahr 1992, die den ganzen Zwiespalt illustriert zwischen dem unbezwingbaren Drang, etwas gegen das Unrecht zu unternehmen, und den immer unzureichenden Mitteln und Methoden, die dafür mobilisiert werden können. Kouchner ist französischer Minister für Gesundheit und humanitäre Angelegenheiten, als Bürgerkrieg und Hungersnot in Somalia zu einem Massensterben führen. Um auf die Katastrophe am Horn von Afrika aufmerksam zu machen und etwas gegen den Hunger zu tun, bittet Kouchner französische Schülerinnen und Schüler, Reissäckchen zu spenden. Mit einem Frachtschiff und 15 000 Tonnen Reis bricht der Minister nach Somalia auf. Im Hafen von Mogadischu läuft er, einen Sack Reis auf den Schultern, so lange vor den mitgereisten Fotografen und Kameraleuten hin und her, bis sie die seiner Meinung nach optimale Aufnahme im Kasten haben. Die Aktion trägt ihm das Etikett »Narziss mit dem Notarztkoffer« ein. Es ist ihm ebenso geblieben wie der Groll über den Hohn der Journalisten. Zwar tritt sein Stabschef Jean-Maurice Ripert den Spöttern entgegen. Aber seine Worte könnten von Kouchner selbst stammen, würde ihm sein politisches Amt nicht eine gewisse Zurückhaltung auferlegen: »Wo wart ihr denn, als wir Reis nach Somalia gebracht haben? Was habt ihr denn getan? Nichts? Dann haltet gefälligst die Klappe!«

Anmerkungen

1 Stadt im spanischen Baskenland. Im spanischen Bürgerkrieg am 26. April 1937 von der deutschen Legion Condor – dem Expeditionskorps des Deutschen Reiches, das General Franco unterstützte – bombardiert. Hunderte Zivilisten starben. Die Operation war der erste große Verstoß der deutschen Luftwaffe gegen das Kriegsrecht.

2 Oradour-sur-Glane, französisches Städtchen im Limousin, rund 200 Kilometer nordöstlich von Bordeaux. Von der 2. SS-Panzerdivision am 9. und 10. Juni 1944 zerstört. Dabei wurden mehr als 600 Männer, Frauen, Kinder und Babys massakriert.

3 Stadt im Nordosten Algeriens, etwa 300 Kilometer östlich von Algier. Französi-

sche Kolonialtruppen schlugen am 8. Mai 1945 Unruhen blutig nieder und massakrierten dabei zwischen 15 000 und 20 000 Menschen.

4 Paul Berman: Idealisten an der Macht. Die Passion des Joschka Fischer. München: Siedler Verlag 2006.

5 Joachim Fritz-Vannahme: Ein Star der Nächstenliebe. In: Die Zeit (1), 27. Dezember 1991.

6 Siehe hierzu: Images and Narratives of Disaster Relief. In: Jonathan Benthall: Disasters, Relief and the Media. London/New York: I. B. Tauris & Co Ltd Publishers 1993; und Michael Ignatieff: The Stories We Tell. Television and Humanitarian Aid. In: Jonathan Moore (Edit.): Hard Choices: Moral Dilemmas in Humanitarian Intervention. Boston: Roman and Littlefield Publishers 1998.

7 Paul Berman, a.a.O., S. 192.

8 Rony Brauman and Francois Margolin: Dangerous Pity. A film recalling the key moments of humanitarian action and a critical review of the history of humanitarian aid since its beginnings. 90 minutes, 1996.

9 In Deutschland hat der Journalist Rupert Neudeck dieselbe Idee. Mit seinem Schiff »Cap Anamur« rettet er 1979 Tausende Boatpeople aus dem Chinesischen Meer. Neudecks Dissertation, mit der er 1972 zum Doktor der Philosophie promoviert, trägt übrigens den Titel »Politische Ethik bei Jean-Paul Sartre und Albert Camus«.

10 Paul Berman, a.a.O., S. 220

11 James Traub: A Statesman Without Borders. In: New York Times Magazine, 3. Februar 2008.

12 1979 entsandte US-Präsident Jimmy Carter tatsächlich die 6. Flotte der amerikanischen Kriegsmarine zur Rettung der Boatpeople.

13 Bernard Kouchner: Les guerriers de la paix: Du Kosovo à l'Irak. Paris: Librairie Générale Française (LGF) 2004. Zit. nach Paul Berman, a.a.O., S. 280.

14 UN-Resolution 688 vom 5. April 1991.

15 Mario Bettati: Humanitarian Intervention – A Controversal Right. In: UNESCO Courier, July-August 1999.

16 Autonome Region der Republik Serbien, staatliche Unabhängigkeit am 17. Februar 2008. Eine Reihe von Staaten erkennt die Unabhängigkeit bis heute nicht an.

17 Gunter Hoffmann: Wie Deutschland in den Krieg geriet. In: Die Zeit (20), 12. Mai 1999.

18 Michael Ignatieff: Virtueller Krieg. Kosovo und die Folgen. Hamburg: Rotbuch Verlag 2001.

19 Paul Berman, a.a.O., S. 94.

20 To protect sovereignty, or to protect lives? In: The Economist, 17. Mai 2008.

21 »Wir kommen mit Respekt für seine Bürger, für ihre große Zivilisation und für die religiösen Überzeugungen, die sie praktizieren, in den Irak. Wir haben keine

Ambition im Irak außer der, eine Bedrohung zu beseitigen und die Kontrolle über jenes Land an sein eigenes Volk zurückzugeben.« US-Präsident George W. Bush in seiner Fernsehansprache zu Beginn des Irakkrieges am 19. März 2003. www.whitehouse.gov

22 Obituary. Sérgio Vieira de Mello, the UN's top man in Iraq, died on August 19th, aged 55. In: The Economist, 21. August 2003.

23 Eine detaillierte Schilderung der Ereignisse des 19. August 2003, inklusive der eher unzulänglich scheinenden Versuche, Sergio Vieira de Mellos Leben zu retten, findet sich bei Samantha Power: Chasing the Flame. Sergio Vieira de Mello and the Fight to Save the World. New York: The Penguin Press 2008.

24 Bernard Kouchner scheint ein Faible für Wasserfahrzeuge zu haben. Paul Berman berichtet:»Im Jahr 1990 erfuhr Kouchner, dass sich in Liberia etwa 3500 frankophone Afrikaner in ein Lagerhaus geflüchtet hatten, weil sie befürchteten, von ihren Feinden umgebracht zu werden. Er telefonierte mit Paris und forderte ein Schiff der französischen Kriegsmarine an, doch deren Führung war nicht gewillt, seiner Bitte zu entsprechen. Daraufhin aktivierte Kouchner seine alten Kontakte aus der Kampagne zur Rettung der Boatpeople. Er mietete selbst ein Schiff, erklärte es in seiner Eigenschaft als Staatssekretär zu einem Wasserfahrzeug der Republik Frankreich, fuhr mit dem geliehenen Staatsschiff nach Liberia und rettete die gefährdeten französischsprachigen Liberianer.« Paul Berman, a.a.O., S. 230.

25 Juliane von Mittelstaedt: Gebundene Hände. In: Der Spiegel (21), 19. Mai 2008.

26 Bernard Kouchner: Birmanie – morale de l'extrême urgence. Le Monde, 19. Mai 2008.

27 Joschka Fischer: Unterlassene Hilfeleistung. Das Beispiel Birma: Wann darf die internationale Gemeinschaft eingreifen, wenn ein Staat sein Volk nicht beschützt? In: Die Zeit online, Montags-Kolumne vom 26. Mai 2008.

»Volksrepublik Bono« oder:
Was verstehen Rockstars von der Welt?

»Können die hungernden Kinder Afrikas noch einmal unsere abgetakelten Popstars retten?« Peter Hitchens ist Kolumnist bei der britischen *Mail on Sunday* und als trockener Geselle bekannt. Umso mehr überrascht er seine Leser im Juni 2005, einen Monat vor dem Konzertspektakel *Live 8*, deshalb mit dieser Frage.[1]

Das weltumspannende Musikereignis findet im Umfeld des Gipfeltreffens der acht mächtigsten Industrienationen der Welt statt. Während die Regierungschefs der G8[2] im schottischen Gleneagles tagen, stehen gleichzeitig die prominentesten Pop- und Rockstars für die Kampagne *Make Poverty History (Macht Armut zur Vergangenheit)* auf elf Bühnen in Europa, Kanada, den USA, Japan und Südafrika. Ihr Ziel ist es, die Spitzenpolitiker in Gleneagles zum Schuldenerlass für die Länder der Dritten Welt und zu mehr Entwicklungshilfe zu bewegen. Motto: berühmt sein und Gutes tun. Hitchens Kolumne dreht diese mehrheitsfähige Sichtweise radikal um: Lob und Anerkennung gebühren nicht den Popstars, die die Augen der Welt auf das Elend Afrikas lenken möchten, sondern umgekehrt: Es sind die »hungrigen, gequälten Kinder Afrikas«, die helfen, »die sinkende Bekanntheit dieses notleidenden und bedürftigen Haufens klappriger, glatzköpfiger Rockstars vor dem völligen Absturz zu retten«.

Das ist politisch höchst unkorrekt, aber es sitzt. Und es schafft Platz für weitere Stimmen, die sich bisher hinter einer Fassade aus Betroffenheit und Scheinheiligkeit zurückhalten mussten. »Wenn der weiße Mann aus Europa zu wissen meinte, was das Beste für die schwarzen Horden da unten ist, dann hieß das früher Kolonialismus«, spottet Brendan O'Neill, Chefredakteur des Online-Magazins

spiked. Kampagnen wie *Make Poverty History* würden, so gutge-
meint sie auch sein mögen, doch nur »das Klischee von Afrika als
einem schwarzen Loch befördern, das nichts als Krankheit und
Tod enthält«, erregt sich der nigerianische Schriftsteller Uzodinma
Iweala. Sein Landsmann, der Literaturnobelpreisträger Wole Soy-
inka, kann die »neuen Missionare« sowieso nicht ausstehen. Und den
Volkswirt James Shikwati aus Kenia erinnert das *Charitainment* –
die Verbindung von Wohltätigkeit und Unterhaltungsindustrie – an
»das Verhältnis zwischen dem großen Bruder, der Geld hat, und dem
kleinen Jungen, der ihn anbettelt«. Stattdessen sollten die Industrieländer und Afrika lieber beginnen, gegenseitig Handel zu treiben und
Geschäfte miteinander zu machen, schlägt Shikwati vor:»Das wäre
ein Austausch zwischen Gleichen. Man würde dann beginnen, uns
zuzuhören, anstatt uns zu belehren.«[3] Was das Gros der Kritiker von
Make Poverty History und seinen musikalischen Ausläufern auf die
Palme bringt: dass Betroffenheitsinitiativen wie *Live 8* die Menschen
glauben machen, mit Hilfe von Mega-Events ließen sich Probleme
wie Unterentwicklung, Armut und Hunger tatsächlich lösen. Und
dass sie dabei ein Bild von Afrika als einem »erbärmlichen Ort malen,
dessen kulleräugige, infantile Bewohner zur Vertretung ihrer Interessen unbedingt einen großmäuligen Rockstar brauchen« (Brendan
O'Neill).[4]

Als *Band-Aid*-Initiator und *Live-Aid*-Organisator Bob Geldof
Mitte der achtziger Jahre die britische Regierungschefin Margaret
Thatcher besucht, um ihr die verheerende Hungersnot in Äthiopien
zu erklären, gilt das Verhältnis zwischen Spitzenpolitikern und Rockstars noch als höchst ungewöhnliche Liaison. Inzwischen ist es zum
Phänomen geworden, das weit über die Veranstaltung von Benefiz-
konzerten hinausreicht. Die Stars unter Sängern und Schauspielern
sind routinemäßig Gäste und gerngesehene »Berater« von Staats-
chefs und philanthropischen Wirtschaftskapitänen.

Einen nächsten Höhepunkt erreicht das moderne Protestmarke-
ting von *Make Poverty History* im Juni 2007 beim G8-Gipfel im

deutschen Heiligendamm. *Deine Stimme gegen Armut* veranstaltet in Rostock ein Mega-Musikereignis nach dem Vorbild von *Live 8*, mit den üblichen Verdächtigen auf und hinter der Bühne. Im Vorfeld richtet Bob Geldof dem kanadischen Premierminister Stephen Harper aus, er brauche sich in Heiligendamm erst gar nicht blicken zu lassen, wenn er keine Zeit hätte, sich mit ihm und Bono zu treffen. Währenddessen hat Bono Krach mit der deutschen Kanzlerin Angela Merkel – die beiden können sich nicht über die Erhöhung der deutschen Entwicklungshilfe einigen. Als Frontmann für den deutschen Ausleger der Anti-Hunger-Kampagne meldet sich Herbert Grönemeyer, der erst gar nicht mit Politikern redet: »Ich mache zwar Mainstream-Musik, aber meine Wurzeln verbieten mir, mit Angela Merkel Kaffee zu trinken«, so der Star, denn: »Dann wäre auch der letzte Hauch von Gefährlichkeit von Musik dahin.«

Durch so viel Bemühtheit, dem Wahren und Guten zum wohlverdienten Sieg zu verhelfen, entsteht bald der Eindruck, dass der Ein-Mann-Staat Bono und sein Sprecher Bob Geldof zu einer Art neuntem Mitglied des Gipfeltreffens geworden sind. Denn während die Fachleute für Mikrokredite, Malaria-Bekämpfung und Migration auf dem Alternativ-Gipfel in Rostock tagen müssen, sitzen in Heiligendamm Rockmusiker mit den Protagonisten der Weltpolitik gemeinsam am Tisch. Dort sind sie höchst willkommen, weil sie »unseren weltentrückten, unpopulären politischen Führern die seltene Gelegenheit bieten, der Bevölkerung ihre menschliche und mitfühlende Seite zu zeigen«.[5] »Willkommen in der Volksrepublik Bono«, höhnt Brendan O'Neill in *spiked*, und fragt: »Haben die Promis die Weltregierung übernommen?« Dieser Eindruck könnte schon entstehen, antwortet ihm Buchautor Mick Hume. Weil es eine ernsthafte gesellschaftspolitische Debatte nicht mehr gebe, füllten die Stars das entstehende Vakuum.

Madonna verkörpert den »mitfühlenden Kolonialismus«, wenn sie afrikanische Kinder adoptiert. Im April 2006 legen die Sicherheitskräfte des Schauspieler-Paares Brad Pitt und Angelina Jolie

(»Brangelina«) halb Namibia lahm. Anstelle der Einwanderungsbehörden wollen diese selbst kontrollieren, wer ins Land darf, während Jolie dort ihr erstes Kind zur Welt bringt. Die Geburt soll in dem südwestafrikanischen Land stattfinden, weil es »die Wiege der Menschheit« darstellt und weil es außerdem »bestimmt eine ganz tolle Erfahrung« ist. Inzwischen rettet George Clooney Darfur und macht Stimmung gegen den Krieg im Irak. Die Wiedervereinigung der *Spice Girls* gerät zum Debakel, aber für moralinsaure Aufrufe bei *Live 8* reicht ihre Popularität noch. Die kitschtriefende Celebrity-Kultur kolonisiert den öffentlichen Raum und formt die Standpunkte, die ihre Betrachter zu politischen und sozialen Fragen einnehmen.

Das allerdings ohne wesentliche und nachhaltige Wirkung: »Das breite Publikum von solchen *Stimmen gegen die Armut*-Konzerten ähnelt den flash mobs«, meint Thomas Groß, Redakteur beim Wochenblatt *Die Zeit.* »Es taucht heute hier auf und ist morgen wieder ganz woanders, weil kein stabiles Milieu, keine verbindliche Erfahrung, schon gar keine Gesellschaftstheorie, sondern nur eine kurzfristige Mobilisierung sie verbindet.«[6] Und der Schriftsteller Hans Magnus Enzensberger, der der medialen Erregungen seit jeher misstraut, urteilt kurz und bündig: »Es folgt nichts daraus. Null.«

Die Ergebnisse des G8-Gipfels von Heiligendamm sehen dementsprechend aus: Finanzzusagen an Afrika umfassen teils längst laufende Projekte anstelle von neuen. Das Gipfel-Kommuniqué nennt keinen Zeitraum, in dem die Gelder fließen sollen. Dafür macht es sich für die Privatisierung der öffentlichen Daseinsvorsorge (etwa Wasser-, Sanitär-, Energie- oder Gesundheitsversorgung) in den Entwicklungsländern stark: »Der Erlass von Schulden wurde an Forderungen gekoppelt, die den Einstieg ausländischer ›Investoren‹ in diese Bereiche erleichtern sollen, weil sie Monopolrenditen versprechen,« kritisiert der DJ und Dichter Reinhard Jellen.[7] Europas Entwicklungshilfe ist also weiterhin vor allem Exportförderung. Die Handelsbarrieren gegen die Entwicklungsländer bleiben aufrecht, und sie werden – auf Kosten der Steuerzahler in den Industrieländern – weiterhin mit Lebensmitteln zu Billigpreisen überschwemmt, was ihre eigenen Lebensgrundlagen zerstört. Die Deutsche Welthungerhilfe nennt das Gipfel-Ergebnis eine »Mogelpackung«, andere Organisationen sprechen von »Augenauswischerei«, einige sogar von »Betrug«.

Nein, an den Ergebnissen gemessen, haben die Promis die Weltregierung nicht übernommen. »Die besinnungslose Medienaufgeregtheit hat es wieder einmal nicht geschafft, beim Thema zu bleiben, denn sie ist blind für Inhalte.«[8] Entfernt man den Marketing-Lack von *Make Poverty History*, dann bleibt vom Anspruch, den die Kampagne im Namen trägt, nichts übrig als die Erkenntnis: *Macht Armut zur Vergangenheit* wird die Armut keineswegs zur Vergangenheit machen. Die bescheidenen Ziele der Initiative muten außerdem recht vertraut an: Sie sind identisch mit den acht Millenniums-Entwicklungszielen der Vereinten Nationen.[9] Die Bonos und Geldofs fordern lautstark, wozu sich die Regierungen von 192 Mitgliedsländern der Vereinten Nationen bereits im Jahr 2000 ohnehin bekannt haben. Ein erster Erfolg soll im Sieg über die extreme Armut und den gravierendsten Hunger liegen. Bis 2015 wollen die UN erreichen, dass um die Hälfte weniger Menschen als im Jahr 2000 mit weniger als einem Dollar pro Tag auskommen muss. Auch der Anteil der Menschheit, der hungert, soll in diesem Zeitraum um fünfzig Prozent verringert werden. Selbst wenn diese bescheidenen Ziele erreicht werden sollten, bleibt der Name der Kampagne ein Etikettenschwindel. Denn Hunderte Millionen Menschen würden immer noch unterhalb der Armutsgrenze vegetieren und Hunger leiden.

Doch selbst die ohnehin maßvollen Etappenziele liegen außer Reichweite: Wenn die Armutsbekämpfung im momentanen Tempo weitergehe, erklärt der britische Premierminister Gordon Brown, dann wären sie frühestens im Jahr 2150 erreicht. Angesichts dieser nüchternen Tatsachen schlägt der Autor Daniel Bel-Ami vor: Wenn schon so viel von Moral und Ehrlichkeit die Rede ist, dann sollen die Macher von *Make Poverty History* doch mit gutem Beispiel vorangehen und ihre Kampagne umbenennen – etwa in »Die extremsten Auswüchse der Armut langfristig ein klein wenig lindern – vielleicht«.[10] »Bob, Bono und all die anderen liefern nicht mehr als den Soundtrack zur völlig unzureichenden Anti-Armut-Arbeit der Staatsbürokratien«, urteilt Brendan O'Neill.

Der Schriftsteller Paul Theroux war selbst jahrelang Entwicklungshelfer in Afrika. Einer »Abschaffung der Entwicklungshilfe« redet er nicht das Wort, er spricht aber Afrika auch nicht von seiner Selbstverantwortlichkeit frei. Bei seinem Besuch im südostafrikanischen Malawi hätte Bono bei näherem Hinsehen »eine Reinkarnation seiner irischen Heimat entdecken können ... Beide Länder waren jahrzehntelang von Hungersnöten, religiösen Konflikten, internen Kämpfen und selbstherrlichen Familien-Clans gebeutelt. Unterernährung, Ernteausfälle, erstarrte Glaubensdogmen und gesellschaftlicher Stillstand sorgten für gedrückte Stimmung im Land.« Auch in Malawi geben viele – wie früher in Irland – diesen Missständen die Schuld am eigenen Unglück. Und »wie in Malawi war Bier überall erhältlich und Trunkenheit ein nationaler Fluch. Irland, die Insel der statischen Ergebenheit und – wie James Joyce es ausdrückte – eine Sau, die ihre eigenen Ferkel auffrisst, war das Malawi Europas.« So lange, bis die Iren den Glauben an das eigene Potenzial entdeckten: »Nach Jahrhunderten, in denen sie sich fortsehnten in andere Länder, entdeckten sie, dass sie zu mehr imstande waren als dazu, Almosen zu erbetteln.«[11]

Dass Schuldenerlässe oder Almosensammeln allein nicht viel helfen, müsste gerade Bob Geldof aus eigener Erfahrung wissen. Das allererste großangelegte und vom Fernsehen übertragene Benefizkonzert fand zwar schon am 1. August 1971 im Madison Square Garden in New York City statt. George Harrison und Freunde gaben das *Concert for Bangladesh*. Doch zum Prototyp – und, wie sich herausstellen wird, zum Sündenfall – des Charitainments wird vierzehn Jahre später *Live Aid*. Der Mega-Event am 7. Juli 1985 ist das *Woodstock* der achtziger Jahre und geht zeitgleich im englischen Wembley-Stadion und in Philadelphia in den USA über die Bühne. Die größten Rockstars der Zeit singen und spielen über zwölf Stunden lang für die Hungernden in Äthiopien, Milliarden Menschen auf der ganzen Welt sehen zu. Die Anzeichen für eine Hungersnot in Äthiopien – und darüber hinaus im Tschad, im Sudan, im Senegal, in Mali, Somalia, Niger, Mosambik und einer ganzen Reihe anderer afrikanischer Länder – waren schon am Beginn des Vorjahres nicht zu übersehen gewesen. Im März 1984 bittet die äthiopische Regierung die Weltgemeinschaft schließlich inoffiziell um Hilfe. »Es besteht kein Zweifel, dass Hunderttausende Menschen sterben werden, wenn nicht unverzüglich eine beträchtliche Menge an Nahrungsmittelhilfe in Äthiopien eintrifft«, heißt es in einem Aufruf der Christian Relief and Development Association (CRDA). Die CRDA steht zwar im Sold der äthiopischen Regierung, doch die Handvoll westlicher Hilfsorganisationen vor Ort teilt ihre Einschätzung.

Einen Monat später kehrt der Generalsekretär der Liga der Rotkreuz- und Rothalbmondgesellschaften, Hans Hoegh, von einem Besuch beim Äthiopischen Roten Kreuz zurück. Dem Exekutivrat der Liga berichtet er: »Ich habe unterernährte Kinder gesehen, die zu schwach waren, um die Fliegen aus ihren Augen und Mündern zu verscheuchen; alte Menschen, die nur mehr apathisch dasitzen und ins Leere starren; Rinder, die wie lebende Skelette aussehen und sich zu Wasserstellen schleppen, die bald versiegen werden.«[12] Die Regierungen, bei denen nun auch die Liga um Spenden für Äthiopien bittet, zeigen sich dennoch wenig beeindruckt. Äthiopien ist seit dem Sturz seines letzten Kaisers Haile Selassie im September 1974 ein marxistischer Staat. Der Westen fürchtet, auf den Kosten für die Hungerhilfe sitzenzubleiben, während die äthiopische Militärregierung von Oberst Mengistu Haile Mariam weiterhin Waffen für den Bürgerkrieg im Norden des Landes kauft und – im Falle eines Sieges über die Rebellen – das marxistische Regime einzementiert. Nichts zu tun, bedeutet andererseits das Todesurteil für Hunderttausende Menschen.

Die Situation ändert sich schlagartig, als es im Oktober 1984 ein Reporter ins Land schafft. Zur besten Sendezeit zeigen die Nachrichten der britischen BBC daraufhin am 23. Oktober 1984 Bilder, die die äthiopische Regierung monatelang geheim gehalten hat. »Morgengrauen«, sagt BBC-Reporter Michael Buerk in die Kamera, »die ersten Sonnenstrahlen vertreiben die klirrende Kälte hier auf der Hochebene von Korem. Sie beleuchten eine biblische Hungersnot. Heute, mitten im 20. Jahrhundert.« Während Buerk spricht, sterben Mütter und ihre Kinder vor laufender Kamera. Weitere Sender übernehmen den BBC-Bericht, der Schockwellen um den Erdball sendet. Er überwältigt zuerst die Fernsehzuschauer in Großbritannien, dann im Rest der westlichen Welt. Eine Generation, die bereits mit dem Fernsehen aufgewachsen und einiges gewöhnt ist, reagiert mit blankem Entsetzen auf die Bilder.

Eine Welle der Hilfsbereitschaft folgt. Private Spender und Regierungen zeigen sich so großzügig wie nie zuvor. Tief bewegt, macht sich auch der britische Sänger Bob Geldof daran, »den Hunger in Mode zu bringen«. Unter dem Namen *Band Aid* bringen er und 44 weitere Pop- und Rockstars zu Weihnachten 1984 die Single »Do They Know It's Christmas?« heraus – in der Absicht, 70 000 Pfund für die Hungernden in Äthiopien einzuspielen. Es werden acht Millionen Pfund, die Single zur bestverkauften in den britischen Charts. Der Erfolg der Platte inspiriert Geldof zur Organisation des »Jahrhundert-Konzerts«: *Live Aid*. Insgesamt sammeln er und seine Mitstreiter zwischen 50 und 70 Millionen Pfund. Zur Abwechslung einmal mit reichlich Mitteln ausgestattet, strömen nun Hunderte Hilfsorganisationen nach Äthiopien. Die Hungerkatastrophe von 1984/85 wird seither als die Geschichte der überwältigenden Solidarität der westlichen Welt mit den Hungernden in Afrika erzählt, inklusive Happy End. Doch wie alle Legenden hat sie ein paar Schönheitsfehler. Etwa den, dass die Hilfe bis zum Ende des Jahres 1985 mehr Menschen das Leben kosten wird als die Hungersnot selbst.

Was die Bilder von Michael Buerks Kameramann Mohamed

Amin nicht zeigen, sind die kreischenden Kampfjets der äthiopischen Regierung auf ihrem Weg in den Norden des Landes. Und hätte Amin seine Kamera seitwärts geschwenkt, dann wären auch die Raketenwerfer und Militärkonvois der äthiopischen Armee auf der Hochebene zu sehen gewesen. Der Bericht hätte auch vom Bürgerkrieg in den nordäthiopischen Provinzen Eritrea und Tigray erzählen können. Dort kämpfen die Volksfronten zur Befreiung Eritreas und Tigrays für die Abspaltung ihrer Regionen von der Zentralregierung in Addis Abeba. Die Regierungsarmee hat den Auftrag, diese Guerilla auszurotten. In diesem Krieg kommen nicht nur Waffen zum Einsatz. Staatschef Mengistu und die Mitglieder seines Dergue – der Militärjunta – planen, den rebellischen Norden mit Hilfe eines Umsiedlungsprogrammes zu entvölkern. Zu Hilfe kommt ihnen dabei ein Bericht der Weltbank, der feststellt, dass das Hochland im Norden ohnedies überbevölkert, im von der Regierung kontrollierten Südwesten Äthiopiens aber noch Siedlungsraum vorhanden sei.

85 Prozent der äthiopischen Bevölkerung leben von der Landwirtschaft. Längst hat die kommunistische Misswirtschaft dazu geführt, dass schon ein moderater Ernteausfall eine Hungersnot auslösen kann. Das Dergue setzt diesen Hunger nun als Waffe gegen die Aufständischen ein: Wer sich gegen die Absiedlung sträubt, wird ausgehungert.

Nach außen verkauft Staatschef Mengistu die Ursachen der Hungersnot als Naturereignis: »Äthiopien leidet im Moment unter den Folgen einer Dürre, welche die meisten afrikanischen Länder betrifft«, erklärt er. »Die revolutionäre Regierung hat bereits Sofortmaßnahmen getroffen, um den Opfern dieser abnormalen Erscheinung des Weltklimas zu helfen.« Nun haben die Medien zwar das Ausmaß des Hungers aufgedeckt, aber seine Ursachen bleiben weiterhin im Dunkeln. Auch Buerks Bericht spricht von einer »biblischen« Katastrophe – also von einem Ereignis, das unkontrollierbar über die Menschen hereinbricht, nicht mehr als das Ergebnis jahrhundertelanger Armut in Kombination mit dem Naturereignis

Dürre. Dass Oberst Mengistu eine von seiner Politik verursachte und durchaus erwünschte Hungersnot in eine Naturkatastrophe umdeutet, sagt er nicht. Auch für Bob Geldof hat die Hungersnot keine politische Dimension. Nun hilft auch noch das Hilfsspektakel, die wahren Absichten der äthiopischen Regierung zu verbergen. Mengistu selbst muss am meisten überrascht gewesen sein, wie einfach er dank des nun beginnenden Wettrennens der Helfer mit einem Schlag aus seiner Verantwortung entlassen ist. Das ermutigt ihn, noch einen Schritt weiter zu gehen. Die Militärjunta beginnt nicht nur, den Westen wegen seiner Gleichgültigkeit gegenüber den Opfern anzuklagen und die Chance weidlich zu nützen, sie durch die Milliarden an Hilfsgeldern, die ins Land fließen, zu barer Münze zu machen. Hat die marxistische Regierung den Hunger noch vor Monaten geheim gehalten, um die Feiern zum Zehn-Jahres-Jubiläum ihrer Machtübernahme nicht zu stören, so nützt sie ihn jetzt als Rechtfertigung für das lange geplante Umsiedlungsprogramm. Von der fürchterlichen Hungersnot im Norden kann sich schließlich jedermann im Fernsehen überzeugen. Es ist, schreibt der langjährige Chronist der humanitären Hilfe, der Amerikaner David Rieff, »ein Militärfeldzug, getarnt als humanitäre Aktion«.[13]

Inzwischen raten sogar die erschrockenen sowjetischen Schutzherren ihrem äthiopischen Verbündeten von der Schocktherapie ab, mit der Mengistu die ländlich-bäuerliche äthiopische Gesellschaft radikal ins Industriezeitalter katapultieren will. Doch die Gelegenheit ist zu günstig. Das Dergue beginnt nun auch, die humanitäre Logistik, die eilig ins Land geschafft wird, für die Umsiedlungen zu nutzen. Die humanitäre Hilfe wird von jetzt an zur Waffe gegen jene, um deren Rettung sie sich bemüht: die hungernde Bevölkerung in den Rebellengebieten des Nordens. Die Versorgungszentren der Hilfsorganisationen ziehen Hunderttausende Menschen an – in der Hoffnung auf Wasser, etwas zu essen und ärztliche Hilfe. Doch die Zentren werden zu Fallen: Soldaten verfrachten die Menschen gewaltsam auf Lastwagen und bringen sie in die »neuen Wirtschaftszonen« im Südwesten Äthiopiens: in die Arbeitslager. Dafür zieht die Armee auch Fahrzeuge der Hilfsorganisationen heran. »Man kann sagen, dass ein Teil der logistischen Kapazitäten, die die Hilfsorganisationen ins Land gebracht hatten, dafür eingesetzt wurde, um das Umsiedlungsprogramm durchzuführen«, räumt der Rotkreuz-Arzt Jean-David Chappuis, damals in Äthiopien im Einsatz, heute ein. Rony Brauman, ebenfalls Arzt und für Ärzte ohne Grenzen vor Ort, formuliert es weniger zurückhaltend: »Unsere Autos, unsere Lastwagen, sogar unsere Flugzeuge – und natürlich die anderer Hilfsorganisationen – wurden verwendet, um Leute umzusiedeln.«

Das Internationale Komitee vom Roten Kreuz (IKRK) ist durch seine engen Kontakte zur nationalen Rotkreuzgesellschaft vor Ort etwas besser dran. »Wir haben in Tigray viele Lebensmittelverteilungen durchgeführt«, erinnert sich Geoffrey Loane, der damals für das IKRK in Äthiopien war. Das Rote Kreuz war besorgt, dass die Regierung die Verteilungen behindern würde, weil viele der Empfänger aus dem Rebellengebiet stammten. »In der Hauptsache kamen Frauen und Kinder, die Männer hatten zu viel Angst«, sagt der Rotkreuz-Helfer. »Zweimal tauchte tatsächlich Militär auf, um Leute auf Lastwagen zu verladen, vermutlich als Teil des Umsiedlungsprogramms.« Loane klettert beide Male selbst auf die Transporter und weigert sich, die Menschen von einer Nahrungsmittelverteilung des Roten Kreuzes wegbringen zu lassen. Beide Male geben die Soldaten nach und verschwinden.

Was sich direkt vor ihren Augen abspielt, bleibt den Helfern nicht verborgen. Die Ereignisse stellen sie vor ein verheerendes Dilemma, das an die Hungersnöte in der Ukraine von 1921 und in der stalinistischen Sowjetunion erinnert. Betreiben sie die Versorgungszentren weiter, dann beteiligen sie sich zwar nicht vorsätzlich, aber wissentlich an den Deportationen. Nur: Dürfen sie einfach in moralischer Entrüstung abziehen und die ohnehin erschöpften und ausgehungerten Bergbewohner sterben lassen? Tony Vaux, damals für das britische Hilfswerk Oxfam in Äthiopien, beschreibt die Atmosphäre in seiner Organisation:»Angesichts der überwältigenden Hungersnot empfanden wir es als Zeitverschwendung, uns über die abstrakten politischen Verhältnisse zu beklagen, die sie verursacht hatten.« Und einer von Vaux' Kollegen meint:»Klar, Mengistu ist ein ekelhafter Bastard. Aber was hat das damit zu tun, arme, hungrige und wehrlose Bauern mit Nahrungsmitteln zu versorgen?«

Unter den gegebenen Umständen tun die Helfer, was möglich ist, und sie haben alle Hände voll zu tun. Nicht nur der Hunger, auch die hygienischen und medizinischen Zustände in den Transitlagern auf dem Weg in den Süden sind entsetzlich. Die Sicherheitskräfte gehen bei der Auswahl der»Umsiedler« mit brutaler Härte vor, trennen Familien, erschlagen, wer sich weigert mitzukommen.»Was scheren dich deine Kinder, in Asosa[14] wirst du neue bekommen«, hört eine Mutter vor ihrem Abtransport.»Der Selektionsprozess erinnert mich an Auschwitz«, gibt ein US-Diplomat zu Protokoll.

Im Juni 1985 tauchen die ersten konkreten Zahlen über die Todesopfer des Umsiedlungsprogrammes auf.»Selbst wenn wir aufgrund unserer Beobachtungen die konservativsten Schätzungen nehmen, sie halbieren und dann noch einmal halbieren, dann haben bis heute zwischen 50 000 und 100 000 Menschen die Transfers nicht überlebt«[15], berichtet Jason Clay, Anthropologe und Direktor der amerikanischen NGO Cultural Survival. Im Lauf dieses Jahres merken auch die westlichen Medien allmählich, dass in Äthiopien etwas nicht mit rechten Dingen zugeht, und beginnen, unangenehme Fragen zu stellen. Geldof springt für die Hilfsorganisationen, die entschlossen sind, in Äthiopien zu bleiben, in die Bresche.»Sie sollten die NGOs, die am Umsiedlungsprogramm beteiligt sind, nicht kritisieren«, sagt er vier Monate nach *Live Aid*, am 4. November 1985, einem Reporter der *Irish Times*.»Meiner Ansicht nach müssen wir helfen, ohne uns den Kopf über die Bevölkerungstransfers zu zerbrechen.«[16]

Zwei kleinere Hilfswerke – und ein großes im Geheimen – beschließen dennoch, die Ursachen und Folgen des Hungers und der Deportationen genauer unter die Lupe zu nehmen. Das Berliner Missionswerk beauftragt den Schweizer Journalisten Peter Niggli. Auch Jason Clay von Cultural Survival macht sich auf den Weg nach Äthiopien. Ihre Berichte bestätigten die schlimmsten Befürchtungen.[17] Während der Generalsekretär der Liga, Hans Hoeg, weitere Benefiz-Produkte der Musikindustrie wie die Single »Feed the World« – den US-amerikanischen Abklatsch von »Do They Know It's Christmas?« – offiziell jedem ans Herz legt, startet auch das Rote Kreuz 1985 mit einer eigenen Untersuchung vor Ort. Die Ergebnisse untermauern nur, was Niggli und Clay herausgefunden haben und bestätigen selbst die hohe Mortalitätsrate. Der Rotkreuz-Bericht wird nie veröffentlicht.

Und noch jemand rechnet nach. Das World Food Programme (WFP) der Vereinten Nationen registriert die sogenannten »Umsiedler« in den Transitlagern auf ihrem Weg vom Norden in den Süden. Rony Brauman von Ärzte ohne Grenzen unterzieht sich der Mühe, die WFP-Register miteinander zu vergleichen. Das Ergebnis: Die Zahl der Registrierten nimmt immer weiter ab, je weiter er mit Hilfe der Namenslisten in den Süden vordringt. »Rund fünfzehn Prozent der Umgesiedelten«, schließt Brauman, »kamen gar nicht erst an. Sie starben während des Transports vor Erschöpfung, an verschiedensten Krankheiten, oder sind einfach verhungert.« Die für die Menschen aus den nördlichen Hochebenen ungewohnten Lebensbedingungen im südlichen Tiefland besorgten den Rest. »Malaria, Bronchitis wegen der hohen Feuchtigkeit, Infektionskrankheiten und Erkrankungen, die von Parasiten hervorgerufen werden, die fehlende Immunisierung dagegen, die Trennung der Familien und ihre allgemeine Erschöpfung ...« waren für die ausgezehrten Bergbewohner zu viel, erinnert sich Rotkreuz-Arzt Jean-David Chappuis. Brauman rechnet auch dort nach: »Ein Viertel der Menschen, die den Transport überstanden hatten, überlebten jetzt die ersten Monate in den neuen Siedlungsgebieten nicht.«

Der Äthiopien-Experte Alex de Waal meint, die Nahrungsmittel-hilfe hätte die Zahl der Verhungernden um ein Viertel, vielleicht sogar um die Hälfte verringert. »Das Problem ist, dass sie wahrscheinlich genauso viele Opfer verursacht hat«, kommentiert David Rieff. Rony Braumans Zahlen bestätigen seine Vermutung. Zwischen 150 000 und 250 000 Menschenleben, schätzt er, fordert die erzwungene Umsiedlung 1985 – mehr als der Hunger im selben Jahr. »Vielleicht waren es 150 000, vielleicht 250 000«, erklärt er. »Mehr als zwanzig Jahre später bin ich immer noch überzeugt, dass meine Einschätzung korrekt ist.«

Als Rotes Kreuz und Ärzte ohne Grenzen das wahre Ausmaß der Tragödie erkennen, protestieren sie. Das Rote Kreuz redet hinter verschlossenen Türen gegenüber der Regierung in Addis Abeba Klartext. Die französische Gründungssektion von Ärzte ohne Grenzen wendet sich an die westlichen Medien. Beide Organisationen bemühen sich vergeblich. Ärzte ohne Grenzen wird erwartungsgemäß aus dem Land geworfen, trifft aber Vorkehrungen, damit eine andere Organisation die Arbeit übernehmen kann.

Dass der öffentliche Protest aller Hilfsorganisationen und der *Band-Aid*-Organisatoren die Deportationen aufgehalten hätte, glauben angesichts der damaligen Zeitumstände nur die wenigsten. »Die Politik des Kalten Krieges hätte ausreichend Druck auf die äthiopische Regierung unmöglich gemacht«, meint Tony Vaux von Oxfam. Entsprechend der Logik des Kalten Krieges »konnte Oberst Mengistus Regierung auf die Unterstützung der Sowjets zählen, damit er nicht zu den Amerikanern überlief«.[18] Eine offene Herausforderung durch den Westen hätte die sowjetische Umklammerung bloß verstärkt – das Gegenteil von dem, was Washington und London wollen. Deshalb bieten die westlichen Regierungen lediglich Überlebenshilfe durch die Hilfsorganisationen an. Allein das Amerikanische Rote Kreuz überweist der Liga der Rotkreuz- und Rothalbmondgesellschaften Monat für Monat eine Million US-Dollar für die Hilfsmaßnahmen in Äthiopien. Humanitäre Hilfe ist bis heute die Hauptantwort des Westens auf die Krisen in den ärmeren Teilen der Welt geblieben, in denen er keine unmittelbaren Interessen hat. Das Dilemma, gegen die Umsiedlungen zu protestieren oder ihre Opfer im Stich zu lassen, wird den Helfern und ihrem seltsamen Emissär Bob Geldof überlassen.

Der Helfer stürzt sich »mit offenen Armen in die Zeit«, wie Kurt Tucholsky 1919 geschrieben hat, und sieht nicht, »wie der Historiker in hundert Jahren sehen wird. Er war den Dingen so nahe, dass sie ihn schnitten und er sie schlagen konnte. Und sie rissen ihm die Hände auf, und er blutete, und einige sprachen zu ihm: ›Bist du gerecht?‹ Und er hob die blutigen Hände und zuckte die Achseln …« Über zwanzig Jahre später ist die Gemeinde der Helfer noch immer gespalten in ihrer Ansicht darüber, ob Achselzucken angesichts eines Dilemmas wie dem in Äthiopien die einzig mögliche Reaktion ist. »Ob heute im Sudan oder 1985 in Äthiopien, in jedem Land sind Hilfsorganisationen bis zu einem gewissen Grad gezwungen, selbst mit brutalen Regierungen zusammenzuarbeiten – oder das Land zu verlassen«, sagt Hugh Goyder, der bei Oxfam von 1982 bis 1986 für die Koordination der Äthiopienhilfe zuständig war. »Ohne die Anwesenheit der Helfer hätte Mengistu das Umsiedlungsprogramm noch rascher, brutaler und mit noch mehr Todesopfern durchgezogen.«[19] Darüber hinaus wäre nur durch ihre Präsenz auch eine konventionelle Hilfsaktion für die Hungernden im Süden Äthiopiens möglich gewesen, wo kein Bürgerkrieg tobte.

»Geldof sagte mir für meinen Film ›The Hunger Business‹: ›Wenn nur ein Leben gerettet wurde, nur eines, dann war es den Aufwand wert‹«, erzählt der Dokumentarfilmer Daniel Wolf und meint: »Diese Kurzsichtigkeit ist ein großer Teil des Problems. Wenn ich einem Menschen helfe und dafür den Tod Tausender anderer in Kauf nehme, dann ist das ein schlechter Handel.« In seinem Film attackiert Wolf vor allem die Vereinten Nationen, den Hauptakteur bei der Hilfsoperation in Äthiopien Mitte der achtziger Jahre. Deren Leiter Kurt Jansson hat noch in seinen 1987 erschienenen Erinnerungen geschrieben: »Mein Eindruck des Vorsitzenden Mengistu ist der eines intelligenten, würdevollen, zurückhaltenden und entgegenkommenden Mannes.«[20]

Aber was geht in Bob Geldof vor, dem die meiste Aufmerksamkeit der internationalen Medien zuteil wird? Die unauflöslichen Widersprüche zwischen den beiden einzigen Optionen »Weiterhelfen« oder »Protestieren und Abziehen« haben Geoffrey Loane vom Roten Kreuz inzwischen zu einem milden Urteil geführt. Er nimmt an einer Reihe von Treffen zwischen dem Sänger und der äthiopischen Militärjunta teil. »Geldof hat die Regierungspolitik häufig kritisiert«, erinnert er sich. »Ich war selbst mehrmals dabei, als er Mitglieder des Dergue deswegen sogar beschimpft hat. Allein das war unter den damaligen Umständen ein mutiger Schritt. Denn über den Bürgerkrieg redete man nicht.«

Rony Brauman fasst seine Erfahrungen weniger zartfühlend zusammen: »Das war Geldof alles scheißegal.«

Denn für den britischen Barden stand einiges auf dem Spiel: »Er brauchte dieses Konzert. Das war so wichtig, dass es alle anderen Schwierigkeiten verdrängte. Und das war's dann auch schon. Deshalb wollte er nicht, dass ihm irgendjemand mit Problemen in den Ohren liegt.« Am meisten genützt hätten *Band Aid* und *Live Aid* ohnehin »den beteiligten Musikern und Bands«, sagt ein Rotkreuz-Helfer, der seinen Namen nicht nennen möchte. Denn: »Wie oft im Leben bekommt man schon die Gelegenheit, vor Milliarden Menschen zu spielen?«

So entwickelt sich Geldof in der Öffentlichkeit zum Botschafter der äthiopischen Regierung. Die Arbeit der Helfer beschränkt sich weiterhin auf Überlebenshilfe. Insgesamt siedelt die äthiopische Regierung allein 1985 rund 700 000 Menschen um. Erst 1991 kollabiert das Militärregime Oberst Mengistus, im Mai desselben Jahres erklärt Eritrea seine Unabhängigkeit und wird zwei Jahre später ein selbständiger Staat.

Über die Möglichkeit, dass das Geld aus seinen Benefiz-Aktionen mehr Menschen das Leben gekostet haben könnte, als es gerettet hat, spekuliert Geldof bis heute jedenfalls öffentlich nicht. »Aus seiner Sicht hat *Live Aid* eine Menge Geld gesammelt, und mit diesem Geld wurden Menschen gerettet, die andernfalls verhungert wären«, sagt David Rieff. *Live Aid* sei »fast perfekt in dem, was es erreicht hat«, meint Geldof selbst, und weiter: »Hätte es *Live Aid* während des Zweiten Weltkriegs gegeben, und hätten wir gewusst, dass in Konzentrationslagern Menschen sterben – wären wir ihnen nicht mit Nahrungsmittelhilfe beigestanden? Natürlich hätten wir geholfen.« Was verstehen Rockstars eigentlich von der Welt?

Bob Geldofs Rock-Spektakel von 1985 erfährt fast auf den Tag genau zwanzig Jahre später, am 2. Juli 2005, unter dem Namen *Live 8* eine Neuauflage. Die inhaltlichen Ziele sind diesmal bescheidener: Es gehe darum, »das Bewusstsein für die Probleme der armen Länder zu schärfen. Denn Spenden allein«, so der für seine Verdienste mittlerweile längst zum Sir geadelte Bob Geldof, »lösen keine Probleme«. *Live 8*, hält auch Geldofs Mitstreiter Neal Lawson dafür, »hat Millionen Menschen dazu bewegt, über die Armut in der Dritten Welt zu sprechen«. Selbst das ist gar nicht so sicher: »Wir haben eigentlich über die Wiedervereinigung von Pink Floyd geredet«, erklärt *Live-8*-Besucher Lucho aus Bristol.

Anmerkungen

1 Peter Hitchens: Can the starving children of Africa save our has-been popstars yet again? In: Mail on Sunday, 5. Juni 2005.

2 Kanada, USA, Großbritannien, Frankreich, Deutschland, Italien, Japan und Russland.

3 Wer Afrika helfen will, darf kein Geld geben. In: Frankfurter Allgemeine Zeitung, 4. April 2007, S. 13.

4 Brendan O'Neill: Welcome to the People's Republic of Bono. In: spiked-online, 13. Juni 2007. www.spiked-online.com

5 Mick Hume: When celebrities rule the Earth. In: spiked-online, 24. Oktober 2006. www.spiked-online.com

6 Thomas Groß: Berühmt sein, gut sein. Wenn Pophelden mobil gegen die Armut machen. In: Die Zeit, 6. Juni 2006.

7 Reinhard Jellen: Bono – der gute Mensch von Heiligendamm? In: Der Standard, 8. Juni 2007, S. 35.

8 Susanne Gaschke: Wie wollen wir leben? In: Die Zeit (43), 18. Oktober 2007.

9 http://de.wikipedia.org/wiki/Millenniumsziele

10 Poor ambitions for the world. In: spiked-online, 3. Februar 2005. www.spiked-online.com

11 Paul Theroux: The Rock star's burden. In: The New York Times, 19. Dezember 2005.

12 Daphne A. Reid, Patrick F. Gilbo: Beyond conflict. The International Federation of Red Cross and Red Crescent Societies 1919–1994. Geneva: International Federation of Red Cross and Red Crescent Societies 2007, S. 257.

13 David Rieff: Cruel to be kind? In: The Guardian, 24. Juni 2005.

14 Hauptstadt der Provinz Wollega im Westen Äthiopiens.

15 Zitiert nach: Far Outliers, 13. November 2004. http://faroutliers.blogspot.com/ 2004/11/politics-and-ethiopian-famine-1994.html

16 Zitiert nach David Rieff: Cruel to be kind?, a.a.O.

17 Peter Niggli: Äthiopien – Deportationen und Zwangsarbeitslager. Fragwürdige Methoden zur Bekämpfung der Hungersnot. Frankfurt am Main: Dokumentation des Evangelischen Pressedienstes (epd), Nr. 25, 28. Mai 1985; und: Jason W. Clay und Bonnie K. Holcomb: Politics and the Ethiopian Famine 1984–1985. Edison, NJ: Transaction Books 1987.

18 Tony Vaux: The selfish altruist. Relief work in famine and war. London: Earthscan 2001.

19 Ethiopia 1994: ›Biblical famine‹ or man-made disaster? In: International Federation of Red Cross and Red Crescent Societies: World Disasters Report 2005, Humanitarian media coverage. Geneva: International Federation of Red Cross and Red Crescent Societies 2006.

20 Kurt Jansson et al.: The Ethiopian famine. London: Zed Books 1987.

Teil 3

Einstiegswege für neue Helferinnen und Helfer

Variationen über ein Thema oder:
Eine Typologie humanitärer Organisationen

Das Feinstein International Center der Tufts University in Medford, US-Bundesstaat Massachusetts, ist eine der vielen Forschungsstätten, an der sich Wissenschafter mit der ständigen Verbesserung von humanitären Hilfsmaßnahmen beschäftigen. Das Zentrum hat auch eine Typologie humanitärer Organisationen entwickelt. Auch wenn keine NGO alle Kriterien dieser Gliederung zu hundert Prozent erfüllt, ist sie doch die brauchbarste und eignet sie sich sehr gut zur Feststellung ihrer grundlegenden »Organisationskultur«.

Prinzipientreu

In diese Kategorie fallen Hilfsorganisationen, die bei ihrer Arbeit Grundsätze wie Neutralität, Unparteilichkeit und Unabhängigkeit in den Vordergrund und einen klar umrissenen Auftrag ins Zentrum ihrer Tätigkeit stellen. Sie bestehen meist schon sehr lange, arbeiten hauptsächlich in Kriegsgebieten und folgen einer »dunantistischen« Tradition. Gewöhnlich definieren sie den Humanitarismus sehr eng: Er beschränkt sich für sie auf »lebensrettende Sofortmaßnahmen« (medizinische Soforthilfe sowie die Versorgung mit Unterkünften, Trinkwasser und Nahrungsmitteln) und den Schutz der Zivilbevölkerung. Viele prinzipientreue Hilfsorganisationen sind misstrauisch gegenüber staatlicher Finanzierung, sie meiden längerfristige Aufgaben wie Wiederaufbau und Entwicklungshilfe und lehnen politischere Aktivitäten wie das öffentliche Eintreten für politische Rechte und Menschenrechte ab.

Pragmatisch

Pragmatische (oder nach dem ehemaligen US-Präsidenten und Völkerbund-Gründer Woodrow Wilson aus »Wilsonisch« genannte) Organisationen erkennen zwar die Bedeutung von Grundsätzen an, konkrete Hilfsmaßnahmen sind ihnen aber wichtiger – selbst dann, wenn sie dafür von ihren Prinzipien abweichen müssen. Die Pragmatiker unter den NGOs folgen häufig den außenpolitischen Zielen ihrer jeweiligen Regierung, von der sie sich auch finanzieren lassen. In diese Kategorie fallen vor allem sehr viele US-amerikanische Hilfsorganisationen.

Solidarisch

Solidarische Organisationen geben sich nicht mit Hilfs- und Schutzmaßnahmen und Akuthilfe für Menschen in Not zufrieden, sie möchten die Ursachen von Not und Konflikten bekämpfen, die ihrer Natur nach politisch sind. Sie sind in der Anti-Armut-Bewegung tätig und arbeiten daran, gesellschaftliche Veränderungen herbeizuführen. Ihre Organisationskultur ist von einer Mischung aus ursprünglichem Humanitarismus, Menschenrechten und Entwicklungszusammenarbeit gekennzeichnet. Einige dieser NGOs sind überhaupt nicht mehr in der »Feldarbeit« aktiv, sondern reine Lobbying-Organisationen.

Glaubensorientiert

Alle Religionen der Welt legen ihren Anhängern auch humanitäre Verpflichtungen auf. Im Kern der christlichen Missionsarbeit zum Beispiel stecken Mitleid und Mildtätigkeit. Diese Grundwerte sind auch im Islam zu finden. Die meisten dieser internationalen NGOs engagieren sich heute nicht mehr in der Verbreitung des Glaubens, aus dem sie hervorgegangen sind, obwohl sie mehr oder weniger eng mit einer Kirche oder Religionsgemeinschaft verbunden sind. Glaubensorientierte Hilfsorganisationen können wiederum prinzipientreue, pragmatische oder solidarische Eigenschaften aufweisen.

Über das Spenden oder:
Eine Frage des Stils

Spenden gehört längst zum selbstverständlichen Ausdruck des persönlichen Lebensstils. Die Bereitschaft zur Geldspende ist ungebrochen. Laut Spendenbericht 2007 des Österreichischen Instituts für Spendenwesen (OIS) haben 2006 knapp über achtzig Prozent der Österreicher angegeben, mindestens einmal im Jahr eine Geldspende gegeben zu haben. Das OIS schätzt das Spendenvolumen in Österreich für 2006 auf über 400 Millionen Euro. Auch für 2007 zeigen sich keine Einbrüche.

In Österreich sammeln 1115 Organisationen und Einrichtungen Geld und/oder Sachwerte (Stand November 2007, OIS). Der größte Spendensektor ist die Entwicklungszusammenarbeit mit rund 23 Prozent, gefolgt von Sozialen Diensten (19 Prozent) und dem Gesundheitssektor (16 Prozent). Einige Organisationen sind in mehreren Sektoren tätig. Spenden sind eine wichtige Finanzierungsquelle von Non-Profit-Organisationen (NPOs). Der Anteil von Spenden an den Gesamteinnahmen betrug 2006 laut Statistik Austria und Wirtschaftsuniversität Wien 7,9 Prozent.

Die drei größten österreichischen Spendenorganisationen 2007 im Vergleich zu 2006 in Mio. Euro:

Organisation	Sektor	2006	2007
Österreichisches Rotes Kreuz	Soziales, Gesundheit, EZA	54,4	44,6
Caritas	Soziales, Gesundheit, EZA	37,1	44,9
SOS-Kinderdorf e.V.	Soziales	28,4	26,8

Einen Hinweis auf international vergleichbare Spenden-Leistungen bietet die OECD-Statistik zur privaten Entwicklungszusammenarbeit. Man kann davon ausgehen, dass der überwiegende Teil dieser Mittel aus Spendenvorgängen stammt. Die OECD-Statistik sieht Österreich (2005 waren es 113 Mio. Euro) im Mittelfeld. Das Spendenvolumen in der Schweiz betrug 2006 knapp 1,1 Milliarden Schweizer Franken, umgerechnet etwa 670 Millionen Euro (Quelle: Spendenmonitor gfs-zürich 2006 und ZEWOstatistik 2006). Das Deutsche Zentralinstitut für Soziale Dienste (DIZ) beziffert das Spendenaufkommen für soziale Zwecke in Deutschland im Jahr 2007 auf rund 2,35 Milliarden Euro. Das gesamte jährliche Spendenvolumen in Deutschland, einschließlich der über das Soziale hinausgehenden gemeinnützigen Zwecke wie z. B. Tierschutz, Umwelt- und Naturschutz, Kultur und Sport, liegt unterschiedlichen Schätzungen zufolge bei drei bis fünf Milliarden Euro pro Jahr.

Die drei größten deutschen Spendenorganisationen 2006 im Vergleich zu 2005 in Mio. Euro:

Organisation	Sektor	2005	2006
SOS-Kinderdorf e.V.	Soziales	117,7	118,6
Johanniter-Unfall-Hilfe e.V.	Soziales, Gesundheit	88,1	87,7
Dt. Komitee für UNICEF e.V.	Soziales, EZA	168,1	74,0

Gütesiegel –
Zeichen für Vertrauen

Glaubwürdigkeit ist die Grundlage für gemeinnütziges Engagement. Eine wesentliche Ursache für die große Akzeptanz von Spenden sind die in den letzten Jahren gelungenen Maßnahmen, Transparenz und Vertrauen bei Spendenvorgängen zu schaffen. Wesentlich dazu beigetragen haben die Gütesiegel. In diversen europäischen Ländern gibt es seit vielen Jahren Zertifizierungseinrichtungen. 2006 wurden in sieben Ländern Europas (Deutschland, Italien, Niederlande, Norwegen, Österreich, Schweden, Schweiz) Gütesiegel vergeben.

Österreichisches Spendengütesiegel

Das Österreichische Spendengütesiegel wird seit 2001 von der Kammer der Wirtschaftstreuhänder (KWT) vergeben. Die 34 Kriterien (www.osgs.at/kriterien.html) orientieren sich an internationalen Standards, vor allem an denjenigen der Nachbarländer Schweiz und Deutschland.

2008 waren 181 NPOs berechtigt, das Österreichische Spendengütesiegel zu verwenden. Weiterhin fehlen die beiden größten Spendenorganisationen Rotes Kreuz und Caritas. Für diese und andere Organisationen mit regionalen Strukturen scheinen die Kriterien nicht ausreichend, da damit nur die Aufbringung und Verwaltung von Spenden und nicht deren ordnungsgemäße Verwendung (z. B. bei Projekten der Entwicklungs- und Katastrophenhilfe im Ausland) überprüft werden kann. Die Mitglieder der Bundesarbeitsgemeinschaft »Freie Wohlfahrt« (BAG), bestehend aus Rotem Kreuz, Caritas, Diakonie, Hilfswerk und Volkshilfe, genießen durch die strikte Einhaltung strenger Vorschriften, welche einer aktienrechtlichen Prüfung gleichkommen und weit über das Vereinsrecht hinausgehen, bei ihren Spendern/Gönnern und Mitgliedern höchstes und in vielen Jahren aufgebautes Vertrauen und sehen keine Notwendigkeit einer zusätzlichen »Zertifizierung«.

ZEWO

Die älteste Facheinrichtung in Europa ist die Schweizerische Zertifizierungsstelle für gemeinnützige, Spenden sammelnde Organisationen – ZEWO (www.zewo.ch). Sie wurde 1934 als schweizerische Fachstelle für gemeinnützige, Spenden sammelnde Organisationen gegründet. Seit dem Jahr 2001 ist die ZEWO eine unabhängige Stiftung. Seit 1940 vergibt sie ein Gütesiegel. »Das Gütesiegel zeichnet gemeinnützige Organisationen für den gewissenhaften Umgang mit den ihnen anvertrauten Geldern aus. Es bescheinigt den zweckbestimmten, wirtschaftlichen und wirkungsvollen Einsatz von Spenden und steht für transparente und vertrauenswürdige Organisationen mit funktionierenden Kontrollstrukturen, die Ethik in der Mittelbeschaffung und Kommunikation wahren. Organisationen, die das Gütesiegel tragen, werden regelmäßig auf die Einhaltung der Kriterien geprüft.«

Das ZEWO-Gütesiegel können alle gemeinnützigen Organisationen mit Sitz in der Schweiz beantragen, wenn sie glauben, die ZEWO-Standards zu erfüllen. Voraussetzung ist, dass die Organisation sich sozialen, humanitären, soziokulturellen Aufgaben oder dem Schutz der Um- und Mitwelt widmet und seit mindestens zwei Jahren besteht. Die Prüfung durch die ZEWO gliedert sich in zwei Teile. In der Vorprüfung wird abgeklärt, ob die Voraussetzungen gegeben sind, erfolgreich zertifiziert zu werden. Aufgrund des Zwischenberichtes entscheidet die Organisation, ob sie sich dem vertieften Hauptprüfungsverfahren, inklusive Besuch vor Ort, unterziehen will. Erfüllt die Organisation die Anforderungen, erhält sie das Gütesiegel für fünf Jahre. Danach wird im Rahmen der Rezertifizierung eine erneute Überprüfung vorgenommen.

Deutsches Zentralinstitut für Soziale Dienste – DZI

In Deutschland gibt es seit geraumer Zeit eine »Watchdog-Organisation«: das »Deutsche Zentralinstitut für Soziale Dienste – DZI« in Berlin. Das DZI-Spendengütesiegel steht seit seiner Einführung im November 1991 für geprüfte Transparenz und Wirtschaftlichkeit im Spendenwesen und wird nach eingehender Prüfung nur an solche Hilfsorganisationen vergeben, die im Rahmen einer sparsamen Haushaltsführung eine transparente und ordnungsmäßige Verwendung der Spenden nachweisen können. Dabei darf der Verwaltungs-

kostenanteil bei bis zu 35 Prozent liegen. Die Vergabekriterien: www.
dzi.de/leitlinien.pdf

Das Deutsche Rote Kreuz ist als eine von 229 Organisation mit
DZI-Spendengütesiegel ausgewiesen.

Internationale Gütesiegel

Die Gütesiegelsysteme in den europäischen Ländern sind höchst unterschiedlich. Sie korrespondieren mit der Spendenkultur des Landes, mit gesetzlichen Regelungen und den konkreten Ausprägungen
zivilgesellschaftlicher Strukturen.

Unter der Federführung des DZI wurde das Projekt GuideStar
Europe gestartet. Es wird unter anderem aus EU-Mitteln finanziert.
Bis Ende 2008 soll die Informationsdatenbank interessierten Orga-
nisationen eine Plattform zur Präsentation ihrer Arbeit, zur frei-
willigen Rechenschaftslegung und letztlich zur Optimierung ihrer
Werbung um Zeit- und Geldspenden bieten. Während des Projekt-
verlaufs wird auch die Möglichkeit einer europaweiten Internet-
Suchfunktion geprüft. Österreichischer Kooperationspartner ist das
ÖIS.

Hilfsorganisationen und ihre Organisationskultur

Rettungsorganisationen

In Österreich

Die Österreichische Bundesverfassung (Artikel 118/3) schreibt den Gemeinden die Kompetenzen für das allgemeine Hilfs- und Rettungswesen zu. Die meisten Gemeinden haben diese Aufgaben dem Roten Kreuz übertragen. Aufgrund der Landesrettungsgesetze zahlen sie einen Beitrag an die jeweilige Rettungsorganisation. Wird ein Patient versorgt, so muss er (beziehungsweise seine Krankenkasse) im Normalfall für diese Dienstleistung aufkommen.

Österreichisches Rotes Kreuz

Das Österreichische Rote Kreuz (ÖRK) ist die von der Republik Österreich und vom Internationalen Komitee vom Roten Kreuz (IKRK) anerkannte nationale Rotkreuzgesellschaft in Österreich. Analog zum bundesstaatlichen Aufbau Österreichs ist auch das Österreichische Rote Kreuz in Landesverbände, Bezirks- und Ortsstellen gegliedert. Das ÖRK ist eine private, demokratisch aufgebaute Organisation der uneigennützigen Nächstenhilfe, die nicht auf Gewinn ausgerichtet ist. Es nimmt aus eigenem Entschluss private und öffentliche Aufgaben im humanitären Bereich durch freiwillige und hauptberufliche MitarbeiterInnen wahr. Das ÖRK in Zahlen:

757 472 Mitglieder
53 957 ehren- und hauptamtliche MitarbeiterInnen
3384 Zivildienstleistende
9 Landesverbände
878 Orts-/Bezirksstellen
2070 Einsatzfahrzeuge

Der Rettungs- und Krankentransport ist der bekannteste Leistungsbereich des Österreichischen Roten Kreuzes. Das ÖRK hat in diesem Bereich drei Aufgaben: Hilfe bei medizinischen Notfällen, Krankentransporte, sanitätsdienstliche Versorgung bei Veranstaltungen.

Kontakt:
Österreichisches Rotes Kreuz – Generalsekretariat
Wiedner Hauptstraße 32, A-1042 Wien
Tel.: +43 (1) 589 00-0, Fax: +43 (1) 589 00-159, E-Mail: service@roteskreuz.at
Spendenkonto:
P.S.K.; Kontonummer: 2.345.000; BLZ: 60 000, https://spende.roteskreuz.at

Arbeiter-Samariter-Bund Österreichs

Der Arbeiter-Samariter-Bund Österreichs (ASBÖ) ist vor allem im Rettungsdienst und Krankentransport tätig. Die Hilfsorganisation geht auf Initiativen von Arbeitern und Handwerkern zur Selbsthilfe im Bereich der Notfallrettung und der Ausbildung in Erster Hilfe zurück. Innerhalb des Arbeiterbundes für Sport und Körperkultur (ASKÖ) wurde 1927 der Österreichische Arbeiter-Samariterdienst gegründet. Hauptaufgabe war die Versorgung und Erste-Hilfe-Leistung von Verletzten bei Sport- und Freizeitunfällen. Der ASBÖ in Zahlen (2007):

100 000 Mitglieder
5000 ehren- und hauptamtliche MitarbeiterInnen
6 Landesverbände
57 Orts-/Dienststellen
504 Einsatzfahrzeuge
800 Zivildiener

Kontakt:
ASBÖ – Bundesverband
Hollergasse 2–6, A-1150 Wien
Tel.: +43 (1) 89 1 45, Fax: +43 (1) 89 1 45-149, E-Mail: info@samariterbund.net

Johanniter-Unfall-Hilfe

Der Verein Johanniter-Unfall-Hilfe in Österreich (JUH) wurde 1974 nach dem Vorbild des deutschen Hilfswerk als Ordenswerk des evangelischen Johanniterordens gegründet. Die JUH ist als Verein nach österreichischem Recht konstituiert und Mitglied von Johanniter International und der Diakonie Österreich. In Österreich sind etwa 770 MitarbeiterInnen für die Johanniter tätig.

Kontakt:
Bundesgeschäftsstelle der Johanniter in Österreich
Thimiggasse 57/Top 1, A-1180 Wien
Tel.: +43 (1) 470 70 30-5710, Fax: +43 (1) 470 47 48, E-Mail: wien@johanniter.at

Malteser Hospitaldienst Austria

Der Malteser Hospitaldienst Austria (MHDA) ist ein Hilfswerk des Großpriorates Österreich des Souveränen Malteser Ritterordens und entstand im Herbst 1956 im Zuge des Ungarnaufstandes. Der MHDA besteht ausschließlich aus freiwilligen und ehrenamtlichen Mitgliedern, die aus christlicher Überzeugung neben Studium oder Beruf einen großen Teil ihrer Freizeit unentgeltlich dem Dienst am Nächsten widmen. Der Malteser Hospitaldienst Austria zählt derzeit rund 300 aktive Mitglieder, die regelmäßig Dienste leisten, und rund 500 Altmitglieder, die gelegentlich zur Verfügung stehen.

Kontakt:
Malteser Hospitaldienst Austria
Bundeszentrale
Johannesgasse 2, A-1010 Wien
Tel.: +43 (1) 512 53 95, Fax: +43 (1) 512 84 78, E-Mail: mhda@malteser.at

In Deutschland

Auch in Deutschland ist der Rettungsdienst Ländersache. Zur Durchführung bedienen sich die Länder unterschiedlicher subsidiärer Modelle. Sie delegieren die Aufgaben per Gesetz an die Landkreise oder Städte. Um dieser Aufgabe nachzukommen, stellen die Kommunen selbst Personal und Ausstattung des Rettungsdienstes oder betreiben eigene Rettungsdienstunternehmen. Meistens jedoch werden die Aufgaben an die hauptberuflichen Kräfte der jeweiligen Feuerwehr übertragen, oder die Kommunen vergeben den Rettungsdienst an gemeinnützige Hilfsorganisationen (das häufigste Modell in Deutschland) beziehungsweise privatwirtschaftliche Unternehmen.

Deutsches Rotes Kreuz

Das Deutsche Rote Kreuz (DRK) ist die nationale Rotkreuzgesellschaft in Deutschland mit Hauptsitz in Berlin und als solche Teil der Internationalen Rotkreuz- und Rothalbmondbewegung. Die heute gültige Anerkennung als nationale Rotkreuzgesellschaft wurde nach der deutschen Wiedervereinigung und dem Beitritt der Landesverbände des ehemaligen DRK der DDR durch die Bundesregierung und am 3. Mai 1991 durch das Internationale Komitee des Roten Kreuzes (IKRK) ausgesprochen.
Das DRK umfasst 19 Landesverbände mit 516 Kreisverbänden (rund 5000 Ortsvereinen) sowie den Verband der Schwesternschaften vom DRK e.V. mit 34 Schwesternschaften. Es hat über vier Millionen Mitglieder. Die Landes-, Bezirks- und Kreisver-

bände sind ebenfalls eingetragene Vereine, eine Ausnahme bildet das Bayerische Rote Kreuz, das aus historischen Gründen (da ehemals in der amerikanischen Besatzungszone) eine Körperschaft des öffentlichen Rechts ist.

Der Rettungsdienst ist eine satzungsgemäße Aufgabe des Deutschen Roten Kreuzes. Jährlich nimmt durchschnittlich jeder neunte Bürger eine der Leistungen des DRK-Rettungsdienstes (Notfallrettung und Krankentransport) in Anspruch. Als größter rettungsdienstlicher Leistungserbringer in Deutschland verfügt das DRK über ein Netz von über 1400 Rettungswachen und knapp 4700 Notarztwagen, Rettungswagen, Krankentransportwagen und Notarzteinsatzfahrzeugen. Das DRK stellt in vielen Fällen auch das neben dem Notarzt auf den Rettungshubschraubern eingesetzte rettungsdienstliche Personal. Jährlich werden über 1,9 Mio. Notfälle versorgt und rund 2,8 Mio. Krankentransporte durchgeführt.

Kontakt:
Deutsches Rotes Kreuz
Generalsekretariat
Carstennstraße 58, D-12205 Berlin
Tel.: +49 (30) 85404-0, Fax: +49 (30) 85404-450, E-Mail: drk@drk.de
Spendenkonto:
Bank für Sozialwirtschaft; Kontonummer: 41 41 41; BLZ 370 205 00
https://spenden.drk.de/spenden/3000/cgi-bin/onlinespende.cgi

In der Schweiz

In der Schweiz ist das Rettungswesen Gemeindesache. Hinzu kommen kantonale Regelungen und Gesetze. Die Rettungsdienste in der Schweiz können öffentlich-rechtlicher Natur sein oder aber auf privater Basis betrieben werden. In der Schweiz gibt es allerdings keinen überregionalen Rettungsdienst, sondern in etwa 160 regionale Rettungsdienste. Die Mehrzahl der Rettungsdienste ist einem Spital angeschlossen. Das Schweizerische Rote Kreuz ist hauptsächlich in der Erste-Hilfe-Ausbildung tätig und betreibt die Rettungsflugwacht REGA.

Sanität Zürich

Die Sanität Zürich gehört zur Organisation Schutz & Rettung Zürich (SRZ) des Polizeidepartements und ist die größte zivile Rettungsorganisation in der Schweiz und eine Dienstabteilung der Stadt Zürich. Die Sanität von Schutz & Rettung Zürich stellt in der Stadt Zürich, auf dem Flughafen, in 28 nördlichen sowie neun südlichen Vertragsgemeinden die medizinische Notfallversorgung sicher. Neben der Notfallversorgung gehören auch Kranken- und Spezialtransporte sowie Ambulanzdienste zu den Aufgaben der Sanität Zürich.

Kontakt:

Schutz & Rettung Zürich

Weststraße 4, CH-8036 Zürich

Tel.: +41 (44) 411 21 12, Fax: +41 (44) 411 24 45

Nationale Katastrophenhilfe

Österreichisches Rotes Kreuz

Das Österreichische Rote Kreuz hat sich die Vorbereitung auf Katastrophenfälle, den Katastrophenschutz und die Bewältigung von Katastrophen zur Aufgabe gemacht. Dafür stehen ÄrztInnen, HelferInnen, die Rotkreuz-Schwesternschaft, diplomiertes Krankenpflegepersonal, sowie Materialreserven, finanzielle Reserven und die Infrastruktur des Österreichischen Roten Kreuzes – also das Netz von Dienststellen und technischen Einrichtungen – bereit.

Ziel der Rotkreuz-Katastrophenhilfe ist es, Menschen in Notsituationen rasch und unbürokratisch zu helfen. Diese Hilfe erfolgt materiell, personell und auch finanziell. Österreichischen Familien, die Opfer von Brand- oder Unwetterkatastrophen geworden sind, leistet das ÖRK zum Beispiel finanzielle Spontanhilfe.

Sanitätshilfsstellen (SanHiSt) und medizinische Großunfall-Sets (MEGUS) zur Versorgung vor Ort zählen zur Ausrüstung, mit der solche Großunfälle und Katastrophen bewältigt werden. Spezialisten in modernen Leitstellen koordinieren die Einsätze – das Hilfspersonal, die Fahrzeuge, die Hubschrauber.

Viele Verschüttete verdanken ihr Leben den Suchhunden des Roten Kreuzes. Ob bei Lawinenunglücken in Österreich oder bei Erdbeben im Ausland: Immer wieder sind die Helfer mit der Spürnase ungleich schneller und zuverlässiger als manches hochtechnische Suchgerät.

Katastrophenvorsorge ist die Voraussetzung für die rasche Hilfe im Ernstfall. Deshalb unterhält das Rote Kreuz in allen Bundesländern Katastrophenhilfedepots, in denen Zelte, Decken, Feldbetten und Medikamente gelagert werden. Zur Vorsorge gehören auch regelmäßige Übungen. Die Katastrophenhelfer und Schnelleinsatzgruppen sind ständig im Training, damit im Notfall den Opfern rasch und professionell geholfen werden kann.

Kontakt:
Österreichisches Rotes Kreuz
Gerry Foitik, Tel.: +43 (1) 58900-131
Peter Kaiser, Tel.: +43 (1) 58900-134
www.roteskreuz.at/katastrophenhilfe/
Spendenkonto:
P.S.K.; Kontonummer: 2.345.000; BLZ: 60.000, https://spende.roteskreuz.at

Arbeiter-Samariter-Bund Österreichs

Der Katastrophenhilfsdienst des Arbeiter-Samariter-Bunds Österreichs (ASBÖ) steht bei besonderen Notfällen und Katastrophensituationen im In- und Ausland bereit. In den Rapid-Response-Teams (RRT) des Samariterbundes sind verschiedene SpezialistInnen zu kleinen, flexibel und schnell einsetzbaren Einheiten zusammengefasst, die kurzfristig, meist innerhalb eines Tages, Soforthilfe leisten können. Großangelegte Katastrophenübungen sorgen dafür, dass die Koordination der Einsatzkräfte im Ernstfall optimal abläuft.

Kontakt
ASBÖ – Bundesverband
Hollergasse 2–6, A-1150 Wien
Tel.: +43 (1) 89 1 45, Fax: +43 (1) 89 1 45-149, E-Mail: info@samariterbund.net

Johanniter-Unfall-Hilfe

Ein Schwerpunkt der Arbeit der Johanniter-Unfall-Hilfe (JUH) ist der Betrieb einer mobilen Leitstelle zur Sicherstellung der Kommunikation mit Rettungsdiensten und Hilfsorganisationen im Katastrophenfall. Um für den Ernstfall gut vorbereitet zu sein, erfolgt ein regelmäßiges Training im Rahmen von Zivil- und Katastrophenschutzübungen. Dabei werden unter der Annahme von Großschadensereignissen der Aufbau der Infrastruktur, die Bergung und Erstversorgung von Verletzten und die Zusammenarbeit mit anderen Organisationen, wie der Feuerwehr oder Rettungshundestaffeln, geübt. Die Katastrophenschutzgruppe kommt auch bei Großambulanzen wie zum Beispiel beim Donauinselfest regelmäßig zum Einsatz.

Kontakt:
Die Johanniter
Zivil- und Katastrophenschutz
Ignaz-Köck-Straße 22, A-1210 Wien
E-Mail: kzug.wien@johanniter.at

Malteser Hospitaldienst Austria

Der Malteser Hospitaldienst Austria (MHDA) ist auch im Zivil- und Katastrophenschutz aktiv tätig. Einsätze in Österreich gab es bisher bei Hochwasserkatastrophen oder bei der Versorgung von Flüchtlingen (1956 Ungarn, 1968 CSSR, ab 1991 ehemaliges Jugoslawien). Im Bedarfsfall werden auch Transporte von Medikamenten, medizinisch-technischer Ausrüstung, Lebensmitteln und Bekleidung durchgeführt. Im Rahmen von ECOM (Emergency Corps of the Order of Malta) werden ebenfalls Einsätze getätigt. ECOM wurde 1994 gegründet und ist ein internationales Hilfswerk des Souveränen Malteser Ritterordens. Mitglieder sind die nationalen Ordensgliederungen von Belgien, Deutschland, Frankreich, Irland, der Niederlande, Österreich und der Schweiz. Italien und Tschechien haben derzeit Beobachterstatus.

Kontakt:
Malteser Hospitaldienst Austria
Bundeszentrale
Johannesgasse 2, A-1010 Wien
Tel.: +43 (1) 512 53 95, Fax: +43 (1) 512 84 78, E-Mail: mhda@malteser.at

Team Österreich

Das Rote Kreuz und das Hitradio Ö3 bündeln ihre Kräfte, um jenen Menschen eine Plattform zu bieten, die in Notsituationen nicht Geld, sondern ihre Zeit und Arbeitskraft spenden möchten, die bereit sind anzupacken. Das Team Österreich organisiert diese Menschen zu einer schlagkräftigen Mannschaft, die den Einsatzprofis in Krisensituationen Arbeit abnimmt, ohne ihnen im Weg zu stehen. Jeder, der volljährig ist, kann helfen.
Die Anmeldung zum Team Österreich erfolgt ohne Verpflichtungen. In einer Datenbank werden alle Helfer erfasst. Die Teammitglieder können angeben, welche speziellen Fähigkeiten sie haben. Im Bedarfsfall (bei Katastrophen oder Großunfällen) werden die Teilnehmer per SMS informiert und gefragt, ob sie für einen Einsatz Zeit haben. Eine Verpflichtung, für das Team Österreich auf Abruf bereitzustehen, besteht nicht. Alles Weitere wird vom Roten Kreuz organisiert. Jedes Teammitglied ist im Einsatz versichert und erhält vom Roten Kreuz einen Kurs in Katastrophenhilfe, um für den Einsatzfall gerüstet zu sein.

Kontakt:
http://oe3.orf.at/teamoesterreich

Deutsches Rotes Kreuz

Das Deutsche Rote Kreuz setzt bei Katastrophen sogenannte multifunktionale Einsatzeinheiten (EE) ein, die schnell und flexibel in der Lage sind zu helfen. Die direkte Anbindung der Sanitätsgruppe der Einsatzeinheit an den Rettungsdienst schließt die bisher vorhandene Versorgungslücke zwischen dem Rettungsdienst und dem Katastrophenschutz.
Die Personalstärke der Einsatzeinheit beträgt dreißig Einsatzkräfte. Zu jeder Einsatzeinheit gehört ein Notarzt. Da der herkömmliche Rettungsdienst prinzipiell für den individuellen Notfall ausgestattet ist, reicht die Ausstattung eines RTW oder KTW in der Regel nur für die Versorgung eines Notfallpatienten aus. Insbesondere mangelt es bei einem Massenanfall von Verletzten an Material, wie Tragen, Decken, Infusionen, Medikamenten, Ruhigstellungsmaterial und Sauerstoff. Die Einsatzeinheit schließt diese Versorgungslücke.

Kontakt:
Deutsches Rotes Kreuz – Generalsekretariat
Carstennstraße 58, D-12205 Berlin
Tel.: +49 (30) 85404-0, Fax: +49 (30) 85404-450, E-Mail: drk@drk.de
Spendenkonto:
Bank für Sozialwirtschaft; Kontonummer: 41 41 41; BLZ 370 205 00
https://spenden.drk.de/spenden/3000/cgi-bin/onlinespende.cgi

Schweizerisches Rotes Kreuz

Das Schweizerische Rote Kreuz (SRK), 1866 gegründet, ist das älteste und größte Hilfswerk des Landes. Das SRK ist die von der Schweiz und vom Internationalen Komitee vom Roten Kreuz (IKRK) anerkannte nationale Rotkreuzgesellschaft in der Schweiz.
Das Schweizerische Rote Kreuz ist ein föderalistisch strukturierter Verein mit Sitz in Bern. Es besteht aus 24 Kantonalverbänden, sechs Korporativmitgliedern, fünf Stiftungen und zwei Vereinen. 2004 zählte das SRK 4400 Angestellte bei 2500 Vollzeitstellen. Dazu kommen noch einmal rund 51 000 Freiwillige, die ungefähr 1,2 Millionen Stunden ehrenamtlich arbeiten.
Nach Naturkatastrophen in der Schweiz hilft das Schweizer Rote Kreuz Unwetter-Opfern mit Beratung und unterstützt sie finanziell. In der Westhälfte der Schweiz leistet das SRK Katastrophenhilfe. In den übrigen Kantonen übernimmt Caritas Schweiz diese Aufgabe.

Kontakt:
Schweizerisches Rotes Kreuz
Katastrophenhilfe Schweiz
Rainmattstraße 10, CH-3001 Bern
Tel.: +41 (31) 387 71 11, E-Mail: kata_ch@redcross.ch
Online-Spende:
http://redcross.ch/aid/index-de.php

Pflegedienste und Wohlfahrtsverbände

In Österreich

Österreichisches Rotes Kreuz

Das Österreichische Rote Kreuz bietet bundesweit ein umfangreiches Angebot an Dienstleistungen zur Pflege und zur Betreuung zu Hause. Die mobilen Pflege- und Betreuungsdienste des Roten Kreuzes ermöglichen es pflegebedürftigen Personen, zu Hause zu leben und fachgerechte Hilfe zu bekommen. Das Angebot reicht von medizinischer Pflege bis zur Hilfe im Haushalt.

Angebote: Besuchsdienst/Nachbarschaftshilfe, Rufhilfe, Essenszustellung, Pflegebehelfe-Verleih, Vermittlung einer 24-Stunden-Betreuung.

Auf Wunsch beraten, unterstützen und begleiten gut ausgebildete freiwillige MitarbeiterInnen der ÖRK-Hospizteams Menschen mit fortschreitender, lebensbedrohlicher Erkrankung sowie deren Angehörige.

Neben Betreutem Wohnen gibt es die Rotkreuz-Tageszentren: Sie bieten hilfsbedürftigen Menschen die Gelegenheit zu sozialen Kontakten, geselligem Austausch und Zugang zu Therapien. Und sie entlasten pflegende Angehörige tagsüber. Aktivierende Pflege bedeutet Unterstützung des alltäglichen Lebens sowie regelmäßige Angebote wie Gedächtnistraining, Seniorenturnen und Aktivitäten im Jahreskreis.

Das stationäre Helga Treichl Hospiz des Österreichischen Roten Kreuzes in Salzburg betreut unter dem Motto »Lindern, wo Heilung nicht mehr möglich ist« unheilbar kranke Patienten und ihre Angehörigen.

Das Österreichische Rote Kreuz unterstützt nicht nur die Menschen, die Pflege brauchen, sondern auch die pflegenden Angehörigen und bietet Schulungen an. Informationen unter www.roteskreuz.at/pflege-betreuung/kurse/pflegende-angehoerige

281

Kontakt:
Österreichisches Rotes Kreuz
Gesundheits- und Soziale Dienste
Mag. Monika Wild
Wiedner Hauptstraße 32, A-1042 Wien
Tel.: +43 (1) 589 00-121, www.roteskreuz.at/pflege-betreuung/
Spendenkonto:
P.S.K.; Kontonummer: 2.345.000; BLZ: 60 000, https://spende.roteskreuz.at

Caritas

Die breite Angebotspalette der Caritas reicht von Beratung über Besuchsdienste, Hauskrankenpflege, betreutes Wohnen bis hin zu Senioren- und Pflegehäusern. Das mobile Hospiz und die mobilen Palliativteams erlauben schwer Kranken, ihren letzten Lebensabschnitt in vertrauter Atmosphäre und im Kreise ihrer Familie zu verbringen. Die Organisation berät auch pflegende Angehörige – den größten »Pflegedienst« in Österreich überhaupt – und unterstützt und begleitet sie. Die vielfältigen Angebote sollen alten Menschen und deren Angehörigen den Alltag erleichtern und der Individualität des Einzelnen Raum geben. Dabei setzt jede Diözese ihre eigenen Schwerpunkte.

Kontakt:
Caritas Österreich
Albrechtskreithgasse 19–21, A-1160 Wien
Tel.: +43 (1) 488 31-0, E-Mail: office@caritas-austria.at

Hilfswerk Österreich

Das Hilfswerk Österreich ist mit seinen Landes- und Teilverbänden einer der größten gemeinnützigen Anbieter gesundheitlicher, sozialer und familiärer Dienste in Österreich. Es beschäftigt 7754 MitarbeiterInnen und arbeitet in den Tätigkeitsbereichen Pflege und Altenbetreuung, Kinderbetreuung und Jugendarbeit sowie Beratung und Bildung. 27 893 alte und kranke Menschen erhalten laufend professionelle Hilfe und Pflege.

Kontakt:
Hilfswerk Österreich – Bundesgeschäftsstelle
Apollogasse 4/5, A-1070 Wien
Servicetelefon Pflege: 0800 800 820
Tel.: +43 (1) 40 442-0, Fax: +43 (1) 40 442-20, E-Mail: office@hilfswerk.at

Diakonie Österreich

Die Diakonie ist das Sozialwerk der evangelischen Kirchen und zählt zu den fünf größten österreichischen Wohlfahrtsorganisationen. Jährlich werden über 200 000 hilfsbedürftige Menschen in über 200 Einsatzstellen in ganz Österreich von der Diakonie betreut.

Die Diakonie entwickelt in der Altenhilfe und Pflege Angebote, die von mobiler über teilstationäre bis hin zu stationärer Betreuung älterer pflegebedürftiger Menschen reichen: Altenheime, betreute Seniorenwohngemeinschaften, Betreutes Wohnen und Senioren-Tagesbetreuung finden sich im Spektrum der stationären und teilstationären Angebote.

Ziele der Diakonie Österreich zum Thema Altenhilfe: Entwicklung einheitlicher Pflegestandards für Österreich, Steigerung der Attraktivität der Pflegeberufe, Entwicklung von Kompetenzzentren für Pflege, Entwicklung eines breiten Angebotes differenzierter Pflege (nicht entweder mobil oder stationär), legaler Arbeitsmarkt für die Altenbetreuung, neues Berufsfeld, bedarfsmäßige Entwicklung öffentlicher Einrichtungen, Förderung von »AlltagsmanagerInnen«, Finanzierbarkeit.

Kontakt:
Diakonie Österreich
Albert Schweitzer Haus, Schwarzspanierstraße 13, A-1090 Wien
Tel.: +43 (1) 409 80 01, Fax: +43 (1) 409 80 20, E-Mail: diakonie@diakonie.at

Volkshilfe Österreich

Die Volkshilfe in Österreich ist eine Hilfsorganisation, die auf eine lange traditionsreiche Geschichte seit der Gründung im Jahr 1947 zurückblicken kann. In den letzten fünfzig Jahren hat sich die Volkshilfe zu einer der fünf größten Organisationen der Freien Wohlfahrt in Österreich entwickelt.

Die Volkshilfe plant, errichtet, betreibt und unterstützt österreichweit professionelle soziale und sozialmedizinische Einrichtungen und Projekte. Gesundheits- und sozialpolitisches Agieren steht im Mittelpunkt. Über 6000 MitarbeiterInnen unterstützen mehr als 30 000 Menschen in Österreich.

Die Volkshilfe ist auch in den mobilen, teilstationären und stationären Bereichen des Sozial- und Gesundheitswesens tätig. Unterstützung, Begleitung und Betreuung zu Hause, in der gewohnten Umgebung – im Alter, bei Krankheit oder Behinderung – zur Bewältigung des Alltags ebenso wie die medizinische Hauskrankenpflege sind die Haupttätigkeitsfelder.

Die Volkshilfe bietet folgende Dienstleistungen im Bereich Pflege und Betreuung in allen Bundesländern Österreichs an: mobile Dienste für die Pflege und Betreuung zu Hause (Hauskrankenpflege, Heimhilfe, Besuchsdienst), Reinigungsdienst, Betreuung und Pflege in Häusern für SeniorInnen, Kurzzeitpflege, Tageszentren, Entlassungsmanagement, Notruf-Telefon, Essen auf Rädern, betreute/betreubare Wohnformen, Unterstützung und Begleitung pflegender Angehöriger (die Volkshilfe gibt auch ein Magazin für pflegende Angehörige heraus: Zu Hause pflegen, www.zuhausepflegen.at).

Kontakt:
Mag. Robert Hartmann
Gesundheit, Pflege und Soziales
E-Mail: robert.hartmann@volkshilfe.at

In Deutschland

Deutsches Rotes Kreuz

Das Deutsche Rote Kreuz ist als einer der großen Wohlfahrtsverbände in Deutschland Spitzenverband der Freien Wohlfahrtspflege. Das DRK nimmt die Interessen derjenigen wahr, »die der Hilfe und Unterstützung bedürfen, um soziale Benachteiligung, Not und menschenunwürdige Situationen zu beseitigen sowie auf die Verbesserung der individuellen, familiären und sozialen Lebensbedingungen hinzuwirken«.

Die DRK-Sozialtätigkeiten reichen von der Familien- und Jugendarbeit über Migrationsdienste, Behindertenarbeit und Betreutes Reisen hin zur Altenhilfe und Hospizarbeit und umfasst sozialarbeiterische, (sozial)pädagogische, psychologische, erzieherische und pflegerische Aktivitäten.

Im Pflegedienst ist das DRK beinahe flächendeckend in ganz Deutschland präsent und bietet Altentags- und Begegnungsstätten, Service-Wohnen, Altenklubs und Beratungsstellen. Bundesweit unterhält das DRK auch ambulante Pflegedienste. Einrichtungen für Tages- und Kurzzeitpflege bieten sich an, wenn pflege- oder betreuungsbedürftige Menschen vorübergehend nicht zu Hause versorgt werden können, z. B. bei Urlaub oder Krankheit der Angehörigen, Umbau der Wohnung etc.

Begleit- und Besuchsdienste sorgen dafür, dass die älteren Menschen mobil bleiben und nicht vereinsamen. Einkaufsdienste des DRK kümmern sich um diejenigen, die dies nicht mehr allein können, und sehen zu, dass es ihnen an nichts fehlt.

Die Hilfen für pflegende Angehörige beinhalten sowohl die Schulung zu einzelnen Pflegesituationen als auch die Beratung und individuelle Entlastung.

Die Angebote: Krankenpflegekurse, die zur Pflege alter, kranker oder behinderter Menschen befähigen; Seminare für pflegende Angehörige zu psychosozialen, medizinischen, institutionellen und rechtlichen Themen; ehrenamtlicher Entlastungsdienst, der stundenweise die Betreuung des Pflegebedürftigen übernimmt; Gesprächskreise für pflegende Angehörige zum Erfahrungsaustausch (www.drk.de/altenhilfe/entlastende _hilfen.htm); Informations- und Beratungsstellen für pflegende Angehörige; Hausnotruf; Menübringdienst.

Kontakt:
Deutsches Rotes Kreuz – Generalsekretariat
Carstennstraße 58, D-12205 Berlin
Tel.: +49 (30) 85404-0, Fax: +49 (30) 85404-450
www.drk.de/sozialarbeit/index.html
Spendenkonto:
Bank für Sozialwirtschaft; Kontonummer: 41 41 41; BLZ: 370 205 00

Diakonie Deutschland

Die Diakonie unterhält knapp 2320 Heime und andere stationäre Einrichtungen der Altenhilfe mit insgesamt 154 322 Plätzen oder Betten. Für die Pflege, Betreuung und Versorgung alter und kranker Menschen hat die Diakonie ein einheitliches Qualitätsprofil entwickelt und mit einem Prüfsiegel kenntlich gemacht. In den stationären Einrichtungen, Altenwohnungen, Kurzzeitpflegeeinrichtungen und Feierabendhäusern sind rund 94 750 MitarbeiterInnen tätig. Von den 140 stationären Hospizen in Deutschland befinden sich vierzig in vollständiger oder Mitträgerschaft der Diakonie.

Zur Altenhilfe der Diakonie zählen auch insgesamt 1294 Diakoniestationen und ambulante Pflegedienste. Hier werden alte und kranke Menschen in ihren eigenen vier Wänden versorgt und dabei unterstützt, selbständig zu bleiben. Die Diakoniestationen und ambulanten Pflegedienste bieten verschiedene Unterstützungsangebote und Dienstleistungen an: Beratung über Hilfemöglichkeiten/Vermittlung von weiteren Dienstleistungsangeboten; häusliche Pflege (Alten-, Kranken- und Kinderkrankenpflege); ambulante gerontopsychiatrische und psychiatrische Pflege; Beratung über Hilfsmittel zur Pflege und Wohnraumanpassungsmaßnahmen; Kurse und Beratungsangebote für pflegende Angehörige; Anleitung von pflegenden Angehörigen in den eigenen Wohnungen; Familienpflege bei Krankheit der Mutter; Mahlzeitendienste/Essen auf Rädern; Unterstützung im Haushalt und beim Einkaufen.

Kontakt:
Diakonisches Werk der EKD e.V.
Reichensteiner Weg 24, D-14195 Berlin
Tel.: +49 (30) 83001-0, Fax: +49 (30) 83001-222, E-Mail: diakonie@diakonie.de

Der Arbeiter-Samariter-Bund ist als Hilfs- und Wohlfahrtsorganisation mit sechzehn Landesverbänden, 224 Regional-, Kreis- und Ortsverbänden sowie 111 GmbHs in ganz Deutschland tätig. Mehr als 1,1 Mio. Menschen unterstützen den gemeinnützigen Verein durch ihre Mitgliedschaft.

Die ambulanten Pflegedienste kommen zu den hilfsbedürftigen Menschen nach Hause, um beispielsweise Spritzen und Medikamente zu geben, Verbände zu wechseln, bei der Körperpflege zu helfen oder auch Bewegungsübungen mit ihnen zu machen. Die meisten Pflegedienste verleihen auch Pflegebehelfe.

Für pflegende Angehörige bieten die ASB-Pflegedienste regelmäßig Kurse an, in denen pflegerisches Grundwissen und Techniken wie z. B. rückenschonendes Heben vermittelt werden. Außerdem springt der Pflegedienst ein, wenn die Angehörigen einmal krank sind oder in den Urlaub fahren wollen.

Stationäre Pflege bietet der Arbeiter-Samariter-Bund in den eigenen Altenpflegeheimen. Zur Ausstattung gehören Pflegebäder und Gymnastikräume ebenso wie Räume für Therapie und Freizeitgestaltung. Zu den Freizeitangeboten in den ASB-Altenpflegeheimen zählen u. a. Spaziergänge, Basteln, Malen und gesellige Spiele. In einzelnen ASB-Altenpflegeheimen wird die Pflegeform »Hausgemeinschaft« praktiziert. In diesen Hausgemeinschaften leben zwischen acht und zwölf Menschen in familiärer Atmosphäre zusammen. Der zentrale Bereich ist die großzügig angelegte Wohnküche. Wo immer es möglich ist, beteiligen sich die Senioren an der Hausarbeit, zum Beispiel beim Kochen. Die pflegebedingten Aufwendungen trägt die Pflegekasse, die Finanzierung der Unterkunft und Verpflegung übernimmt der Heimbewohner selbst.

In der Kurzzeitpflege des ASB finden diejenigen Aufnahme, die sonst zu Hause gepflegt werden und nur für eine begrenzte Zeit fremde, fachkompetente Hilfe brauchen. Für Menschen, die tagsüber Hilfe und Pflege brauchen, abends und nachts aber lieber in den eigenen vier Wänden sein wollen, ist die ASB-Tagespflege das richtige Angebot. Sie gewährleistet den ganzen Tag über nicht nur die Pflege und Betreuung der Gäste, sondern bietet ihnen auch Unterhaltung.

Daneben bietet der ASB Deutschland noch Beratungsdienste, Betreutes Wohnen für Senioren, den Hausnotruf, Hilfe bei der Haushaltsführung und Essen auf Rädern an.

Kontakt:
ASB-Bundesgeschäftsstelle
Sülzburgstraße 140, D-50937 Köln
Tel.: +49 (221) 476 05-0
www.asb.de/view.php3?show=51700164&animate=true

Malteser

Die Malteser bieten ausschließlich ambulante Pflegedienste. Mehr als hundert Be-
suchs- und Begleitungsdienste der Malteser kümmern sich um alte, einsame, kranke
und behinderte Menschen. Seit Einführung der Pflegeversicherung kommt den ambulanten Pflegediensten als wichtiger Bestandteil des Gesundheitswesens ein besonderer
Stellenwert zu.

Die Malteser Pflegekräfte leisten Grund- und Behandlungspflege, bieten hauswirt-
schaftliche Versorgung und weitere Hilfsangebote: Hausnotruf, Mahlzeitdienst, Fahr-
dienste, Betreutes Wohnen, Kurzzeit- und Tagespflege, Hospizarbeit und Palliativ-
medizin.

Kontakt:
Malteser Hilfsdienst e.V.
Kalker Hauptstraße 22–24, D-51103 Köln
Tel.: +49 (221) 98 22-01, Fax: +49 (221) 98 22-399
www.malteser.de/1.09.Dienstleistungen/1.09.03.Senioren/Senioren.htm

In der Schweiz

Schweizerisches Rotes Kreuz

Das Schweizerische Rote Kreuz bietet mit seinen Pflegediensten Unterstützung für ältere Menschen, Familien und Behinderte. Das SRK unterhält dafür Tageszentren. 2006
wurden 251 ältere oder kranke Menschen während 16 000 Stunden in einem Tageszen-
trum des SRK betreut.
Das Schweizerische Rote Kreuz unterstützt insbesondere Personen, die Angehörige im
Alltag begleiten und pflegen. In der Schweiz betreuen rund 250 000 Menschen, mehrheitlich Frauen, zu Hause ihre pflegebedürftigen Eltern, Partner oder Kinder. Damit
Pflegende ihren Angehörigen möglichst lange unter optimalen Bedingungen begleiten
können, bieten die Rotkreuz-Kantonalverbände verschiedene Unterstützungsleistun-
gen an: Entlastungsdienste; Ratgeber (Broschüre »Pflegend begleiten – Ein Alltags-
ratgeber für Angehörige und Freunde älterer Menschen« enthält zahlreiche Tipps,
Informationen und Adressen, die pflegenden Angehörigen den Alltag erleichtern); An-
laufstellen (http://redcross.ch/data/activities/pdf/adr_1_d.pdf); Kurse zum Thema
Pflege; Gesprächsgruppen; Notrufsystem; Fahrdienst.

Kontakt:
Schweizerisches Rotes Kreuz – Zentralsekretariat
Rainmattstraße 10, CH-3001 Bern
Tel.: +41 (31) 387 71 11, Fax: +41 (31) 387 71 22, E-Mail: info@redcross.ch
Online-Spenden:
http://redcross.ch/aid/index-de.php

Spitex Verband Schweiz

Der Spitex Verband Schweiz ist der Dachverband der Schweizer Non-Profit-Spitex. Spitex bedeutet spitalexterne Hilfe, Gesundheits- und Krankenpflege. Getragen wird der Verband von den 26 Spitex-Kantonalverbänden. Diesen sind wiederum die gut 650 lokalen gemeinnützigen Spitex-Organisationen angeschlossen. Non-Profit-Spitex-Organisationen unterhalten in der ganzen Schweiz ein Netz an Stützpunkten für Hilfe und Pflege zu Hause.

Der Spitex Verband Schweiz ist 1995 aus dem Zusammenschluss der Schweizerischen Vereinigung der Hauspflegeorganisationen (SVHO) und der Schweizerischen Vereinigung der Gemeindekrankenpflege- und Gesundheitspflegeorganisationen (SVGO) hervorgegangen.

Rund 27 000 Personen betreuen jährlich rund 200 000 Klientinnen und Klienten. Rund neunzig Prozent des Spitex-Mitarbeiterstabs sind direkt im Bereich Hilfe und Pflege engagiert. Dabei handelt es sich zu einem großen Teil um diplomierte Pflegefachleute, Fachangestellte Gesundheit, HauspflegerInnen, PflegeassistentInnen, HaushelferInnen. Die Spitex erbringt jährlich 11,8 Millionen verrechnete Arbeitsstunden. Die gemeinnützige Spitex bietet allerdings ebenso wie das SRK keinen 24-Stunden-Dienst.

Kontakt:
Spitex Verband Schweiz – Zentralsekretariat
Belpstraße 24, CH-3000 Bern 14
Tel.: +41 (31) 381 22 81, Fax: +41 (31) 381 22 28, E-Mail: admin@spitexch.ch

Humanitäre Hilfe und Entwicklungszusammenarbeit (EZA)

Internationales Komitee vom Roten Kreuz (IKRK)

Das Internationale Komitee vom Roten Kreuz (IKRK) ist eine private, unabhängige, schweizerische humanitäre Institution. Das IKRK fördert das humanitäre Völkerrecht, dessen geistiger Urheber es ist, und bemüht sich um dessen Weiterentwicklung. Es sichert ferner die Verbreitung dieses Rechts und der humanitären Grundsätze bei seinen Gesprächspartnern in den Regierungen und beim Militär wie auch bei anderen Zielgruppen (Universitäten und Schulen). In Übereinstimmung mit den Regeln des humanitären Völkerrechts bringt es den Opfern Schutz und Hilfe. Aufgrund seines von den Staaten anerkannten Initiativrechts kann das IKRK auch bei Krisen, die nicht unter die Genfer Abkommen von 1949 und ihre Zusatzprotokolle von 1977 fallen, seine Dienste anbieten. So hat es in zahlreichen Staaten eine umfangreiche Aktivität zum Besuch politischer Häftlinge entfaltet.

Kontakt:
Internationales Komitee vom Roten Kreuz
19 avenue de la Paix, CH-1202 Genève
Tel.: +41 (22) 734 60 01, Fax: +41 (22) 733 20 57
Spendenkonto:
UBS SA, PO Box 2600
Swiss Clearing: 240 (Zahlungen innerhalb der Schweiz)
SWIFT-Code: UBSWCH ZH12A (Zahlungen von anderen Ländern)

Internationale Föderation der Rotkreuz- und Rothalbmondgesellschaften (IFRC)

Im Jahre 1919 schlossen sich die verschiedenen nationalen Rotkreuzgesellschaften zu einem Dachverband zusammen. Die Internationale Föderation der Rotkreuz- und Rothalbmondgesellschaften (IFRC) hat die Aufgabe, die humanitäre Tätigkeit der nationalen Mitglieder zu fördern und zu unterstützen. Zudem koordiniert die Föderation die weltweiten Hilfsaktionen bei Naturkatastrophen und Notständen aller Art und bietet Hilfe für Flüchtlinge außerhalb der Konfliktgebiete an. Dabei arbeitet die Föderation häufig mit dem Hochkommissar der Vereinten Nationen für Flüchtlinge (UNHCR) zusammen.

Die Aufgaben der Föderation lassen sich zu den folgenden Schwerpunkten zusammenfassen: Verbreitung humanitärer Prinzipien und Werte; Reaktion auf Katastrophen und andere Notsituationen durch Hilfsmaßnahmen; Katastrophenvorsorge durch Aus- und Weiterbildung von Hilfskräften sowie Bereitstellung und Verteilung von Hilfsgütern; Gesundheitsvorsorge und sozialmedizinische Betreuung auf lokaler Ebene.

Als Dachverband der nationalen Gesellschaften ist die IFRC eine nichtstaatliche Organisation mit internationalem Charakter. Die Föderation hat ihren Hauptsitz in Genf und darüber hinaus vierzehn Regionalbüros in verschiedenen Regionen sowie etwa 350 Delegierte in mehr als sechzig Ländern. Ausführendes Organ der Föderation ist das Sekretariat unter Leitung des Generalsekretärs. Das höchste Organ der Föderation ist die Generalversammlung, die alle zwei Jahre zusammentritt und aus Delegierten aller nationalen Gesellschaften besteht. Die Föderation finanziert die regulären Kosten ihrer Tätigkeit durch Beitragszahlungen der ihr als Mitglieder angehörenden nationalen Gesellschaften sowie durch Erträge aus Investitionen.

Kontakt:
Internationale Föderation der Rotkreuz- und Rothalbmondgesellschaften
17 chemin des Crêts, Petit Saconnex, CH-1211 Genf 19
Tel.: +41 (22) 730 42 22, Fax: +41 (22) 733 03 95
Spendenkonto:
SWIFT-Code/BIC: UBSWCHZH80A
IBAN: 240-C0573530.0; CH62 0024 0240 C057 3530 0

Österreichisches Rotes Kreuz

Das Österreichische Rote Kreuz (ÖRK) sorgt mit seinen Aktivitäten in der Entwicklungszusammenarbeit (EZA) für die Verbesserung der Lebensbedingungen von bedürftigen Menschen. Die langfristige und nachhaltige Hilfe des ÖRK schließt nahtlos an die Katastrophenhilfe an: Noch während viele Katastrophenhelfer Erdbebengebiete oder überschwemmte Regionen verlassen, nachdem die größte Not der Bevölkerung gelindert wurde, beginnt das ÖRK bereits mit Rehabilitationsmaßnahmen.
In der Entwicklungszusammenarbeit unterstützt das Österreichische Rote Kreuz vor allem in den Bereichen Wasser- und Siedlungshygiene, Basisgesundheitsversorgung und ganz allgemein im Kapazitätsaufbau nationaler Rotkreuz- und Rothalbmondgesellschaften in Entwicklungsländern.
Der Bau von Brunnen, die Errichtung von ökologischen Latrinen und die Installation von Wassersystemen sowie begleitende Hygieneschulungen zählen zu den Aktivitäten des ÖRK im Bereich Wasser. ÖRK-Wasserprogramme und -projekte werden mit der Internationalen Föderation der Rotkreuz- und Rothalbmondgesellschaften, Strategien der jeweiligen nationalen Rotkreuz- oder Rothalbmondgesellschaften sowie staatlichen Wasserversorgungsplänen abgestimmt und tragen zur Erreichung der Millenniums-Entwicklungsziele der Vereinten Nationen bei.
Neben der Bekämpfung von Tuberkulose, Malaria und HIV/Aids zählen zu den Gesundheitsaktivitäten in der Entwicklungszusammenarbeit des Österreichischen Roten

Kreuzes die Pflege und Betreuung älterer und kranker Menschen sowie von Menschen mit Behinderung. Das ÖRK versorgt unterernährte Menschen mit Lebensmitteln, beugt Krankheiten vor und ermöglicht durch Kapazitätsstärkung nationaler Rotkreuz- und Rothalbmondgesellschaften den Ausbau des Dienstleistungsangebots im Bereich Gesundheit.

Kontakt:
Österreichisches Rotes Kreuz – Entwicklungszusammenarbeit
Wiedner Hauptstraße 32, A-1042 Wien
Max Santner, E-Mail: max.santner@roteskreuz.at
Spendenkonto:
P.S.K.; Kontonummer: 2.345.000; BLZ: 60.000

Deutsches Rotes Kreuz

Im Rahmen der Internationalen Rotkreuz-Zusammenarbeit entsendet das Deutsche Rote Kreuz Fachkräfte im Bereich der humanitären Hilfe und für längerfristige Entwicklungsprogramme. In akuten Katastrophenfällen werden sogenannte Emergency Response Units (ERUs) in die betroffenen Gebiete geschickt. Das DRK verfügt über folgende ERUs:
– Feldkrankenhaus (ERU Referral Hospital)
– Basisgesundheitszentrum (ERU Basic Health Center)
– Trinkwasser für die Gesundheitseinrichtungen (ERW Specialised Water)
– Telekommunikation (ERU Telecommunications)
Bei Katastropheneinsätzen dauert die Tätigkeit vier bis zwölf Wochen – vor allem für medizinische Fachkräfte. Andere Einsätze dauern in der Regel sechs bis zwölf Monate. Im Bereich »institutional development« und anderen Bereichen der Entwicklungszusammenarbeit können Einsätze oft ein bis zwei Jahre dauern.
Mitarbeiter des DRK beraten andere nationale Gesellschaften in Krisenregionen beim Auf- und Ausbau von Strukturen und der Ausbildung des Personals. In der Regel wird diese Beratung an konkrete Projekte geknüpft, z. B. die Einrichtung von Basisgesundheitsstationen oder Maßnahmen zur Katastrophenvorsorge, die dann auch finanziell gefördert wird.

Kontakt:
Deutsches Rotes Kreuz (DRK)
Generalsekretariat, Team Internationale Zusammenarbeit
Carstennstraße 58, D-12205 Berlin
Spendenkonto:
Bank für Sozialwirtschaft; Kontonummer: 41 41 41; BLZ: 370 205 00

Schweizerisches Rotes Kreuz

Das Schweizerische Rote Kreuz (SRK) leistet im Ausland humanitäre Hilfe nach Katastrophen und in Konfliktsituationen und engagiert sich längerfristig im Gesundheitsbereich im Sinne der Entwicklungszusammenarbeit. Die Projekte und Programme in Afrika, Asien, Osteuropa und Südamerika werden in enger Zusammenarbeit mit lokalen Partnern (Rotkreuz- und Rothalbmondgesellschaften sowie lokalen NGOs) durchgeführt.

In rund dreißig Ländern trägt das SRK zum Aufbau von Gesundheitsdiensten und der Bekämpfung von Epidemien bei. Rotkreuz-Mitarbeiter bergen Erdbebenopfer, verteilen Nahrungsmittel und Trinkwasser und leisten Erste Hilfe. Decken, Zelte, Lampen und Kochutensilien stellen das Überleben der Obdachlosen sicher und bieten Schutz vor Wind und Kälte. Daneben liefert das SRK Medikamente, Verbandsmaterial und chirurgische Instrumente an Spitäler und Gesundheitsposten.

Das Schweizerische Rote Kreuz ist eine von dreizehn nationalen Rotkreuzgesellschaften, die eine mobile Logistik-Equipe haben. Diese kann unmittelbar nach Naturkatastrophen eingesetzt werden, um die lokalen Hilfskräfte zu unterstützen.

Bei der Entwicklungszusammenarbeit ist es dem Schweizerischen Roten Kreuz wichtig, mit den Menschen vor Ort zusammenzuarbeiten und Maßnahmen zu ergreifen, um künftigen Katastrophen vorzubeugen und die Verwundbarkeit der Bevölkerung zu reduzieren. Auch die Nothilfe muss die Selbsthilfe der Bevölkerung stärken und lokale Strukturen nutzen.

Kontakt:
Schweizerisches Rotes Kreuz (SRK)
Rainmattstraße 10, CH-3001 Bern
Tel.: +41 (31) 387 71 11, Fax: +41 (31) 387 71 22, E-Mail: iz@redcross.ch
Online-Spenden:
http://redcross.ch/aid/index-de.php

Ärzte ohne Grenzen/Médecins Sans Frontières

Ärzte ohne Grenzen/Médecins Sans Frontières (MSF) hilft weltweit Menschen, die keinen Zugang zu medizinischer Versorgung haben. MSF hat während des letzten Jahres mehr als 400 Hilfseinsätze in über 70 Ländern durchgeführt. Die meisten MitarbeiterInnen der Organisation sind Ärzte und Pflegekräfte.

Hauptziel ist die Gesundheitsversorgung notleidender Menschen nach Naturkatastrophen oder bei bewaffneten Konflikten, durch Flucht und Vertreibung oder in Folge sozialer Krisen. Auch die psychologische Unterstützung von traumatisierten Patienten ist ein wesentlicher Bestandteil vieler Hilfsprogramme in Dritte-Welt-Ländern. Mitunter werden auch in reichen Ländern Hilfsprogramme durchgeführt, wenn dort ganze Bevölkerungsgruppen vom Gesundheitssystem ausgeschlossen sind.

Die Hilfsprojekte: Aufbau einer Gesundheitsversorgung, Notversorgung bei Naturkatastrophen, Massenimpfungen gegen Epedemien, Ernährungszentren in Hungergebieten, medizinische Versorgung in Kriegsgebieten.

MSF erhielt 1999 für seine humanitäre Arbeit den Friedensnobelpreis.

Kontakt:

Ärzte ohne Grenzen Österreich

Taborstraße 10, A-1020 Wien

Tel.: +43 (1) 409 72 76, Fax: +43 (1) 409 72 76-40

Ärzte ohne Grenzen Deutschland

Am Köllnischen Park 1, D-10179 Berlin

Tel.: +49 (30) 22 33 77-00, Fax: +49 (30) 22 33 77-88, E-Mail: office@berlin.msf.org

Médecins Sans Frontières (Schweiz)

Streulistraße 28, CH-8032 Zürich

Tel.: +41 (44) 385 94 44, Fax: +41 (44) 385 94 45, E-Mail: office-zuh@geneva.msf.org

Ärzte der Welt/Médecins du Monde

Ärzte der Welt e.V. ist die 1999 gegründete deutsche Zweigstelle der international tätigen humanitären Hilfsorganisation Médecins du Monde (MdM) mit Sitz in Paris. Médecins du Monde wurde 1980 vom französischen Arzt und Politiker Bernard Kouchner, der bereits an der Entstehung von Médecins Sans Frontières (MSF) mitwirkte, und vierzehn weiteren Ärzten gegründet.

Médecins du Monde betreibt weltweit in rund fünfzig Ländern Gesundheitsprojekte (Notfallhilfe, Rehabilitation, Wiederaufbau und Entwicklung). Die Organisation setzt sich für Flüchtlinge, Minderheiten, Straßenkinder, HIV/Aids-Erkrankte und diejenigen, die von ärztlicher und öffentlicher Gesundheitsversorgung ausgeschlossen werden, ein.

Neben der medizinischen Versorgung interessiert sich die Organisation auch für die humanitäre Situation der Betroffenen. Die Dokumentation von Verletzungen der Menschenrechte und des humanitären Völkerrechts sowie die Information der Öffentlichkeit über derartige Vorfälle sieht die Organisation dabei ausdrücklich als wichtigen Teil ihrer Arbeit. Insbesondere in diesem Punkt unterscheidet sich die Tätigkeit von MdM von der strikten Neutralität als zentralem Konzept der Arbeit des Internationalen Komitees vom Roten Kreuz (IKRK) ebenso wie von der durch mehr politische Zurückhaltung agierenden Médecins Sans Frontières.

Weltweit hat MdM zwölf Delegationen, über 7000 Mitglieder, 366 angestellte Mitarbeiter, 5500 Ehrenamtliche und 1200 Freiwillige in den Projekten vor Ort. MdM hat Beobachter- oder Beraterstatus in einer Reihe von UN-Institutionen und anderen internationalen Organisationen wie dem UN-Wirtschafts- und Sozialrat (ECOSOC), beim Flüchtlingskommissariat der Vereinten Nationen (UNHCR), im UN-Büro für Humanitäre Angelegenheiten (OCHA), bei der Weltgesundheitsorganisation (WHO), dem UN-Entwicklungsprogramm (UNDP), beim Kinderhilfswerk der Vereinten Nationen (UNICEF) sowie beim Europarat.

Ärzte der Welt e.V. ist eine gemeinnützige, politisch und konfessionell unabhängig arbeitende Nichtregierungsorganisation. Ähnlich der französischen Mutterorganisation bietet Ärzte der Welt e.V. in München eine kostenlose Betreuung und Behandlung von Migranten und Menschen ohne Versicherungsschutz in seiner medizinischen Anlaufstelle open.med an.

Kontakt:
Ärzte der Welt e.V.
Thalkirchner Straße 81/Kontorhaus I, D-81371 München
Tel.: +49 (89) 624 209 55, Fax: +49 (89) 653 099 72, E-Mail: info@aerztederwelt.org

Brot für die Welt

Brot für die Welt ist eine Hilfsaktion der evangelischen Kirche in Deutschland. Sie wurde 1959 in Berlin gegründet. In über tausend Projekten unterstützen insgesamt 115 hauptberufliche MitarbeiterInnen der Organisation einheimische Kirchen und Partnerorganisationen in mehr als sechzig Ländern Afrikas, Asiens und Lateinamerikas. Brot für die Welt führt selbst keine Projekte durch, sondern unterstützt die Partner finanziell.

Ernährungssicherung, der Kampf gegen HIV/Aids, Gesundheitsversorgung, Bildungsarbeit sowie Friedensarbeit sind die Arbeitsschwerpunkte von Brot für die Welt. Man unterstützt den Ausbau der heimischen Agrarproduktion mit umweltverträglichen, standortgerechten und preiswerten Methoden, damit Grundnahrungsmittel dauerhaft und in ausreichender Menge vorhanden sind. Brot für die Welt fördert zudem den regionalen Austausch zwischen Bäuerinnen und Bauern über Anbau und Vermarktung. Darüber hinaus engagiert man sich dafür, dass Bildungseinrichtungen und Gesundheitsversorgung für alle Menschen zugänglich gemacht werden. Brot für die Welt versteht sich als Anwalt der Benachteiligten in den Ländern des Südens. Die Hilfsorganisation engagiert sich zudem im Kampf gegen HIV/Aids. Brot für die Welt leistet Aids-Aufklärung, unterstützt die Pflege Kranker und stellt Hilfe für Aids-Waisen zur Verfügung. Man kämpft gegen die Ausgrenzung der Infizierten und bietet ihnen seelsorgerische Begleitung an.

Kontakt:
Brot für die Welt
Stafflenbergstraße 76, D-70184 Stuttgart
Tel.: +49 (711) 21 59-0, Fax: +49 (711) 21 59-110

Caritas

Caritas ist eine in über 200 Ländern tätige Hilfsorganisation der römisch-katholischen Kirche. Die erste Caritas-Organisation wurde 1897 in Freiburg gegründet (Deutscher Caritasverband). Wenig später folgten die nationalen Organisationen in der Schweiz (1901) und in Österreich (1903). Heute gibt es weltweit 162 Caritas-Organisationen. In Österreich gibt es über 25 000 ehrenamtliche und 9140 hauptberufliche Mitarbeiter, die im Jahr 2006 weltweit 572 Hilfsprojekte unterstützten.

Die Betätigungsfelder im Ausland sind vor allem die Katastrophenhilfe und die Entwicklungszusammenarbeit:
- Katastrophen: Durch das internationale Netzwerk sind die Caritas-HelferInnen sofort zur Stelle und können den Opfern von Naturkatastrophen (Erdbeben, Überschwemmungen usw.) oder auch Kriegen rasch und effizient helfen.
- Hunger/Wasser: Mit dem Programm »Sicherung der Lebensgrundlagen« trägt die Caritas dazu bei, dass Menschen mehr als nur das Existenzlimit haben: saubere Trinkwasserversorgung, ausreichend zu essen und ein Einkommen, von dem die ganze Familie leben kann.
- Kinder: Die Arbeit für Kinder ist ein Schwerpunktthema der Caritas Auslandshilfe. Über ein Viertel aller Projekte kommt Kindern zugute, auch in Form von Kinderpatenschaften: Das Programm für Kinder in Not umfasst Nothilfe für Kinder auf der Flucht, Zugang zu Schulbildung, Hilfe für Aids-Waisen, Betreuung von Straßenkindern und Maßnahmen zur Erhaltung des sozialen Umfelds von Kindern.
- Menschen mit Behinderung: Die Unterstützung und Betreuung von Menschen mit Behinderung stellt einen Schwerpunkt der Caritas Österreich Auslandshilfe dar. Das Caritas-Programm zielt auf die gesellschaftliche Integration und auf ein aktives und selbstbestimmtes Leben von Menschen mit Behinderung ab und umfasst Maßnahmen zur Bewusstseinsbildung, medizinischen Versorgung und Rehabilitation, Qualifizierung und Einkommensschaffung.
- Frauen: Frauen in Not zu schützen und ihnen Möglichkeiten zu eröffnen, ein selbstbestimmtes Leben zu führen, bildet einen weiteren Arbeitsschwerpunkt. Das Caritas-Programm für Frauen in Not umfasst Maßnahmen zum Schutz von Frauen und Kindern in Gewalt- oder Konfliktsituationen, zur Verbesserung der Gesundheit, zur Qualifizierung und Einkommensschaffung.
- Minderheiten: Das Programm für Roma umfasst Schulprojekte für Roma-Kinder

und Bildungsarbeit für Erwachsene, Projekte zur Gesundheitsversorgung und Verbesserung der Lebenssituation in den Dörfern.

– Flüchtlinge: Das Caritas-Programm für Flüchtlinge und MigrantInnen beinhaltet Nothilfemaßnahmen nach Katastrophen und Kriegen, Beratung und Versorgung von unbetreuten minderjährigen Flüchtlingen und Wiederaufbaumaßnahmen für Rückkehrer.

– HIV/Aids: 25 Prozent aller weltweit von Aids betroffenen Menschen werden von der katholischen Kirche und ihren Hilfsorganisationen mit der Caritas als einer der wichtigsten Trägerinnen betreut. Konkrete Inhalte des Caritas-Programms sind die Verbesserung des Gesundheitszustands der Infizierten, Hauskrankenpflege, Aufklärung und Zugang zu Informationen, Maßnahmen zur psychologischen Betreuung der Kranken und ihrer Angehörigen, Begleitung der Sterbenden und die materielle und psychologische Unterstützung von Aids-Waisen.

Kontakt:
Caritas Österreich
Albrechtskreithgasse 19–21, A-1160 Wien
Tel.: +43 (1) 488 31-0, E-Mail: office@caritas-austria.at

CARE

CARE wurde nach dem Zweiten Weltkrieg in den USA gegründet. Die Organisation versuchte mit dem Versand von mehr als hundert Millionen CARE-Paketen den Hunger in Europa zu lindern. Heute zählt CARE zu den weltweit größten internationalen Hilfsorganisationen. 14 500 MitarbeiterInnen weltweit arbeiten auf dem Gebiet der Entwicklungszusammenarbeit und der Katastrophenhilfe. CARE hat Beraterstatus bei den Vereinten Nationen und ist politisch und religiös unabhängig. Jährlich profitieren 65 Millionen Menschen von CARE-Projekten.

CARE Österreich, Verein für Entwicklungszusammenarbeit und humanitäre Hilfe, wurde 1986 gegründet. Das Team von CARE Österreich besteht derzeit aus 26 MitarbeiterInnen. Als eine von zwölf unabhängigen nationalen Mitgliederorganisationen führt CARE Österreich selbständig Projekte durch, unterstützt aber auch regelmäßig die Projektarbeit von CARE International.

CARE betätigt sich hauptsächlich in folgenden Bereichen: Katastrophenhilfe und Entwicklungszusammenarbeit, soziale Entwicklung, Umwelt und Entwicklung. CARE liefert Lebensmittel und Medikamente in Katastrophengebiete, baut Notunterkünfte und bietet psychologische Betreuung an. Nach großen Katastrophen arbeitet CARE meist jahrelang in der betroffenen Region und unterstützt die Menschen beim Wiederaufbau. CARE bietet dabei Hilfe zur Selbsthilfe und gibt den Betroffenen so ein Stück Selbständigkeit zurück.

In vielen Ländern ist das öffentliche Sozialsystem nur schwach ausgeprägt. Vor allem alte, kranke und behinderte Menschen, aber auch Familien, Kinder und Frauen sind oft auf Unterstützung angewiesen. CARE unterstützt sowohl staatliche Behörden, aber auch lokale Organisationen und Bürgerinitiativen beim Aufbau eines funktionierenden sozialen Netzwerks im Land. Die professionelle Ausbildung etwa von SozialarbeiterInnen oder medizinischem Personal sind wesentliche Elemente der Arbeit von CARE. CARE führt in Afrika und Asien eine große Zahl an land- und forstwirtschaftlichen Projekten durch. Gemeinsam mit den LandwirtInnen werden Bewirtschaftungsformen entwickelt, die die Bodenfruchtbarkeit erhalten. So können die Ernten verbessert und die Ernährung der Familien gesichert werden. Parallel dazu vermittelt CARE neue Vermarktungsstrategien für landwirtschaftliche Produkte, zeigt aber auch alternative Einkommensquellen etwa durch die Gründung von Kleinstgewerbebetrieben auf.

Kontakt:
CARE International Secretariat
Chemin de Balexert 7–9, CH-1219 Chatelaine Genf
Tel.: +41 (22) 795 10 20, Fax: +41 (22) 795 10 29

CARE Österreich
Verein für Entwicklungszusammenarbeit und humanitäre Hilfe
Lange Gasse 30/4, A-1080 Wien
Tel.: +43 (1) 715 0 715, Fax: +43 (1) 715 0 715-12, E-Mail: care@care.at

Diakonie

Die Diakonie Auslands- und Katastrophenhilfe hilft nach Naturkatastrophen, Krieg oder Vertreibung. Die Hauptaufgaben liegen in der Entwicklungszusammenarbeit und der Ost- und Südosteuropahilfe. Die Projekte sind darauf ausgerichtet, die Selbständigkeit und Eigeninitiative der Betroffenen zu stärken, und werden gemeinsam mit den Partnerorganisationen der Diakonie vor Ort entwickelt und durchgeführt.
Um rasche und effiziente Nothilfe für Menschen in Krisenregionen leisten zu können, arbeitet die Diakonie eng mit der Allianz ACT (Action by Churches together), mit Mitgliedern des katholischen Netzwerkes Caritas Internationalis sowie mit anderen Hilfsorganisationen zusammen.
Die Diakonie Auslandshilfe entwickelt und fördert Projekte im Bereich Entwicklungszusammenarbeit, mit dem Ziel, Armut zu bekämpfen und die Lebensbedingung der Menschen in Ländern der sogenannten »Dritten Welt« nachhaltig zu verbessern. Schwerpunkte liegen auf der Arbeit mit Behinderten, im Bereich der Ausbildung und der zivilen Konfliktbearbeitung.

Kontakt:
Diakonie Auslandshilfe Österreich
Steinergasse 3/12, A-1170 Wien
Tel.: +43 (1) 402 67 54, Fax: +43 (1) 402 67 54-16

Handicap International

Handicap International ist ein gemeinnütziger Verein, der sich weltweit für die Belange von Behinderten einsetzt. Er wurde 1982 von zwei französischen Ärzten gegründet, die in thailändischen Flüchtlingslagern Flüchtlinge medizinisch versorgten, von denen viele durch Landminen sehr schwer verletzt waren. Im Bewusstsein, dass diese Menschen nach einer Amputation ohne weitere Unterstützung keine Chance auf ein selbständiges Leben haben, gründeten sie den Verein Handicap International, um den behinderten Menschen durch die Versorgung mit Prothesen und durch Rehabilitation eine langfristige Perspektive zu ermöglichen.

Die Projekte beschränken sich nicht nur auf die körperliche Versorgung der Opfer in Orthopädiewerkstätten und Rehabilitationszentren. Daneben wird auch organisatorische und psychologische Unterstützung sowie Hilfestellung bei der sozialen Integration angeboten.

Die Arbeitsbereiche: Aufbau von Rehabilitationszentren mit Werkstätten für einfache Orthopädiegeräte und Prothesen; Ausbildung von einheimischen Technikern, die bevorzugt aus der Gruppe von Menschen mit Behinderung stammen. Ebenso werden Physiotherapie-Assistenten und Sozialarbeiter in den Grundlagen der Rehabilitation und psychomotorischen Entwicklung ausgebildet. So ist die Autonomie des Projektes nach erfolgreicher Aufbauphase und Heimkehr der ausländischen Fachleute gewährleistet.

Enge Zusammenarbeit mit den örtlichen Vereinen und Behörden, um die Wiedereingliederung der behinderten Menschen in das soziale und wirtschaftliche Leben zu erleichtern. Durchführung von spezifischen medizinischen (Impfungen, Reihenuntersuchungen) und sozialen (Kinderschutz) Vorsorgemaßnahmen.

Handicap International ist einer der sechs Initiatoren der Internationalen Kampagne für ein Verbot von Landminen, die 1997 den Friedensnobelpreis erhielt. Mittlerweile gehören mehr als tausend Vereinigungen aus fast sechzig Ländern dazu.

Kontakt:
Handicap International Deutschland
Ganghoferstraße 19, D-80339 München
Tel.: +49 (89) 54 76 06-0, Fax: +49 (89) 54 76 06-20
E-Mail: info@handicap-international.de

Handicap International Schweiz
11, avenue de Joli-Mont, CH-1209 Genf
Tel.: +41 (22) 788 70-33, Fax: +41 (22) 788 70-35, E-Mail: higeneve@compuserve.com

International Campaign to Ban Landmines (ICBL)

Die Internationale Kampagne für das Verbot von Landminen – International Campaign to Ban Landmines (ICBL) – wurde im Oktober 1992 von einem Bündnis aus sechs NGOs gegründet: Handicap International, Human Rights Watch, Medico International, Mines Advisory Group, Physicians for Human Rights und Vietnam Veterans of America Foundation. Mittlerweile besteht die Kampagne aus einem Netzwerk von über 1400 nichtstaatlichen Organisationen. In über neunzig Ländern arbeitet man auf regionaler, nationaler und internationaler Ebene für ein Verbot und die vollständige Vernichtung aller Anti-Personen-Minen. Die ICBL und ihre Koordinatorin Jody Williams wurden 1997 mit dem Friedensnobelpreis ausgezeichnet.

Forscher der ICBL beobachten die Minen-Situation weltweit und publizieren ihre Ergebnisse in den jährlichen Landmine Monitor Reports. Die ICBL initiiert Lobbyaktivitäten mit dem Ziel der vollständigen Umsetzung des Ottawa-Abkommens. Das Übereinkommen verbietet den Unterzeichnerstaaten Produktion, Handel, Export und Einsatz von Anti-Personen-Minen. Die Kampagne forciert weiters die Unterstützung von Überlebenden eines Landminenunfalls, ihrer Familien und Gemeinden.

Der ICBL steht eine Steuerungsgruppe, bestehend aus sechs Mitgliedsorganisationen, und ein Beirat, bestehend aus 21 Mitgliedsorganisationen, vor. Gegenwärtig beschäftigt die ICBL vier Mitarbeiter in Genf (Hauptbüro), Paris und Rom. Zusätzlich wird die ICBL jedes Jahr von mehreren Praktikant(innen) unterstützt.

Kontakt:
International Campaign to Ban Landmines (ICBL)
9 Rue de Cornavin, CH-1201 Genf
Tel.: +41 (22) 920 03-25, Fax: +41 (22) 920 01-15, E-Mail: icbl@icbl.org

Licht für die Welt – Christoffel Entwicklungszusammenarbeit

Licht für die Welt – Christoffel Entwicklungszusammenarbeit ist eine international tätige österreichische Fachorganisation, die sich für augenkranke, blinde und anders behinderte Menschen in den Armutsgebieten der Welt einsetzt.

Die Organisation wurde vor neunzehn Jahren in Wien als österreichische Dependance der Christoffel-Blindenmission gegründet. 2004 wurde die Organisation in Licht für die Welt – Christoffel Entwickungszusammenarbeit umbenannt, 2007 die Schwesterorganisation Svêtlo pro svêt – Light for the World in Tschechien gegründet.

Arbeitsschwerpunkte sind die Prävention und Heilung von Blindheit, die Rehabilitation von blinden und anders behinderten Menschen, die Prävention und Heilung von Behinderung und die Stärkung der Rechte von behinderten Menschen. Schwerpunktländer sind Äthiopien, Mosambik, Burkina Faso, Sudan, sowie Tansania, Uganda und Kenia, Bolivien, Nordostindien, Pakistan, Papua-Neuguinea und Bosnien-Herzegowina. Licht für die Welt arbeitet mit anderen Fachorganisationen und der Weltgesundheitsorganisation zusammen. Das gemeinsam formulierte Ziel: Bis zum Jahr 2020 soll kein Mensch mehr erblinden, nur weil es an der notwendigen medizinischen Versorgung mangelt.

Den vier Arbeitsschwerpunkten von Licht für die Welt entsprechend wurden die Fördermittel im Jahr 2006 wie folgt eingesetzt:
– Prävention und Heilung von Blindheit: 46,8 %
– Rehabilitation von Menschen mit Behinderungen: 36,5 %
– Prävention von Behinderungen: 10,9 %
– Stärkung der Rechte behinderter Menschen: 5,8 %
Neben dem Engagement für Blinde hilft der Verein unter anderem hörgeschädigten sowie körperlich, geistig und mehrfachbehinderten Menschen. In Deutschland betreibt der Verein ein Blindenaltenheim in Nümbrecht.

Kontakt:
Licht für die Welt – Christoffel Entwicklungszusammenarbeit (Österreich)
Niederhofstraße 26, A-1120 Wien
Tel.: +43 (1) 810 13 00, Fax: +43 (1) 810 13 00-15, E-Mail: info@licht-fuer-die-welt.at

Christoffel-Blindenmission Deutschland e.V.
Nibelungenstraße 124, D-64625 Bensheim
Tel.: +49 (6251) 1 31-0, Fax: +49 (6251) 1 31-270, E-Mail: info@cbm.de

Menschen für Menschen – Karlheinz Böhms Äthiopienhilfe

Das Ziel der Hilfsaktion Menschen für Menschen besteht darin, in Äthiopien für bessere Gesundheitsbedingungen, für mehr Bildung und die Besserstellung der Frau in der Gesellschaft aufzutreten.

Vor über 25 Jahren startete der österreichische Schauspieler Karlheinz Böhm die Aktion, mit der er den Menschen im armen Äthiopien in Afrika helfen wollte. Ende Oktober 1981 reiste Böhm zum ersten Mal nach Äthiopien. Als Menschen für Menschen seinen Betrieb aufgenommen hatte, ging es vor allem darum, die akute Hungersnot in Äthiopien zu bekämpfen. Heute betreibt Menschen für Menschen in sieben Regionen Äthiopiens eine Vielzahl von langfristig angelegten Projekten. Alle Projekte werden unter Rücksichtnahme auf die bestehenden äthiopischen Verhältnisse sowie unter Ein-

beziehung der betroffenen Menschen geplant und durchgeführt. Diese schließen landwirtschaftliche und agro-ökologische Projekte, den Bau von Brunnen, Mädchenwohn-
heimen und Schulen ebenso ein wie den Ausbau des Gesundheitswesens und immer
mehr auch Ausbildungsprogramme und aufklärende Maßnahmen zur Besserstellung
der Frauen in der Gesellschaft.
In den drei Organisationsbüros in München, Wien und Zürich arbeiten 29 MitarbeiterInnen. Neben der Spendenverwaltung planen und koordinieren die Büros die Infor-
mations- und Öffentlichkeitsarbeit. Über 400 ehrenamtliche MitarbeiterInnen unterstützen zusätzlich die Aktivitäten von Menschen für Menschen. Nur so ist es der
Organisation möglich, mit einem sehr geringen Aufwand für Verwaltung und Öffentlichkeitsarbeit ein Maximum an Hilfe für die Menschen in Äthiopien zu erreichen.

Kontakt:
Menschen für Menschen – Verein zur Hilfeleistung von Menschen in Entwicklungs-
ländern (Österreich)
Capistrangasse 8/10, A-1060 Wien
Tel.: +43 (1) 58 66 950-0, Fax: +43 (1) 58 66 950-10, E-Mail: office@mfm.at

Stiftung Menschen für Menschen (Deutschland)
Brienner Straße 46, D-80333 München
Tel.: +49 (89) 38 39 79-0, Fax: +49 (89) 38 39 79-70, E-Mail: info@mfm-online.org

Stiftung Menschen für Menschen (Schweiz)
Stockerstraße 10, CH-8002 Zürich
Tel.: +41 (43) 49 910 60, Fax: +41 (43) 49 910 61, E-Mail: info@mfm-schweiz.ch

Misereor

Misereor ist ein Hilfswerk der katholischen Kirche. Das Bischöfliche Hilfswerk Misereor e.V. wurde 1958 als Aktion gegen Hunger und Krankheit in der Welt gegründet.
Den Namen schlug der Kölner Kardinal Joseph Frings vor, in Anlehnung an das Jesus-
Wort »Misereor super turbam« (Ich habe Mitleid mit den Menschen).
Misereor fördert weltweit Projekte in allen Bereichen der Entwicklungszusammenarbeit. Schwerpunktmäßig werden Projekte der Landwirtschaft und der ländlichen und
gesellschaftlichen Entwicklung, des Gesundheitswesens sowie der Bildung und Information unterstützt. Daher berät und fördert Misereor Kleinbauern, setzt sich für Menschenrechte ein, bildet Jugendliche in zukunftsfähigen Berufen aus und unterstützt
Kleingewerbe mit Mikro-Krediten. Seit 1958 hat Misereor mehr als 94 500 Entwicklungsprojekte in Afrika, Asien, Lateinamerika und Ozeanien mit über 5,5 Milliarden
Euro gefördert.

Misereor bekämpft nicht nur Armut, Hunger und Unrecht, sondern auch ihre Ursachen. Als politische Lobby der Benachteiligten setzt sich Misereor gegen unfaire Handelsbedingungen auf dem Weltmarkt ein, hinterfragt die Wirtschaftspolitik westlicher Staaten auf ihre Folgen für die Armen und prangert ungerechte Gesellschaftsstrukturen in Entwicklungsländern an.

Jedes Jahr erreichen Misereor etwa 6000 Projektanfragen. Gemeinsam mit Partnern vor Ort hilft Misereor dort, wo Armut und Unterdrückung am größten sind. Ordensfrauen aus Sambia beispielsweise betreuen mit 1700 Ehrenamtlichen mehr als 20 000 pflegebedürftige Aidskranke. 3000 Kleinbauern aus Guatemala gründen eine Kooperative und finden bei Misereor Rechtshilfe und Saatgut. Minenopfer aus Kambodscha suchen beim katholischen Hilfswerk Fachwissen und finanzielle Mittel, um für sich und die vielen anderen Verstümmelten im Land fachgerechte Prothesen zu bauen. Engagierte Einzelpersonen, Pfarrgemeinden und Institutionen organisieren Solidaritätsläufe, Fastenessen und Wallfahrten, unterstützen Kleinbauern durch den Kauf fair gehandelter Produkte und fördern Entwicklungsprojekte mit Spenden, Schenkungen oder Erbschaften.

Kontakt:
Bischöfliches Hilfswerk MISEREOR e.V.
Mozartstraße 9, D-52064 Aachen
Tel.: +49 (241) 4 42-0, Fax: +49 (241) 4 42-188

Oxfam

Oxfam ist eine unabhängige Nothilfe-, Entwicklungs- und Kampagnenorganisation. Sie arbeitet weltweit mit Menschen zusammen, um Armut und soziale Ungerechtigkeit dauerhaft zu überwinden. Zugleich informiert Oxfam in globalen Kampagnen über die Ursachen von Armut. Gegründet wurde das Oxforder Komitee zur Linderung der Hungersnot (Oxford Committee for Famine Relief) 1942. Heute gibt es dreizehn nationale Oxfam-Hilfsorganisationen, die im Verbund Oxfam International zusammenarbeiten. In weltweit über hundert Ländern arbeitet Oxfam mit lokalen Partnerorganisationen zusammen und fördert Nothilfe- und Entwicklungsprojekte. In Krisenfällen wie Naturkatastrophen oder kriegerischen Konflikten leistet Oxfam Soforthilfe, vor allem in Form von Trinkwasserversorgung und Hygienemaßnahmen. Im Bereich der Entwicklungszusammenarbeit liegen die Schwerpunkte auf der Förderung von Frauen, Gesundheit, Sicherung von Existenzgrundlagen durch Grundbildung, Landwirtschaft, Kleingewerbe und Krisenprävention.

Oxfam setzt sich für die Einhaltung der Millenniums-Entwicklungsziele ein. Darin hat sich die internationale Staatengemeinschaft unter anderem vorgenommen, die Zahl der in extremer Armut lebenden Menschen bis zum Jahr 2015 zu halbieren.

Oxfam informiert durch Kampagnenarbeit die hiesige Bevölkerung über die strukturellen Ursachen von Armut. Besonders wichtige Forderungen von Oxfam betreffen unter anderem gerechte Welthandelsregeln, eine wirksame Waffenkontrolle und Bildung für alle Kinder weltweit.

In einer aktuellen Studie kritisiert Oxfam die billigen Nahrungsmittel – und hier besonders Südfrüchte –, die zulasten der Arbeiter in Entwicklungsländern gehen, die das Obst und Gemüse anbauen, ernten und verpacken.»Bereits jetzt führt der Preisdruck in unseren Supermärkten dazu, dass die Lieferanten Arbeits- und Menschenrechte verletzen, um in dem harten Wettbewerb gut abzuschneiden«, sagt Marita Wiggerthale, Handelsexpertin und Autorin der Studie. Ändern wird sich nach Meinung von Oxfam daran so schnell nichts, denn die Produzenten behindern systematisch die Bildung von Arbeitnehmervertretungen: Man droht seinen Mitarbeitern mit schwarzen Listen, Gehaltskürzungen, Massenentlassungen und Plantagenschließungen. Das Fatale: All diese Hersteller beliefern die führenden Südfruchtimporteure wie Dole, Chiquita, Del Monte, Fyffes, Cobana Fruchtring, Edeka Fruchtkontor und Dürbeck.

Kontakt:
Oxfam
International Secretariat
Suite 20, 266 Banbury Road, UK-Oxford, OX2 7DL
Tel.: +44 (1865) 339 100, Fax: +44 (1865) 339 101
E-Mail: information@oxfaminternational.org

Oxfam Deutschland e.V.
Greifswalder Straße 33a, D-10405 Berlin
Tel.: +49 (30) 4285-0621, Fax: +49 (30) 4285-0622, E-Mail: info@oxfam.de

Plan International

Plan International ist als eines der ältesten Kinderhilfswerke in 49 Ländern tätig. Gegründet wurde Plan vom englischen Journalisten John Langdon-Davis 1937 im Spanischen Bürgerkrieg als Foster Parent's Scheme for Children in Spain. Im Rahmen der Entwicklungszusammenarbeit finanziert Plan kindorientierte Selbsthilfe-Projekte hauptsächlich über Patenschaften, zusätzlich auch über Einzelspenden. Plan ist vom Wirtschafts- und Sozialrat der Vereinten Nationen (ECOSOC) als private und unabhängige Organisation anerkannt und ist im Beratungsausschuss der Nichtregierungsorganisationen für UNICEF.
Die siebzehn nationalen Organisationen (auch in Deutschland und der Schweiz) haben die Aufgabe, für die Ziele von Plan zu werben und mit den Spendeneinnahmen die Programme und Projekte zu finanzieren.

Die Hilfsmaßnahmen unterstützen Kinder und deren Familien, die von Armut und existenzieller Not bedroht sind. Derzeit arbeitet die internationale Plan-Organisation in mehr als vierzig Ländern der »Dritten Welt«. Die Patenschaftsbeiträge finanzieren Selbsthilfe-Projekte, die das gesamte Lebensumfeld der Kinder dauerhaft stärken und ihre soziale Situation sichern sollen.

Plan versucht die Sterblichkeitsraten bei Kindern und Müttern zu senken, Krankheiten wie Malaria, Chagas und HIV/Aids zu bekämpfen und Vorsorge durch Aufklärung zu betreiben. Die Maßnahmen reichen vom Bau sanitärer Anlagen bis zu Impfungen. Die Menschen in den Partnerländern erhalten Schulungen in Fragen der Hygiene, Ernährung und Familienplanung.

Plan setzt sich dafür ein, dass alle Mädchen und Jungen im schulfähigen Alter eine fundierte Grundbildung erhalten. In der Erwachsenenbildung bietet Plan zusammen mit lokalen Partnern Alphabetisierungskurse und berufsbildende Maßnahmen an.

In Kursen lernen Gemeindemitglieder, wie sie ihre Umwelt schonen, nachhaltige Landwirtschaft betreiben und ihre eigene Ernährung langfristig sichern können. Plan verschafft den Menschen Zugang zu sauberem Trinkwasser, lässt Brunnen, Trinkwasseranlagen, Latrinen, Abwasser- und Bewässerungssysteme bauen.

Prinzip der Arbeit ist die Unterstützung und Entwicklung ganzer Gemeinden. Geldbeträge werden weder an einzelne Patenkinder noch an deren Familien ausbezahlt.

Kontakt:
Plan, International Headquarters
Chobham House, Christchurch Way, UK-Woking, Surrey GU21 6JG
Tel.: +44 (1483) 755 155, Fax: +44 (1483) 756 505

Plan International Deutschland e.V.
Bramfelder Straße 70, D-22305 Hamburg
Tel.: +49 (40) 611 40-0, Fax: +49 (40) 611 40-140

Save the Children – Rettet das Kind

1919 gründeten Eglantyne Jebb und Dorothy Buxton den »Save the Children Fund« in London. Die beiden Schwestern sammelten vor allem Spenden, um Kindern in Deutschland und Österreich zu helfen, die unter den Folgen des Ersten Weltkrieges litten. 28 Mitgliedsorganisationen bilden heute die International Save the Children Alliance, deren Sekretariat in London ist und die die Arbeit der nationalen Organisationen koordiniert. In 120 Ländern führt Save the Children Projekte durch, die Kindern, ihren Familien und ihrem Umfeld zugute kommen.

Erstmals steht ein Deutscher an der Spitze einer der größten internationalen Kinderhilfsorganisationen. Als Vorstandsvorsitzender der International Save the Children

Alliance koordiniert Peter Woicke derzeit die Arbeit der 28 Save-the-Children-Organisationen auf globaler Ebene. Die Schwerpunkte der Arbeit liegen in den Bereichen Schule und Bildung, Schutz vor Ausbeutung und Gewalt sowie Gesundheit und Überleben. Außerdem hilft die Organisation Kindern und ihren Familien in Katastrophensituationen. Die Organisation betreibt Aids-Aufklärung und -Prävention und kümmert sich um Aids-Waisen. Für arbeitende Kinder werden Schulen eingerichtet, ebenso gehört die Integration behinderter Kinder zu den Aufgaben. Seit 1999 gibt Save the Children jährlich den »Bericht zur Situation der Mütter in der Welt« heraus. Der Bericht zeigt auf, in welchem Land Mütter am schlechtesten und in welchem sie am besten leben.

Save the Children hat Beraterstatus beim Wirtschafts- und Sozialrat (ECOSOC) der Vereinten Nationen und unterstützt die Internationale Kampagne für das Verbot von Landminen (ICBL).

Kontakt:
Rettet das Kind Österreich
Pouthongasse 3, A-1150 Wien
Tel.: +43 (1) 982 62 16, Fax: +43 (1) 982 46 64 17, E-Mail: office@rettet-das-kind.at
www.rettet-das-kind.at

Save the Children Deutschland e.V.
Zinnowitzer Straße 1, D-10115 Berlin
Tel.: +49 (30) 27 59 59 79-0, Fax: +49 (30) 27 59 59 79-9
E-Mail: info@savethechildren.de

Save the Children Schweiz
Culmannstraße 43, CH-8006 Zürich
Tel.: +41 (44) 267 70 00, Fax: +41 (44) 267 70 09, E-Mail: info@savethechildren.ch

SOS-Kinderdorf

SOS-Kinderdorf ist eine unabhängige, nichtstaatliche, soziale Organisation, die bedürftigen Kindern in 132 Ländern eine langfristige, familiennahe Betreuung bietet. Angesichts der zahlreichen verwaisten und verlassenen Kinder nach dem Zweiten Weltkrieg gründete Hermann Gmeiner 1949 den Verein SOS-Kinderdorf (SOS steht für »Societas Socialis«) mit dem Ziel, die Lebensbedingungen von notleidenden Kindern zu verbessern, die aufgrund verschiedenster Umstände nicht mehr in der eigenen Familie aufwachsen können. Eröffnet wurde das erste SOS-Kinderdorf am 15. April 1951 in Imst in Tirol. 1960 wurde SOS-Kinderdorf International als Dachverband für alle SOS-Kinderdorf-Vereine gegründet.

Die Kernkompetenz von SOS-Kinderdorf liegt in der familienpädagogischen, langfristig ausgerichteten Betreuung von Kindern. In den SOS-Kinderdörfern und -Jugendeinrichtungen erleben sie verlässliche, liebevolle Beziehungen, wodurch ihre häufig traumatischen Lebenserfahrungen heilen können. Sie wachsen in einem stabilen, familiären Umfeld auf, werden individuell gefördert und bis in die Selbständigkeit als junge Erwachsene begleitet.

Erweitert wird die familienpädagogische Arbeit durch Familienförderprogramme. Mit verschiedenen Unterstützungsangeboten konzentriert sich SOS-Kinderdorf darauf, Familien so weit zu stärken und zu stabilisieren, dass sie ihr Leben wieder eigenständig bewältigen und für ihre Kinder sorgen können.

Gleichberechtigte Bildungs- und Ausbildungschancen für Kinder sind ein weiterer Schwerpunktbereich der Organisation. Um das Grundrecht auf Bildung zu garantieren, betreibt SOS-Kinderdorf vor allem außerhalb von Europa öffentliche Kindergärten- und Kindertagesstätten, Schulen und Ausbildungszentren.

Heute werden weltweit mehr als 57 000 Kinder und Jugendliche in 470 SOS-Kinderdörfern betreut. Zusätzlich erfahren Kinder, Jugendliche und Familien Hilfe in 1355 begleitenden Einrichtungen (darunter 354 Jugendeinrichtungen). Rund 130 000 Kinder und Jugendliche besuchen SOS-Hermann-Gmeiner-Schulen, SOS-Kindergärten und SOS-Berufsbildungszentren, mehr als 650 000 Menschen profitieren von den medizinischen Zentren, Sozialzentren sowie von Nothilfeprogrammen.

Kontakt:
SOS-Kinderdorf International
Billrothstraße 22, A-1190 Wien
Tel.: +43 (1) 368 66 78, Fax: +43 (1) 369 89 18
E-Mail: info@sos-kinderdorfinternational.org

Bundesanstalt Technisches Hilfswerk

Die deutsche Bundesanstalt Technisches Hilfswerk wurde am 12. September 1950 als Zivil- und Katastrophenschutzorganisation der Bundesrepublik Deutschland gegründet. Sie untersteht dem Bundesministerium des Innern und hat ihren Sitz in Bonn-Lengsdorf. Das THW hat mehr als 80 000 ehrenamtliche Helfer, darunter etwa 15 000 Junghelfer und 860 hauptamtliche Mitarbeiter.

Technische Hilfe im Zivilschutz ist der Hauptgrund für die Gründung des Technischen Hilfswerks. Im Verteidigungsfall soll das THW die Zivilbevölkerung schützen und Gefahren beseitigen, und zwar insbesondere im Bergungs- und Instandsetzungsdienst. Das THW ist bewusst dem Bundesministerium des Innern, und nicht dem Bundesministerium der Verteidigung unterstellt. Es ist ausdrücklich keine militärische oder paramilitärische Organisation. Im Verteidigungsfall stehen die Zivilschutzkräfte unter dem besonderen Schutz der vierten Genfer Konvention als zivile Nichtkombattanten, das heißt, sie dürfen nicht kämpfen, aber auch nicht angegriffen werden (ähnlich wie Sanitätstruppen der Streitkräfte). Das THW kann im Auftrag des Bundes auch zur humanitären Hilfe im Ausland eingesetzt werden. Bei Katastrophen in aller Welt kann das THW innerhalb weniger Stunden Hilfe leisten. Zusätzlich werden auch langfristige Entwicklungs- oder Wiederaufbauprojekte im Auftrag des UNHCR durchgeführt.

Die Aufgaben: technische Gefahrenabwehr (z. B. Orten, Retten und Bergen, Bekämpfen von Überflutungen und Überschwemmungen); technische Hilfe im Bereich der Infrastruktur (Elektroversorgung, Trinkwasserversorgung); Führung/Kommunikation, Logistik (Einrichtung temporärer Telekommunikationssysteme); technische Hilfe im Umweltschutz (Ölschadenbekämpfung); Versorgung der Bevölkerung (Errichtung und Einrichtung von Notunterkünften, Strom- und Trinkwasserversorgung).

Kontakt:
Bundesanstalt Technisches Hilfswerk (THW)
Provinzialstraße 93, D-53127 Bonn
Tel.: +49 (228) 940-0, Fax: +49 (228) 940-1144

Terre des Hommes

Das Kinderhilfswerk Terre des Hommes (Erde der Menschen) wurde 1960 in Lausanne unter dem Eindruck des Algerienkrieges gegründet und fördert Projekte für Kinder und Jugendliche, »die ausgebeutet, benachteiligt oder ausgegrenzt sind, deren soziale und politische Rechte verletzt werden und denen es an Nahrung, Gesundheit, Unterkunft und Ausbildung fehlt«. Unter dem Namen Terre des Hommes existieren neun selbständige Organisationen, die unter dem Dach der Terre des Hommes International Federation (TDHIF) zusammenarbeiten. Alle sind in der internationalen Kinder- und Entwicklungshilfe tätig.

Ziel der Arbeit von Terre des Hommes ist es, dass die in der UN-Kinderrechtskonvention von 1989 verfassten Schutz- und Partizipationsbestimmungen für Kinder weltweit anerkannt werden. Terre des Hommes kämpft somit gegen Mangelernährung, Kinderarbeit, Kinderhandel, Kinderprostitution, den Missbrauch als Kindersoldaten, Diskriminierungen sowie Ungerechtigkeiten im Welthandel.

Kontakt:
Terre des Hommes International Federation
31 chemin Franck Thomas, CH-1223 Cologny/Geneva
Tel.: +41 (22) 736 33 72, Fax: +41 (22) 736 15 10, E-Mail : info@terredeshommes.org

Terre des Hommes Deutschland e.V.

Ruppenkampstraße 11a, Postfach 4126, D-49031 Osnabrück

Tel.: +49 (541) 71 01-0, Fax: +49 (541) 70 72 33

Terre des Hommes Schweiz

Laufenstraße, 12, CH-4018 Basel

Tel.: +41 (61) 338 91 38, Fax: +41 (61) 338 91 39, E-Mail: info@terredeshommes.ch

World Vision

World Vision ist ein 1950 in Kalifornien gegründetes internationales christliches Hilfswerk, das heute dezentral organisiert ist. Im Mittelpunkt der Arbeit steht die Unterstützung von Kindern und Familien im Kampf gegen Armut und Ungerechtigkeit. Die Projekte werden in den Einsatzländern von einheimischen World-Vision-Landesbüros und nationalen Mitarbeitern umgesetzt. Von den rund 23 000 MitarbeiterInnen, die sich für World Vision engagieren, kommen 97 Prozent aus jenen Ländern, in denen die Hilfsmaßnahmen durchgeführt werden.

Seine Arbeitsschwerpunkte legt World Vision auf nachhaltige Entwicklungszusammenarbeit, humanitäre Hilfe sowie entwicklungspolitische Anwaltschaft- und Bildungsarbeit.

Die Nachhaltigkeit der Hilfe bei der Entwicklungszusammenarbeit versucht World Vision durch lange Projektlaufzeiten (oft länger als zwölf Jahre) und durch parallele Hilfsmaßnahmen in unterschiedlichen Bereichen (Bildung, Gesundheitsversorgung, Nahrungssicherung, Einkommensförderung, Aids-Bekämpfung) sicherzustellen.

Die Versorgung von Katastrophenopfern sowie Kriegs- und Hungerflüchtlingen bilden die Maßnahmen der humanitären Hilfsleistungen. Weitere Aktivitäten in diesem Bereich sind friedensfördernde Maßnahmen und Katastrophenprävention.

2006 betreute World Vision International weltweit mehr als 1300 Kinderpatenschaftsprojekte. Im Rahmen der Hilfsprogramme werden mehr als drei Millionen Patenkinder betreut.

World Vision ist aber auch wiederholt kritisiert worden. Kritikpunkte waren unter anderem die Werbung (Vermengung seriöser Berichterstattung und gekaufter Presseberichte) und das Patenschaftskonzept (die ZEWO lehnt die Unterstützung von Einzelkinderpatenschaften ab, ist mit dieser Haltung aber weltweit die einzige Spendenzertifizierungsbehörde), die Verwendung von Spendengeldern und die, im Vergleich zu anderen Hilfsorganisationen, ausgesprochen ausgeprägte sichtbare Präsenz von World Vision in den Einsatzländern.

Kontakt:
World Vision Österreich
Verein für Entwicklungszusammenarbeit und Völkerverständigung
Graumanngasse 7/D-1, A-1150 Wien
Tel.: +43 (1) 522 14 22-0, Fax: +43 (1) 522 14 22-80

World Vision Deutschland e.V.
Am Houiller Platz 4, D-61381 Friedrichsdorf
Tel.: +49 (6172) 763-0, Fax: +49 (6172) 763-270

World Vision Schweiz
Kriesbachstraße 30, CH-8600 Dübendorf
Tel.: +41 (44) 802 30 30, Fax: +41 (44) 882 35 65

Menschenrechtsorganisationen

Amnesty International

Die Menschenrechtsorganisation Amnesty International (ai) recherchiert weltweit Menschenrechtsverletzungen, publiziert diese und betreibt Öffentlichkeits- und Lobbyarbeit.

Amnesty International wurde 1961 in London vom englischen Rechtsanwalt Peter Benenson gegründet. Drei Monate später war die Organisation auch in Deutschland vertreten. Amnesty International Österreich wurde ebenso wie Amnesty International Schweiz 1970 gegründet. Die Organisation mit Büros in insgesamt 58 Staaten zählt mehr als 2,2 Millionen Mitglieder. 1977 erhielt ai den Friedensnobelpreis, 1978 den UNO-Menschenrechtspreis.

Mit Aufklärungsarbeit und Dokumentation von Menschenrechtsverletzungen hat sich ai weltweit einen Namen gemacht. Amnesty motiviert Menschen zum Briefeschreiben an Unrechtsregimes, um gewaltlose politische Gefangene freizubekommen, setzt sich gegen Folter und gegen die Todesstrafe ein. Im internationalen Sekretariat der Organisation in London sind rund 300 ExpertInnen aus aller Welt hauptberuflich damit beschäftigt, Fakten über Menschenrechtsverletzungen zu sammeln. Sie sorgen für die Überprüfung von Meldungen über Inhaftierungen, Folterungen oder Hinrichtungen. Sie erstellen ausführliche Berichte über die Menschenrechtssituation in einzelnen Ländern und die Fallakten zur Betreuung von Gefangenen und Opfern anderer Menschenrechtsverletzungen.

Kontakt:

Amnesty International Österreich
Moeringgasse 10, A-1150 Wien
Tel.: +43 (1) 780 08, Fax: +43 (1) 780 08-44, E-Mail: info@amnesty.at

Amnesty International, Sektion der Bundesrepublik Deutschland e.V.
Heerstraße 178, D-53111 Bonn
Tel.: +49 (228) 983 73-0, Fax: +49 (228) 63 00 36, E-Mail: info@amnesty.de

Amnesty International Schweiz
Speichergasse 33, CH-3011 Bern
Tel.: +41 (31) 307 22 22, E-Mail: service@amnesty.ch

Human Rights Watch

Human Rights Watch wurde 1978 unter dem Namen Helsinki Watch gegründet, um die Einhaltung der Menschenrechtsbestimmungen des KSZE-Abkommens von Helsinki in den ehemaligen Ostblock-Ländern zu überwachen. In den achtziger Jahren wurde Americas Watch ins Leben gerufen, um auf die Menschenrechtsverletzungen der US-Verbündeten in Zentralamerika aufmerksam zu machen. 1988 schlossen sich die Watch Komitees zu Human Rights Watch zusammen. Human Rights Watch hat seinen Hauptsitz in New York, verfügt über Büros in Brüssel, Genf, London, Los Angeles, Moskau, San Francisco, Washington, Toronto und jetzt auch in Berlin.

Weltweit arbeiten mehr als 190 Anwälte, Journalisten, Akademiker und Länderexperten für die Menschenrechtsorganisation. Sie untersucht Menschenrechtsverletzungen in allen Regionen der Welt. Der Schwerpunkt der Arbeit liegt auf Themen wie Hinrichtungen, Verschleppungen, Folter, politische Verhaftungen, Diskriminierung, ungerechte Gerichtsverfahren und Verletzungen der Meinungs-, Versammlungs- und Religionsfreiheit. Außerdem verfolgt Human Rights Watch Rüstungslieferungen an Regierungen, die Menschenrechte missachten. Weitere Projekte behandeln Themen des internationalen Rechts, die Menschenrechtsverantwortung von Wirtschaftsunternehmen, akademische Freiheit, Rechtsverletzungen in Gefängnissen, die Rechte von Schwulen und Lesben sowie Flüchtlingsprobleme.

Die Arbeit wird jährlich in einer Vielzahl von Berichten veröffentlicht und regelmäßig in lokalen und internationalen Medien thematisiert. Aus Krisengebieten liefert Human Rights Watch aktuelle Informationen, indem sie anhand von Augenzeugenberichten von Flüchtlingen Beweismaterial über gewaltsame Ausschreitungen gegen Zivilisten sammelt. Um auch auf politischer Ebene Einfluss zu erlangen, trifft sich Human Rights Watch auf unterschiedlichen internationalen Ebenen (wie der UN und der EU) mit Regierungsvertretern.

Am 2. März 2005 strengte Human Rights Watch vor einem Gericht in Illinois ein Strafverfahren gegen Donald Rumsfeld wegen ausdrücklicher Duldung der Folter in US-Militärgefängnissen an. Es ist die erste derartige Anklage gegen ein Mitglied der obersten US-Regierung.

Kontakt:
Human Rights Watch
350 Fifth Avenue, 34th floor, New York, NY 10118-3299, USA
Tel.: 1 (212) 290-4700, Fax: 1 (212) 736-1300, E-Mail: hrwnyc@hrw.org

Human Rights Watch e.V. (Deutschland)
Poststraße 4–5, D-10178 Berlin
Tel.: +49 (30) 25 93 06-10, Fax: +49 (30) 25 93 06-29, E-Mail: berlin@hrw.org

Human Rights Watch (Schweiz)
9 rue Cornavin, CH-1201 Genf
Tel.: +41 (22) 738 04 81, Fax: +41 (22) 738 17 91, E-Mail: hrwgva@hrw.org

Anti-Slavery International

Anti-Slavery International ist die älteste Menschenrechtsorganisation der Welt. Die Wurzeln von Anti-Slavery International reichen bis ins Jahr 1787 zurück. Der Einsatz diverser Bewegungen führte dazu, dass im Vereinigten Königreich von Großbritannien und Irland 1807 der Sklavenhandel abgeschafft wurde und 1833 das Verbot der Sklaverei folgte. Aus der 1839 gegründeten British and Foreign Anti-Slavery Society ging schließlich 1990 die Anti-Slavery International hervor.

Etwa 27 Millionen Menschen leben laut Organisation in Sklaverei und ähnlichen Bedingungen. Die häufigste Form der heutigen Sklaverei ist die Schuldknechtschaft, daneben bekämpft Anti-Slavery Kinderarbeit, Kinderhandel/Menschenhandel, Zwangsarbeit, Zwangsprostitution und die vor allem in Mauretanien, Niger und im Sudan vorkommenden traditionellen Formen der Sklaverei.

Anti-Slavery International erforscht Ursachen und Hintergründe der modernen Sklaverei und macht diese publik, übt Druck auf Regierungen und Unternehmen aus und unterstützt Partnerorganisationen, die sich vor Ort für die Sklaven einsetzen.

Kontakt:
Anti-Slavery International
Broomgrove Road, UK-London SW9 9TL
Tel.: +44 (20) 7501 8920, Fax: +44 (20) 7738 4110, E-Mail: info@antislavery.org

Humanrights.ch/MERS wurde 1999 als Nachfolgeorganisation der Akademie für Menschenrechte AMR gegründet. humanrights.ch ist eine umfangreiche Informationsplattform zu Menschenrechtsfragen mit Schweizer Fokus.

Ziel des Vereins ist eine bessere Verankerung der Menschenrechte mittels
- einer Sensibilisierung der Öffentlichkeit für Menschenrechtsfragen,
- Projektarbeiten im Bereich der Menschenrechtsbildung,
- Informationsdienstleistungen für Nichtregierungsorganisationen (NGO),
- Koordination und Erstellung von NGO-Schattenberichten zu Menschenrechtsverträgen.

Die Internetplattform www.humanrights.ch realisiert ein Hauptziel des Vereins, nämlich durch Informationsarbeit zu einer besseren Verankerung der internationalen Menschenrechte in der Schweiz beizutragen.

Inhaltlich bietet die Informationsplattform sowohl präzise Basisinformationen zum internationalen Menschenrechtsschutz und zu diversen Menschenrechtsthemen wie auch aktuelle Informationen zur schweizerischen Menschenrechtspolitik.

Seit dem Jahr 2002 informiert Humanrights.ch/MERS regelmäßig über die menschenrechtsrelevanten Geschäfte von National- und Ständerat. Seit der Herbstsession 2005 wird die Dokumentation ausschließlich in elektronischer Form auf humanrights.ch veröffentlicht.

Zudem veröffentlicht man die Online-Version der deutschsprachigen Ausgabe von Kompass, dem Handbuch für Menschenrechtsbildung des Europarats. Das Lehrwerk umfasst eine umfangreiche Einführung in die Menschenrechtsbildung und praxisorientierte methodische und didaktische Vermittlungshilfen für die Bildungsarbeit mit Jugendlichen und jungen Erwachsenen. Länderspezifische Zusatzmaterialien verknüpfen die Menschenrechtsthemen mit dem Schweizer Ist-Zustand.

MERS erarbeitet zudem Stellungnahmen zu Gesetzesvorlagen sowie in Zusammenarbeit mit anderen NGOs sogenannte Schattenberichte zur offiziellen Berichterstattung der Schweiz bezüglich der Umsetzung von ratifizierten Menschenrechtsabkommen.

Kontakt:
Humanrights.ch/MERS
Hallerstraße 23, CH-3012 Bern
Tel.: +41 (31) 302 01 61, Fax: +41 (31) 302 00 62

SOS Mitmensch

SOS Mitmensch wurde am 10. Dezember 1992 gegründet, um ein Zeichen gegen das von der FPÖ initiierte Anti-AusländerInnen-Volksbegehren »Österreich zuerst« zu setzen. Am 23. Januar 1993 nahmen zwischen 250 000 und 300 000 Menschen am von SOS Mitmensch organisierten »Lichtermeer« teil, um gegen das FPÖ-Volksbegehren zu protestieren.

SOS Mitmensch sieht sich als Pressure Group, die sich für die Durchsetzung der Menschenrechte einsetzt. SOS Mitmensch beobachtet die Menschenrechtssituation und interveniert bei Fehlentwicklungen. Daneben entwickelt man auch eigene Vorschläge für Verbesserungen in menschenrechtlich relevanten Bereichen. Ziel ist die Gleichberechtigung und Chancengleichheit aller Menschen. Integration, Asyl und Antirassismus zählen zu den Arbeitsschwerpunkten der Organisation.

Durch öffentliche Kampagnen und Diskussionsveranstaltungen will man einen Beitrag zur Stärkung der Zivilgesellschaft leisten und konkrete Hilfeleistungen anbieten. SOS Mitmensch leistet Hilfe in Einzelfällen, wenn menschenrechtliche Probleme damit in ihrer strukturellen Dimension bearbeitet werden können.

Den Kern der Initiative bilden das Koordinationsbüro mit rund zehn MitarbeiterInnen und der Verein mit Vorstand und Arbeitsgruppen. Rundherum rankt sich ein Netzwerk von Einzelpersonen, Initiativen und Organisationen, die sich anlassbezogen einbringen.

Kontakt:
SOS Mitmensch
Postfach 220, A-1070 Wien
Tel.: +43 (1) 524 99 00, Fax: +43 (1) 524 99 00-9, E-Mail: office@sosmitmensch.at

UNO-Suborganisationen

UNICEF

Als die Vereinten Nationen auf ihrer ersten Vollversammlung am 11. Dezember 1946 ihr Kinderhilfswerk gründeten, gaben sie dem United Nations International Children's Emergency Fund die Aufgabe, den hungernden und kranken Kindern im verwüsteten Europa so lange zu helfen, bis die größte Not überwunden sei. 1953 wird die Organisation zur permanenten Einrichtung. In den 50er und 60er Jahren beginnt UNICEF große Gesundheitsprogramme in den Entwicklungsländern. Heute leistet UNICEF in fast allen Bürgerkriegsregionen der Welt Nothilfe sowie psychosoziale Betreuung für traumatisierte Kinder.

UNICEF ist heute die größte und bekannteste Kinderrechtsorganisation, hat Komitees in 37 Industriestaaten und rund 8400 Mitarbeiter. Sitz der internationalen Organisation ist New York City. UNICEF unterstützt in rund 160 Staaten Kinder und Mütter in den Bereichen medizinische Versorgung und Ernährung. Außerdem setzt sich UNICEF für den Schutz von Kindern vor Ausbeutung und Gewalt ein und leistet Soforthilfe in Notsituationen. Zudem betreibt es auf internationaler politischer Ebene Lobbying, etwa gegen den Einsatz von Kindersoldaten und für den Schutz von Flüchtlingen.

Fundament der Arbeit von UNICEF ist die UN-Kinderrechtskonvention von 1989, die von allen Staaten außer von den USA und Somalia unterzeichnet wurde. UNICEF unterstützt weltweit Kinder und Mütter.

Vier Schwerpunkte prägen heute die Arbeit von UNICEF: das Überleben von Kindern sichern; Bildung für alle Kinder; Kampf gegen Aids; Kinder vor Ausbeutung, Missbrauch und Gewalt schützen.

Kontakt:
UNICEF Österreich
Hietzinger Hauptstraße 55, A-1130 Wien
Tel.: +43 (1) 879 21 91, Fax: +43 (1) 879 21 91-9, E-Mail: office@unicef.at

UNICEF Deutschland
Höninger Weg 104, D-50969 Köln
Tel.: +49 (221) 936 50-0, Fax: +49 (221) 936 50-279, E-Mail: mail@unicef.de

Schweizerisches Komitee für UNICEF
Baumackerstraße 24, CH-8050 Zürich
Tel.: +41 (44) 317 22 66, Fax: +41 (44) 317 22 77, E-Mail: info@unicef.ch

UNHCR

Der Hohe Flüchtlingskommissar der Vereinten Nationen (United Nations High Commissioner for Refugees – UNHCR) schützt und unterstützt Flüchtlinge auf der ganzen Welt. UNHCR wurde 1951 von der UN-Generalversammlung gegründet, um Millionen von europäischen Flüchtlingen nach dem Zweiten Weltkrieg zu helfen.

Da sich in den folgenden Jahrzehnten die Flüchtlingssituation weltweit verschärfte, wurde das UNHCR-Mandat zunächst alle fünf Jahre verlängert. Im Dezember 2003 erhielt UNHCR von der UN-Vollversammlung ein unbeschränktes Mandat. Anfang 2006 standen knapp 21 Millionen Menschen unter seinem Schutz.

Grundlage der Tätigkeit von UNHCR ist die Genfer Flüchtlingskommission vom 28. 7. 1951, die bis heute von 143 Staaten unterzeichnet wurde. Über die strikte völkerrechtliche Definition von Flüchtlingen »außerhalb ihres Heimatlandes« hinaus unterstützt

UNHCR Flüchtlinge und Vertriebene unabhängig von Rasse, Religion, Geschlecht oder politischer Meinung mit Soforthilfe, Rechtshilfe und Hilfe bei der Rückkehr in die Heimatländer. Internationaler Schutz ist die wichtigste Aufgabe von UNHCR. Die Organisation soll sicherstellen, dass die Menschenrechte von Flüchtlingen respektiert werden, dass Flüchtlinge das Recht haben, Asyl zu suchen, und dass kein Flüchtling zur Rückkehr in ein Land gezwungen wird, wo er oder sie Verfolgung befürchten muss. Die zweite zentrale Aufgabe von UNHCR neben dem internationalen Schutz ist die Suche nach dauerhaften Lösungen für die Probleme von Flüchtlingen. UNHCR hilft nicht nur Flüchtlingen, sondern auch Asylsuchenden, Rückkehrern und einem Teil der etwa 23,7 Millionen Menschen, die innerhalb ihrer eigenen Länder vertrieben wurden (Binnenvertriebene). Groben Schätzungen zufolge sind vierzig Millionen Menschen weltweit auf der Flucht. Seit seiner Gründung hat UNHCR über fünfzig Millionen Menschen dabei unterstützt, sich ein neues Leben aufzubauen – eine Leistung, die 1954 und 1981 mit dem Friedensnobelpreis ausgezeichnet wurde.

Der Hauptsitz von UNHCR befindet sich in Genf. Im Jahr 2007 beschäftigte UNHCR 6689 MitarbeiterInnen in 262 Büros in 116 Ländern.

Kontakt:
UNHCR-Büro in Österreich
Postfach 550, A-1400 Wien
Tel.: +43 (1) 260 604 048, Fax: +43 (1) 263 411 5, E-Mail: ausvi@unhcr.org

UNHCR-Vertretung in Deutschland
Wallstraße 9–13, D-10179 Berlin
Tel.: +49 (30) 202 202-0, Fax: +49 (30) 202 202-20, E-Mail: gfrbe@unhcr.org

WFP (World Food Programme)

Das Welternährungsprogramm (World Food Programme, WFP) ist ein Nebenorgan der Vereinten Nationen mit Sitz in Rom. Die Gründung wurde 1961 von der UN-Generalversammlung und der Welternährungsorganisation (FAO) beschlossen, um die Nahrungsmittelversorgung in Kriegs- und Katastrophengebieten zu sichern. Mittlerweile ist WFP die weltweit größte Einrichtung zur Notversorgung von Opfern.
Jährlich benötigen zirka 97 Millionen Menschen in über achtzig Ländern WFP-Nahrungsmittelhilfe. Der geografische Arbeitsschwerpunkt liegt auf dem afrikanischen Kontinent. In Kriegsgebieten koordiniert das WFP auch Hilfsleistungen von anderen staatlichen und multilateralen Organisationen sowie von NGOs.
Zudem führt das WFP zahlreiche Entwicklungsprojekte durch. Es verwaltet etwa die 1975 eingerichtete Internationale Nahrungsmittel-Notreserve (International Emer-

gency Food Reserve, IEFR). Hierbei sind die Mitgliedsstaaten der Vereinten Nationen aufgefordert, freiwillig insgesamt 500 000 Tonnen Getreide jährlich zur Verfügung zu stellen.

WFP wird von einem Exekutive Board geführt, das aus 36 Mitgliedsstaaten besteht. WFP hilft in rund achtzig der ärmsten Länder der Welt. Jedes Jahr erreicht WFP mit seiner Nahrungsmittelhilfe durchschnittlich neunzig Millionen Menschen. Vier Millionen Tonnen Nahrungsmittel hat WFP im Jahr 2006 zu hungernden Menschen auf der ganzen Welt gebracht: dreißig Schiffe, sechzig Flugzeuge, 5000 Lastwagen und im Notfall auch Kamele, Esel oder Elefanten sind Tag für Tag im Einsatz, um hungernden und von Hunger bedrohten Menschen überall auf der Welt schnelle, elementare Überlebenshilfe zu leisten.

Food for Work: Mit Nahrungsmittellöhnen gibt WFP hungernden Menschen die Chance auf eine bessere Zukunft: Durch mit Essen bezahlte Arbeit haben die Bauern wieder Zeit und Energie, um produktivere Anbaumethoden zu entwickeln und sich wieder selbst ernähren zu können. In ehemaligen Kriegsgebieten bietet WFP Nahrungsmittellöhne als Anreiz an, damit Soldaten ihre Waffen abgeben und etwas Nützliches lernen.

Kontakt:
WFP Deutschland
Wallstraße 9–13, D-10179 Berlin
Tel.: +49 (30) 206149-0, Fax: +49 (30) 206149-16

WFP International
Via C. G.Viola 68, Parco dei Medici, I-00148 Rom
Tel.: +39 (06) 651 31, Fax: +39 (06) 6513 2840, E-Mail: wfpinfo@wfp.org

World Health Organization (WHO)

Die Weltgesundheitsorganisation (WHO) ist eine Sonderorganisation der Vereinten Nationen mit Sitz in Genf. Sie wurde am 7. April 1948 gegründet und zählt 193 Mitgliedsstaaten. Sie ist die Koordinationsbehörde der Vereinten Nationen für das internationale öffentliche Gesundheitswesen.

Die Mitgliedschaft in der WHO steht allen Staaten offen. Mit Ausnahme des Fürstentums Liechtenstein sind alle Mitgliedsstaaten der Vereinten Nationen auch Mitglieder der WHO. Die Republik China, die 1971 aus den Vereinten Nationen ausgeschlossen wurde, stellte ein Gesuch um Beitritt zur WHO im Beobachterstatus. Die WHO lehnte dies 2004 wegen der Ein-Kind-Politik ab.

Nach einer organisatorischen Umstrukturierung Ende der 1990er Jahre konzentriert sich die Arbeit der WHO auf die Bereiche weltweiter Gesundheitswarndienst (Doku-

mentation und Information über ansteckende Krankheiten, ihre Ursachen und über To-
desfälle), Unterstützung bei Auf- und Ausbau leistungsfähiger Gesundheitssysteme in
den Entwicklungsländern (mit Schwerpunkt primärer Gesundheitsvorsorge durch Verbesserung der Ernährungslage und der Trinkwasserversorgung sowie durch Ausstattung mit notwendigen Medikamenten), Förderung der medizinischen Forschung und
HIV/Aids-Bekämpfung.

Die WHO erarbeitet darüber hinaus die internationalen begrifflichen Standards für
medizinische Diagnosen (International Classification of Deseases, ICD), Gesundheits-
vorschriften (International Health Regulations, IHR) und Behinderungen (International Classification of Functioning, Disability and Health, ICF).

Es soll ein Grad an Gesundheit erreicht werden, der es allen Menschen ermöglicht, ein
sozial und wirtschaftlich produktives Leben zu führen.

Die Verfassung der WHO sieht für die Umsetzung der Ziele drei Instrumente vor: völkerrechtliche Verträge, Regelungen unmittelbar gestützt auf die WHO-Verfassung
und nicht-verbindliche Empfehlungen.

Kontakt:
World Health Organization
Avenue Appia 20, CH-1211 Genf 27
Tel.: +41 (22) 791 21 11, Fax: +41 (22) 791 31 11

United Nations Development Programme (UNDP)

Das Entwicklungsprogramm der Vereinten Nationen (UNDP) ist ein Exekutivaus-
schuss innerhalb der UN-Generalversammlung. Der UNDP-Administrator ist das
dritthöchste Amt innerhalb der Hierarchie der Vereinten Nationen (UN), unmittelbar
nach dem Generalsekretär der Vereinten Nationen und seinem Stellvertreter. Das
UNDP besteht aus Repräsentanten aus 36 Mitgliedsstaaten. Der Hauptsitz ist in New
York City.

Das UNDP wird vollständig aus freiwilligen Beiträgen der UN-Mitgliedsstaaten finanziert. Die Organisation hat Länderbüros in 166 Staaten, in denen der Großteil der 6400
Mitarbeiter tätig ist. Von diesen Kopfstellen aus arbeitet das UNDP mit lokalen Regierungen zusammen, um die Entwicklungsherausforderungen gemeinsam anzugehen.
Als zentrale Planungs-, Finanzierungs- und Koordinierungsagentur des UN-Systems
beauftragt das UNDP in der Regel Trägerorganisationen mit der Durchführung seiner
Projekte.

Der Arbeitsschwerpunkt liegt auf den im Jahr 2000 formulierten Millenniums-Entwicklungszielen: Förderung von Demokratie, Armutsbekämpfung, Krisenprävention
und Wiederaufbau, Energie- und Umweltmanagement sowie HIV/Aids-Bekämpfung
und Stärkung der Rolle von Frauen in Entwicklungsländern.

Das UNDP veröffentlicht jährlich den »Bericht zur menschlichen Entwicklung« (Human Development Report). Der darin enthaltene Human Development Index listet Länder nach Bildungsgrad, Lebenserwartung und durchschnittlichem Pro-Kopf-Einkommen auf.

Kontakt:
United Nations Development Programme
1 UN Plaza, New York, NY 10017 USA
Tel.: +1 (212) 906 5000, Fax: +1 (212) 906 5364

Selbsthilfegruppen

Österreich (Auswahl)

- SIGIS-Verzeichnis 2004 (als PDF-Datei zum Download):
  www.fgoe.org/presse-publikationen/downloads/selbsthilfe
  Kontakt: Fonds Gesundes Österreich, Mariahilfer Straße 176/5, A-1150 Wien
  Tel.: +43 (1) 895 04 00, Fax: +43 (1) 895 04 00-20, E-Mail: info@fgoe.org
- Selbsthilfe.at: Website mit Suchfunktion
  (mehr als 1600 Selbsthilfe-Organisationen): www.selbsthilfe.at
- medlink: Liste österreichischer Selbsthilfegruppen:
  www.medlink.at/selbsthilfegruppen.html
- Wiener Ärztekammer: www.aekwien.or.at/979.html

Deutschland (Auswahl)

- Selbsthilfe online: Selbsthilfe behinderter und kranker Menschen in Deutschland:
  www.selbsthilfe-online.de
- Nationale Kontakt- und Informationsstelle zur Anregung und Unterstützung von
  Selbsthilfegruppen (NAKOS): www.nakos.de/site/adressen/gruen/
- Deutsches Medizin-Netz:
  Auf www.medizin-netz.de/framesets/fsetadress1.htm befindet sich eine Liste mit
  allen deutschen Selbsthilfegruppen.

Schweiz (Auswahl)

- Stiftung Kosch: www.kosch.ch
- Selbsthilfegruppe.ch (im Aufbau): www.selbsthilfegruppe.ch